Mit PRIMA.NOVA arbeiten

Das Lehrwerk **PRIMA.NOVA** besteht aus diesem **Textband**, dem zugehörigen **Begleitband** (mit Wortschatz, Grammatik und Methodenteilen), **Arbeitsheften** sowie weiterem **fakultativen Begleitmaterial**.

Der Textband ist nach thematisch zusammenhängenden **Sequenzen** gegliedert. Jede Sequenz wird eröffnet mit motivierenden Abbildungen, ersten Informationen zum Thema und vorbereitenden Aufgabenstellungen. Am Ende der Sequenz bietet jeweils eine Doppelseite Material zur **Binnendifferenzierung** („Differenziert üben"); eine weitere Seite fasst wichtige in den vorausgehenden Lektionen geschulte **Kompetenzen** („Kompetent mit Latein") zusammen und vertieft sie.

PRIMA.NOVA enthält **44 vierseitige Lektionen**. Ihre Anlage erlaubt der Lehrerin / dem Lehrer größtmögliche Freiheit im methodischen Vorgehen.

Seite 1: Vorentlastung

Informationstexte und Bildmaterial führen **inhaltlich** in die Thematik der Lektion ein. Außerdem wird die neue **Grammatik** vorgestellt, in aller Regel anhand kurzer und einfacher lateinischer Texte (**G**) mit bereits bekannten Vokabeln.

Seite 2: Lektionstext

Das Kernstück jeder Lektion ist der **Text** (**T**). Er sollte in jedem Fall behandelt werden, da er den gesamten Grammatikstoff und alle neuen Vokabeln enthält.
Zur Erschließung des Textes sowie zur inhaltlichen Abrundung folgen kompetenzorientierte **Aufgaben**.

Seite 3: Übungsmaterial

Zu Beginn des Übungsteils (**Ü**) dient oft ein kurzer Text der ersten Einübung der Grammatik (enge Anbindung an **G**; gleiche Unterlegung).
Es folgt eine Vielzahl abwechslungsreicher, kompetenzorientierter Übungen zum **sprachlichen Training**.

Seite 4: Übungsmaterial

Ein **Zusatztext** (**Z**) erweitert das Textangebot; er wälzt die Grammatik der vorausgehenden Lektionen um und rundet die Lektion inhaltlich ab.

Aufgaben und Übungen, die sich besonders für die Bearbeitung im **Team** eignen (auch arbeitsteilig), sind mit einem Kreis gekennzeichnet (**A** oder **1**).

Bei einer Vielzahl von Aufgabenstellungen und Übungen stellt eine vorangestellte Überschrift (**blau**) die angesprochene fachliche oder überfachliche **Kompetenz** vor. Dies betrifft insbesondere die Übungen zum Fortwirken des Lateinischen, zum Sprachenvergleich, zur Wortschatzarbeit und Übersetzungsmethodik, zur spielerisch-kreativen Umsetzung sowie die texterschließenden Aufgaben. Damit werden die Bandbreite und die Vielfalt der Kompetenzen deutlich, die im Lateinunterricht geschult werden können. Einfache Übungen aus dem Bereich der Formenlehre, deren Zielsetzung sich unmittelbar erschließt, sind nicht markiert.

Im Hinblick auf die Behandlung von Wortschatz und Grammatik sind ausschließlich die **Lektionstexte (T) obligatorisch**. Alle Übungen (**Ü**) und das **Z**-Stück sind prinzipiell **fakultativ**; die Auswahl der Übungen und einzelner Übungsteile steht im Ermessen des Lehrers / der Lehrerin und richtet sich ggf. nach den Schwerpunkten der schulinternen Curricula.

Fakultativ sind auch einzelne **Stoffbausteine**, die im Inhaltsverzeichnis grau gedruckt sind. Grammatikphänomene wie beispielsweise Indefinitpronomina (aliquis) oder einzelne Kasusfunktionen (doppelter Akkusativ) können weggelassen werden und vergrößern so mögliche Freiräume für die Unterrichtenden. **Fakultatives Additum** ist zudem die Lektion 45, die zur inhaltlichen Abrundung oder zum Nachtrag sprachlicher Phänomene genutzt werden kann.

PRIMA.NOVA ist wie die **PRIMA**-Übergangslektüre, die Lesebücher der Bamberger Bibliothek und viele Textausgaben in ein **Gesamtkonzept** eingebunden, dessen Teile in Gestaltung und Terminologie eng aufeinander abgestimmt sind; ihr Vokabular basiert gleichermaßen auf den statistischen Untersuchungen des „Bamberger Wortschatzes“.

Weitere umfassende Informationen zur Arbeit mit **PRIMA.NOVA** gibt der Lehrerband.

GERMANIA
Danuvius
Augusta Vindelicum
Aenus
Rhenus
Lacus Venetus
Raetia
Noricum
Dubis
Augusta Rauricorum
Anisus
Isonta
Rhenus
ALPES MONTES
ILLYRICUM
Murus
Lacus Lemanus
Rhodanus
Ticinus
Atesis
Lacus Verbanus
Lacus Larius
Tridentum
Gallia Transpadana
Comum
Venetia
Lacus Benacus
Via Postumia
Aquileia
Dalmatia
Vercellae
Mediolanum
Verona
Patavium
Ticinus
Cremona
Mantua
Padus
Placentia
Atria
Tanarus
Parma
Padus
Pola
Liguria
Mutina
Aemilia
Bononia
Genua
Ravenna
Via Aurelia
Via Aemilia
Rubico
Ariminum
Lucca
Florentia
Metaurus
Pisae
Arnus
Ancona
MARE LIGUSTICUM
Etruria
Arretium
Umbria
Via Flaminia
Picenum
MARE ADRIATICUM
Lacus Trasimenus
Perusia
Clusium
Asculum
Volsinii
Hadria
Lacus Volsiniensis
Tiberis
Reate
Aternus
Tarquinii
Corfinium
Corsica
Aleria
Caere
Anio
Lacus Fucinus
Sulmo
Roma
Praeneste
Samnium
Ostia
Arpinum
Luceria
Apulia
Latium
Antium
Campania
Cannae
Tarracina
Formiae
Beneventum
Aufidus
Via Traiana
MARE TYRRHENUM
Capua
Venusia
Via Appia
Olbia
Vesuvius
Neapolis
Pompei
Casuentus
Tarentum
Calab
Poseidonia (Paestum)
Lucania
Heraclea
Sardinia
Sulci
Via Popilia
Sybaris
Carales
Croton
Liparaeae Insulae
MARE IONIUM
Bruttium
Locri
Panormus
Messana
Rhegium
Drepanum
Segesta
Via Valeria
Aetna
Lilybaeum
MARE AFRICUM
Sicilia
Himeras
Selinus
Agrigentum
Syracusae
Utica
Carthago
Tunes
Bagradas
AFRICA
Zama
Veii
Via Flaminia
Tiberis
Fidenae
Anio
Via Aurelia
Praeneste
Tusculum
Alba Longa
Lavinium
Via Appia
Volturnus
Clanius
Campania
Nola
Herculaneum
Cumae
Misenum
Golf von Neapel
Stabiae
Via Popilia
km 30
Salonae
Spalatum
ITALIEN
im 1. Jh. n. Chr.
km 100 200
Maßstab 1:5 540 000

Johannes Wesselmann 7A

So sah vor 2000 Jahren der Mittelpunkt der Welt aus. Auf dem **Forum Romanum**, einem großen Platz mitten in Rom, wurden wichtige politische Entscheidungen gefällt, und zwar von den **Senatoren**, die sich dazu regelmäßig in einem zentralen Gebäude des Forums, der **Kurie**, versammelten. Du siehst die Kurie hier im Vordergrund von hinten, auf S. 11 in der Mitte der Abbildung von vorne.
Im Zentrum des Forums gab es aber auch eine **Tribüne**, auf der Reden gehalten wurden, **Tempel** zur Verehrung der Götter und riesige **Markthallen** mit einer Vielzahl von kleinen Geschäften.

1 Betrachte die Abbildung genau und überlege, welchem Zweck die einzelnen Bauwerke dienten.

In den ersten Lektionen unseres Buches steht das Forum Romanum immer wieder im Mittelpunkt.

Auf dem Weg zur Kurie

T In unserem ersten lateinischen Text treffen wir auf den Senator Marcus Aquilius Florus, der zu einer Senatssitzung in die Kurie eilt. Er hat sich verspätet, man schließt bereits die Türen, ein Sklave wartet ungeduldig auf ihn.

Senator in forum[1] properat, nam ibi curia est. Hic turba stat et clamat: „Ave, senator!“ Senator gaudet et clamat: „Salvete!“ Subito servus adest et rogat: „Ubi Marcus Aquilius Florus senator est?“ Turba: „Ibi est!“ Senator ridet, tum in curiam[2] properat.

1 in forum auf das Forum
2 in cūriam in die Kurie

1 Textsorte erklären

Überlege vor der Übersetzung: Welche Merkmale eines Dialogs enthält der kurze Text? Welche Sprecher treten auf?

2 Personen charakterisieren

Erkläre die Reaktionen des Senators:
Warum freut er sich? Warum lacht er wohl, bevor er in die Kurie geht?

3 Ins Lateinische übersetzen

1. Hier ist das Forum. 2. Hier steht eine Menschenmenge und schreit durcheinander°. 3. Dort ist die Kurie. 4. Ein Senator beeilt sich und fragt: „Wo ist mein° Sklave?“ 5. Plötzlich ist der Sklave da. 6. Der Senator freut sich; auch der Sklave lacht.

(Wörter, nach denen ein ° steht, werden nicht übersetzt.)

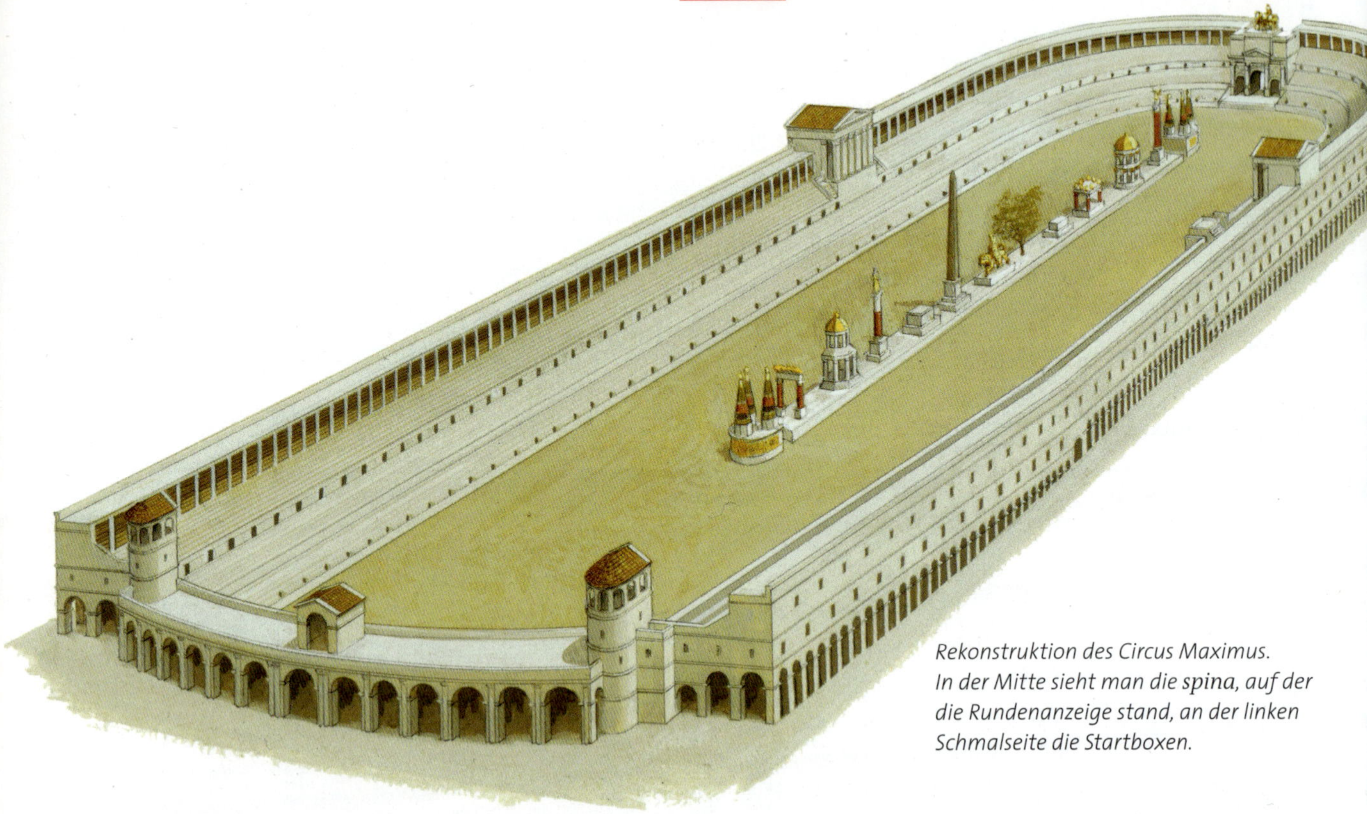

Rekonstruktion des Circus Maximus. In der Mitte sieht man die spina, auf der die Rundenanzeige stand, an der linken Schmalseite die Startboxen.

Die Wagenrennen im Circus Maximus stehen kurz bevor. Aulus und Gajus, zwei zwölfjährige Jungen, haben noch einen guten Platz auf der Tribüne gefunden, obwohl der Circus heute wieder vollbesetzt ist. Über 200 000 Zuschauer drängen sich im weiten Rund. Alle warten auf das Eintreffen der quadrigae (Wagen, vor die vier Pferde gespannt sind). Aufgeregt beobachten sie, wie die nervösen Pferdegespanne in die zwölf Startboxen geführt werden. Jeder Rennstall hat drei Wagen ins Rennen geschickt, sodass alle Bahnen besetzt sind. Aulus zählt die Farben an den Trikots der Wagenlenker ab: die Grünen, Roten, Blauen und Weißen. Die Wagenlenker, die aufrecht in den leichten Wagen stehen, haben die Zügel bereits um den Bauch gebunden und schwingen in der Rechten eine Peitsche. Im Gürtel tragen sie ein scharfes Messer, um sich bei einem Sturz gegebenenfalls durch einen Schnitt von den Zügeln befreien zu können.

Die Fans der einzelnen Rennställe machen sich schon lautstark bemerkbar und feuern „ihre" Wagenlenker und Pferde kräftig an.

Aulus drückt den Grünen ganz fest die Daumen.

Endlich sind die Pferde an der Startlinie ausgerichtet. Der Veranstalter gibt das Startsignal, indem er ein weißes Tuch fallenlässt. Ein Trompetenstoß unterstützt das Signal. Das Publikum hält den Atem an. Da schießen die Pferde aus den Boxen! Bis zur ersten weißen Linie müssen sie auf der vorgezeichneten Bahn bleiben, dann versuchen die Wagenlenker die Innenbahn an der spina (Mauer, die die Arena in zwei Bahnen teilt) zu erreichen. Gajus kann gar nicht hinsehen, als die Pferde nach innen drängen und die Wagen einander fast berühren. Da kommen sie schon zur ersten Wendemarke – möglichst eng muss man die Kurve nehmen, wenn man gewinnen will – aber das Wagenrad darf den Mauerrand nicht berühren, sonst kippt der leichte Wagen um, und es ist aus!

Sieben Runden müssen die Pferde zurücklegen, das Publikum feuert unermüdlich seine Favoriten an. Durch die Anzeige auf der spina kennt jeder den aktuellen Stand des Rennens. Auch Aulus zählt die Delfine mit, die bei jeder Runde umgekippt werden. Es bleibt spannend bis zum Schluss, das Stadion gleicht einem Hexenkessel. Von den obersten Reihen kann man gar nicht mehr viel sehen, denn die Pferde haben den Sand der Arena hoch aufgewirbelt. Aulus ist schon ganz heiser, so sehr hat er seinen Favoriten Syrus angefeuert.

Sieg im Circus Maximus

T Hodie Aulus in Circo Maximo[1] est; nam ibi ludi sunt. Sed ubi Gaius amicus est? Aulus diu exspectat. Tum gaudet. Tandem amicus adest. Subito populus clamat: „Ave, senator!“ Marcus Aquilius Florus senator adest.

Etiam Aulus et Gaius clamant: „Ave, senator!“ Nunc populus tacet, portae patent, equi et agitatores[2] accedunt. Denique equi in carceribus[3] stant, senator signum dat[4], equi currunt. Populus surgit et clamat.

Etiam Aulus et Gaius surgunt. Tum Aulus vocat: „Syrus victor est! Ecce: Ibi praemia sunt!“ Sed Gaius: „Etiam equi victores sunt.“

1 in Circō Maximō im Circus Maximus
2 agitātor Wagenlenker
3 in carceribus in den Startboxen
4 sīgnum dat (er) gibt das (Start-) Zeichen

Dann steigt Syrus zur Loge des Veranstalters hinauf und nimmt seinen Preis in Empfang: einen Palmzweig (palma) und einen Beutel mit Münzen. Auch die Pferde werden mit Palmzweigen geschmückt. Lauter Jubel erschallt im Stadion, als Syrus seine Ehrenrunde absolviert. Aulus ist glücklich, denn wieder einmal haben die Grünen gewonnen!

1 Informationen entnehmen
Lasst euch den Text langsam und laut vorlesen; findet heraus, welche Personen und Personengruppen sich im Circus Maximus befinden.

2 Aussageabsicht erkennen
Erläutere die Bedeutung des Satzes, den Gajus am Schluss sagt: „Etiam equi victores sunt!“

3 Der Dichter Ovid sagt über die weiblichen Zuschauer bei den Wagenrennen: „Sie kommen, um zu sehen, und sie kommen, um selbst gesehen zu werden.“ Überlege, inwiefern dies auch auf die Personen in **T** zutrifft.

4 Mit anderen zusammenarbeiten
Überlegt, wie eine antike Fanausrüstung ausgesehen haben könnte, und gestaltet sie. Zieht dazu auch Informationen aus geeigneten Nachschlagewerken und dem Internet heran.

Ü

A Bei den Wagenrennen hatte jedes Gespann eine bestimmte Farbe, an der man es schon von weitem erkennen konnte.
Ordne den drei Farben je eine Konjugationsklasse der Verben zu (Abb. rechts).
Füge dann die Verben aus **T** richtig ein. Ordne die Verben dabei nach Singular und Plural.
Bilde die jeweils fehlende Form. Welche Formen kannst du nicht zuordnen?

B Bilde nun zu allen Verben aus Übung **A** den Infinitiv. Schreibe die Formen so in dein Heft, dass du die 3. Pers. Sg., die 3. Pers. Pl. und den Infinitiv nebeneinanderschreibst.
Beispiel: exspectat – exspectant – exspectare

C Wie es verschiedene Konjugationsklassen für Verben gibt, so gibt es auch verschiedene Deklinationsklassen für Substantive. Drei verschiedene Deklinationsklassen lernst du hier kennen:

Ordne die Substantive aus **T** (nicht die Namen) den Spielmarken zu. Bilde dann zu den Singularformen den Plural und umgekehrt.

D Setze das in Klammern angegebene Wort in die jeweils passende Form. Beispiel:
populus (exspectare) → populus exspectat

(populus) surgit	senator (tacere)
(victor) accedunt	porta (patere)
amici (stare)	(equus) adsunt

Übersetze dann die kleinen Sätze.

E Sprachen vergleichen
Die lateinischen Endungen -us und -um wurden im **Italienischen** oft zu -o. Nenne also zu den folgenden italienischen Substantiven die entsprechenden lateinischen: *amico, servo, foro.*

F Sieger beim Pferderennen
1. Das Volk freut sich, denn heute sind Spiele. 2. Auch Gajus und Aulus sind da. 3. Sie warten lange und schweigen. 4. Nun stehen die Tore offen. 5. Endlich kommen die Pferde herbei, endlich laufen sie los°. 6. Jetzt erheben sich die Freunde; auch das Volk erhebt sich und schreit. 7. Schließlich ist Syrus der Sieger. 8. Die Senatoren rufen laut; dann kommt Syrus herbei. 9. Aulus und Gajus freuen sich und lachen.

Wagenrennen im Circus Maximus. Römisches Relief. Um 300 n. Chr. Berlin, Antikensammlung.

G Wortbedeutungen erklären

Das Wort spina hat viele Bedeutungen. Es hieß ursprünglich Dorn, später auch: Dornbusch, Zahnstocher, Sorgen, Spitzfindigkeiten, Rückgrat, Gräte; schließlich bezeichnet es auch die Mauer, die den Circus quer durchschneidet. Überlege, wie es zu diesen Bedeutungen kam.

H Bei den folgenden Sätzen ist jeweils ein Teil verlorengegangen. Fülle die Lücken mit einem der unten angegebenen Wörter, sodass sich sinnvolle Sätze ergeben. Bestimme dann jeweils die Satzglieder Subjekt und Prädikat und übersetze.

? clamat.
? tacet.
? Aulus diu exspectat.
? Gaius gaudet.
Nam equi ? .

Die Anfangsbuchstaben der eingesetzten Wörter ergeben von oben nach unten gelesen einen wichtigen Teil der Pferderennbahn.

I Satzglieder bestimmen

Überlege: Welche Substantive sind in den folgenden Sätzen als Subjekt, welche als Prädikatsnomen gebraucht?

1. Gaius amicus est.
2. Amicus gaudet.
3. Equi currunt.
4. Equi victores sunt.
5. Ubi victores sunt?
6. Amici diu exspectant.
7. Ibi amici sunt.

Der Veranstalter der Spiele und ein Trompeter erwarten den siegreichen Wagenlenker. Römisches Mosaik. 4. Jh. n. Chr. Sizilien, Piazza Armerina.

J Wie beliebt Wagenlenker im alten Rom waren, zeigt eine Grabinschrift aus Rom:
„Marcus Aurelius Polynices (der Oftsiegende), geboren in Rom, der 29 Jahre, 9 Monate, 5 Tage lebte, der insgesamt 739 Siege errang, und zwar: 655 bei den Roten, 55 bei den Grünen, 12 bei den Blauen, 17 bei den Weißen. Seine Siegesprämien betrugen drei Mal 40 000 Sesterzen, 26 Mal 30 000 Sesterzen, elf Mal die einfache Siegesprämie von 15 000 Sesterzen. Acht Mal siegte er mit dem Achtergespann, neun Mal mit dem Zehnergespann und drei Mal mit dem Sechsergespann."
Wie wir aus Inschriften wissen, war Polynices nicht einmal der erfolgreichste Wagenlenker. Es gab einige, die über 2000 Siege errungen haben. Vergleicht die Karriere des Polynices mit der von Sportlern, die heute bekannt und berühmt sind.

Siegerehrung

Z Nach dem Rennen sind Aulus und Gajus zu den Ställen gegangen, um das siegreiche Gespann zu empfangen.

Aulus rogat: „Ubi sunt equi? Ubi sunt agitatores[1]?
Ubi sunt praemia?" Amici diu exspectant.
Tandem equi accedunt et amici clamant: „Hic victores sunt!"
Etiam Syrus agitator accedit.
Amici: „Syrus victor est! Io[2]! Syrus victor est!"

1 agitātor Wagenlenker
2 Iō Hurra!

Die Basilica Iulia auf dem Forum Romanum. 1. Jh. n. Chr. Links davon sieht man den Tempel der Dioskuren, im Vordergrund rechts die rostra, die Rednertribüne. Modell der Antikensammlung der Friedrich-Alexander-Universität Erlangen-Nürnberg.

In der Basilica Iulia herrscht geschäftiges Treiben. Auch die beiden Freundinnen Atia und Antonia, die heute gemeinsam das Forum besuchen, zieht es in die Basilika. Die beiden Mädchen interessieren sich aber im Augenblick nicht für die Reden und Gerichtsprozesse, die dort stattfinden, sondern vor allem für die vielen Händler und ihre Läden mit ganz besonderen Waren.

Gajus, Antonias Bruder, der sich nach der Schule gerne in der Basilica Iulia herumtreibt, hat den Mädchen erzählt, dass der Tierhändler Rutilius eine neue Lieferung von Affen und Papageien aus Afrika erwartet. Den beiden Mädchen haben es besonders die Affen angetan.

Deshalb stürmen sie die Stufen zur Basilika hinauf und achten gar nicht auf die Spielbretter für Mühle und Dame, die dort eingeritzt sind.

Auch für die schöne und kostspielige Marmorausstattung haben sie keinen Blick. Sie laufen schnurstracks auf die Läden zu.

G

Gaius amicum vocat.
Aulus ad portam stat. Senator signum dat.
Equi per Circum Maximum currunt. Amici equos exspectant.
Syrus ad senatorem properat.

Aufregung in der Basilika

T Atia Antoniam exspectat. Tum amicam videt et gaudet. Atia et Antonia amicae forum petunt; templa et aedificia spectant. Tum basilicam Iuliam intrant et ad mercatores accedunt. Per basilicam properant et ad Rutilium mercatorem contendunt. Nam Rutilius bestias vendit.

Rutilius ante tabernam stat, amicas videt et clamat: „Hodie simiae[1] et psittaci[2] adsunt!“ Statim amicae in tabernam contendunt, simias spectant. Simiae amicas delectant.

Etiam mulieres tabernam intrant. Subito psittaci clamant: „Psittaci adsunt! Psittaci adsunt!“

Mulieres autem clamorem tollunt: „Quid? Quid est? Quis clamat?“

Rutilius ad mulieres accedit et psittacos monstrat[3]. Nunc etiam amicae psittacos vident. Itaque simias relinquunt et ad psittacos accedunt. Subito simiae clamant.

Tum Rutilius: „Quid est? Cur simiae clamorem tollunt?“

Rutilius autem Atiam et Antoniam apud simias non iam videt: „Ubi sunt amicae? Cur simiae …?“

Subito psittaci: „Simiae! Simiae!“

Amicae et mulieres et Rutilius rident.

1 sīmia Affe
2 psittacus Papagei
3 mōnstrāre zeigen

1 Vorerwartungen formulieren
Beschreibe zunächst die im Bild dargestellte Szene. Welche inhaltlichen Erwartungen hast du an **T**, wenn du Bild und Überschrift verbindest?

2 Informationen entnehmen
Betrachte vor der Übersetzung Z. 1–10 und ermittle, an welchen Orten die Handlung jeweils spielt. Liste die Orte lateinisch auf und notiere dazu jeweils die genannten Personen.

3 Lest **T** mit verteilten Rollen. Woran lässt sich erkennen, dass die Aufregung in der Basilika im Verlauf des Textes zunimmt?

4 Textverständnis anwenden
Richtig ☺ oder falsch ☹?
Entscheide nach der Lektüre von **T**, ob folgende Aussagen richtig oder falsch sind. Bei richtiger Lösung ergibt sich ein lateinischer Satz.

		☺	☹
a)	Atia et Antonia amicae sunt.	AMI	NIA
b)	Atia et Antonia clamorem tollunt.	CLA	CAE
c)	Mulieres per basilicam properant.	MOR	SIM
d)	Rutilius mercator est.	IAS	TO
e)	Rutilius ante tabernam stat.	SPE	ADS
f)	Rutilius amicas non iam videt.	CTA	UNT
g)	Mulieres clamant: „Simiae! Simiae!“	AN	NT

Ü

Aulus in circo (im Zirkus) est. Aulus Gaium exspectat. Gaium diu exspectat; tum amicum videt (sieht). Denique amici in turba (in der Menschenmenge) stant. Tum Titum et Lucium vident. Amicos vocant. Aulus, Gaius, Titus, Lucius gaudent, equos exspectant.

A Bestimme in den folgenden Sätzen Kasus, Numerus und Genus der fettgedruckten Wortformen. Versuche nun, aus der Bestimmung der Wortformen Rückschlüsse auf die jeweilige Satzgliedfunktion zu ziehen. Wo gelingt dies nicht? Übersetze dann.

1. Aulus **victores** videt.
2. **Mercator** bestias vendit.
3. Senatores ad **basilicam** accedunt.
4. Gaius **amicos** exspectat.
5. **Populus** equos spectat.

B Auf der Wachstafel ist durch die Unachtsamkeit des Aulus einiges gelöscht worden. Übertrage die Wörter in dein Heft und ergänze die Buchstaben so, dass sich der Akk. Sg. ergibt. Setze danach alle Wörter in den Akk. Pl.

C Ergänze bei den folgenden Sätzen das Prädikat anhand des angegebenen Infinitivs und übersetze dann.

1. Ante basilicam mulieres (stare).
2. Mercator bestias (vendere).
3. Aulus victor (esse).
4. Amicus clamorem (tollere).
5. Aulus et Atia per basilicam (currere).
6. Senatores diu ante basilicam (exspectare).

D Verbinde!
Im oberen Kasten findest du die Satzanfänge, im unteren Kasten die Fortsetzungen. Füge die Sätze zusammen, bringe sie in eine sinnvolle Reihenfolge und übersetze dann.

Aulus et Gaius amicus ...
Ante tabernam ...
Amici intrant et ...
Ad tabernam amici ...

... mulieres adsunt.
... Rutilium mercatorem vident.
... bestias spectant et gaudent.
... tabernam petunt.

E Spielerisch üben
„Ich gehe durch eine Basilika und sehe ...".
Ein Spieler beginnt: „Video (ich sehe) mercatorem."
Jeder Mitspieler wiederholt alle bereits genannten Elemente und fügt am Ende der Aufzählung ein neues hinzu: „Video mercatorem, ..."
Wie viele Elemente schafft ihr?

F Von Kasus zu Kasus
Bilde zu den Akkusativformen den entsprechenden Nominativ und umgekehrt.
tabernas – basilica – mulierem – clamor – amicos – signa (!) – equi – populum – amicae – bestiam – victores (!) – servus – turba – senatorem

G **„Rundmühle"**
Zwei Spieler erhalten je drei Steine in einer Farbe. Es wird abwechselnd gesetzt, dann gezogen. Gewonnen hat, wer eine Mühle, also drei Steine in einer Reihe, schließen kann. Im Gegensatz zu unserem Mühlespiel gibt es aber nur eine mögliche Form, eine Mühle zu bauen: Die Mitte des Spielfeldes muss besetzt sein. So wird natürlich der Spieler, der beginnt, die Mitte besetzen. Aber Achtung: Er kann leicht zur Aufgabe dieser Position gezwungen werden – probiert das Spiel, indem ihr das Spielfeld auf einen Karton übertragt.

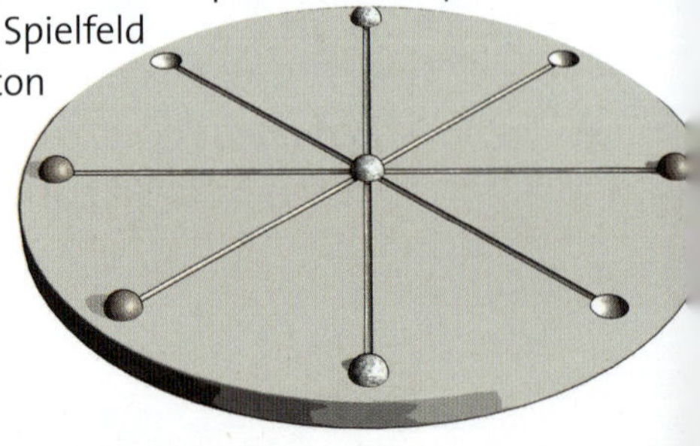

H Beim Tierhändler Rutilius: Setzt den Anfang dieser Geschichte fort. Einige passende Vokabeln (nach Wortarten geordnet) findet ihr unten. Die Zeichnung zu **T** gibt weitere Anregungen.

Rutilius mercator tabernam spectat et gaudet. Nam ibi simias et psittacos videt. Subito bestiae clamorem tollunt, nam amicas vident. ...

Verben: contendere, petere, currere, clamare, videre, accedere, stare

Substantive: mercator, simia (Affe), amicus, mulier, Atia, basilica, Antonia, psittacus (Papagei)

Präpositionen: ante, in, ad, per

Ihr könnt auch versuchen, die Sätze durch Konnektoren (Bindewörter), wie z. B. et, tum, subito, miteinander zu verbinden.

I Wortbildung nutzen

Du kennst nun die Wörter spectare (betrachten, hinsehen) und exspectare (warten, erwarten). Sie sind miteinander verwandt, denn exspectare ist zusammengesetzt aus spectare und der Vorsilbe ex. Ex ist eine Präposition und bedeutet „aus". (Wenn es mit einer Freundin „aus" ist, nennt man sie Ex-Freundin.) Ex und spectare ergeben zusammen die Bedeutung „ausschauen", „Ausschau halten", was man ja nur tut, wenn man auf etwas wartet. Versuche nun die Bedeutung für ex-currere zu ermitteln.

J Stellung der Satzglieder beachten

Das Prädikat des Hauptsatzes steht im Deutschen als zweites Satzglied, im Lateinischen dagegen meist an letzter Stelle.

1 Fange also beim Übersetzen vorne an.
2 Springe dann nach hinten (zum Prädikat).
3 Kehre dann zum Zwischenabschnitt zurück.

Atia et Antonia ad basilicam currunt.
1 3 2
Atia und Antonia laufen zur Basilika.

Übertrage in dein Heft und löse im Deutschen auf:
Itaque amicae Aulum et Gaium non vident.
1 3 4 5 2

K Nicht leicht zu finden

1. Aulus läuft über (durch) das Forum. 2. Wo ist nur° Gajus? 3. Aulus sieht seinen° Freund nicht. 4. Hier beeilen sich Sklaven, dort steht eine Menschenmenge und betrachtet die Tempel und Basiliken. 5. Hier schreit ein Händler, dort lachen Freundinnen. 6. Hier suchen Senatoren eilends° die Kurie auf, dort stehen Frauen vor einem Laden. 7. Endlich sieht Aulus den Freund und ruft laut. 8. Gajus kommt herbei; sofort eilen die Freunde zu den Spielen. 9. Dort betrachten sie die Pferde und die Sieger.

Z Erfrischungen in der Basilika

Antonia und Atia wollen auf dem Forum eine weitere Basilika, die Basilica Aemilia, besuchen.

Hodie Antonia et Atia basilicam Aemiliam petunt. Turbam ad basilicam vident. Itaque diu ante aedificium exspectant, sed umbra[1] ibi non est. Tandem basilicam intrant, nam portae nunc patent. Ad portas amicae tabernam spectant. Mercator ibi sucos[2] vendit. Statim Atia et Antonia ad mercatorem accedunt.

Hier siehst du eine Angebotstafel für Fruchtsäfte. Welche Saftsorten wurden damals wohl nicht verkauft?

1 umbra Schatten
2 sucus Saft

Der Besuch der öffentlichen Bäder war für Aulus und seine Freunde wie für die meisten Römer nicht nur eine willkommene Freizeitbeschäftigung.

Da die überwiegende Mehrzahl der Haushalte in Rom nicht mit Wasser versorgt wurde, dienten die Thermen in erster Linie der Körperpflege.

In der Kaiserzeit konnten die großen, von den Kaisern finanzierten Anlagen bis zu 1600 Besucher gleichzeitig aufnehmen. Sie wurden zum Treffpunkt der Menschen, die Zerstreuung und Abwechslung suchten oder in entspannter Atmosphäre über wichtige Geschäfte verhandeln wollten.

Es gab zahlreiche Räume und Anlagen für das eigentliche Baden:

① apodyterium Umkleideraum
② frigidarium Kaltwasserbad
③ tepidarium Lauwarmbad
④ caldarium Heißwasserbad
⑤ sudatorium Schwitzraum
⑥ natatio Schwimmbecken

Daneben luden Gärten und Plätze für Sport und Spiel (palaestrae ⑦), später auch Bibliotheken und Museen zu einem Aufenthalt ein.

Rekonstruktion der Stabianer Thermen in Pompeji. 2. Jh. v. Chr.

G

Atia in Circo Maximo est. Cum amicis ludos spectat.
Sed ubi Antonia est?
3 Antonia in foro est. In basilicā Iuliā bestias spectat.
Bestiae Antoniam ludo et clamore delectant.

Besuch in den Thermen

Zur Bedeutung der kursivgedruckten Wörter vgl. S. 20.

T Aulus et Gaius thermas petunt. Ad portas accedunt et intrant. In thermis mercatores adsunt. Mercatores Aulum et Gaium vident. Sed amici ad *apodyterium* contendunt; ibi vestes deponunt. Tum per *tepidarium caldarium* intrant. Ibi Lucium amicum vident et salutant[1]. Sed Lucius tacet.
Gaius (ad Aulum): „Cur Lucius tacet?" Aulus: „Lucius de Atiā cogitat – nam Atiam amat et semper amicam donis delectare vult; tamen Atia Lucium non semper laudat."
Gaius (ad Lucium): „Atia te certe amat, sed dona non semper exspectat! Nam ..."

Plötzlich ertönt lautes Geschrei. Der Stimme nach ist es der Getränkehändler Quintus, der wieder einmal einen Dieb gefasst hat. Sogleich eilen Aulus, Gajus und Lucius zu dessen Stand:

Quintus mercator thermas clamore complet. In turbā stat et cum sene certat[2].
Quintus mercator: „Senex vinum sumit, sed pro vino pecuniam dare non vult! Fur est! Fures tantum in thermis sunt!"
Aulus et Gaius rident. Aulus: „A! Quintus fures non amat: Mercator est, numquam dona dat." Gaius: „Lucius mercator non est; nam Lucius semper dona dat – Quintus numquam!" Aulus: „Tamen Atia Lucium non laudat, Quintum autem uxor certe semper laudat!"
Nunc etiam Lucius ridet. Tum Aulus et Gaius cum Lucio ad *palaestram* properant. Ibi cum adulescentibus pilā ludunt[3].

1 salūtāre begrüßen
2 certāre streiten
3 pilā lūdere Ball spielen

Die sog. Bikinimädchen. Detail eines Mosaiks in der römischen Villa del Casale bei Piazza Armerina (Sizilien). 4. Jh. n. Chr.

1 Lies vor der Übersetzung Z. 6–10 und unterscheide, welche Personen miteinander sprechen und über wen sie reden. Geh den Text weiter durch und halte fest, wo die gleiche Sprechsituation wieder auftritt.

2 Beziehungen verdeutlichen
Ermittle anhand der vorkommenden Personen, welche zwei Handlungsstränge **T** enthält. Wie sind diese miteinander verknüpft?

3 Bringe die Sätze entsprechend der Handlung von **T** in die richtige Reihenfolge:
1. In *apodyterio* amici vestes deponunt. 2. Aulus et Gaius thermas petunt. 3. Nam Quintus furem tenet (hält fest) et thermas clamore complet. 4. Ad portas accedunt et intrant. 5. In *palaestrā* cum adulescentibus pilā ludunt (spielen Ball). 6. Tum ad Quintum mercatorem contendunt. 7. In *tepidario* Lucium amicum vident et salutant (begrüßen). 8. Denique amici ad *palaestram* properant.

4 Sed Lucius tacet. (Z. 5): Erkläre das Verhalten des Lucius. Wie trägt der Zwischenfall mit Quintus dazu bei, Lucius wieder aufzuheitern (Z. 18–20)?

5 Mit der eigenen Lebenswelt vergleichen
Die Thermen und unsere Badeanstalten: Was ist anders, was ähnlich, was gleich?

Ü

Aulus et Gaius in forum properant. In foro Atiam et Antoniam vident. Statim Aulus et Gaius in basilicam properant.
In basilicā mercatorem vident. Mercator crustula (Zuckerplätzchen) vendit. Amici crustula emunt (kaufen) et ad amicas currunt. Aulus et Gaius Atiam et Antoniam crustulis delectant. Amicae gaudent. Amici rident.

A Schreibe aus **T** alle Ablativformen (ggf. mit Präposition) heraus und sortiere sie nach Deklinationsklassen. Welche Endungen gibt es für den Ablativ? Überprüfe mit Hilfe des Grammatikteiles dein Ergebnis auf Vollständigkeit.

B Übersetze und bestimme die Bedeutung des Ablativs:
1. Lucius Atiam donis delectat.
2. Mercatores thermas clamore complent.

C Bestimme die Formen nach Kasus und Numerus. Gib zu jeder Singularform den Plural an und umgekehrt.
victoribus – amico – vinum (2) – senatores (2) – muliere – porta (2) – clamor cquos – uxorem – basilicis – ludus – bestiam – foro

D Finde den Irrläufer:
1. vestem – uxorem – tandem – mercatorem
2. ad – apud – cum – per
3. clamor – mercator – uxor – senator
4. sene – senatoribus – taberna – thermae

E Ordne zu und übersetze:
in Circo Maximo – in thermis – clamore – cum amicis – in foro – cum senibus – de Atiā
1. Equi ... currunt.
2. Gaius ... ludos spectat.
3. Lucius ... cogitat.
4. Turba ... basilicas spectat.
5. Mulieres basilicam ... complent.
6. Adulescentes ... disputant (diskutieren).
7. Quintus ... vinum vendit.

F Lateinische Sprichwörter kennenlernen
IN VINO VERITAS — vēritas Wahrheit

G Langeweile ausgeschlossen
1. In den Thermen ist immer eine Menschenmenge. 2. Auch Aulus betritt mit Gajus die Badeanlage. 3. Was sehen sie dort? 4. Zwei[1] Senatoren verlassen mit ihren° Sklaven den Umkleideraum[2]; sofort kommt ein Händler herbei und erfüllt die Thermen mit seinem° Geschrei. 5. Der Kaufmann Quintus steht mit einem alten Mann in seinem° Laden und verkauft Wein. 6. Plötzlich läuft ein Dieb durch die Menge und will die Thermen verlassen; schon schreien Sklaven: „Haltet[3] den Dieb!"

1 zwei duo – 2 Umkleideraum apodytērium – 3 haltet tenēte

H Übersetze und ordne die Sätze den Personen (a–e) auf der Skizze zu:
1. Cornelia in basilicam properat.
2. Marcus in basilicā stat et forum spectat.
3. Aulus et Gaius ante basilicam stant.
4. Atia cum Lucio ad forum contendit.
5. Apud Rutilium mercatorem simia (Affe) est.

I Der Gang in die Thermen (Warm- oder Heißbad, von griech. thermós *warm*) war für die Römer eine Selbstverständlichkeit. Sie verstanden es, über ein System von Aquädukten (Wasserleitungen) Wasser aus über 80 km Entfernung in die Hauptstadt zu schaffen. Durch eine besondere Heiztechnik war es möglich, in den einzelnen Baderäumen für die entsprechende Luft- und Wassertemperatur zu sorgen. Dazu benutzte man einen Heizraum (praefurnium), von dem die heiße Luft zunächst zum Schwitzbad und dann zu den anderen Räumen strömte. Für die richtige Zirkulation der Heißluft sorgte die sog. Hypokaustenheizung. Wie das genau funktionierte, zeigt dir das nebenstehende Bild.

1. Beschreibe, wie die Räume erwärmt wurden und wohin genau die heiße Luft dabei strömte.
2. Mit welcher modernen Heizung lässt sich das Hypokaustensystem vergleichen?
3. Welche Auswirkungen hatte der riesige Bedarf an Brennmaterial – in der Regel Holz?

J Lernhilfen nutzen

1. Erkläre die folgenden Fremdwörter und gib die lateinischen Wörter an, von denen sie abgeleitet sind: Portal – Video – Depot – komplett – Statur – senil – Laudator – Trubel – Kurier – Taverne – Weste – Amateur
2. Überlege, welcher Zusammenhang zwischen pecunia und pecus (Vieh) bestehen könnte.

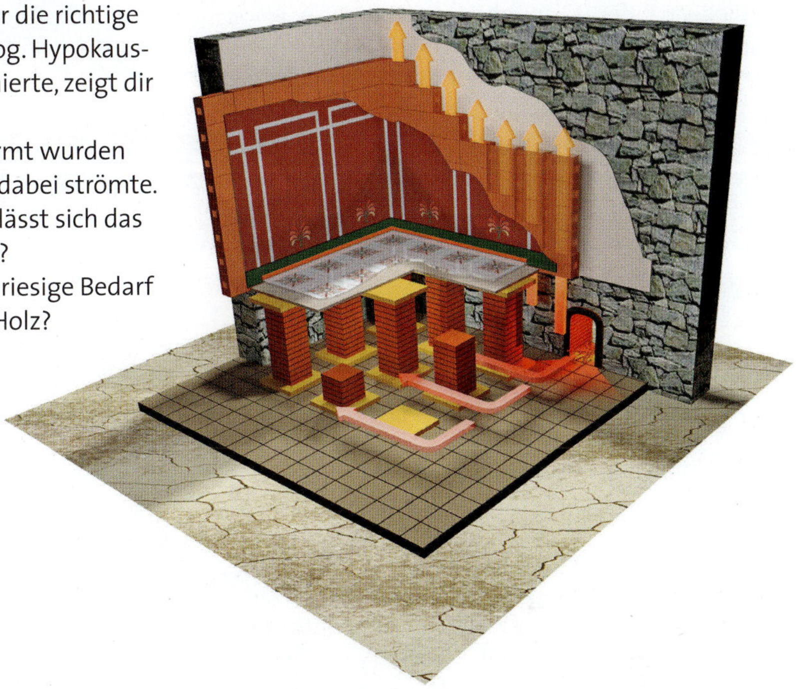

Zu zweit auf dem Forum

Z Diu amici in *palaestrā* cum adulescentibus pilā ludunt[1]. Tum Lucius amicos relinquit; nam Atia amica in foro est. Lucius ad forum properat. Ante basilicam Iuliam stat, sed amicam non videt. Ubi Atia est? Tandem Atia adest. Lucium in turbā videt et ad amicum accedit. Tum cum Lucio basilicam intrat. In basilicā Lucius et Atia mercatores vident. Mercatores basilicam clamore complent. Etiam Lucium et Atiam vident.

Tum Lucius et Atia per basilicam contendunt, forum intrant. Per forum ambulant[2]; gaudent et rident.

1 pilā lūdere Ball spielen
2 ambulāre spazieren gehen

1 Text vorerschließen

Fasse vor der Übersetzung den Inhalt des Textes zusammen; achte dabei vor allem auf die Adverbialien.

5

Das Forum bildete das Zentrum des antiken Rom. Es war das Herz der Stadt, hier pulsierte das Leben. Neben den großen Basiliken und Göttertempeln befanden sich dort auch die Kurie und die Rednerbühne (rostra). Das Forum lag in einem Tal zwischen zwei der sieben Hügel Roms, dem Palatin und dem Kapitol. Zum Kapitol hin wurde der Platz durch ein hoch aufragendes Gebäude begrenzt, in dem wichtige öffentliche Dokumente und Schriften aufbewahrt wurden (tabularium). In späterer Zeit kamen weitere Bauwerke hinzu, z.B. der Triumphbogen des Kaisers Severus oder der Vespasian-Tempel.

Das Forum Romanum in der frühen Kaiserzeit. 1. Jh. n. Chr. Modell der Antikensammlung der Friedrich-Alexander-Universität Erlangen-Nürnberg.

Die wichtigsten Bauwerke des Modells kannst du mit Hilfe des Planes auf der rechten Seite benennen. Einige Gebäude hast du schon kennengelernt.

1 Schreibe aus einem (Fremdwörter-) Lexikon die Bedeutungen des Wortes forum heraus.

G

Quintus senem videt. Subito clamorem tollit.
Senex: „Cur clamas? Cur non taces? Fur non sum!“
Quintus: „Rideo! Vinum sumis, sed pecuniam non das.
Fur es! Vinum vendo, non dona do!“
In *tepidario*:
Lucius: „Cur subito tacetis? Cur surgitis? Quo (wohin) properatis?“
Aulus et Gaius: „Ad Quintum mercatorem contendimus;
nam furem tenet (hält fest)!“

Jubel auf dem Forum

T Hodie Aulus et Gaius ad forum properant. Etiam Atia et Lucius adsunt. Aulus consistere vult, sed Atia: „Ubi es? Cur dubitas? Ad forum currimus! In foro populus senatores exspectat." Aulus: „Ad forum propero et curro, sed non in Circo Maximo sumus! Cur non consistitis? Heus[1], cur non respondetis?" Sed amici non consistunt. Undique turba ad forum contendit. Populus circum curiam stat. Nam hodie nuntius in curiā est et victoriam nuntiat.
Amici forum intrant et curiam petunt. Atia: „Ecce! Iam senatores e curiā ad rostra[2] accedunt." Etiam M. Aquilius senator adest. Repente populus tacet, tum C. Servilius consul cum lictoribus accedit et palam nuntiat: „Tandem victoriā gaudere licet! Tandem victores sumus! Gaudemus, quod non iam iniuriis dolemus, quod non iam cum barbaris pugnamus, quod non iam patriam armis defendimus. Deos sacrificio[3] colere debemus; nam nunc sine periculo vivimus!" Statim populus clamat: „Io triumphe![4]" Et amici nuntio gaudent.

1 heus he, heda! *(Ausruf)*
2 rōstra *Pl.* Rednerbühne
3 sacrificium Opfer
4 Iō triumphe! Triumph, Sieg!

1 Funktion von Endungen erkennen
Suche aus Z. 2–5 neue Verbformen heraus. Überlege jeweils, wer spricht und wer angesprochen wird. Versuche zu formulieren, was die neuen Endungen bedeuten.

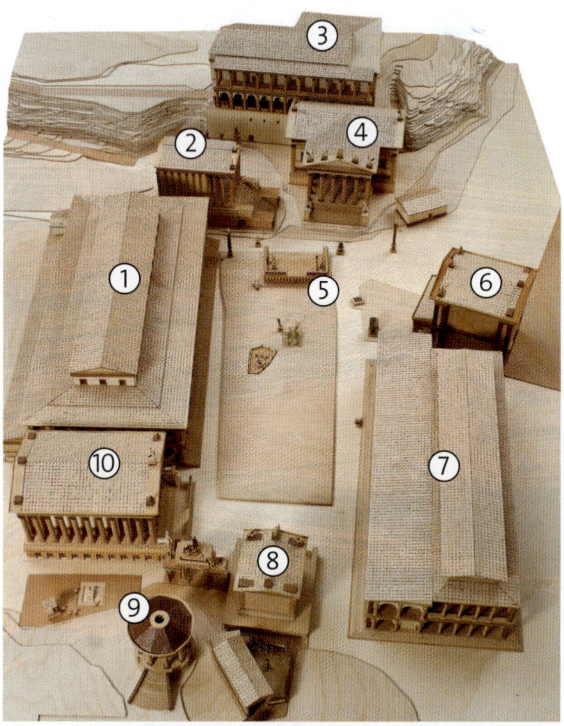

① Basilica Iulia
② Saturntempel
③ Tabularium
④ Concordiatempel
⑤ Rostra
⑥ Curia Iulia
⑦ Basilica Aemilia
⑧ Tempel des Divus Iulius
⑨ Heiligtum der Vesta
⑩ Dioskurentempel

2 Wortfeld erkennen
Im ersten Abschnitt von **T** (Z. 1–7) treten verschiedene Verben eines Wortfeldes gehäuft auf. Nenne die betreffenden Verben und suche einen Überbegriff für das Wortfeld. Welche Stimmung wird dadurch erzeugt?

3 Stil analysieren
Der Konsul Servilius formuliert seine Worte besonders nachdrücklich. Sammle Belege dafür aus dem Text seiner Rede (Z. 11–14).

4 Welche der folgenden Aussagen zu **T** sind richtig, welche falsch? Berichtige die falschen Aussagen, indem du jeweils einen mit **T** übereinstimmenden lateinischen Satz formulierst.
1. Aulus et Gaius ad forum contendunt.
2. Lucius et Atia in Circo Maximo sunt.
3. In curiā nuntii sunt.
4. Etiam M. Aquilius apud senatores stat.
5. Barbari victores non sunt; tandem arma deponunt.
6. Populus periculo gaudet.

5 Mit der eigenen Lebenswelt vergleichen
Wenn du wissen willst, was in deinem Land und in der Welt geschieht, wie informierst du dich? Was konnte/musste ein Römer tun, wenn er sich darüber informieren wollte?

6 Vergleicht die Zentren unserer Städte mit dem Forum Romanum des antiken Rom: Was ist anders, was ähnlich?

Ü

Antonia, Iulia, Atia thermas petunt. Amicae thermas amant. In thermis Antonia et Iulia rident; sed Atia non gaudet. Atia ad amicas: „Cur semper ridetis et gaudetis?" Iulia: „Thermas amamus. Itaque gaudemus." Atia tacet. Iulia ad Atiam: „Quid est? Cur taces? Cur non gaudes?" Atia: „Lucius non adest. Itaque taceo."

A In **T** begegnen dir viele neue Verbformen. Suche alle Verbformen der 1. und 2. Person heraus und sortiere sie nach Konjugationsklassen. Vervollständige die jeweilige Formenreihe durch die anderen Personalformen.

B In Lektion 4 hast du den Ablativ des Mittels kennengelernt. Untersuche die Ablative von **T**, Z. 11–15 (victoriā – iniuriis – armis – sacrificio – nuntio): Welche bezeichnen ein Mittel? Was wird durch die anderen angegeben?

C Bei den folgenden Formen fehlt jeweils ein Buchstabe der Endung. Ergänze ihn und bestimme jede Form. Achtung: Bei einigen Formen gibt es mehrere Lösungen.

mercator-?m	port-?e
for-?m	sen-?s
amic-?s	consul-?bus
curi-?m	victor-?

D Setze die in Klammern stehenden Substantive in die richtige Form, sodass eine Geschichte entsteht. Achte dabei auf den richtigen Numerus und verwende, wenn nötig, auch passende Präpositionen. Übersetze dann.
1. Nunc Aulus (Circus Maximus) est et (ludus) spectat. 2. Etiam (amicus) adsunt. 3. Tum (equus) currunt. 4. Populus (ludus) gaudet. 5. Amici (Syrus victor) laudant. 6. Repente (Lucius) surgit et (Circus Maximus) (forum) contendit. 7. Ibi Lucius (Atia) (basilica Iulia) intrat.

E Sprachen vergleichen

Al Foro Romano
1. Paolo entra nel foro, vede la curia.
2. Paolo: „Sono davanti alla porta della curia.
3. Vedo i senatori.
4. I senatori mi salutano.
5. Entro nella curia."

Welche lateinischen Wörter erkennst du in den italienischen Sätzen? Schreibe das italienische und das lateinische Wort jeweils nebeneinander. Übersetze die Sätze ins Deutsche.
Versuche, zwei der Sätze ins Lateinische zu übertragen. Beschreibe dann auffällige Gemeinsamkeiten und Unterschiede zwischen dem **Lateinischen** und dem **Italienischen**.

F Setze die Singularformen in den Plural und umgekehrt. Übersetze dann:
amicus adest – uxores donis delectamus – senator es – ad mercatorem contendis – cum uxoribus intrant – deum sacrificio (Opfer) colo – bestiam vides – aedificium specto

G Spielerisch üben

Ein Spieler erhält einen kleinen Ball und übersetzt die erste der folgenden Formen. Anschließend wirft er den **„Formenball"** einem beliebigen Mitschüler zu. Dieser bildet zur selben Form den Infinitiv. Der Spieler, dem der Ball dann zugeworfen wird, übersetzt die zweite Form usw.
Wie schnell schafft ihr die ganze Reihe?
taceo – vivunt – pugno – estis – curritis – tollis – damus – respondent – es – rogas – surgimus – sumo – sum – doles – defendit – videmus – sumus – intratis – stant – gaudet

H Überraschung!

1. Antonia, Lucius und° Atia sind auf dem Forum. 2. Sie eilen zu ihrer° Freundin Cornelia. 3. Plötzlich bleibt Antonia stehen (macht halt). 4. Atia: „Warum bleibst du stehen (machst du halt)? Was siehst du?" 5. Und Lucius: „Wo seid ihr? Warum zögert ihr? Wir müssen uns beeilen, denn Cornelia erwartet uns[1] schon." 6. Antonia: „Wir erfreuen Cornelia mit einem Geschenk!" 7. Wenig später[2] sieht Cornelia die Freunde mit einem Papagei[3].

1 uns nōs – 2 wenig später paulō post – 3 Papagei psittacus

I Übersetzungen prüfen

Wähle die richtige Übersetzung aus. Begründe deine Entscheidung, indem du die Fehler der anderen genau aufspürst.

Populus gaudet, quod consul victoriam nuntiat, et forum clamore complet.

1. Das Volk freut sich über den Konsul, weil er den Sieg verkündet, und erfüllt das Forum mit Jubelgeschrei.
2. Das Volk freut sich, weil der Konsul den Sieg verkündet, und erfüllt das Forum mit Jubelgeschrei.
3. Das Volk freut sich, weil der Konsul den Sieg verkündet und das Forum mit Jubelgeschrei erfüllt.
4. Weil der Konsul den Sieg verkündet und sich freut, erfüllt das Volk das Forum mit Jubelgeschrei.

Senatssitzung in der Kurie. Szenenbild aus der Fernsehserie „Rome" (GB / USA 2005).

Paul im Senat

Z

Wie immer sitzt Paul im Unterricht neben Barbara. Sie haben Latein. Paul liebt die Antike, am liebsten wäre er selbst Römer. Angestrengt betrachtet er das Bild des Forum Romanum und taucht in seine eigene Vorstellungswelt ...

Subito Paulus forum et basilicas et curiam videt. Paulus: „A! In foro sum! Ecce, ibi curia est: Porta patet. Ad curiam accedo, ante portam consisto. Senatores video: In curiā sedent[1] et clamant; subito autem surgunt, me[2] salutant[3]. Curiam intro. Senatores: ‚Tandem ades! Cur accedere dubitas?' Et ego[4]: ‚Cur curiam clamore completis?' Senatores: ‚Tandem victoriam nuntiare licet! Victores sumus, iniuriis non iam dolemus!'
Diu nuntio gaudemus. Tum e curiā ad forum propero. In turbā sto, basilicas specto. Etiam Barbaram video: Cum amicis per forum contendit. Subito Barbara me videt et clamorem tollit:
‚Nicht träumen, Paul! Aufpassen!' "

1 sedēre sitzen
2 mē mich
3 salūtāre begrüßen
4 egō ich

Differenziert üben I

Lies den folgenden lateinischen Text genau durch und versuche, seinen Inhalt zu erfassen. Du brauchst ihn *nicht* schriftlich zu übersetzen. Auf den lateinischen Text folgen drei Aufgabenbereiche mit verschiedenen Schwierigkeitsgraden. Du braucht nur *einen* dieser Aufgabenbereiche zu bearbeiten, den du frei wählen kannst.

Ein Wunder im Circus

T Im Circus ist während eines Stierkampfes etwas Erstaunliches geschehen. Ein Zuschauer erzählt aufgeregt einem „Reporter“ der acta diurna (Wandzeitung auf dem Forum), was er gerade gesehen hat.

Cum amicis in Circo sum, nam ludos spectamus. Turba adest; iam bestias exspectamus. Nunc servi cum sene Circum intrant, tum senem relinquunt. Senex sine armis in Circo stat. Tacet et populum spectat.

Statim turba Circum clamore complet: „Ubi bestiae sunt, ubi leones[1] sunt?“ Repente portae patent: Leones in Circum currunt, senem vident, consistunt.

Senex periculum videt – tamen cum bestiis pugnare non vult, sed mortem[2] exspectat.

Nunc unus e[3] leonibus senem diu spectat. Tum accedit ad senem, senem contingit[4]. Populus autem non iam clamat, sed tacet. Leonem et senem diu spectat. Rogamus: „Cur leo senem non appetit[5]?“ Etiam senex leonem spectat; subito gaudet et ridet, ad bestiam accedit et leonem contingit. Nunc ceterae[6] bestiae senem appetunt; leo autem senem defendit. Denique servi accedunt et bestias abducunt[7].

Surgimus, gaudemus, clamamus; nam leo et senex amici sunt.

1 leō, leōnis Löwe
2 mors, mortis Tod
3 ūnus ē *m. Abl.* einer von
4 contingere, contingō berühren
5 appetere, appetō angreifen
6 cēterae die übrigen
7 abdūcere, abdūcō wegführen

Briton Rivière: Androclus and the lion. 1908. Auckland Art Gallery, Neuseeland.

Schwierigkeitsgrad 1

Überlege dir zu jeder Frage die richtige Antwort.

1 Wen führen die Sklaven in den Circus?
a) einen jungen Gladiator
b) einen alten Mann, der mit einem Schwert bewaffnet ist
c) einen unbewaffneten alten Mann
d) eine Gruppe von Löwen

2 Wie verhält sich der senex in der Arena?
a) Er bleibt stehen und erwartet seinen Tod.
b) Er verlässt schleunigst den Circus.
c) Er versucht sich zu wehren.
d) Er versteckt sich.

3 Wie reagiert einer der Löwen auf den senex?
a) Er fällt sofort über ihn her.
b) Er geht auf den senex zu und beschnuppert ihn.
c) Er greift zusammen mit den anderen Löwen an.
d) Er legt sich auf den Boden und beginnt zu dösen.

4 Wie endet die Geschichte?
a) Alle Löwen verhalten sich friedlich.
b) Die Löwen genießen ihre Mahlzeit.
c) Der Löwe beschützt den Mann in der Arena.
d) Die Löwen werden von Sklaven getötet.

Schwierigkeitsgrad 2

Aus der Erzählung des Zuschauers hat der „Reporter" der acta diurna einen Artikel verfasst. Stell dir vor, du bist der Sklave des Senators Aquilius Florus, der jeden Morgen die neuesten Nachrichten pünktlich auf den Frühstückstisch des Herrn legen muss. Leider sind dir beim hektischen Abschreiben der acta diurna die Wachstäfelchen durcheinander geraten. Bringe sie in die richtige Reihenfolge!

1. Leo cum sene pugnare non vult.
2. Senex bestias videt et mortem exspectat.
3. Leo senem cognoscit (erkennt), currit ad senem.
4. Populus clamat, quod leo et senex turbam delectant.
5. Servi senem sine armis in Circum ducunt (führen).
6. Bestiae in Circum contendunt, ibi senem spectant; subito consistunt.

Schwierigkeitsgrad 3

Der germanische Sklave Atto durfte seinen Herrn zu den Spielen begleiten und erzählt zu Hause aufgeregt seinen Mitsklaven, was im Circus geschehen ist. Allerdings fehlen ihm manchmal die lateinischen Worte, und Verbformen kann er auch nicht richtig bilden, denn er verwendet immer nur den Infinitiv. Atto hat übrigens von anderen Zuschauern erfahren, dass der alte Mann Androclus heißt. – Schreibe den folgenden Text ab, übersetze die deutschen Wörter ins Lateinische und füge die fehlenden Endungen in der richtigen Form ein. Setze die Infinitive in die passende Verbform.

„Servi einen alten Mann in Circo relinquere. Tum leones in Circ? contendere, Androclum spectare et consistere. Androclus über die Gefahr dolere, sed kämpfen non vult, in Circ? stare et tacere. Unus e leonibus zu dem alten Mann accedere et Androclum contingere. Wir autem tacere, non clamare. Der alte Mann leonem diu spectare, tum zu dem Tier accedere. Nunc leones den alten Mann appetere; leo autem Androclum defendere. Tum servi accedere et cum leon? Circum relinquere. Wir clamor? tollere et gaudere."

Wenn du mehr über dieses wundersame Ereignis wissen möchtest, schau in einem Lexikon oder im Internet unter dem Stichwort „Androklus" nach!

Lateinische Texte lesen – römisches Leben verstehen

Lateinische Texte erfassen

Die wichtigste Quelle zum Verstehen römischen Lebens sind lateinische Texte. Oft geben dir Überschriften und Hinführungstexte eine erste Hilfe zum Erfassen des Textes. Unter den Texten finden sich zudem Erschließungsaufgaben, die zusätzliche Verständnishilfen bieten.
Manchmal ist der Text auch durch Absätze in kleinere Sinnabschnitte unterteilt, denen du Überschriften geben kannst. Dann machst du dich daran, den Text in die deutsche Sprache zu übersetzen. Für das Übersetzen sind verschiedene Kompetenzen notwendig.

- Schlage in einem Wörterbuch den Begriff „Kompetenz“ nach und erkläre ihn mit eigenen Worten. Grenze ihn vom Begriff des „Wissens“ ab.

Mehrdeutigkeit von Wörtern erkennen

Wichtig ist es, alle Bedeutungen einer Vokabel zu kennen. Oft hat nämlich ein lateinisches Wort mehrere deutsche Bedeutungen.

Beispiel: Aulus Gaium relinquit.

Für relinquere hast du drei Bedeutungen gelernt: *unbeachtet lassen, verlassen, zurücklassen.*

Es sind jetzt drei Übersetzungen möglich:
Aulus lässt Gaius unbeachtet.
Aulus verlässt Gaius.
Aulus lässt Gaius zurück.

- Erkläre, wovon es abhängt, welche der drei Übersetzungen richtig ist.
- Suche aus dem bisher gelernten Wortschatz Vokabeln heraus, die wie relinquere zwei oder mehr Bedeutungen haben und formuliere einen deutschen Beispielsatz für jede Bedeutung.

Beispiel: clamor: *Geschrei, Lärm*
Mit Geschrei rennen die Schüler aus der Schule.
Ich höre den Lärm auf der Straße.

Formen analysieren

Wichtig sind auch gefestigte Formenkenntnisse, um für eine Übersetzung die Satzgliedfunktion der einzelnen Wortform richtig zu erfassen. So ändert sich die Aussage eines lateinischen Satzes manchmal nur durch den Austausch weniger Buchstaben:

Vergleiche:
Aulus Gaium relinquit.
Aulum Gaius relinquit.

- Erkläre die Unterschiede, indem du die einzelnen Wortformen zutreffend bestimmst.

Gemeinsam eine Übersetzungsmethode erarbeiten (Projekt)

Sammelt in Gruppenarbeit alle Schritte, die ihr zum Anfertigen einer Übersetzung durchführen müsst. Schreibt jeden Schritt auf einen Zettel. Ordnet dann die einzelnen Schritte in der richtigen Reihenfolge. Vielleicht finden einzelne Schritte gleichzeitig statt; dann legt sie nebeneinander.
Wenn ihr mit dem Ordnen fertig seid, fertigt ein Lernplakat an, auf dem ihr alle Schritte in der richtigen Reihenfolge auflistet. Wenn ihr es gut sichtbar aufhängt, kann es euch immer wieder an das systematische Vorgehen beim Übersetzen erinnern.

Menschen wie du und ich?

In den folgenden Lektionen begleiten wir Publius, den Sohn des Senators Marcus Aquilius Florus, in einem für ihn wichtigen Lebensabschnitt, der auch mit einem großen Fest begangen wird.

Du erfährst etwas über römische Kleidung, römische Küche, die Götter ... Die Abbildung zeigt, wie die reicheren Bürger in Italien lebten und wohnten.

① taberna *Geschäft, Lokal*
② faucēs *Flur*
③ ātrium *Atrium (Eingangshalle)*
④ impluvium *Wasserbecken*
⑤ āla *Seitenraum im Atrium*
⑥ tablīnum *Empfangs-, Arbeitszimmer*
⑦ trīclīnium *Speiseraum*
⑧ cubiculum *Schlafraum*
⑨ peristȳlium *Säulengang mit Garten*

1 Vergleicht diese Anlage eines römischen Hauses mit unseren Wohnverhältnissen.

Die Küche der Römer war ursprünglich sehr einfach und bodenständig. Als Roms Einwohner noch meist Bauern waren und auf den Feldern arbeiteten, ernährten sie sich von dem, was der Boden hergab. Sobald Menschen aus anderen Gegenden und Ländern zuzogen, wurden die fremden Einflüsse auf die römische Esskultur immer größer. Wer es sich leisten konnte, besorgte sich auf den Märkten vielfältige Zutaten für eine gehobene Küche. Brot und viele Sorten von Gemüse, die auch wir kennen, waren Grundnahrungsmittel.
Man begann Speisefische und Austern zu züchten und mästete Gänse, Pfauen und Schnecken. Aus dem Osten des römischen Reiches kamen exotische Gewürze zur Verfeinerung der Speisen.
Die wichtigsten Informationen über die anspruchsvolle Küche der römischen Kaiserzeit erhalten wir aus dem Kochbuch des Apicius (3./4. Jh. n. Chr.) mit ca. 500 Rezepten. Darin erfahren wir, dass die Römer mindestens 80 Gewürze kannten, von denen man 60 im Haus haben sollte. Sehr beliebt waren auch Obst und Nüsse, die zu jeder Mahlzeit gehörten. Fleisch kam bei den einfachen Leuten nur an Festtagen auf den Tisch. Am häufigsten aß man Schwein, erst später gab es auch Rind-, Ziegen- und Lammfleisch. Sehr beliebt waren Innereien und Würste. Bei den Reichen kamen auch Wild, Geflügel und Fisch auf den Tisch. Bei der Aufzählung all dieser Nahrungsmittel vermisst ein Mensch unserer Zeit besonders zwei Stoffe: Zucker und Salz. Zum Süßen verwendete man fast ausschließlich Honig, daneben auch Dattel- oder Feigensirup. Unser Speisesalz war in Rom sehr selten und teuer.
Es wurde fast ausschließlich zum Konservieren von Lebensmitteln verwendet. Zum Salzen in unserem Sinne gab es eine Art Flüssigsalz mit Fischgeschmack, das aus eingesalzenen Sardellen und Sardinen hergestellt und in Amphoren abgefüllt wurde.

G Achte in den folgenden Sätzen auf das Satzzeichen (!):

Aulus et amici ad forum currunt. Sed Aulus consistere vult.
Aulus clamat: „Consistite, amici! Cur me (mich) non exspectatis? Respondete!“
Atia: „Propera, Aule!“ Ad amicos: „Exspectate Aulum!“ Pueri Aulum exspectant.

Vorbereitung eines großen Festes

T Im Haus des Senators Marcus Aquilius Florus herrscht große Aufregung. Denn ein Fest zu Ehren von Publius, dem Sohn des Senators, wird vorbereitet, und alle Sklaven werden mit bestimmten Aufgaben betraut. Dazu wendet sich die Herrin des Hauses, Cäcilia, an Fortunatus, den Aufseher der Sklaven.

Die Bedeutung der kursivgedruckten Wörter kannst du den Abbildungen hier und auf S. 31 entnehmen.

Caecilia in *atrio* stat et Fortunatum servum vocat: „Propera, Fortunate! Nam convivas[1] exspectamus. Servos in *atrium* mitte!“ Fortunatus servos ad dominam mittit. Domina: „Emite in foro *mala* et *ova*, *pisces* et *panem*!“ Tum servas vocat: „Parate *triclinium*! Ornate mensas floribus[2]!“ Etiam in culina[3] servi laborant. Ibi Davus coquus[4] cum servis cenam parat. Coquus iubet: „Puellae, parate *olivas* et *caseum*! Adeste, pueri! Ades et tu, Afra!“ Caecilia illuc properat, coquum laudat: „Bene, Dave!“ Iam liberi matrem vocant: „Mater, in *cubiculo* te exspectamus.“ Domina *cubiculum* intrat; liberos et Melissam servam videt, tum iubet: „Ostende vestes, Melissa!“ Domina vestes spectat, vestes autem non placent. Statim Melissa: „Ancus mercator vestes vendit. Domina, servum ad Ancum mercatorem mitte!“ Paulo post Ancus cum servis aedes intrat; servi vestes portant. Ancus: „Salve, Caecilia! Salve, Melissa! Spectate vestes!“

1 convīva Gast
2 flōs, flōrem Blume
3 culīna Küche
4 coquus Koch

1 Satzübergreifend vorerschließen
Lest Überschrift und Einführungstext aufmerksam durch. Ermittelt dann, um welche Vorbereitungen des Festes es in den Abschnitten Z. 1–10 und Z. 11–18 vorwiegend geht. Beachtet dazu besonders die Substantive.

2 Antike Lebenswirklichkeit beschreiben
Römische Frauen verbrachten die meiste Zeit zu Hause. Sie mussten sich um den Haushalt kümmern, die Sklaven beaufsichtigen und die Kinder erziehen. Das Ansehen der Frau und ihre Stellung hingen vom Status und der Position ihres Mannes ab. Frauen aus reichen Familien konnten viele ihrer Aufgaben Sklaven übertragen und beaufsichtigten dann diese.
Notiere aus **T**, welche Aufgaben Cäcilia, die Gattin des Senators Aquilius, zu erledigen hat.
Vergleiche das Ergebnis mit dieser kurzen Sachinformation über die Stellung der römischen Frau. Welche Gesichtspunkte werden in **T** nicht genannt?

3 Verteilt die Rollen von **T** und spielt die Szene.

4 Sprachenvergleich nutzen
Paul und Barbara sind während der Sommerferien nach Italien gefahren. Als sie über einen Wochenmarkt schlendern, fallen ihnen einige Preisschilder auf. Welche Waren sind auf der abgebildeten Tafel gemeint?
Gib mit Hilfe der Bilder zu **T** die deutschen Bezeichnungen an.

mele kg 2 €
10 uova 1 € 30 ct.
pane kg 1 € 50 ct.
pesce di mare kg 11 € 30 ct.
olive ½ kg 4 €

Ü

Iulia et Antonia ante basilicam stant. Tabernas et mercatores amant. Aulus amicus ante curiam consulem exspectat. Amicae basilicam intrant, sed tum amicum vident: Amicae ad Aulum: „Salve, amice! Relinque curiam, Aule! Intra basilicam! Quid est? Responde!“ Aulus dubitat; tum puer respondet: „Salvete, amicae! Consulem exspecto. Relinquite basilicam, Iulia et Antonia! Properate! Videte consulem!“ Amicae rident, non respondent, basilicam intrant.

A Schreibe aus **T** die Formen der Eigennamen heraus, mit denen eine Person angesprochen wird. Was fällt dir auf, wenn du die Formen mit dem Nominativ vergleichst?

B Ordne die Imperative, die in **T** enthalten sind, den entsprechenden Konjugationsklassen zu.

C Schreibe aus **T** alle Adverbialien mit Präposition heraus. Ordne nach Präpositionen mit dem Akkusativ und dem Ablativ.

D Endbuchstabe -e!
Ordne die Verben nach Singular und Plural. Welche Wörter kannst du nicht zuordnen? Warum?
emite – serve – curre – mitte – victore – relinque – portate – depone – complete – pete – consistite – tace – gaudete

Neben Ton- und Silbergeschirr verstanden es die Römer auch, Glasgefäße herzustellen. Die kostbarsten von ihnen sind die sog. Diatretgläser. Sie wurden meist als Lampen verwendet und zeigten, von innen beleuchtet, dem Betrachter ihr Farbenspiel.

E Formen, wandelt euch!
properat → Plural → 1. Person → Singular → 2. Person → Imperativ ➲ Übersetzung
curris → 3. Person → Plural → Imperativ → Singular → 1. Person ➲ Übersetzung
gaudemus → 2. Person → Singular → 1. Person → 3. Person → Plural → Imperativ ➲ Übersetzung

F Wo sind die Vokale geblieben?
Du hast die Wahl zwischen a – e – i - u.

curr?s	orn?s
proper?tis	em?nt
compl?mus	defend?mus
mitt?nt	depon?t
pugn?t	pat?nt

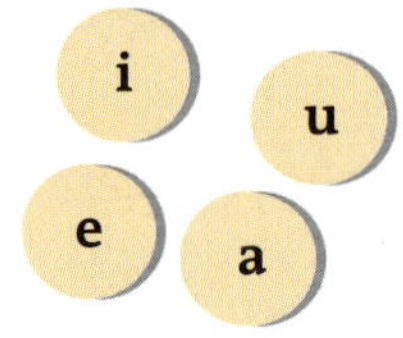

G Spielerisch üben
Imperativ und Vokativ: Ein Schüler spielt die Hausherrin Cäcilia, ein zweiter eine Sklavin oder einen Sklaven. Die Hausherrin gibt Befehle, die der Bedienstete ausführen und kommentieren muss. Ein dritter Mitspieler beschreibt, was er sieht.
Beispiel: 1. Intra, serve!
2. *(Der Sklave tritt ein.)* Intro.
3. Servus intrat.

H Fortunatus ist ein strenger Aufseher, der alle Tricks seiner Sklaven kennt. Das muss auch Hilarus, ein junger Sklave aus Gallien, erkennen.
1. Servi per *atrium* currunt, quod Aquilius et Caecilia convivas (Gäste) exspectant. 2. Sed Fortunatus Hilarum servum non videt. Ubi est Hilarus? 3. Hilarus in *cubiculo* est, quod laborare non vult. 4. Fortunatus Hilarum videt et clamat: „Hilare! Curre in *triclinium*! Labora!“

I Alle helfen mit
1. Fortunatus ruft die Sklaven: „Kommt herbei, Sklaven! Beeilt euch! Der Senator erwartet Freunde. Lauft zum Forum, kauft Wein!“ 2. Sofort verlassen die Sklaven das Haus. Wo aber ist Davus? 3. Der Junge ist in seiner° Schlafkammer[1], weil er nicht arbeiten will. 4. Schon schreit Fortunatus: „Steh endlich auf, Davus! Arbeite!“ 5. Auch die Herrin befiehlt: „Lauf zum Händler Rabirius! Bringe Käse[2] und Oliven[3], Melissa! 6. Plötzlich betritt M. Aquilius das Atrium[4]. Fortunatus: „Sei gegrüßt, Senator! Du erwartest Freunde; deshalb bereiten wir das Essen vor.“

1 Schlafkammer cubiculum – 2 Käse cāseus – 3 Oliven olīvae – 4 Atrium ātrium

J Diese römische Tonlampe aus dem Kunsthistorischen Museum in Wien zeigt, dass ärmere Leute sich nur von einfachen Nahrungsmitteln ernähren konnten. Eine Inschrift umrundet die Darstellung eines Körbchens, in dem Lebensmittel, die auch in der Inschrift genannt werden, liegen. Die Inschrift lautet:
PAVPERIS CENA PANE(M) VINV(M) RADIC(EM)
„die Hauptmahlzeit eines Armen besteht aus Brot, ...“
Die letzten beiden Wörter der Inschrift kannst du vielleicht selbst übersetzen; auch das Bild auf der Lampe kann dir dabei helfen.

K Über Sprache nachdenken
Achte auf den Kasus nach den Präpositionen in den folgenden deutschen Sätzen. Was fällt dir auf? „Die Herrin schickt die Sklaven in die Vorhalle. Die Sklaven warten in der Vorhalle. Der Sklave stellt die Oliven auf den Tisch. Die Oliven stehen auf dem Tisch. Der Händler kommt ins Haus. Der Händler ist im Haus.“
Vergleiche nun mit dem Lateinischen.

L Mehrdeutigkeit von Wörtern erklären
1. Amicus in **ludum** properat. **Ludi** amicum delectant. 2. Mercator **rogat**: Cur senex vinum sumit? Senex senatorem **rogat**: Accede, ades, defende amicum!

M Durch W-Fragen analysieren
„Wer tut was, wann, wie, wo ... ?“
Wende W-Fragen bei der Satzanalyse an:
1. Mater hodie in foro vestes emit.
2. Paulo post mercator vinum in aedes portat.

Ein großer Auftrag

Z

Theodorus servus cum Athenodoro servo in culina[1] stat. Subito Fortunatus culinam intrat: „Theodore, Athenodore, accedite! Quintus mercator vinum in aedes portare non potest[2]. Itaque currite ad Quintum et vinum portate!“ Statim Theodorus et Athenodorus ad tabernam contendunt. Quintus ante tabernam stat et servos iam exspectat. Theodorus cum Athenodoro tabernam intrat. Ibi amphoras[3] vident et stupent[4]. Quintus rogat: „Cur dubitatis?“ ...

1 culīna Küche
2 potest er (sie, es) kann
3 amphora Amphore (großes Tongefäß, in dem Flüssigkeiten aufbewahrt wurden)
4 stupēre staunen

1 Verschiedene Perspektiven entwickeln
Warum zögern die Sklaven? Erzähle die Geschichte aus der Perspektive der Sklaven zu Ende.

Kleidungsstücke für Männer und Frauen kauft der modebewusste Römer bei Ancus, dem Tuch- und Kleiderhändler, dessen Geschäft in der Nähe des Venus-Tempels am Rande des Forums liegt. Die Sklaven des Ancus zeigen den Kunden gerne die verschiedenen Stoffe.

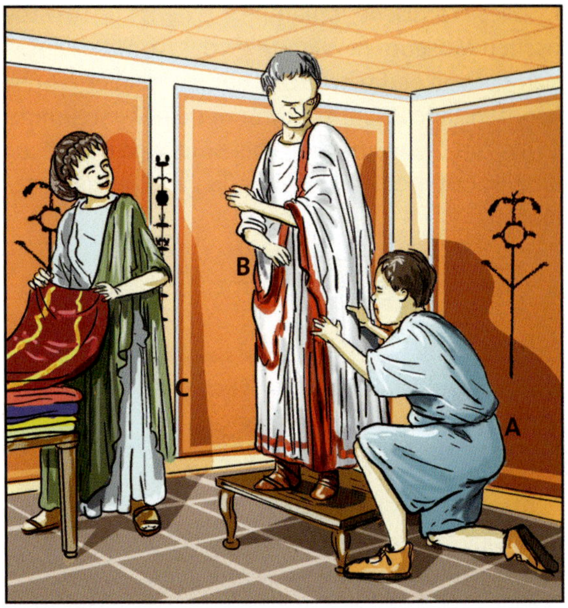

Lucius Hortensius und seine Frau Paulla sind gerade bei Ancus, um sich neu einzukleiden. Während sich Paulla noch die verschiedenen Stoffe ansieht, wird Hortensius schon von Ancus beraten: „Diese Tunika (**A**) ist sehr robust und hält im Winter auch recht warm, da sie aus Wolle gearbeitet ist."
„Dafür ist sie auch teurer als die anderen", brummt Hortensius. „Nun, sie ist aber auch von guter Qualität." „Wie lange behalten denn die Tuniken ihre Farbe?", fragt Hortensius listig. „Wann ist die Farbe verblasst?" „Diese behalten ganz lange ihre Farbe, sie werden mit ausgesuchten Pflanzenfarben behandelt", beeilt sich Ancus freundlich zu antworten. „Nur billige Ware verliert nach häufigem Waschen ihre Farbe." Nach kurzem Überlegen meint Hortensius: „Ich nehme doch eine Tunika aus ungefärbter Wolle. Dann brauche ich noch eine Toga (**B**)." – „Ich habe hier sehr schöne, fein gesponnene und gewebte Togen, die gut zu deiner neuen Tunika passen. Möchtest du sie anprobieren?" Schon beginnen zwei Sklaven, Hortensius fachgerecht in die ca. 6 m lange Toga zu hüllen. Geschickt legen sie den Stoff in Falten und drapieren die Stoffbahn so um Hortensius, dass er in kurzer Zeit vollendet gekleidet vor seiner Frau steht. „Du siehst hervorragend aus, edler Hortensius", schmeichelt Ancus und schon hat er die Toga verkauft.
„Womit kann ich dir dienen?", wendet sich Ancus nun an Paulla. Hortensius ahnt, was kommt, und seufzt tief. „Sieh nur!", beginnt Paulla, „ich habe meine Tunika schon angezogen. Dazu brauche ich dringend eine neue Palla (**C**)." Ancus bewundert gebührend den weich fallenden Wollstoff, den Paullas Sklavin am Morgen geschickt unter der Brust und um die Taille ihrer Herrin gegürtet hat. Er überlegt kurz und sagt dann: „Ich habe aus Kleinasien wunderschöne zarte Stoffe für eine leichte Palla hereinbekommen. In einige Stoffe sind auch Goldfäden eingewebt." Schnell legen die Sklavinnen Paulla die neuen Modelle vor. Ganz entzückt streicht sie über die feinen Stoffe. Bei dem Wort „Goldfäden" ist Hortensius in Gedanken an seinen Geldbeutel schon nervös zusammengezuckt. Paulla entscheidet sich schließlich für eine zartblaue Palla ohne Gold.

G WESSEN?

Melissa vestes ostendit.
Melissa vestes servi / servorum ostendit.
Melissa vestes dominae / dominarum ostendit.
Melissa vestes senatoris / senatorum ostendit.

Porta aedificii patet.
Portae aedificiorum patent.

Melissa intrare vult; etiam servi intrare volunt.

Modenschau

T Ancus, der Tuch- und Stoffhändler, hat den Sklaven, der aus dem Haus des Aquilius geschickt worden war, sofort begleitet und eine Vielzahl seiner Modelle mitgebracht.

Servi Anci mercatoris circiter viginti vestes in *cubiculum* dominae portant. Etiam liberi adsunt et vestes spectare volunt. Caecilia ad Ancum et ad servos Anci accedit et iubet: „Ostendite vestes! Nam sacrum et convivium paramus. Itaque vestes emere volo. Primo autem ostendite togas et tunicas!“
Mercator verbis Caeciliae gaudet et dicit: „Videte copiam togarum et tunicarum!“
Caecilia Publium ad consilium admittit: „Publi, ecce togas viriles[1]!“ Cum Publio filio togas Anci spectat, attingit, probat. Ancus ad Publium accedit: „Nonne togam sumere vis?“ Publius gaudet, libenter[2] togam induere[3] vult. Statim servi accedunt, paulo post Publius auxilio servorum togam sumit. Mater filium spectat et gaudet: „Nunc togam virilem geris.“
Tum Ancus Caeciliam et Aquiliam filiam vocat: „Nunc spectate vestes mulierum! Nonne stolas[4] et tunicas sumere vultis?“ Statim mater filiaque oculos in vestes convertunt. Tunicam cum tunica componunt. Itaque in *cubiculo* remanent. Publius autem *cubiculum* matris relinquit et ad patrem contendit. Etiam pater toga filii gaudet.

1 toga virīlis, togam virīlem *Akk.* Männertoga
2 libenter gern
3 induere anziehen
4 stola Stola

Ein Stoffhändler lässt von seinen Sklaven verschiedene Kleidungsstücke vorführen. Römisches Relief. Rom, Museo della Civiltà Romana.

1 Funktion von Satzarten erklären
Welche Satzarten (Aussage-, Frage-, Aufforderungssätze) herrschen in den Passagen vor, in denen die Personen sprechen? Welche Rückschlüsse auf ihre Stimmung kannst du ziehen?

2 Begründete Vermutungen äußern
Welche Kleidungsstücke kommen in **T** vor, welches steht im Mittelpunkt? Wie erklärst du dir dessen große Bedeutung?

3 Beschreibe mit deinen Worten, welches Fest hier gefeiert werden soll. Mit welchen unserer Feste ist es vergleichbar?

4 Suche Stellen im Text, an denen Cäcilia handelt oder etwas sagt. Erkläre anhand deiner Beobachtungen, welche Rolle sie als Mutter im römischen Haushalt offenbar einnimmt.

5 Als Cäcilia ihren Sohn in der Toga sieht, heißt es: Mater filium spectat et gaudet: „Nunc togam virilem geris.“
Was empfindet Cäcilia beim Anblick ihres Sohnes?

Ü

Domina et serva in *cubiculo* (vgl. S. 31) sunt. Subito servus *cubiculum* intrat. Serva clamat: „Quis es? Quid vis? Cur *cubiculum* intras? Cur *cubiculum* dominae intras?“ Tum etiam domina clamat. Clamor servae et dominae aedes complet. Etiam dominus clamorem mulierum audit (hört). Ad *cubiculum* uxoris properat. Servum videt. Tum ridet: „Servus Anci mercatoris est. Vestes portat.“ Nunc etiam serva et domina vestes vident. Domina ridet. Sed serva tacet.

A In **T** lernst du das Verb velle kennen. Erstelle eine nach Numerus und Personen geordnete Liste aller Formen. (Eine Form musst du noch selbst bilden.)

B Übersetze die Sätze und erstelle eine Konjugationstabelle aus den Verbformen von nolle – *nicht wollen.*

1. Cum Aulo ludos in Circo spectare nolo. 2. Cur amicos exspectare non vis, Aule? 3. Atia simias (Affen) emere non vult. 4. Thermas petere nolumus. 5. Cur amphoras (große Krüge) portare non vultis, servi? 6. Pueri forum intrare nolunt, quod ibi turbam vident.

C Lateinische Sprichwörter kennenlernen

AMICI IDEM VOLUNT
ET NOLUNT.

idem dasselbe

D Ordnung muss sein!
Lucius hat alle Formen durcheinandergebracht. Suche die Genitive heraus. Ordne sie nach Singular und Plural.

senis
completis
turbam
matris
sumis
oculis
mittis
sacrorum
dei
mensarum
togae
arma
verbum
clamorum
amicarum
geris

E Mehrdeutigkeit von Wörtern erklären

1. Servus **contendit** et laborat. Servus in aedificium **contendit**. 2. Servae cenam **parant**. Servi in forum properant; ibi vinum **parant**. Domina mensam ornare **parat**.

F Bezugswörter erkennen

Der **Genitiv** kommt meistens als **Attribut** vor; er braucht also ein Bezugswort, von dem er abhängt. Überprüfe in den folgenden Sätzen, von welchem Bezugswort der Genitiv jeweils abhängt. Was kannst du zur Stellung des Genitivattributs im Satz feststellen? Vergleiche damit die Wortstellung im Deutschen.

1. Atia dona amici spectat.
2. Per Circum Maximum Syri equi currunt.
3. Melissa in *cubiculo* dominae est.
4. Caecilia mercatoris servos vocat.

G Ihr findet auf den Kugeln (waagerecht und senkrecht) fast alle bisher bekannten Formen von esse und velle. Welche Form fehlt?

P	A	M	V	U	L	T	I	S
I	S	U	N	T				T
E	S	S	E	E	S	T	I	S
L	O				U		T	E
L	V	O	L	O	M		L	
E	S	V	O	L	U	M	U	S
V	I	S			S		V	

H Wortschatz veranschaulichen

Das Wort consilium ist verwandt mit dem Wort consul und beide wiederum gehen auf das Verb consulere (beraten) zurück.

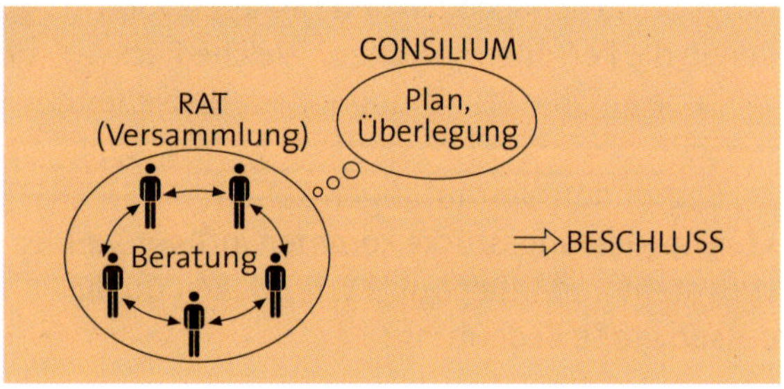

I Woran kann man erkennen, dass die junge Frau auf der Abbildung rechts aus einer vornehmen Familie stammt?

J Ihr habt in den letzten Lektionen Cäcilia, die Mutter des Publius, als Hausfrau mit vielen verantwortungsvollen Aufgaben kennengelernt. Es gibt vergleichsweise wenige Informationen über römische Frauen in antiken Schriften – einiges ist uns aus Grabinschriften bekannt. Ein Ehemann hat seiner Frau folgende Inschrift gewidmet:

„Kurz, Wanderer, ist mein Spruch; halt an und lies ihn. Es deckt der Grabstein eine schöne Frau. Ihre Eltern nannten sie Claudia; aus ganzem Herzen liebte sie ihren Mann; zwei Söhne gebar sie; einen ließ sie auf Erden zurück; den andern barg sie in der Erde. Sie führte geistreiche Gespräche und hatte einen anmutigen Gang. Sie kümmerte sich sorgsam um Haushalt und Kleidung. Ich bin zu Ende. Geh!“

Erkläre kurz anhand der Abbildung und der Grabinschrift, worauf vornehme Römer bei der Erziehung der Mädchen Wert legten.

K Ein gelungenes Fest

1. Schon betreten die Freunde das Haus des Senators. 2. Mit Hilfe der Herrin schmücken die Mädchen die Tische und die Sklaven bringen den Wein. 3. Nach dem Essen sucht M. Aquilius kurz° das Arbeitszimmer[1] auf, die Gäste[2] wollen noch° im Triclinium[3] bleiben. 4. Der Senator denkt an die Worte seiner° Freunde und freut sich, dann ruft er Fortunatus. 5. Fortunatus fragt: „Was willst du, Senator?“ 6. Aquilius: „Ich will dich loben, denn das Gastmahl gefällt allen°. Die Gäste wollen das Haus nicht verlassen, sie freuen sich über die Menge des Weines und° loben den Fleiß[4] der Sklavinnen und Sklaven.“

1 Arbeitszimmer tablīnum – 2 Gast convīva *m* – 3 Triclinium triclīnium – 4 Fleiß industria

Porträt einer jungen Frau. Wandmalerei aus Pompeji. 1. Jh. n. Chr. Neapel, Museo Archeologico Nazionale.

Beim Einkaufsbummel

Z Hodie Marcus cum Lydia amica in foro ambulat[1]. Fenestras tabernarum[2] spectant, nam Marcus bracas[3] emere vult. Tum emporium[4] intrant. Scalis versatilibus[5] partitionem[6] vestium petunt.

Marcus bracas societatis Diselianae, tum Levianae[7], tum ... spectat, attingit, probat; Lydia autem in partitionem computatrorum[8] contendit. Tandem Marcus bracas emit. Nunc amicus et amica computatra vident et probant.

Paulo post ad tabernam Macci Donaldi properant et isicium[9] Hamburgense, magnum[10] Maccium, emunt.

1 ambulāre spazieren gehen
2 fenestra tabernārum Schaufenster
3 brācae *Pl.* Hose
4 emporium Kaufhaus
5 scālae versātilēs Rolltreppe
6 partītiō Abteilung (im Kaufhaus)
7 societās Diseliāna / Leviāna Firma Diesel / Levi's
8 computātrum Computer
9 isīcium Frikadelle
10 magnum groß

Das Anlegen der toga virilis war für jeden jungen Römer ein großer Festtag. Für Publius ist heute der große Tag gekommen! Bereits am Morgen kommen viele Freunde und Verwandte ins Haus des Senators Aquilius, um Publius durch den Tag zu begleiten.
Zunächst bittet man die Hausgötter (lares) um ihren Segen. Am Hausaltar (lararium) wird ihnen ein Opfer dargebracht.
Cäcilia sieht ihren Sohn am Altar stehen und denkt an Stationen ihres Lebens zurück, die vom Segen der Hausgötter begleitet wurden. Als feststand, dass sie Aquilius heiraten würde, opferte sie den Laren ihre Puppe und ihr Spielzeug zum Zeichen, dass ihre Kindheit nun vorbei war. Sie lächelt, als ihr einfällt, wie lange sie ihre Puppe noch vermisst hat.
Wie glücklich war sie, als anlässlich der Geburt von Publius ein Schwein geopfert wurde, um den Schutz der Laren für ihren Sohn zu erbitten. Auch einige Jahre später, bei Aquilias Geburt, opferten sie ein Schwein.
Der Freigelassene Decimus Aquilius, der lange Jahre Sklave im Hause war und jetzt einen Töpferbetrieb leitet, erinnert sich an seine Freilassung. Nach einer feierlichen Zeremonie hatte er hier seine Sklavenkette abgelegt. Es war der glücklichste Tag seines Lebens!
Decimus denkt zurück: Nicht allen Sklaven war dieses Glück beschert. Als Haussklave hatte er es noch gut getroffen. Er erinnert sich an seine Gefangennahme in diesem unglücklichen Krieg, als er und seine Mitgefangenen nach dem Verwendungszweck sortiert wurden.
Einige Gefangene, die über gute Bildung verfügten, kamen als Hauslehrer zu den Kindern reicher Familien. Einige mussten aber auch in die Bergwerke oder wurden als Ruderer auf Galeeren geschickt – das sichere Todesurteil! Decimus landete schließlich auf einem Sklavenmarkt in Ostia und wurde dort von der gaffenden Menge bestaunt und verlacht. Ihm wird immer noch heiß und kalt, wenn er sich daran erinnert. Doch jetzt ist er hier und darf im Hause seines Patrons Aquilius mitfeiern.
Dieser blickt stolz auf seinen Sohn, der sich in die lange Reihe der Männer der gens Aquilia einreihen wird. Aquilius' Blick fällt auf die vielen kleinen Schränke, die alle die Form eines Tempels haben und nebeneinander an den Wänden angebracht sind. Hier werden die Porträtmasken der Verstorbenen aufbewahrt. Inschriften verkünden ihre Titel und Ämter. Sein sehnlichster Wunsch ist, dass auch Publius einmal zu großen Ehren kommen wird.

Kleine Statue eines Laren, eines Hausgottes, wie sie in den Hausaltären aufbewahrt wurden. In der linken Hand trägt er eine Opferschale, in der rechten Hand ein Trinkgefäß.

1 Wenn du mehr über die Lebensbedingungen von Sklaven wissen möchtest, informiere dich in dem Buch von Sylke Tempel, „Dürfen Sklaven sich verlieben?“ (Hamburg 2004).

G Vergleiche die Verbformen:
Aulus ad Circum Maximum currit.
Etiam Lucius ad Circum Maximum venit.
Aulus: „Ad Circum Maximum curro.“
Lucius: „Etiam ego (ich) ad Circum venio.“
Amici ad Circum Maximum veniunt; nam ibi
Syrum agitatorem (Wagenlenker) exspectant.

Das große Fest (I)

T Die ersten Gäste sind bereits am Esquilin, einem der sieben Hügel Roms, im Haus des Senators Aquilius eingetroffen. Auch die Freigelassenen wollen ihrem Herrn anlässlich des Festes ihre Aufwartung machen. Nur Decimus Aquilius, der erst vor kurzem freigelassen worden ist, hat sich ein wenig verspätet.

Decimus Aquilius libertus per forum currit. Iam mercatores, iam servi in foro sunt et negotia agunt. Decimus voces mercatorum audit, sed non consistit, quod aedes Marci Aquili patroni petit. Forum relinquit, per vias currit et in montem Esquilinum pervenit. Ante aedes servus stat et Decimum salutat[1] et in *atrium* ducit. Propinqui, amici, liberti gentis Aquiliae iam adsunt. Tum Publius cum parentibus Aquiliaque sorore venit et *atrium* intrat. Publius togam virilem[2] gerit, propinquos amicosque salutat. Ad aram Larum accedit et dicit: „Ad aram venio, bullam[3] depono, nunc togam virilem gero." Parentes et convivae[4] verba Publi cum gaudio audiunt. Denique Aquilius senator: „Nunc Publium in Capitolium ducere debemus. Venite!" Paulo post gens Aquilia et convivae aedes relinquunt et Capitolium petunt. In templo Iovem deum et Iunonem deam salutem pacemque orant. Tum Aquilii agmen convivarum domum ducunt.

Bulla des Knaben. Gefunden in Pompeji. 1. Jh. n. Chr. Neapel, Museo Archeologico Nazionale.

1 salūtāre begrüßen
2 toga virīlis Toga des Mannes
3 bulla Amulett (das ein Kind vor Gefahren beschützen sollte) s. Abbildung oben
4 convīva Gast

1 Satzübergreifend vorerschließen
Konzentriere dich beim ersten Durchlesen von **T** auf die Verbformen. Welche Rückschlüsse auf die Textsorte kannst du ziehen? Versuche dein Ergebnis zu bestätigen, indem du die Satzverbindungen (Konnektoren) beachtest: Liste sie auf und überlege, was sie ausdrücken.

2 Barbara hat versucht, den Text zu gliedern. Leider sind die Sätze durcheinandergeraten. Bringe sie in die richtige Reihenfolge.

a) Servus convivas (Gäste) ante aedes salutat (begrüßt).
b) Post sacrum convivae et gens Aquilia aedes Aquili senatoris petunt.
c) Gens Aquilia Publium in Capitolium ducit.
d) Publius bullam (Amulett) in ara deponit.
e) Decimus libertus ad aedes patroni pervenit.

3 Sich kreativ-produktiv mit antiken Themen auseinandersetzen
In **T** wird der Ablauf des Festes zur Verleihung der toga virilis genau beschrieben. Aquilia, die Schwester von Publius, schreibt später an ihre Freundin in der Provinz und erzählt ihr, wie sie das Fest erlebt hat. Verfasst diesen Brief auf Deutsch.

Ü

A Stelle anhand von **T** die Präsensformen der neuen Konjugationsklasse (z. B. venire) zusammen. Welche fehlen?
Bilde die entsprechenden Formen von agere und vergleiche sie mit denen von venire.
Unterstreiche die Unterschiede.

B In den Becken des Springbrunnens sind viele Substantive der bis jetzt bekannten drei Deklinationsklassen enthalten. Die Schalen des Brunnens verlangen aber eine Ordnung der Wörter. Ordne jeder Schale die passenden Substantive zu und bilde zu jedem Wort den Genitiv Singular.

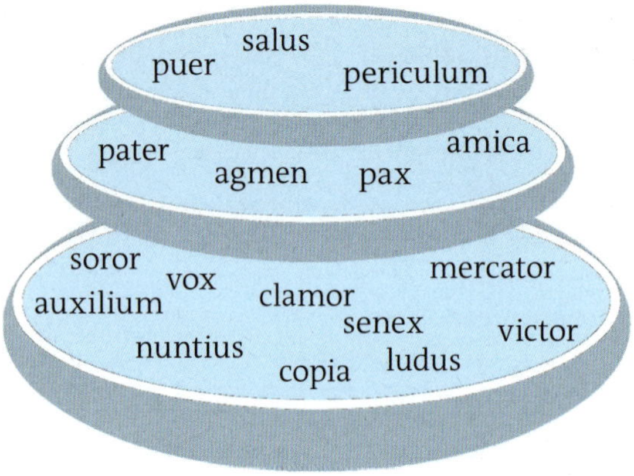

C Claudia, die Freundin von Aquilia, berichtet von ihrem Leben auf dem Land. Suche vor der Übersetzung die mehrdeutigen Wortformen heraus und lege fest, was sie im jeweiligen Zusammenhang bedeuten. Übersetze dann.
1. In villa rustica (vgl. S. 43) cum parentibus vivo. 2. Etiam vilicus (Verwalter) adest et servos iubet. 3. Vilicus cum servis agros (Felder) colit. 4. Servae cum matre et uxore vilici in culina (Küche) cenas parant. 5. Pater et servi forum petunt; ibi vinum vendunt.

D Bestimme die farbig markierten Substantivformen in den folgenden Sätzen nach Kasus und Numerus. Welche Rückschlüsse auf die Satzgliedfunktion der jeweiligen Formen kannst du in den Sätzen 3 bis 6 ziehen? Übersetze dann.
1. Aulus amicos per forum ducit.
2. Puella cum amicis in thermis ludit (spielt).
3. Publius amicus Auli est.
4. Mulieres Iunonem deam in templo colunt.
5. Amicas donis delectamus.
6. Turba puerorum thermas clamore complet.

E Lateinische Sprichwörter kennenlernen

AUDI, VIDE, TACE,
SI TU VIS VIVERE IN PACE!

F Konjugiere mit deinem Banknachbarn:
audio et curro – sum et sto – depono et oro – duco et venio – exspecto et consisto – accedo et pervenio – dico et volo – iubeo et peto – placeo et paro

G Lateinische Sätze bilden
Stellt aus den folgenden Bausteinen Sätze zusammen. Ordnet Subjekte und Objekte in den Sätzen so, dass eine der folgenden Überschriften zu eurem Text passt. Fügt passende Konnektoren hinzu.

Wie immer – Verkehrte Welt

Nomen	Verben
Afra serva cena Aquilii	parare
senator servus vinum	portare
senator et domina vinum servus	exspectare non portare
senator servus	increpitare (schelten)

H Versuche möglichst viele sinnvolle Wortpaare – von denen ein Wort im Genitiv stehen muss – zu bilden. Übersetze dann.
Beispiel: dominus servorum.
copia – dominus – vestes – negotium – salus – pater – servi – aedes – puer – vox – soror – consul

I Erstelle ein Wortfeld „Sprechen" mit den Vokabeln aus den Wortschätzen der Lektionen 1–8.

J Bedeutungsentwicklung beachten
Wörter verändern häufig ihre Bedeutung, weil sich die Sache ändert, die sie bezeichnen.
Schreibe alle Mitglieder der **familia** der Aquilier auf, die du in den letzten Lektionen kennengelernt hast. Was steht in deinem Geschichtsbuch über die römische familia? Vergleiche damit, welche Leute zu deiner Familie gehören.

Wohnen in der Subura

Z In der Subura, einem Stadtteil von Rom, der in der Nähe des Forums liegt, wohnen und arbeiten die ärmeren Einwohner der Stadt. Servius, der 14-jährige Sohn des Händlers und Wirtes Quintus Rabirius, erzählt:

Cum parentibus et sorore in Subura, in taberna cum pergula[1] vivo. In taberna non tantum vinum, oleum[2], olivas[3] vendimus, sed etiam cenas paramus. Pater vinum oleumque vendit; tum amphoras[4] cum Optato servo ad aedificia senatorum porto. Mater cum sorore in culina[5] laborat et cenas parat. Homines[6] etiam in taberna cenare[7] volunt; tum Rabiria soror cenas ad mensas portat.

1 taberna cum pergulā Laden mit einem Verschlag (in dem die Familie des Besitzers lebte)
2 oleum Öl
3 olīva Olive
4 amphora großer Tonkrug
5 culīna Küche
6 homō, hominis Mensch
7 cēnāre: *zu* cēna

1 Römische Lebensverhältnisse bewerten
Stelle die Lebensbedingungen der Bewohner der Subura denen der reichen Römer gegenüber, die du bisher kennengelernt hast.

Die Abbildung zeigt eine taberna, die zur Straße hin offen ist. Aus in die Theke eingelassenen Tongefäßen werden Speisen ausgegeben, die durch Kohlebecken unter den Gefäßen warmgehalten werden können.

Du hast schon einiges über das Leben in der Stadt im Peristylhaus (S. 31) und in einem Mietshaus (vgl. **Z**) gehört. Viele Menschen lebten aber nicht in der Stadt, sondern auf dem Land. Dort gab es zahlreiche **Gutshöfe** (**vīllae rūsticae**), die überall ähnlich aufgebaut waren.
Diese Landgüter mussten einerseits ihren Besitzern entsprechenden Wohnkomfort bieten, andererseits auch das Auskommen ihres Herrn erwirtschaften. Viele Stadtrömer besaßen mehrere Landgüter, die von Verwaltern, die gewöhnlich Sklaven waren, bewirtschaftet wurden.

Rekonstruktion eines römischen Gutshofes (vīlla rūstica) bei Perl-Borg (Saarland).

Im Triclinium ist bereits alles für das große Festessen vorbereitet. Aber Fortunatus, der Hausverwalter, ist trotzdem verzweifelt; denn zwei seiner besten Sklaven, die er für den Dienst im triclinium ausgewählt hatte, sind krank und müssen das Bett hüten. So bleiben ihm als Ersatz nur zwei gallische Gärtnersklaven, Fumix und Kretix, die aber von römischen Speisesitten keine Ahnung haben. Zögernd stehen die beiden nun mit Fortunatus an der Schwelle des Tricliniums und bestaunen die Einrichtung. Fortunatus seufzt und beginnt zu erklären: „Ihr seht hier die drei Speisesofas. Auf die Sofas legt ihr Kissen und darüber breitet ihr die Leinentücher, die dort liegen." Fortunatus zeigt auf einen Berg von Kissen und sauber gefalteten Tüchern. „Darüber legt ihr ans Kopfende jedes Sofas die großen Kissen."
Dann tritt er an die Sofas heran und zeigt auf die mittlere Liege (lectus medius). „Dort liegt heute Publius, er ist unsere Hauptperson. Daneben", Fortunatus zeigt auf den lectus imus, „liegt Aquilius, der Hausherr. Die anderen Gäste führe ich persönlich zu ihren Plätzen. Verstanden?" Fumix und Kretix nicken, ein bisschen verwirrt sind sie allerdings schon. „Vor dem Essen und zwischen den Gängen werden jedem die Hände gewaschen!" Mit funkelnden Augen blickt Fortunatus die beiden Gallier an.
„Achtet auch darauf, dass alle Gäste immer Servietten haben. Wenn einer etwas in eine Serviette packt, seht darüber hinweg. Der Herr will das so." Erstaunt sehen sich Fumix und Kretix an.
Fortunatus wendet sich zum Gehen. Aber dann fällt ihm noch etwas ein. „Nach jedem Gang fegt ihr den Boden." – „Aber warum denn?", platzt Fumix heraus. „Es ist bei uns üblich, die Essensreste wie Knochen, Gräten, Nussschalen auf den Boden fallen zu lassen. Daher wird gefegt." – „Diese Römer!", denken Fumix und Kretix, dann machen sie sich an die Arbeit.

G

WEM?
Syrus aquam (Wasser) portat.
Syrus equo/equis aquam portat.
3 Rutilius bestiae/bestiis aquam portat.
Servus mercatori/mercatoribus vinum portat.

Rabirio mercatori taberna est.

Das große Fest (II)

T Propinqui, amici, liberti in aedes Aquili senatoris conveniunt. Senator uxorque, Publius Aquiliaque hospites salutant[1]: „Salvete!" Tum Fortunatus hospites in *triclinium* ducit. Ibi hospites, dominus, Publius accumbunt[2], mulieres in sellis[3] considunt.

Domina servis signum dat: Servi dominae parent, aquam et vinum in *triclinium* portant. Postea servi et servae hospitibus cibos et vinum praebent. Aquilio senatori convivium placet, quod hospites edunt[4], bibunt, gaudent.

Post cenam Publi pater orationem habet: „Propinqui, amici, liberti: Vobis gratias ago, quod convivio gentis Aquiliae interestis. Publio nunc toga virilis[5] est. Itaque more maiorum Laribus munera dare volumus, sicut debemus."

1 salūtāre begrüßen
2 accumbere sich zum Essen legen
3 sella Sessel, Stuhl
4 edere essen
5 toga virīlis Toga des Mannes

Alle Gäste erheben sich und gehen gemeinsam mit Publius und seinem Vater noch einmal ins Atrium zum Altar der Hausgötter. Cäcilia und Aquilia bringen mit Speisen gefüllte Schalen herbei, die sie Publius überreichen. Nach einem gemeinsamen Gebet stellt Publius die Gefäße in das Lararium.
Gerade haben sie die Zeremonie beendet und wollen in das Triclinium und in den Garten zurückkehren.

Subito hospites clamorem audiunt. Paulo post Fortunatus ad Aquilium venit et dicit: „Domine, Diodorus amicus et Philippus puer adsunt – e Graecia veniunt."

Statim Aquilius Diodorum atque Philippum salutat et in *triclinium* inducit. Hospites quoque Diodorum Philippumque circumveniunt et salutant, tum servi cibos praebent.

Aquilius orat: „Narrate de itinere!" Diodorus et Philippus amico parent.

Geschmückter Hausaltar. Moderne Nachbildung.

1 Wortfelder finden
Stelle die Verben des Textes zu Wortfeldern zusammen und gib ihnen Überschriften. Überlege dann, welche Stimmung in **T** vorherrscht.

2 In dem Buch *Das Privatleben der Römer* von Joachim Marquardt heißt es zu diesem Fest: „Als die Grenze der gewöhnlichen Jugendbildung gilt das vollendete 17. Jahr, mit welchem das Mannesalter und die Verpflichtung zum Kriegsdienst beginnt. … Hatte der Knabe die körperliche Reife erreicht, so trat er durch einen feierlichen religiösen Akt, zu welchem ein besonderes Fest, die Liberalia, am 17. März bestimmt war, aus dem Knabenstande aus. Er legte vor den Laren des Hauses die Zeichen seiner Kindheit, die Kindertoga und die bulla, ab und bekleidete sich mit der toga virilis. … Nach einem Opfer im Hause wurde er von seinem Vater oder Vormund in Begleitung von Verwandten und Freunden auf das Forum geführt und in die Bürgerlisten eingetragen, zu welchem Zwecke er seinen vollständigen Namen erhielt. Den Beschluss der Feier machte ein Opfer auf dem Capitol, eine Bewirtung der Freunde."
Erstelle mit dem Vorwissen aus dieser Beschreibung eine grobe Gliederung von **T**.

3 Welche Ereignisse, die du aus dem Zitat von Marquardt erfährst, sind neu für dich? Was war für einen Römer an diesem Tag besonders wichtig? Vergleiche die Ereignisse mit deiner Konfirmation oder Firmung.

Ü

Syrus et Davus agitatores (Wagenlenker) sunt. Equos amant. Itaque equis cibum (Futter) portant. Equi in circo currunt. Senatores in circo clamant: „Syrus victor est. Syro praemium est." Sed liberi clamant: „Equi victores sunt. Equis praemium est."

A Du kennst jetzt alle Kasus der lateinischen Sprache. Stelle für die drei Deklinationsklassen alle Kasusendungen an selbst gewählten Beispielen zusammen.

B Dativ gesucht!
Bilde den Dativ zu folgenden Nominativen:
senator – serva – consilium – adulescentes – dei – voces – uxores – agmen – iter – salus – turba

C Übersetze elegant:
1. Senatori aedes sunt.
2. Iunoni templa sunt.
3. Senatori Trebius, Quintus, Gnaeus liberti sunt.
4. Rabirio mercatori equi sunt.

D Ein Bäcker hat vor dem Backen Buchstaben in seine Brote eingeritzt, die – in der richtigen Reihenfolge gelesen – lateinische Aufforderungen ergeben:

E 1 oder 2?
Nach manchen Verben kann neben dem Akkusativobjekt auch ein Dativobjekt stehen. Manche Verben sind auch mit nur einem Akkusativobjekt zufrieden. Entscheide, welche der folgenden Verben zwei Objekte, welche nur eines bei sich haben. Beispiel: Lucius schenkt Atia *(Dativobjekt)* einen goldenen Ring *(Akkusativobjekt)*.
mittit – exspecto – das – portate – narrat – relinquimus – videt

F Bestimme die farbig markierten Satzglieder und übersetze.
1. Aulus et Gaius cum Publio amico ex aedibus in forum properare volunt.
2. Servi hospitibus Aquili cibos et vinum portant.
3. Gens Aquilia in templo deos salutem orat.
4. Servilius senator cum libertis e curia in basilicam contendit.

G Irrläufer gesucht!
Notiere ihn und begründe deine Entscheidung.
1. convivium – victorum – filium – templum
2. genti – paci – voci – liberti
3. senatore – salute – turbae – foro
4. clamorum – uxorum – morum – servorum

H Sprachparallelen erkennen
Im **Lateinischen** und **Italienischen** sind die Infinitive der a-Konjugation oft gleich, z. B. stare, dare, amare, portare, dubitare, orare, narrare; manchmal weichen sie nur leicht voneinander ab, z. B. i. *entrare, chiamare.* Suche weitere Beispiele dafür, dass lateinische Verben im Italienischen weiterleben.

I Philippus in Rom (1)
1. Diodorus besucht mit seinem° Sohn Philippus den Senator Aquilius. 2. Aquilius reicht (gibt) den Gästen Wasser und Speisen; mit Freude erzählt Diodorus dem Senator von der Reise. 3. Die Söhne aber wollen sofort ohne ihre° Väter zum Forum gehen (das Forum aufsuchen). 4. Publius zeigt dem Freund die Läden der Händler, die Gebäude des Forums und° die Tempel der Götter und Göttinnen.

J Aulus erhält am Morgen eine Botschaft seines Freundes Publius. Leider ist der Bote nicht sehr sorgfältig damit umgegangen, denn einige Buchstaben sind verschmiert und unleserlich. Fülle die Lücken und übersetze.

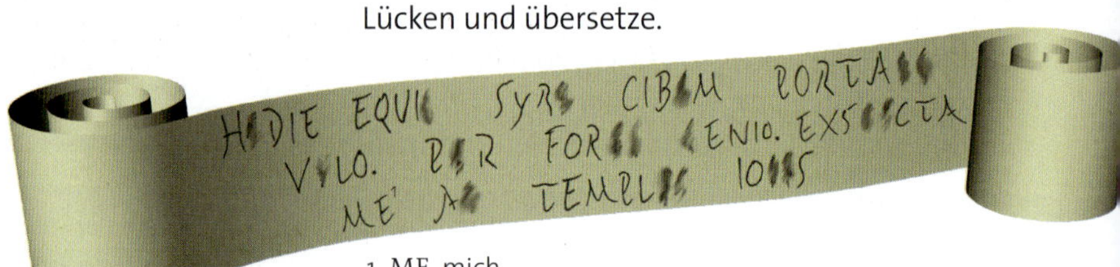

1 ME mich

Zur Nachahmung empfohlen

Der römische Senator Cato empfiehlt in seinem Buch über die Landwirtschaft (aus dem 2. Jh. v. Chr.) folgendes Rezept: MUSTACEI (Süßweinbrötchen) $^1/_2$ l leicht vergorenen Traubensaft oder Traubenmost erwärmen und 40 g Hefe darin auflösen. In einer größeren Schüssel 1 Tl Butter schaumig rühren und je 1 Tl gemahlenen Kreuzkümmel und Anis zugeben. Mit 400 g Vollkornmehl 2 Tl Backpulver mischen und zusammen mit dem Traubensaft in die Schüssel geben. Danach 100 g geriebenen Käse hinzufügen und alles gut durchkneten, bis der Teig sich leicht vom Schüsselrand löst.

Nun lässt man den Teig zugedeckt an einem warmen Ort ca. 30 Minuten gehen, bis er sich verdoppelt hat. Danach noch einmal durchkneten und kleine Brötchen formen, in deren Unterseite man ein Lorbeerblatt drückt. Die Brötchen nicht zu dicht nebeneinander auf ein mit Backpapier ausgelegtes Blech setzen und noch einmal 20 Minuten gehen lassen. Im vorgeheizten Ofen bei 160 Grad je nach Größe bis zu 30 Minuten backen.

In der Bäckerei

Z In Mietshäusern lebten oft sehr viele Menschen auf engstem Raum, da sie sich meist nur kleine Räume von ihrem Verdienst leisten konnten. Valeria und ihre Mutter haben nur ein Zimmer gemietet. Beide sind gezwungen, für die hohe Miete und ihren Lebensunterhalt hart zu arbeiten.

1 relīquit er hat verlassen
2 pistrīnum Bäckerei
3 māne früh am Morgen
4 pānis, is Brot
5 pistor Bäcker

Pater Valeriae uxorem et filiam iam diu reliquit[1]. Itaque matri Valeriae pecunia non est; in pistrino[2] Tubuli laborat.

Valeria matri semper adest. Mane[3] mater et filia surgunt, nam servi panem[4] in taberna pistoris[5] emere volunt.

Mater cum servis Tubuli panem in pistrino parat, postea Valeria panem in taberna vendit.

Tubulus pistor Valeriam et matrem amat, nam bene laborant.

1 Valeria schreibt ihrer Freundin Caecilia einen Brief, in dem sie ihr Leben beschreibt: „Liebe Caecilia, Mutter und ich müssen hart arbeiten ...“ Setze den Brief fort.

2 Ein Blick in eine römische Bäckerei (rechts): Welche Arbeitsbereiche kannst du erkennen?

Ein Einkaufsbummel über das Forum gehört zum Pflichtprogramm, wenn man aus den entfernten Provinzen in die Hauptstadt des römischen Reiches reist! So geht es auch dem jungen Athener Philippus. Sein Vater Diodorus hat geschäftlich in Rom zu tun. Da dieser mit dem Senator Aquilius seit gemeinsamen Studienzeiten in Athen befreundet ist, wohnen die beiden während ihres Aufenthaltes in Rom im Haus der Aquilier. Philippus, der seinem Lehrer in Griechenland ein Geschenk mitbringen will, bittet Publius, ihn bei seinem Einkaufsbummel zu begleiten und ihm auch die Stadt zu zeigen.

Zuerst gehen sie zu Athenodorus, einem griechischen Buchhändler, der seinen Laden in der Nähe des Forums hat. Sie wollen gerade den Laden betreten, da stoßen sie mit einem Jungen zusammen. „Kannst du nicht aufpassen?", fährt Publius den Jungen an.

Der zuckt zusammen, wird ganz rot im Gesicht und stottert: „Entschuldigung, ich … ich will zu Athenodorus, meinem Herrn, ich arbeite in der Schreibstube." Publius und Philippus horchen auf: „Wie heißt du und was machst du dort?" „Mein Name ist Felix, ich bin als Schreiber ausgebildet. Wir vervielfältigen Bücher." „Kannst du uns sagen, wie das geht?", fragt Philippus interessiert. „Wir sind sieben Schreiber; Timotheus, unser Lehrer, diktiert uns den Text, wir schreiben ihn auf – und so machen wir aus einem Buch sieben neue Bücher."

Da erscheint Athenodorus und sieht Publius und Philippus im Gespräch mit Felix. „Wollt ihr euch die Werkstatt einmal ansehen?" Die beiden nicken begeistert.

Zuerst zeigt ihnen Athenodorus seine Papyrusvorräte und erklärt, wie Papyrus aus dem Mark der Papyrushalme hergestellt wird. Dann zeigt er auf Stapel von Pergament. „Pergament wird hauptsächlich aus der Haut junger Ziegen hergestellt. Das Fell wird bis auf den letzten Rest entfernt, dann wird das Leder mit einem Bimsstein geglättet, bis es ganz dünn und fein ist. Pergament ist sehr teuer." Schließlich sind sie in der Werkstatt angelangt. Timotheus diktiert aus einer Buchrolle, und in höchster Konzentration beschreiben die jungen Sklaven das Pergament.

Beim Eintritt der Besucher unterbricht Timotheus das Diktat. Er erklärt dann, dass die Schreiber eine lange Ausbildung benötigen, denn sie müssen schön, sauber und schnell schreiben können. Außerdem dürfen sie keine Fehler machen.

„Da schreibe ich lieber auf meiner guten alten Wachstafel", beeilt sich Publius zu sagen. „Dort kann ich jeden Fehler sofort wieder beseitigen."

Die Abbildungen zeigen:
① eine ***capsa*** *(Behälter für Buchrollen),*
② ein ***volumen*** *(Buchrolle) mit* ***titulus*** *(Anhänger für den Buchtitel),*
③ Wachstäfelchen und ***stili*** *(Griffel),*
④ ein Tintenfass

G

Athenodorus: Publius et Philippus forum videre cupiunt.
Philippus: Forum videre cupio.
Publius et Philippus: Forum videre cupimus.
Publius: Etiam Philippus forum videre cupit.
Caecilia: Tu forum videre cupis, Philippe!
Pater: Forum videre cupitis, Philippe et Publi!

Vergleiche die Formen von cupere mit denen von audire und agere.

Bücher und Besichtigung

T Publius et Philippus forum petunt et aedificia spectant; multitudinem hominum aspiciunt.
Tum Philippus Publium orat: „Nunc Alexandro magistro[1] donum emere cupio. Magister linguam Latinam[2] scit, itaque librum poetae Romanorum emere cupio.“ Comites ad tabernam Athenodori contendunt. Athenodorus amicis libros ostendit. Mercator Philippum rogat: „Cupisne librum Ovidi poetae emere?“ Philippus librum sinistra capit et Publio ostendit. Publius librum corripit et carmina Ovidi legere instituit ... et legit ... et legit et ....
Athenodorus rogat: „Cupisne libros legere an emere? Libros legere tantum cupis, ut puto.“ Comites rident et Philippo placet librum Ovidi poetae emere. Tum Publius Philippo forum monstrare[3] cupit. Primo amicum ad curiam ducit. Publius: „Ecce! Eo senatores conveniunt.“ Philippus: „Quid faciunt senatores?“ Publius: „Senatores orationes de urbe et provinciis, de bello et pace habent.“
Deinde amici forum relinquunt et Capitolium petunt. Publius Philippum ad templum ducit et dicit: „In templo deos Capitolinos colimus. Iuppiter pater deorum hominumque est, Iuno uxores servat, Minerva hominibus sapientiam[4] dat.
Hic imperatores triumphos agunt[5].“
Tum Philippus et Publius de Capitolio forum spectant.

1 magister, trī Lehrer
2 lingua Latīna lateinische Sprache
3 mōnstrāre zeigen
4 sapientia Weisheit
5 triumphum agere einen Triumph feiern

Rekonstruktion des Jupitertempels auf dem Kapitol. Aquarell.

1 Textsorte erkennen
Übersetze zunächst nur Z. 1–2. Erwartest du bei dieser Ausgangssituation einen beschreibenden Text, einen erzählenden Text, einen Dialog oder eine Mischung aus mehreren Textsorten? Überprüfe deine Erwartungen an **T**.

2 Gliederungsmerkmale nutzen
Welche Bereiche des öffentlichen Lebens spielen sich auf dem Forum und auf dem Kapitol ab? Beachte dazu vor allem die handelnden Personen und die vorkommenden Namen. Vergleiche auch 5 **T**.

3 Entscheide, ob die Aussagen auf den Inhalt von **T** zutreffen ☺ oder nicht ☹.
Bei richtiger Lösung ergibt sich aus den Buchstabengruppen (von oben nach unten gelesen) ein lateinischer Satz, der sich verlängern lässt, wenn man die restlichen Buchstabengruppen von unten nach oben liest.

	☺	☹
Publius et Philippus homines in foro aspiciunt.	PHI	LT
Senatores orationes in curia habent.	LIP	EVU
Philippus per provinciam properat.	TAR	PUS
In basilica mulieres de convivio narrant.	LEC	LIB
Philippus in templo imperatorem videt.	ODE	RUM
Publius togam gerit.	OVI	DON
Comites ad tabernam Athenodori perveniunt.	DIP	RUM
Iuppiter deus homines servat.	OET	AND
Philippus aedificia fori non spectat.	LEX	AEE
Athenodorus libros in foro vendit.	MIT	ETA

4 Stellt alle bisher gelernten Fragewörter zusammen und formuliert zu jedem Abschnitt von **T** (Z. 1–2, 3–9, 10–12, 12–15, 16–22) zwei verschiedene Fragen.

Ü

A Öffne das richtige Tor!
Bestimme bei folgenden Verbformen die Konjugationsklasse und ordne sie dem entsprechenden Tor zu.

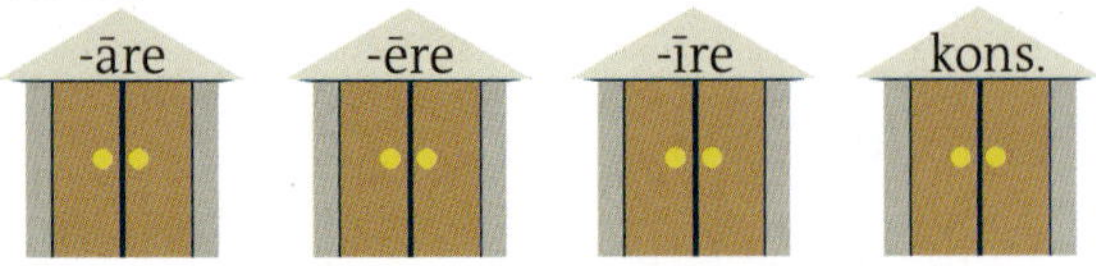

inducit – scis – vocat – debes – ago – audit – dubitamus – remanent – servamus – bibimus – venimus – capio – colimus – gero – ducunt – attingunt – instituis – aspicit – dicis – ridetis – pervenit – cogitatis – facit – putant – habet – iubes

B Auf dem Heimweg entdecken Publius und Philippus ein Grafitto an einer Hauswand, das von einem gewissen *Commodus* handelt. Wie in der Antike üblich, hat der unbekannte Schreiber alles in einer Wortschlange zusammengeschrieben. Schreibe den Text richtig ab, indem du die Wörter trennst und Satzzeichen setzt. Übersetze dann.

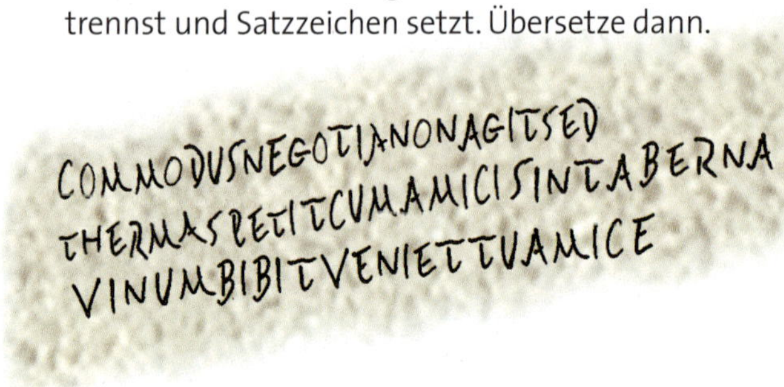

Einladungen zu Veranstaltungen, Wahlkampfparolen oder auch nur Benachrichtigungen wurden in römischen Städten häufig an Hauswände geschrieben.

C Wie soll ich es sagen?
Setze die jeweils passenden Infinitive ein und übersetze.
(respondere, audire, currere, legere, remanere)

Marcus ad Lucium: „Cur dubitas per vias ? ?
Cur semper hic ? vis?"
Lucius ? dubitat. Tum autem: „Clamores ? nolo. Nam ? cupio."

D Agite et capite!
Bilde zu den folgenden Verbformen die entsprechenden Formen von agere und capere und übersetze:

habes	licet	debent
narramus	videtis	respondete
colo	mitte	inducimus

E Bilde Genitiv Singular und Plural zu folgenden Substantiven:
adulescens, aedes, carmen, comes, consul, gens, homo, hospes, mons, mos, multitudo, oratio, parentes, urbs, uxor, vestis
Mit dieser Aufgabe lässt sich – wie mit verschiedenen anderen Übungen der folgenden Kapitel – auch „Formenball" (vgl. S. 26, Übung **G**) spielen.

F Wortbildung nutzen
Wie entstehen Wörter? Beispiele: imperare: befehlen → impera-tor: derjenige, der befiehlt (Befehlshaber); spectare: betrachten, hinsehen → specta-tor: derjenige, der betrachtet (Zuschauer)
Ergänze dementsprechend die Liste:
audire: ? → audi-tor: ?
narrare: ? → narra-tor: ?
laudare: ? → lauda-tor: ?
currere: ? → cur-sor: ?
Solche Substantive für „Täter" findet man häufig unverändert im Englischen: *spectator, narrator, cursor.* Im Französischen haben sich die Wörter leicht verändert: *spectateur, narrateur, curseur.*

G Philippus in Rom (2)
1. Publius führt den Freund in den Laden des Athenodorus (hinein), denn dort sind viele° Bücher.
2. Philippus erblickt die Bücher und freut sich.
3. Athenodorus kommt zu den Jungen (herbei) und fragt: „Was wünscht ihr zu kaufen?"
4. Philippus kauft schließlich ein Buch.

H Fremd- und Lehnwörter zuordnen

Viele lateinische Wörter haben wir von den Römern übernommen. Es gibt mehr Römerspuren, als du vielleicht ahnst. Ordne den lateinischen Wörtern, die du in der Zeichnung abgebildet findest, die entsprechenden deutschen Wörter zu:
① capsula, ② charta, ③ fenestra, ④ murus, ⑤ papyrus, ⑥ tabula, ⑦ scriptum, ⑧ statua, ⑨ stilus

Bücherkauf heute

Z

Hodie Marcus libros *domi* emere cupit, itaque ad *mensam scriptoriam* accedit et *computatrum aperit.* In *monitore area operaria apparet. Mure* Marcus *globolum interretis insertat,* tum *inscriptionem societatis librorum inscribit.* Marcus *paginam societatis* exspectat. Nunc signum *societatis librorum apparet.* Marcus *catalogum librorum* legit: *tot* libri! Subito *fabulam criminalem* videt: *Investigator* senator Romanus est. Statim *nomen* et *inscriptionem scribit* et *mandatum* ad *societatem* mittit. „Clicc!" *Mus globolum „i!" insertavit.*

Heute will Markus seine Bücher *zu Hause* kaufen, deshalb geht er zu seinem *Schreibtisch* und *schaltet* den *Computer ein.* Auf dem *Bildschirm* erscheint die *Arbeitsfläche.* Mit der *Maus klickt* Markus den *Button des Internets an,* dann *gibt er die Anschrift des Buchverlags ein.* Markus wartet auf *die Homepage des Verlags.* Nun *erscheint* das Logo *des Buchverlags.* Markus liest die *Bücherliste: so viele* Bücher! Plötzlich sieht er *eine Kriminalgeschichte*: *Der Detektiv* ist ein römischer Senator. Sofort *schreibt er* seinen *Namen* und seine *Anschrift* und schickt die *Bestellung* an *den Verlag.* „Klick!" Die *Maus hat den Button „Go!" angeklickt.*

1 Fremd- und Lehnwörter erkennen

Wenn ihr den lateinischen Text genauer anseht, erkennt ihr bestimmt einige lateinische Ausdrücke, die euch im Deutschen als Fremd- oder Lehnwörter bekannt sind.
Aus welcher Sprache kommen heute die meisten Fremdwörter zu uns? Nennt einige Beispiele.

Differenziert üben II

Auf S. 53 findest du Übungsmöglichkeiten zu verschiedenen Schwerpunkten, die dir das Übersetzen des lateinischen Textes erleichtern sollen. Suche dir mindestens drei Übungen aus, deren Schwerpunkt dir noch Schwierigkeiten bereitet, und erledige sie *vor dem Übersetzen* von **T**.

In amphitheatro

T Heute möchte Publius seinem Freund Philippus, der aus Griechenland bei ihm zu Besuch ist, etwas typisch Römisches zeigen und nimmt ihn mit zu den Gladiatorenspielen im Amphitheater (amphitheatrum). Dabei begleiten die beiden Atia, Antonia und Aulus.

Publius Philippo ludos in amphitheatro ostendere vult. Itaque cum amicis amphitheatrum intrat et considit. Ibi turba ludos iam exspectat. Nunc gladiatores (!) et bestiae in arenam (!) currunt; turba gaudet et clamat. Publius narrat: „Videte, amici! Romani copiam bestiarum ex Africa (!) in urbem portant." Gladiatores nunc cum bestiis pugnant et bestias necant[1]. Homines gaudent, sed Atiae Antoniaeque ludi non placent: „Cur gladiatores bestias necant?" Publius amicis non respondet, quod nunc retiarius[2] arenam intrat.
Philippus: „Cur alius[3] gladiator gladium[4] habet, sed alius sine gladio pugnat?" Aulus respondet: „Retiarius est; non gladium, sed reticulum[5] habet." Diu pugnant, tandem gladiator retiarium superat[6], sed retiarium non necat. Publius dicit: „Si[7] bene pugnant, consul gladiatoribus munera dat."

1 necāre töten
2 rētiārius Netzkämpfer
3 alius ... alius der eine ... der andere
4 gladius Schwert
5 rēticulum Netz
6 superāre besiegen
7 sī wenn, falls

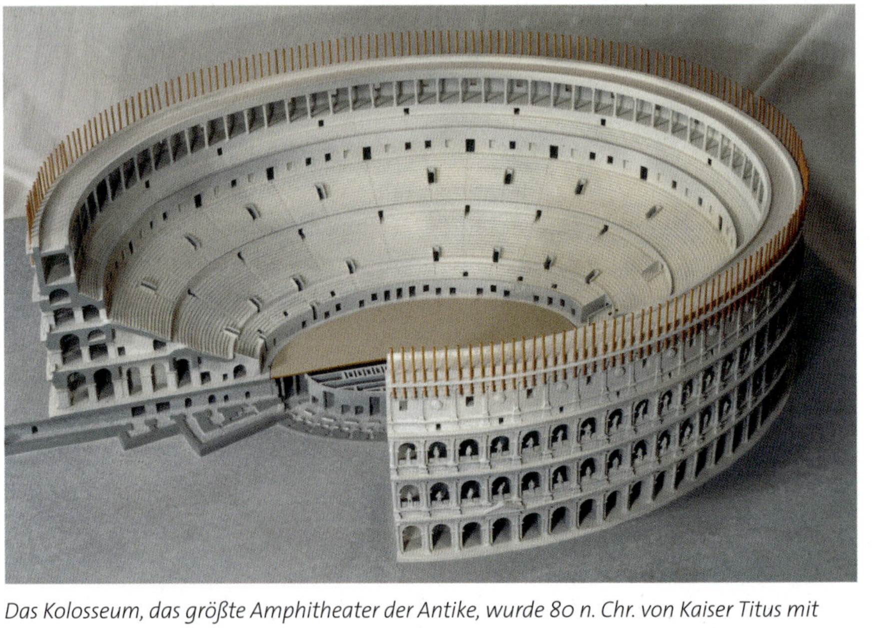

Das Kolosseum, das größte Amphitheater der Antike, wurde 80 n. Chr. von Kaiser Titus mit hunderttägigen Spielen eröffnet, unter anderem mit Gladiatorenkämpfen, nachgestellten Seeschlachten und Tierhetzen. Im Kolosseum fanden ca. 50.000 Zuschauer Platz. Sein Umfang beträgt 527 Meter, die Höhe 48 Meter. Als Arena war das Kolosseum über 400 Jahre lang in Betrieb.

1 Wortschatz üben
Ordne jeder Vokabel die passende Bedeutung zu, präge sie dir dann ein. Lass dich abfragen.

consīdere – cōpia – currere – dīcere – exspectāre – gaudēre – homō – lūdus – mulier – mūnus – narrāre – ostendere – placēre – pūgnāre – respondēre – sine – turba – velle

Spiel – wollen – Frau – erwarten – laufen – Menschenmenge – sich freuen – erzählen – Menge – Geschenk – kämpfen – Mensch – gefallen – zeigen – antworten – sich setzen – ohne – sagen

2 Formen erkennen und bilden
Bilde die verlangten Formen:

a) homines – Sg. – Dat. – Akk. – Gen. – Pl.
b) ludo – Pl. – Akk. – Sg. – Gen. – Pl. – Nom.
c) vult – 2. Pers. – Pl. – 1. Pers. – Sg. – Übersetzung

Nachstellung eines Gladiatorenkampfes.

3 Präpositionen erkennen und bestimmen
Ordne die folgenden Präpositionen richtig zu und übersetze sie dann:

ante – ex – de – cum – post – ad – sine – apud – in

Präposition mit Akk. Präposition mit Abl.

4 Satzglieder bestimmen
Übertrage folgende Sätze in dein Heft und bestimme die Satzteile:

a) Publius Philippo ludos in amphitheatro ostendere vult.
b) Cum amicis amphitheatrum intrat.
c) Romani copiam bestiarum ex Africa in urbem portant.
d) Atiae Antoniaeque ludi non placent.

5 Eine Übersetzungsmethode kennenlernen und anwenden

Publius Philippo ludos in amphitheatro ostendere vult.

Nunc gladiatores et bestiae in arenam currunt.

Lies die folgenden Erklärungen durch und probiere diese Methode an den beiden Sätzen aus.

a) Lege das erste Satzglied fest. Das kann das Subjekt, ein Adverbiale, ... sein.
Achtung: Das erste Wort im Satz ist nicht unbedingt das Subjekt!
b) Pendle zum Prädikat und prüfe anhand der KNG-Kongruenz, ob das Wort, das du für das Subjekt hältst, auch tatsächlich das Subjekt ist.
c) Übersetze nach dem ersten Satzglied das Prädikat – im deutschen Hauptsatz muss es an zweiter Stelle stehen.
d) Pendle vom Prädikat zurück und übersetze die restlichen Satzglieder der Reihe nach.

6 Mit grammatischen Fachbegriffen umgehen
Ordne die Fachbegriffe den lateinischen Wortformen zu. In einigen Fällen sind mehrere Lösungen möglich.

Nominativ – Infinitiv – Vokativ – Adverb – Dativ – Präposition – Maskulinum – Genitiv – Akkusativ – Femininum – Neutrum – Imperativ

videte – bestiarum – amphitheatrum – amice – amicae – cum – consul – placere – ludos – itaque – ludis – nunc – sine – bene

Deutsche Texte lesen – römisches Leben verstehen

Interessensschwerpunkte formulieren

In den ersten Lektionen deines Lateinbuchs hast du erfahren, wo sich die Römer gerne aufhielten, welche Orte und Gebäude für ihren Tagesablauf wichtig waren.
Dabei bieten dir die deutschen Texte und die Abbildungen viele wichtige Sachinformationen. Natürlich kann dieses Buch nicht alle deine Fragen beantworten. Vielleicht möchtest du mehr über den Sport in den Thermen (Lektion 4) oder den Umgang der Römer mit Pferden (Lektion 2) erfahren. Hier bist du als Forscher gefragt; du musst nur wissen, wo du Informationen findest. Auch in Zeiten des Internets kann ein Buch da sehr nützlich sein.
Formuliere das Thema, das dich interessiert, möglichst genau, z.B. als Frage: „Welche antiken Thermenanlagen kann man heute noch in Rom besichtigen?“

● Formuliere Fragen zu den zwei Themen aus den Lektionen 6–10, die dich am meisten interessieren.

Informationsquellen beschaffen

Mache dich dann auf die Suche nach einem Buch oder mehreren Büchern zu diesem Thema. Verschaffe dir dazu Klarheit über Zugangsmöglichkeiten zu Büchern in deiner Nähe. Dazu kann die Schulbibliothek gehören, aber auch eine öffentliche oder private Bücherei. Informiere dich darüber, ob du das Buch nur vor Ort benutzen kannst oder ob du es mit nach Hause nehmen darfst. Die Bücher in Bibliotheken sind nach einem ganz speziellen System sortiert. Bitte das Personal der Bibliothek um Hilfe bei deiner Suche.

● Informiert euch über Bibliotheken in eurer Nähe und teilt euch gegenseitig mit: Wie sind die Bücher dort sortiert? Wie und wo findet man Bücher mit Informationen über die Antike?

Gemeinsam eine Handbibliothek erstellen (Projekt)

Das Forschen in Büchern nennt man Recherche. Wichtig für eine Recherche sind informative Bücher, z.B. Lexika.
Sucht Bücher, die euch bei der Erforschung des römischen Lebens hilfreich sein können. Sichtet diese Bücher und erstellt eine Liste wie die folgende:

Autor	Titel	Fundgrube für
Schwab, Gustav	Die schönsten Sagen des klassischen Altertums	Märchen und Sagen der Römer und Griechen
Macauly, David	Eine Stadt wie Rom	Zeichnungen einer Stadt und ihres Wachstums vom Dorf zur Metropole
...	...	...

Immer wenn ihr ein neues Buch findet, solltet ihr es der Liste hinzufügen. Vielleicht könnt ihr im Klassenraum die für euch wichtigsten Bücher in einem Regal sammeln, damit sie euch immer zur Hand sind. In diese Handbibliothek könnt ihr auch Bücher stellen, die ihr von zu Hause mitbringt.

Informationsquellen bewerten

Ihr könnt die Bücher eurer Handbibliothek noch genauer bewerten und diese Bewertung in das Buch legen. Das kann euren Mitschülern bei ihrer Bücherauswahl helfen. Eine solche Bewertung eines Buches nennt man Rezension.

● Schreibt zu je zwei Büchern auf Zettel eine kleine Bewertung. Bewertet den Nutzen, den das Buch für euch gehabt hat. Beurteilt, wie anschaulich und verständlich die Informationen dargeboten werden. Abschließend schreibt ihr, wem ihr dieses Buch empfehlen würdet.

Vom Hüttendorf zum Weltreich

Als kleines Dorf auf einem Hügel gegründet, wurde Rom die Hauptstadt eines riesigen Weltreichs. Bedeutende Gestalten der römischen Geschichte haben zu diesem erstaunlichen Aufstieg beigetragen.

1 Auf der Karte im hinteren Buchdeckel sind viele römische Provinzen eingetragen. Welche Staaten befinden sich heute auf dem Gebiet des ehemaligen Römischen Reiches?

Die römische Wölfin. Etruskische Bronzeplastik. Um 500 v. Chr. Rom, Musei Capitolini.

Die Stadt auf den sieben Hügeln – so wird Rom, auf hügeligem Gelände am Fluss Tiber gelegen, noch heute genannt.
Wie archäologische Funde zeigen, gab es die ältesten, von Hirten bewohnten Siedlungen bereits um 900 v. Chr. auf dem Palatin, der wegen seiner Nähe zum Tiber günstig gelegen war (vgl. dazu die Karte im vorderen Buchdeckel). Im Laufe der Zeit schlossen sich aus Gründen der Sicherheit die auf den Hügeln verstreuten Siedlungen zu einer Gemeinde zusammen.

In der Frühzeit übten vor allem die Etrusker im Norden Roms großen Einfluss auf die politische und kulturelle Entwicklung der Stadt aus: Der Forumsplatz entwickelte sich zum Zentrum mit den wichtigsten Gebäuden, und im 6. Jh. v. Chr. erhielt Rom unter König Servius Tullius einen ersten Mauerring.
Der Sage nach soll die Stadt Rom von den Zwillingsbrüdern Romulus und Remus im Jahre 753 v. Chr. gegründet worden sein.
Den genauen Ort der künftigen Stadt am Tiber durfte Romulus bestimmen. Er wählte den Palatin, der somit der älteste Bezirk der Stadt Rom war.

Die Sage von Romulus und Remus auf einem Altarrelief, gefunden in Ostia. 1. Jh. n. Chr. Rom, Museo Nazionale Romano.

G

Philippus et Publius aedes M. Aquili intraverunt.
DIODORUS: „Ubi fuisti, Philippe? Quid spectavistis, pueri?"
PUBLIUS: „In foro fuimus. Primo tabernam intravimus; nam Philippus librum emere cupivit."
PHILIPPUS: „Tum Publius multa (vieles) de aedificiis fori narravit."
PUBLIUS: „Denique cum Philippo ad Capitolium properavi; ibi templum Iovis spectare potuimus."

Ein Anfang mit Schrecken

T Als Romulus und Remus wegen der Stadtmauer in Streit gerieten, erschlug Romulus seinen Bruder. Wie ein Lauffeuer breitete sich die Kunde vom Brudermord aus. Auch der Hirte Faustulus – er hatte einst die von einer Wölfin gesäugten Knaben am Tiberufer gefunden und zu sich genommen – war Zeuge des Geschehens gewesen und eilte, so schnell er konnte, nach Hause zu seiner Gattin Acca:

Faustulus casam[1] intravit: „Acca, ubi es? Veni et audi de calamitate! Romulus Remum necavit!" Acca ad maritum: „Quid dicis, quid audivi? Tibi[2] credere non possum."
Faustulus autem: „Crede mihi, uxor. Hodie cum comitibus ad montem Palatinum properavi. Etiam Romulus et Remus et multitudo virorum Palatium petiverunt. Tum Romulus viros ad se vocavit et, ubi tacuerunt, orationem habuit: ‚Gaudeo, quod venire non dubitavistis. Hodie sacrum facere volumus; nam auxilio deorum casas bene munivimus. Nunc Palatium muro munire debemus. Tum sine periculo vivere possumus.' Viri verba Romuli clamore probaverunt et urbem muro munire non dubitaverunt.
Subito autem Remus: ‚Ego tuum[3] murum rideo; murus enim tuus hostem ab urbe certe non prohibet.' Statim murum transiluit[4]. Tum Romulus per iram[5] Remum petivit et, o Acca, fratrem necavit. Remo adesse non potui."
Faustulus tacuit. Acca autem lacrimas tenere non potuit et clamavit: „O Faustule, frustra lupa[6] pueros in ripa Tiberis servavit et aluit, frustra tu Remum cum fratre domum portavisti, frustra Remo parentes fuimus! O Romule, cur fratrem necavisti?" Tum Faustulus et Acca fleverunt filiique nece doluerunt.

1 casa Hütte
2 tibi dir
3 tuus dein
4 trānsilīre *(Perf.* trānsiluī*)* *m. Akk.* überspringen
5 per īram im Zorn
6 lupa Wölfin

Severino Baraldi: Der Zorn des Romulus. 20. Jh. Privatbesitz.

1 Vergleiche die Satzarten in den wörtlichen Reden Z. 1–3, 4–15 und 17–19. Welche Rückschlüsse auf den Inhalt des Gesagten kannst du ziehen?

2 Rekonstruiere vor der Übersetzung den Ablauf der Ereignisse, indem du aus der Rede des Faustulus (Z. 4–15) die Verbformen der 3. Pers. mit den zugehörigen Subjekten und Objekten heraussuchst und diese Kernsätze übersetzt.

3 Verschiedene Perspektiven ermitteln
Was könnte Remus zu seinem Handeln veranlasst haben? Warum reagiert Romulus so heftig auf das Verhalten seines Bruders?

4 Bildquellen verstehen
Formuliere lateinisch mit Hilfe einer Wendung aus **T**, welche Handlung auf dem Altarrelief auf S. 56 dargestellt ist.

5 Informationen beschaffen
Sucht im Internet unter den Stichwörtern *Romulus und Remus* oder *Gründung Roms* möglichst viele Informationen über die Zwillingsbrüder. Überprüft eure Ergebnisse anhand eines Lexikons und notiert ggf. Unterschiede.

Ü

Beim römischen Fest der Saturnalien leisten sich auch die Sklaven Streiche, die sie sich sonst nicht erlauben dürften. Syrus überlegt, was er zusammen mit seinem Kumpan Davus anstellen könnte:
Primo dominum e tablino (Empfangszimmer) in peristylium (Garten) voco. Ubi (sobald) dominum vocavi, Davus togam sumit et tablinum domini intrat. Ubi tablinum intravit, Davus ut dominus servas servosque in tablinum vocat. Ubi servas servosque in tablinum vocavit, servis ut hospitibus vinum praebemus. Ubi vinum praebuimus, etiam dominum in tablinum duco.

A Erstelle eine Tabelle mit vier Spalten (a-, e-, i-, konsonantische Konjugation).
Suche aus **T** alle Perfektformen heraus: Trage sie jeweils in die richtige Spalte ein; trenne dabei den Perfektstamm von der Endung ab. Schreibe die entsprechende Präsensform darunter.
Drei Formen lassen sich nicht einordnen. Welche? Wie heißt dazu jeweils der Infinitiv?

B Lateinische Sprichwörter kennenlernen
1. HOMINES SUMUS, NON DEI.
2. ET SERVI HOMINES SUNT.

C Setze die Formen ins Perfekt:
sum – taces – flet – colimus – potes – est – doletis – muniunt – dubito – petitis – sunt – vult – narras – nolunt – possunt

D Satzglieder abfragen
Bestimme die Satzglieder; gehe dabei vom Prädikat aus (vgl. Begleitband, S. 40).
1. Romulus auxilio deorum Palatium munivit.
2. Romulus comitibus in Palatio murum ostendit.

E Setze die in Klammern stehenden Verben in die richtige Perfektform. Übersetze die Sätze dann:
1. Faustulus cum comitibus Tiberim (petere).
2. Repente viri (tacere): Voces puerorum (audire).
3. Faustulus ad pueros accedere non (dubitare).
4. Diu pueros (spectare). 5. Denique viri fratres domum (portare). 6. Faustulus, ubi casam (Hütte) (intrare), Accam uxorem ad se (vocare).
7. Acca: „Ubi (esse), Faustule?“ 8. Faustulus: „Ad Tiberim cum comitibus (properare). 9. Subito voces puerorum (audire). 10. Ecce: Fratres sunt. Domum eos (sie) (portare).“ 11. Statim Acca pueros attingere atque alere (cupere).

F Lernhilfen nutzen
1. Stelle bedeutungsähnliche Wortpaare und solche entgegengesetzter Bedeutung zusammen:
properare – parere – arma – praebere – ante – emere – videre – velle – post – flere – pax – aspicere – cupere – dare – vendere – dolere – iubere – contendere
2. Nenne jeweils ein Substantiv, das zur **Wortfamilie** der folgenden Verben gehört: clamare – amare – nuntiare – vocare – gaudere – necare
3. Welche **Fremdwörter** kennst du zu den folgenden Wörtern: vox – credere – frustra – legere

G Füge in die folgenden Sätze jeweils ein passendes Verbum im Perfekt ein. Übersetze die Sätze.
1. Viri Romulum Remumque ad casam (Hütte) Faustuli ? .
2. Acca fratres tenere et alere non ? .
3. Tandem pueris parentes ? .

H Fülle die Krüge so auf, dass jede Form im richtigen Krug landet. Achtung: Einige Formen müssen öfter verteilt werden.
amico – armorum – puellae – ludis – amice – senibus – consulum – lacrimas – senatores (2) – forum – consul (2) – negotia – uxore – oculos – serva (3) – bestiarum
Formuliere einfache lateinische Sätze, in denen die mehrdeutigen Wortformen vorkommen; gib an, aus welchem Krug du sie für den jeweiligen Satz genommen hast.

Der Raub der Sabinerinnen

Z Nachdem Romulus die neugegründete Stadt befestigt hatte, wollte er für ihr Wachstum sorgen. Doch fehlten den Römern Frauen zur Gründung von Familien. Was tun in solcher Lage? „Wenn wir schon keine eigenen Frauen besitzen, so müssen wir eben unsere Nachbarn, die Sabiner, bitten, uns Frauen zu geben“, dachte sich Romulus und sandte sogleich einen Boten zu den Sabinern. Die Sabiner aber waren nicht bereit, ihre Töchter und unverheirateten Frauen den Römern zur Heirat zu geben. Da griff Romulus zu einer bösen List ...

Römischer Silberdenar. 89 v. Chr. Auf der Vorderseite ist das Porträt des Sabinerkönigs Titus Tatius zu sehen. Neapel, Museo Archeologico Nazionale.

Romani filias Sabinorum[1] vi[2] capere voluerunt. Itaque Sabinos ad convivium ludosque vocaverunt. Sabini cum puellis ad Romanos venire non dubitaverunt et urbem sine armis intraverunt. Subito Romani Sabinas petiverunt et corripuerunt. Sabini filias servare non potuerunt. Eo dolo[3] Romulus Romanis uxores paravit. Sabini autem arma capere properaverunt atque Romam petiverunt. Sed urbem capere frustra cupiverunt. Denique filiae Sabinorum patres ad se vocaverunt: „Diu Romam armis petivistis; sed urbem capere non potestis. Nos[4] nunc uxores Romanorum sumus, hic remanere volumus. Deponite arma pacemque facite cum Romanis!“ Paulo post Sabini arma deposuerunt: Tandem pax fuit.

1 Sabīnī, ōrum die Sabiner
Sabīnae, ārum die Sabinerinnen
2 vī gewaltsam
3 eō dolō durch diese List
4 nōs wir

1 Welche Szene ist auf dem römischen Silberdenar dargestellt?
Vergleiche damit, was auf den Euro- und Cent-Münzen verschiedener Länder abgebildet ist.

2 Der Name des Münzmeisters lautet L. Titurius Sabinus, dessen Abstammung wohl auf die Sabiner zurückzuführen ist: Woran sollten sich die Römer durch die Abbildung auf den Geldstücken – die ja in alle Hände gelangten – stets erinnern?

3 Rezeptionszeugnisse kennenlernen
Welche Szene hat David in seinem Bild festgehalten? Erkläre, warum er sich ausgerechnet für die Darstellung dieses Moments entschieden hat.

Jacques-Louis David: Die Sabinerinnen. 1799. Paris, Musée du Louvre.

Unter dem Einfluss der Etrusker, die sich als Kaufleute, Handwerker und Baumeister in Rom niederließen, verwandelten sich die ursprünglich bäuerlichen Siedlungen am Tiber in eine Großstadt. Die Römer haben von den Etruskern, die ihnen in Kultur und politischer Organisation überlegen waren, viel übernommen, so z.B. die toga als besonderes Kleidungsstück und das Rutenbündel (fascēs) als Zeichen der Macht (vgl. S. 67). Lange Zeit wurden in Rom zwei Sprachen gesprochen: Etruskisch und Latein. Dennoch kam es nicht zu einer Verschmelzung der beiden Völker. Seit dem Ende des 7. Jh.s v. Chr. herrschten in Rom etruskische Könige. Sie wurden von der römischen Bevölkerung allmählich als Fremdherrscher empfunden, die man loswerden wollte.

So kam es auch zu kriegerischen Auseinandersetzungen mit den Etruskern; dabei konnten die Römer der Übermacht der Feinde kein entsprechendes Heer entgegenstellen – Entschlossenheit und Opferbereitschaft mussten zwangsläufig zu ihren Waffen werden. Es war die Zeit der altrömischen Heldinnen und Helden, die sich mit Tapferkeit (virtūs) gegen die Feinde der jungen Stadt behaupteten. Die Römer bezeichneten diese Epoche fortan als die „gute alte Zeit".

Die Namen der heldenhaften Kämpfer dieser Zeit kannte im Rom der folgenden Jahrhunderte jedes Kind: Cloelia, Mucius Scaevola, Marcus Curtius und Horatius Cocles sind nur einige von ihnen. Sie dienten als leuchtende Vorbilder bei der Erziehung der römischen Jugend. So konnte man zum Beispiel auf dem Forum eine Bronzebüste des Horatius Cocles bewundern. In ihrem Schatten erzählte man den Heranwachsenden ehrfürchtig von seiner großer Heldentat am Pons Sublicius, der alten Tiberbrücke, und von Larcius und Herminius, seinen treuen Gefährten gegen die Etrusker.

Friedrich Brentel: Horatius Cocles. 1630. Straßburg, Musées de la Ville de Strasbourg.

G

Sabini in urbem veniunt.
Romani Sabinos venire vident.
Postea Sabini Romanos filias corripere vident.
Propinqui Romanos Sabinas corripuisse audiunt.
Sabinos diu Romam armis petivisse audivimus.

Einer für alle

Der Pons Sublicius stellte den einzigen Zugang zur Stadt dar, der nicht durch die starke Stadtmauer gesichert war. Ein Angreifer musste lediglich über die Brücke gelangen und stand praktisch schon auf dem Forum.
Das wussten die Etrusker und eines Tages, als das römische Heer sich gerade in den Sabiner Bergen aufhielt, zogen sie mit einem Heer gegen Rom, in der Hoffnung, über die Brücke in die fast soldatenfreie Stadt marschieren zu können. Der Römer Mamercus war gemeinsam mit Horatius, Larcius und Herminius am Pons Sublicius postiert. Am Abend berichtet er in seiner Stammtaverne von seinen Erlebnissen:

Kopf eines etruskischen Kriegers. Bemalter Ton. 6. Jh. v. Chr. Rom, Museo Etrusco di Villa Giulia.

In ripa Tiberis cum Horatio, Larcio Herminioque comitibus pontem defendere debui. Primum hostes videre non potuimus; tum autem procul clamorem audimus, deinde Tuscos venire videmus, postremo hostes propius ad ripam accedere video. Ego quidem pontem statim relinquo – in urbem contendo. Etiam comites mecum ad urbem currere puto. Ubi autem in munitione urbis fui, – vae![1] – comites adhuc in ponte stare video. Nunc certe scio amicos in periculo esse. Hostes aspiciunt amicos, amici prospiciunt hostes. Tacent Romani, tacent Tusci.
Tandem Horatius per iram clamat: „Venite, Tusci! Nos[2] pugnare patriamque defendere cupimus." Hostes primum accedere dubitant, tum autem tela capiunt. Scio comites pontem tenere non posse – nunc ne lacrimas quidem tenere possum, fiducia careo. Iam hostes amicos circumvenire volunt. Subito autem Horatium clamare audio: „Defendite patriam, amici! Rescindite[3] pontem!" Horatius comites pontem rescindere iubet. Quid faciunt Larcius Herminiusque?
Horatio confidunt, parent, pontem rescindere instituunt. Horatium autem hostes gladio petere et cum hostibus pugnare video. Iam hostes Horatium necavisse puto.
Repente autem Horatium de ponte in aquas Tiberis desilire[4] video. Et statim pons corruit[5]. Tusci in ripa remanent. Horatius autem per aquas urbem petit. Tiberim deum Horatio et comitibus adfuisse constat.

(nach Livius, Ab urbe condita)

1 vae! o weh!
2 nōs wir
3 rescindere einreißen
4 dēsilīre herabspringen
5 corruere zusammenstürzen

1 Text sinnbetont vorlesen
Mamercus gerät beim Erzählen seiner Geschichte in große Aufregung. Überlegt, mit welchen Mitteln es Mamercus gelingt, bei seinen Zuhörern Spannung zu erzeugen. Übt dann den Vortrag und lest den Text einander vor.

2 Vergleicht die Tätigkeiten des Horatius Cocles, Larcius und Herminius mit dem Verhalten des Mamercus. Diskutiert, wer sich eurer Ansicht nach richtig verhält.

3 Position beziehen
Informiert euch über Cloelia, Marcus Curtius und Mucius Scaevola. Erklärt anhand der Geschichten, die sich um sie ranken, was die Römer unter „vorbildlichem Verhalten" verstanden. Vergleicht diese Römer mit euren Vorbildern und diskutiert, ob sie sich auch für euch als Vorbild eignen.

Ü

Weil er volljährig ist, muss Publius auch an Feldzügen teilnehmen. Nach einem Krieg feiern die Soldaten im Triumphzug den Sieg. Caecilia und Aquilius warten auf die Rückkehr ihres Sohnes: Publius aedes intrat. Caecilia Publium intrare audit. Ad filium currit. Lacrimas tenere non potest. Tum Aquilium vocat. Aquilius venit. Aquilius videt Publium intravisse. Statim servis narrat Publium intravisse; iubet: „Parate cenam!“
Postridie (am folgenden Tag) Caecilia amicae narrat: „Diu filium exspectavi. Subito Publium intrare audivi. Tum Aquilium vocavi. Aquilius statim servis narravit filium intravisse. Servi cenam paraverunt.“

A Bilde zu den Formen des Infinitiv Präsens die des Infinitiv Perfekt und umgekehrt.

probavisse, habere, narrare, tenuisse, noluisse, servare, complere, munivisse, voluisse, deposuisse, colere, potuisse, cupivisse, esse

B Von der Stadt aus blickt der Tavernenwirt Manius ängstlich auf die gegen Horatius vorgehenden Etrusker und hält sich entsetzt die Hände vors Gesicht. Übersetze:
„Vae (wehe) mihi! Video Tuscos iam per urbem properare! Video hostes iam tabernam petere! Video Tuscos iam vina e taberna corripere! Audio hospites iam flere! Horatium urbem defendere posse non puto.“

Nach der Heldentat des Horatius ist er wieder beruhigt. Er weiß: Seine Befürchtungen sind nicht eingetreten. Ergänze seine Rede und übersetze:
„Tusci per urbem non properant. Host ? tabernam non pet ? scio. Tusc ? vina e taberna non corrip ? scio. Hosp ? non fl ? scio. Horati ? urbem defendere potuit.“

C Entscheide jeweils, welcher der beiden Sätze einen AcI enthält, und übersetze beide Sätze!

1. Amici Horatio adesse volunt.
   Romani Horatium pontem defendere volunt.
2. Romani urbem servare cupiunt.
   Horatius amicos pontem rescindere cupit.
3. Romani Horatium sciunt.
   Manius Mamercum flevisse scit.
4. Amici clamorem audiunt.
   Amici Tuscos clamare audiunt.
5. Mamercus hostes videt.
   Mamercus hostes ad pontem accedere videt.

D Übersetzungen prüfen
Welche Übersetzung ist richtig? Erkläre die Fehler in den falschen Übersetzungen.

1. Scimus Horatium urbem Romam servavisse.

a) Wir wissen, dass Horatius die Stadt Rom rettet.
b) Wir wissen, dass Horatius die Stadt Rom gerettet hat.
c) Wir kennen Horatius, der die Stadt Rom gerettet hat.

2. Uxores maritos lacrimas tenere non posse vident.

a) Die Frauen können sehen, dass ihre Ehemänner die Tränen nicht zurückhalten.
b) Sie sehen, dass Frauen und Männer ihre Tränen nicht halten können.
c) Die Ehefrauen sehen, dass ihre Männer die Tränen nicht halten können.
d) Die Frauen sehen mit Tränen, dass sich ihre Männer nicht zurückhalten können.

E Wortbildung nutzen
Mit Hilfe der Präpositionen kannst du die Bedeutung zusammengesetzter lateinischer Wörter (Komposita) selbst erschließen. Du kennst bereits ad und adesse – was bedeutet wohl ab-esse? Erschließe auch: ab-ducere, ad-ducere, de-ducere, e-ducere.

Domenico Beccafumi: Die Flucht der Cloelia. 1530. Florenz, Galleria degli Uffizi.

Cloelia

Z

Einige Zeit nach der Heldentat des Horatius Cocles beeindruckt eine junge Frau mit ihrer Tapferkeit: Cloelia, eine adelige Römerin, war dem mächtigen Etruskerkönig Porsenna zusammen mit anderen als Geisel gegeben worden. In einem unbeobachteten Moment aber entwich sie wieder nach Rom. Helvia, die Gattin des Wirtes Manius, berichtet, was sie bei der Rückkehr Cloelias auf dem Forum erlebt hat:

„Audite, viri! Homines in foro narraverunt Cloeliam cum comitibus ab hostibus fugisse[1]. Subito Cloeliam per turbam hominum properare et ad matrem patremque accedere video. Viri et mulieres clamorem tollunt: ‚Cloelia vivit! Cloelia in urbe est!' Homines Cloeliam adesse gaudent.

Repente autem nuntius Tuscorum forum intrat. Statim turba tacet, nuntius autem clamat: ‚Romani, Cloeliam, obsidem[2] Tuscorum, in urbem fugisse scitis. Porsenna autem, rex[3] Tuscorum, Cloeliam fugisse non probat. Nonne pacem tenere vultis, Romani? Cloelia obses est; itaque ad Tuscos redire[4] debet.'

Parentes Cloeliae flent, nam filiam ad Porsennam mittere nolunt. Cloelia autem diu tacet, postremo dicit: ‚Romani, certe matrem patremque amo, iram regis timeo[5]. Sed ego etiam filia urbis Romae sum. Nunc calamitatem ab urbe prohibere possum. Itaque urbem relinquere debeo.'

Tum ad regem Tuscorum redit. Fortitudine[6] pacem servavit. Audite, viri: Viros quidem fortitudinem colere semper dicitis. Nunc autem puellam fortitudine pacem servavisse videtis."

1 fugere (Perf. fūgī) fliehen
2 obses, idis *m* Geisel
3 rēx, rēgis *m* König
4 redīre zurückgehen
5 timēre fürchten
6 fortitūdō, inis *f* Tapferkeit

1 Helvia hat als Augenzeugin auf dem Forum nicht den Fortgang der Geschichte mitbekommen. Informiere dich darüber, was weiter geschah.

2 Römische Wertvorstellungen erkennen
Helvia bezeichnet durch die Eigenschaft der fortitudo Cloelia als tapfer. Erkläre anhand des Textes, worin genau Cloelias Tapferkeit bestand.

Sieben Könige herrschten über Rom. Auf Romulus, den ersten von ihnen, folgten der Sage nach Numa Pompilius, Tullus Hostilius und Ancus Marcius. Während diese römisch-sabinische Wurzeln hatten, waren die letzten drei römischen Könige, die Tarquinier, von etruskischer Abkunft. Das Kernland der Etrusker, deren Herkunft bis heute ungeklärt ist, umfasste das Gebiet zwischen den Flüssen Arno und Tiber. Es entsprach damit in etwa der heutigen Toskana, deren Name auf die Etrusker – lat. Tusci – zurückzuführen ist. Weil sie reiche Bodenschätze (Eisen, Kupfer, silberhaltiges Blei) besaßen und viel Seehandel betrieben, konnten die Etrusker ihre Macht weit nach Norden und Süden hin ausdehnen.
Als um 500 v. Chr. ihre einflussreiche Stellung in ganz Italien zu bröckeln begann und mit dem Etrusker Tarquinius Superbus ein skrupelloser Tyrann auf dem römischen Thron saß, suchten die Römer nach einer günstigen Gelegenheit, sich von Tarquinius und der Königsherrschaft zu befreien (siehe **T**).

G Ein Fremdenführer auf dem Forum:
Ecce forum Romanum! Forum magnum est.
Ibi multi homines, multae tabernae, multa aedificia sunt.
Spectate magnas basilicas, spectate magna templa deorum!
Hic videtis templum Vestae deae.
Vestam multis muneribus colimus.
Nam Vesta dea bona et magna est.

Das Maß ist voll

T Tarquinius Superbus, der siebte König Roms, ist bei den Römern wegen seiner grausamen Herrschaft zunehmend verhasst. Die Situation verschärft sich, als Lukretia, die Frau des aus einer bedeutenden Familie stammenden Collatinus, von Tarquinius' Sohn Sextus überfallen und vergewaltigt wird. Lukretia, die – obwohl unschuldig – ihre Ehre für immer verloren sieht, weiß keinen anderen Ausweg als sich selbst das Leben zu nehmen. Im Wohnort der Lukretia ist die Empörung so groß, dass L. Iunius Brutus, ein Freund des Collatinus, mit einer großen Schar junger Männer bewaffnet nach Rom zieht.

Der sog. Brutus Capitolinus. Das Bronzeporträt wird oft als Lucius Iunius Brutus gedeutet. 3.-1. Jh. v. Chr. Rom, Konservatorenpalast.

Post mortem Lucretiae Brutus cum multis viris Romam petivit et forum occupavit. Romani Brutum et comites forum occupare audiverunt. Voces et arma et multitudo virorum Romanos terruerunt. Homines statim ad forum properaverunt, quod causam clamoris cognoscere voluerunt. Ubi de scelere filii regis et de sorte misera Lucretiae audiverunt, iram non iam tenuerunt.

Tum Brutus magna voce: „Lucretiam“, inquit, „semper Collatino marito uxorem bonam fuisse scitis; Lucretiam semper deos coluisse scitis. Nunc non iam vivit propter iniuriam Sexti Tarquini. Expellite tandem gentem superbam Tarquiniorum! Scelera mala regis non ignoratis. Num de nece Servi Tulli[1], num de sanguine multorum virorum bonorum dicere debeo? Si tuti a sceleribus et iniuriis esse vultis, expellite regem malum et totam gentem Tarquiniorum, liberate tandem urbem a magno periculo!“

Et Romani et Collatini[2] verba Bruti probaverunt. Tarquinii autem iram hominum timuerunt et Romam relinquere properaverunt. Ita Tarquinius Superbus rex ultimus Romanorum fuit.

(nach Livius, Ab urbe condita)

1 Servius Tullius: Vorgänger des Tarquinius, den dieser hatte töten lassen

2 Collātīnī, ōrum die Collatiner

1 Vorerwartungen formulieren
Beschreibe mithilfe der Informationen in der Einleitung sowie der Schlüsselwörter (petere, occupare, terrere, properare, audire, iram non iam tenere) einen möglichen Handlungsverlauf sowie die Stimmung in Z. 1–6.

2 Welche Charaktermerkmale der Tarquinier werden im zweiten Abschnitt (Z. 7–17) von **T** genannt? Stelle die entsprechenden Substantive mit ihren Adjektiv- und Genitivattributen in einer Tabelle zusammen. Ordne die Wendungen einem Sachfeld zu und beziehe sie auf die Überschrift.

3 Inhalte veranschaulichen
Stelle grafisch – z. B. durch Pfeile – dar, in welchem Verhältnis die in **T** genannten Personen zueinander stehen.

4 Wie stellst du dir Brutus bei seiner Rede (Z. 7–14) vor? Fertige eine ausdrucksstarke Zeichnung an, die Brutus in dieser Situation zeigt.

5 Als nach außen sichtbares Symbol für die unumschränkte Herrschergewalt des Königs gab es verschiedene Zeichen, wie z. B. Purpurgewand und Goldkranz. Daneben konnte sich der König in der Öffentlichkeit von zwölf Amtsdienern, den Liktoren, begleiten lassen (vgl. S. 67). Sie trugen Rutenbündel (fasces) bei sich, aus denen Beile herausragten. Wofür konnte das Beil Symbol sein?

Ü

Mamercus cum amico bono disputat (diskutiert): Mamercus: „Amici boni hospitibus dona dant.“ Amicus autem respondet: „Amici bonis hospitibus dona dant.“

A Suche alle Adjektive aus **T** heraus und bestimme, in welcher der beiden Funktionen (attributiv oder prädikativ) sie jeweils verwendet werden. Schreibe sie in eine getrennte Liste.

B Übersetze die Sätze. Bestimme jeweils den Gebrauch des Adjektivs.

1. Hic videtis multos deos et deas Romanorum.
2. Scitis Romanos multos deos coluisse.
3. Dei boni sunt, nam hominibus adsunt.
4. Homines boni iram deorum non timent.
5. Nam ira deorum magna est.

Götterstatuetten aus dem Weißenburger Silberschatz. 2. Jh. n. Chr. Weißenburg, Römermuseum.

C Wähle aus den gegebenen Adjektiven aus und ergänze die Lücken. Übersetze dann:

multa – tota – multi – multae

1. In foro Romano ? mercatores et ? tabernae sunt. 2. Itaque homines ? ex urbe forum petunt. 3. Sed etiam ? templa et aedificia fori homines delectant.

bonum – magna – multis

1. Lucius Atiam amicam ? donis delectare vult. 2. Sed Atia Lucium non semper laudat, nam non ? dona amat, sed amicum ?.

D v- oder u-Perfekt?

Bilde jeweils die entsprechende Perfektform:
potestis – prohibemus – petunt – estis – vult – fles – doleo – tacent – complet – cupitis – deponis – servare – colere – timet – liberamus – cognoscis – alit – sunt – auditis – corripis

E Spielerisch üben

Wir bilden vier Mannschaften. Der Gruppenführer jedes Teams erhält einen Staffelstab, nennt den Nominativ Singular und gibt den Stab an den nächsten Mitstreiter weiter. Dieser „verwandelt“ die Form in die nächste verlangte usw.
Vorsicht: Bemerkt der folgende Spieler, dass die Form seines Vordermanns falsch ist, nimmt er den Staffelstab nicht an. Der Gruppenführer notiert die Formenreihe. Sieger ist das Team, das als erstes alle richtigen Formen beim Lehrer bzw. bei der Lehrerin abgibt.

Nom.Sg. → Pl. → Abl. → Dat. → Sg. → Abl. → Gen. → Pl. → Akk. → Sg.

uxor bona — magnum iter
homo miser — amicus bonus

F Fortleben des Lateinischen erkennen

1. Man nennt die Sprachen, die sich im Laufe der Jahrhunderte aus dem Lateinischen entwickelt haben, romanische Sprachen. Erstelle mit Hilfe der Karte auf S. 215 eine Liste der romanischen Sprachen.
2. Nenne zu den folgenden Wörtern jeweils das lateinische Herkunftswort. Welche der hier genannten Sprachen gehört nicht zu den romanischen Sprachen?

frz. *porte*	rum. *portal*
engl. *to prove*	sp. *probar*
sp. *vivir*	port. *viver*
it. *buono*	frz. *bon*
engl. *sign*	frz. *signe*
port. *paz*	engl. *peace*
sp. *hombre*	it. *uomo*
frz. *défendre*	engl. *to defend*
rum. *orador*	frz. *orateur*
it. *vedere*	rum. *vedea*

G Kastor und Pollux

1. Auf dem Forum Romanum sehen wir noch[1] heute den großen Tempel des Kastor[2] und Pollux[3]. 2. Die Brüder, Söhne Jupiters, griffen zusammen° mit den Römern Tarquinius Superbus an. 3. Kurz darauf betraten sie das Forum und meldeten mit lauter Stimme den Sieg. 4. Aus der ganzen Stadt eilten viele Menschen auf (in) das Forum und riefen laut: 5. „Wir danken euch, ihr° tüchtigen (guten) Männer! Ihr habt die Heimat von[4] den überheblichen Feinden befreit, endlich sind wir sicher vor Gefahren."

1 noch quoque *(nachgestellt)* – 2 Kastor Castor, oris *m* – 3 Pollux Pollūx, ūcis *m* – 4 von ab *(m. Abl.)*

Menenius Agrippa

Z Nach der Vertreibung des Tarquinius lag die Macht nicht mehr bei einem Einzelnen, sondern verteilte sich auf die wenigen führenden römischen Adelsfamilien, die Patrizier (patriciī, ōrum). Sie bekleideten die höchsten Ämter des Staates. Die Plebejer (plēbēī, ōrum), die den größten Teil der Bevölkerung Roms ausmachten, blieben dagegen von jeglicher Macht ausgeschlossen. Aus Protest gegen diese Ungerechtigkeit zogen diese schließlich zu Beginn des 5. Jh.s v. Chr. aus der Stadt aus. Dem Patrizier Menenius Agrippa gelang es jedoch, sie zur Rückkehr nach Rom zu bewegen ...

1 mōns Sacer Heiliger Berg (Zufluchtsort der Plebejer)
2 Rōmam nach Rom
3 fābula Geschichte

Ubi Menenius Agrippa in monte Sacro[1] fuit, plebeios ad se vocavit et oravit: „Venite Romam[2], viri boni! Facite pacem cum patriciis! Tota urbs in magno periculo est, nam tuti ab hostibus non iam sumus." Sed plebei: „Num patriciis iniurias facere licet? Patricios homines superbos esse videmus. Hominibus autem superbis non paremus!" Tum Menenius: „Et patricii et plebei urbem defendere debent. Credite mihi, viri boni! Audite fabulam[3] ..."

Menenius erzählte den Plebejern die Geschichte vom Magen und den Gliedern: Die Glieder wollten einst dem Magen nichts mehr zuführen, weil dieser immer nur nahm, aber nie etwas gab. Als aber infolge des Hungerns eine Schwächung des gesamten Körpers eintrat, sahen die Glieder ein, dass auch der Magen eine wichtige Funktion hatte, und gaben ihm fortan wieder zu essen.

Tum plebeis placuit Menenio parere Romamque petere. Ita Menenius urbem e magno periculo servavit.

(nach Livius, Ab urbe condita)

1 Mit welchem Argument will Menenius die Plebejer zur Rückkehr bewegen (Z. 1–7)?

2 Die Plebejer verstanden, was Menenius ihnen sagen wollte. Du auch? Übertrage die Geschichte vom Magen und den Gliedern auf die Verhältnisse in Rom.

Bronzestatuette eines römischen Liktors. Um 20 v. Chr. London, British Museum.

Der gefürchtetste Feind der Römer war der karthagische Feldherr Hannibal. Nachdem sein Vater Hamilkar gefallen war, wählte das Heer 221 v. Chr. unter großem Jubel dessen Sohn Hannibal zum Nachfolger als Heerführer. Er war gerade einmal 26 Jahre alt! Im Verlauf des Zweiten Punischen Krieges (218–201 v. Chr.) fügte er den römischen Truppen in mehreren Schlachten furchtbare Niederlagen zu – und brachte damit Rom an den Rand des Abgrunds.

Hannibal hatte von klein auf als Soldat beim Heer gelebt. In jungen Jahren war er mit seinem Vater nach Spanien gezogen und hatte sich dort sogleich bewährt.

Er war beliebt unter den Soldaten und von allen geachtet:

„Sie kannten keinen Feldherrn, dem sie mehr vertrauten, für den sie mehr wagten. Er war äußerst kühn, wenn es galt gefährliche Aufträge zu übernehmen. Keine Anstrengung konnte seinen Körper ermüden und seinen Mut besiegen.

Gleich groß war seine Ausdauer in Hitze und Kälte. Viele haben ihn gesehen, wie er zwischen Wachen und Soldatenposten auf der Erde schlief, oft nur mit einem Militärmantel zugedeckt. Als Erster zog er in den Kampf, als Letzter verließ er die beendete Schlacht."

Mit solch bewundernden Worten bedachte ihn selbst der römische Historiker Livius.

Antike Quellen berichten aber auch, dass Hannibal von seinem Vater zum ewigen Hass auf die Römer erzogen wurde. Als er neun Jahre alt war, soll er feierlich – mit erhobener Hand vor dem Altar des höchsten karthagischen Gottes Baal stehend – geschworen haben, niemals einen guten Gedanken an die Römer zu verschwenden und erst dann Ruhe zu geben, wenn das feindliche Rom endgültig besiegt sei.

Peter Jackson: Der Schwur des Hannibal. 1966. Privatsammlung.

G

Romani, ubi Collatinos viderunt, primo ita dixerunt:
„Cur ad nos venistis, Collatini? Cur arma cepistis?"
„Num Romani vobis iniurias fecerunt?"
„Cur tu, Brute, Collatinos in urbem duxisti?"
„Deponite arma, viri! Nos cum amicis pugnare non cupimus."
Tum Brutus ad Romanos accessit et de sorte Lucretiae narravit.

Hannibal ante portas

T Hannibal hielt seinen Schwur und setzte den Kampf seines Vaters Hamilkar gegen Rom mit aller Anstrengung fort. Im Jahr 218 v. Chr. überquerte er von Spanien aus völlig überraschend mit dem gesamten Heer die vereisten Alpen und stand plötzlich in Italien. Die Römer leisteten Widerstand, doch vergeblich: Nach mehreren Niederlagen gegen die Punier verloren sie schließlich bei Cannae 216 v. Chr. trotz zahlenmäßiger Überlegenheit fast das gesamte Heer. Der Weg nach Rom war für Hannibal frei.

Uxores Romanorum, postquam Hannibalem legiones Romanas vicisse audiverunt, totam urbem vocibus suis compleverunt. Uxor quaedam[1]: „Di[2] boni, adeste mihi miserae! Cuncti filii mei cum hoste pugnaverunt. Num filios amisi?“ Alia autem uxor: „Cur tu te miseram vocas? Tibi multi filii sunt – et maritum tuum in urbe mansisse scimus. Ego autem maritum non iam habeo mihique unus filius vivus restat. Non solum tu, sed etiam nos saluti virorum nostrorum timemus[3]!“

Etiam senatores statim in curiam convenerunt, de sorte urbis consuluerunt: Unus e senatoribus ita dixit: „Hannibal magnis laboribus milites elephantosque[4] per Alpes in Italiam duxit, multa oppida cepit, legiones nostras vicit, nunc certe Romam contendere cupit. Nobis autem legiones non iam sunt. Equidem ita censeo: Aperite portas victori!“ Censor autem: „Ego vero sententiam tuam non probo. Hannibal nos proelio vicit, sed victor belli non est. Moenia Romae alta sunt. Cuncti Romani urbem armis servare debent!“

(nach Livius, Ab urbe condita)

1 quaedam eine
2 dī ~ deī
3 timēre *m. Dat.* fürchten um
4 elephantus: *vgl. Bild*

Innenbild einer kampanischen Schale. 3. Jh. v. Chr. Rom, Museo Etrusco di Villa Giulia.

Hannibal verzichtete aber auf einen Angriff gegen Rom.

1 Thematik erschließen
Informiert euch zunächst mithilfe der deutschen Einleitung über die Vorgeschichte von **T** und stellt dann Vermutungen darüber an, über welches Thema nun in Rom diskutiert wird.

2 Textstrukturen erkennen
Ermittle vor der Übersetzung, welche Personen in den beiden Abschnitten von **T** sprechen und über welche Personen sie reden; beachte dazu vor allem die Eigennamen und die Substantive.

3 Zu welcher Zeile aus **T** passt das Tellerbild?

4 Szenisch darstellen
Stellt die Situation der uxores im ersten Abschnitt von **T** in einem Standbild dar.

5 Welche(s) Sachfeld(er) kannst du aus **T**, Z. 1–8, zusammenstellen?

6 In welche zwei Lager waren die Senatoren offenbar gespalten? Wie lassen sich beide Haltungen begründen (Z. 9–17)? Welche Haltung zu den Standpunkten der Senatoren könnten die uxores einnehmen?

7 Ergebnisse kooperativer Arbeit präsentieren
Sammelt Argumente für und gegen die Kapitulation der Römer. Orientiert euch dabei an den unterschiedlichen Standpunkten der Senatoren in **T**. Arbeitet eure Argumente zu einer kleinen Rede aus. Wählt einen Redner, der sie vorträgt.

Ü

Quintus tristis (traurig) est. Marcus: „Quid est?" Quintus: „Puellam amo." Marcus: „Bene est. Cur tristis es?" Quintus: „Ego puellam amo, sed puella me non amat. Ego puellae dona do, sed puella mihi nihil (nichts) dat. Ego semper de puella cogito, sed puella numquam de me cogitat."

A Schreibe alle neuen Perfektformen aus **T** heraus. Gib jeweils den Infinitiv an und bilde die entsprechende Präsensform.

B Zerlege die folgenden Formen in Perfektstamm und Endung. Gib an, ob Dehnungsperfekt oder s-Perfekt vorliegt und nenne den Infinitiv Präsens. Übersetze die Formen.
mansimus – risisti – pervenerunt – vidistis – egit – fecimus – aspexisti – reliquerunt – accessi – veni

C Lateinische Sprichwörter kennenlernen
1. ALIVD EST DICERE, ALIVD FACERE.
2. LABOR OMNIA VINCIT. omnia alles
3. VENI, VIDI, VICI.

D Bilde zu den vier gelernten Arten der Perfektbildung je drei Beispielformen mit verschiedenen Verben. Trage deine Formen mit Übersetzung vor und erläutere sie.

E Gänse retten das Kapitol
1. Einst[1] führte Brennus[2] einen großen Heereszug durch Italien. 2. Er besiegte die Soldaten der Römer und eroberte viele Städte. 3. Schließlich gelangte (kam) er nach Rom. 4. Schon riefen in der Stadt alle laut durcheinander°: „Die Feinde sind vor unseren Toren. 5. Verlasst die Häuser und lauft zum Kapitol; dort sind wir sicher vor den Waffen. 6. Helft uns, ihr° guten Götter[3]!" 7. Lange Zeit griff Brennus die Römer vergeblich an. 8. Dann wollte er durch eine List[4] das Kapitol besetzen; aber das Geschnatter (die Stimmen) von° Gänsen[5] *(Gen.)* rettete die Römer.

1 einst quondam – 2 Brennus Brennus *(ein Gallierfürst)* – 3 Götter dī *Vok. Pl.* – 4 List dolus – 5 Gänse ānserēs, um *m*

F Vervollständige die Sätze, indem du aus den Töpfen jeweils eine passende Subjunktion und ein passendes Prädikat auswählst. Übersetze die Sätze.

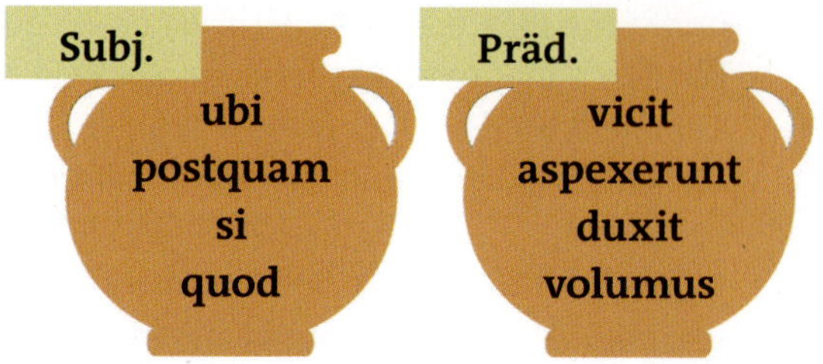

1. Multi Hannibalem magnum imperatorem vocant, ? milites elephantosque per Alpes ? .
2. Milites Romani, ? elephantos ? , saluti suae timuerunt (fürchten um).
3. ? Hannibal magno proelio legiones Romanas ? , multi senatores portas urbis aperire voluerunt.
4. Alii senatores autem: „ ? Romam servare ? , nobis arma deponere non licet."

G Setze die folgenden Formen passend in den Text ein und übersetze:
vos – nobis – magnos – mihi – nos

Milites Hannibalis: „Quo (wohin) ? ducis, Hannibal? Iam multos comites amisimus!" Hannibal militibus respondet: „ ? labores non ignoro. ? per montes Alpium in Italiam duxi. Credite ? : Nunc Italia ? patet!"

H Irrläufer gesucht! Übersetze auch alle Formen:
1. moenia – oppida – sententia – itinera
2. ago – egisti – agit – egi – ego
3. tacete – audi – arma – vince – credite
4. repente – ripam – subito – palam – circiter

I Wortfelder erkennen
Führe jeweils drei Begriffe zu einem Wortfeld zusammen und gib jedem Wortfeld eine passende Überschrift:
arma – poeta – aqua – mater – sacrum – taberna – deus – thermae – liber – hostis – pater – pecunia – templum – mercator – carmen – victor – frigidarium (Kaltwasserbad) – liberi

J Bildquellen erschließen

Hannibals Übergang über die schneebedeckten Alpen stellte für die damalige Zeit eine unglaubliche militärische Leistung dar. Bis heute versuchen Forscher den genauen Weg Hannibals nachzuzeichnen.

1. Welcher Punkt des Feldzugs ist auf dem Bild rechts erreicht? Woran erkennst du dies?
2. Wie wirkt Hannibal, wie wirken seine Soldaten auf den Betrachter? Gib eine kurze Beschreibung.

Kurt Miller: Hannibal Crossing the Alps. 2008.

K Sprachparallelen nutzen

Lateinische Verben der a-Konjugation (-are) enden im **Französischen** auf *-er* (Aussprache: ē); viele Verben der i-Konjugation (-ire) enden im Französischen auf *-ir.*

1. Bilde demnach die französischen Infinitive zu portare, liberare, venire und munire. 2. Welche lateinischen Infinitive stecken in den französischen Verben *narrer* und *aimer*?

Interview mit Hannibal

Z Mehreren Schülern, die an einem Forschungsprojekt teilnehmen, ist es gelungen, sich mittels Zeitmaschine in die Zeit des Zweiten Punischen Krieges zwischen Rom und Karthago (Carthāgō, inis *f*) zu versetzen und in das Lager Hannibals vorzustoßen. Sie befragen ihn zu den Hintergründen seines spektakulären Feldzugs über die Alpen ...

Hannibal. Marmorskulptur von François Girardon. 17. Jh. Paris, Musée du Louvre.

Adulescens: „Magno cum agmine militum et multis cum equis elephantisque Carthaginem reliquisti, Hannibal. Nunc in Italiam pervenisti, sed multa arma, bestias, milites amisisti. Cur magnis cum laboribus iter per Alpes fecisti?“ Hannibal: „Romanos terrere volui: Agmen per Alpes duxi, cunctos hostes vici, multa oppida cepi. Nunc Romani nos timent, nunc Italia nobis patet.“ Adulescens: „Militesne tibi semper paruerunt?“ Hannibal: „Ita est. Equidem magnos labores belli suscepi[1] – sicut[2] milites mei. Itaque me amant mihique parent.“ Adulescens: „Cur Romanos armis petitis?“ Hannibal: „Romani cum legionibus Italiam relinquere et terras alienas[3] petere non dubitant. Etiam Carthaginem capere cupiunt; itaque Romanos vincere debeo.“

1 suscipere *(Perf.* suscēpī) auf sich nehmen – 2 sīcut wie
3 terrae aliēnae fremde Länder

1 Aussagen bewerten

Wie sieht sich Hannibal selbst? Gehe bei deinen Überlegungen von den Verbformen in seinen Äußerungen aus.

„Du verstehst zu siegen, Hannibal. Den Sieg zu nutzen aber verstehst du nicht!“ So soll ein karthagischer Offizier zu seinem Feldherrn Hannibal gesagt haben. Dieser hatte nämlich trotz all seiner Siege in Italien nicht die Eroberung Roms in Angriff genommen. Nach jahrelangem Kleinkrieg setzten schließlich 204 v. Chr. römische Truppen unter dem Kommando des Publius Cornelius Scipio nach Afrika über. Hannibal, der seit dem Sieg bei Cannae keine entscheidenden Erfolge mehr erzielen konnte, musste daraufhin Italien unbesiegt verlassen und zur Verteidigung seiner Heimat nach Afrika zurückkehren.
Zwei Jahre später gelingt Scipio bei Zama der entscheidende Sieg über das punische Heer. Karthago, die große Rivalin, ist besiegt. Scipio wird in Rom begeistert empfangen und als großer Held gefeiert. In den folgenden Jahren bekommt er die höchsten politischen Ämter und erringt weitere militärische Erfolge.
Doch die Neider lassen nicht lange auf sich warten und verwickeln Scipio in Prozesse, sodass er schließlich Rom verlassen muss. 183 v. Chr. stirbt er auf seinem Landgut in Kampanien.

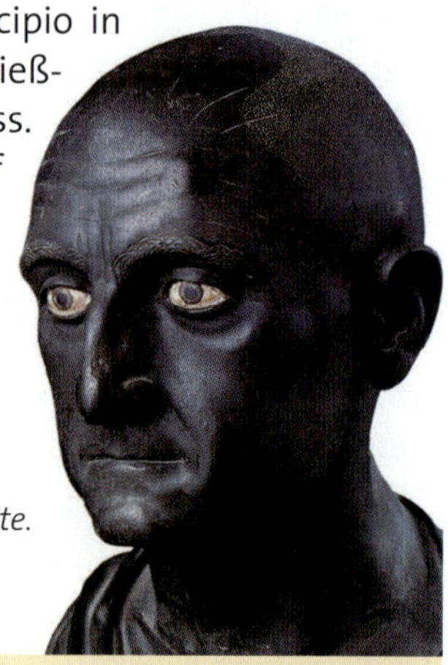

Scipio Africanus. Bronzebüste. 1. Jh. v. Chr. Neapel, Museo Archeologico Nazionale.

G

Certe iam audivistis de Hannibale,
qui milites suos in Italiam duxit,
cuius milites Italiam intrare non dubitaverunt,
cui milites semper paruerunt,
quem Romani diu timuerunt.
Romanos diu terruit Hannibal,
de quo certe iam audivistis.
Multa oppida Italiae Hannibalem (hostes) non prohibuerunt.
Quem (Quos) ubi viderunt, statim portas aperuerunt.

Wer besiegte Hannibal?

T Aulus und Titus müssen in der Schule ein Referat über den berühmten Feldherrn Scipio halten.

Aulus: „Vos iam de Publio Cornelio Scipione, qui magnus imperator Romanus fuit, audivistis. Quem Africanum appellamus, quia Poenos, quorum patria Africa est, subiecit.
Imprimis Hannibal, imperator Poenorum, cuius elephanti[1] homines etiam in Italia terruerunt, milites Romanos multis proeliis vicit. Itaque non erramus, si dicimus Hannibalem magnum hostem populi Romani fuisse. Scipio denique Hannibalem, quem Romani timuerunt, superare potuit. Quis nescit Scipionem victoria sua Romam a magno periculo servavisse? Itaque senatores Scipioni triumphum[2] decreverunt, quo virtutem imperatoris laudaverunt. Neque tamen Scipioni, qui populum Romanum servavit, in urbe manere licuit. Propter crimen falsum[3], quo senatores Scipionem accusaverunt, Romam reliquit."
Tum Titus: „Vobis de familia Scipionis narrare volo. Scipioni uxor clara fuit, filia imperatoris Luci Aemili Paulli. Etiam Cornelia, filia Scipionis, clara fuit. Multi dicunt Corneliam, cui duodecim[4] liberi fuerunt, exemplum bonae uxoris matrisque fuisse. Quae post mortem mariti non desperavit, sed familiam sola curavit. Imprimis Tiberio et Gaio[5] filiis semper consiliis bonis adesse studuit."
Magister[6] multa, quae pueri de vita Scipionis narraverunt, laudat. Tum dicit: „Munus vestrum est cuncta, quae audivistis, repetere[7]."
Denique pueros dimittit. Qui gaudent, nam ad thermas contendere volunt.

1 elephantus: *vgl. Fw.*
2 triumphus Triumphzug (Siegeszug durch die Stadt zum Kapitol)
3 crīmen falsum: Scipio wurden von seinen Gegnern Bestechung und Unterschlagung von Geld vorgeworfen.
4 duodecim zwölf (nur drei Kinder überlebten)
5 Tiberiō et Gāiō: gemeint sind Tiberius und Gajus Gracchus (s. Eigennamenverzeichnis)
6 magister Lehrer
7 repetere wiederholen

1 Römische Wertvorstellungen erkennen
Scipio Africanus galt als Ideal eines vorbildlichen Römers. Erkläre, ausgehend von **T**, durch welche Eigenschaften und Leistungen sich aus der Sicht der Römer ein solches Vorbild auszeichnet.

2 Beschreibt die Büste Scipios (S. 72). Überlegt, welche Charaktermerkmale hervorgehoben werden sollen. Zu welcher Zeit, in welcher Situation seines Lebens könnte die Büste entstanden sein? Nehmt Informationen aus **T** zu Hilfe.

3 Personen charakterisieren
Erstellt anhand der Informationen aus **T** jeweils ein Porträt des Scipio und der Cornelia. Ergänzt die Informationen durch weitere Quellen.

4 Auch Cornelia galt als Vorbild. Welche ihrer Eigenschaften machten sie in den Augen der Römer zu einer vorbildlichen Frau?

Severino Baraldi: Der Feldherr Scipio trifft den Feldherrn Hannibal. 20. Jh. Privatsammlung.

Ü

Maritus Terentiae cum hoste pugnavit. Terentia maritum, qui cum hoste pugnavit, amisit. Amicus Terentiam, cuius maritus mortuus (tot) est, visitat (besucht) et de sorte mariti narrat. Tum amicus uxori epistulam (Brief) mariti dat. Terentia, cui amicus epistulam mariti dat, lacrimas non tenet.
Terentia epistulam legit. Maritus in epistula, quam Terentia legit, multa de filio filiaque scripsit (hat geschrieben). Terentia filium filiamque, de quibus pater multa scripsit, vocat. De sorte patris narrat.

A Schreibe alle Relativpronomina aus **T** heraus. Nenne jeweils das Bezugswort. Was unterscheidet die Relativpronomina in Z. 2, 17 und 22 von den übrigen?

B Wandle die Sätze nach dem folgenden Muster um. Übersetze dann.
Beispiel: Philippus tabernam intrat (Philippus librum emere cupit). Philippus, qui librum emere cupit, tabernam intrat.

1. Thermae magnae sunt (Lucius thermas intrat). 2. Lucius gaudet et ridet (Amici Lucii iam adsunt). 3. Lucius mercatores non videt (Mercatores turbam appellant). 4. Atia hodie ad forum properat (Atia est amica Lucii). 5. Ibi Atia amicas videt (Cum amicis semper tabernas intrat). 6. Postea cum Lucio equos spectat (Equi in Circo Maximo currunt).

C Ergänze die Lücken durch einen relativen Satzanschluss. Übersetze dann.
1. Ad Tiberim Faustulus Romulum et Remum aspicit. ? lupa (Wölfin) servavit et aluit. 2. Faustulus pueros Accae uxori dat. ? statim Romulum et Remum tenet et liberos suos vocat. 3. Postea Remus murum Romuli ridet. ? subito fratrem petit et necat.

D Lateinische Sprichwörter kennenlernen
1. MULTUM, NON MULTA.
2. QUOD LICET IOVI,
NON LICET BOVI.

bovī dem Rind

E Bilde zusammenhängende Sätze, indem du wie im folgenden Beispiel jeweils einen zweiten Satz zum AcI machst. Übersetze dann.
Nuntius narrat: „Hannibal milites per Alpes in Italiam duxit." → Nuntius Hannibalem milites per Alpes in Italiam duxisse narrat.
1. Senator dicit: „Imperator Poenorum legiones nostras vicit."
2. Mulieres Romanae putant: „Hannibal certe Romam contendere cupit."
3. Senator alius censet: „Hannibal victor belli non est."

F Mehrdeutige Verben erschließen
1. Marcus forum petit. Hostes urbem armis petunt. 2. Tibi gratias ago. Servi bestias in montem agunt. Multa negotia in foro agimus. Senatores de bello paceque agunt. 3. Acca pueros ad se vocat. Acca pueros liberos suos vocat. 4. Amici adsunt. Amici mihi adsunt.

G Ein überragender Feldherr
1. Wer kennt nicht Hannibal, der alle Punier durch seine Tapferkeit übertraf? 2. Hannibal, dessen Heimat Afrika war, zögerte nicht, die Römer anzugreifen. 3. Immer lobte er die Ausdauer[1] der Soldaten, die er nach Italien führte. 4. Immer gehorchten die Männer den Beschlüssen, die Hannibal fasste. 5. Auch die Römer lobten die Tapferkeit Hannibals, den sie lange Zeit nicht besiegen konnten. 6. Diese nannten Hannibal mit Recht[2] einen großen Feldherrn.

1 Ausdauer cōnstantia – 2 mit Recht iūre

H Entschlüssle den folgenden Spruch und erkläre seinen Sinn:

MULTOSTIMETQUEMMULTITIMENT

I Was gehört zusammen?

1. rege	A. tuae
2. imperatorum	B. ultimo
3. iter	C. multos
4. moenibus	D. clarorum
5. patrem	E. magnum
6. virtutis	F. altis
7. sortes	G. miseras
8. poetas	H. nostrum

Diese Aufgabe lässt sich in ein „Memory"-Spiel umwandeln: Schreibt die Formen auf Kärtchen, legt diese umgedreht auf den Tisch und los geht's!

J Substantivierung beachten

Achte bei der Übersetzung insbesondere auf die Bedeutung der Adjektive und Pronomina.
1. Multa de Romanis narro. 2. De bonis et malis cogitamus. 3. Patrem suos amare scimus. 4. Cuncti victoria gaudent. 5. Audivimus nostros bene pugnavisse. 6. Multi miseris adsunt.

Rekonstruktionszeichnung von Karthago im 2. Jh. v. Chr.: Die Größe der Stadt war gewaltig; dreimal so groß wie Rom zählte sie über 150 000 Einwohner. Welchen Eindruck musste die Stadt auf den Betrachter machen? Beschreibe ihr Aussehen.

Rom oder Karthago?

Z Der einflussreiche Politiker Marcus Porcius Cato warnte die Römer nach Scipios Sieg über die Punier vor verfrühter Freude.

Postquam Scipio Poenos in Africa vicit, senatores Romani virtutem victoris multis verbis laudaverunt: „Virtus tua, qua hostem vicisti, sine exemplo est." „Tu Poenos, qui magno cum agmine militum nostros petiverunt, non solum in Africa, sed etiam uno proelio superavisti." „Audivimus ne elephantos quidem te terruisse, quos Poeni secum[1] duxerunt."
M. Porcius Cato autem ita dixit: „Cur Scipio in Africa non remansit, cur Carthaginem[2] non petivit, cur moenia alta urbis non delevit[3], cur Hannibalem, imperatorem Poenorum, non cepit? Qui non solum vivit, sed iam de novo[4] bello cogitat. Dum[5] Carthago muros habet, victoria paceque gaudere nobis non licet.
Ceterum censeo Carthaginem esse delendam!"
(Im Übrigen meine ich, dass Karthago zerstört werden muss.)

1 sēcum mit sich
2 Carthāgō, Carthāginis *f* Karthago
3 dēlēre (*Perf.* dēlēvī) zerstören
4 novus, a, um neu
5 dum solange

1 Zeige, wie sich die Bewunderung der Senatoren u.a. in den Satzarten widerspiegelt. Mit welchen Mitteln unterstreicht Cato seine Kritik?

16

Cicero klagt Catilina vor dem Senat an (63 v. Chr.). Wandgemälde von Cesare Maccari aus dem 19. Jh. Rom, Palazzo Madama.

Die Karriere von Marcus Tullius Cicero begann im Jahre 70 v. Chr. Damals machte er als junger Anwalt auf sich aufmerksam, als er einen aufsehenerregenden politischen Prozess gegen den bis dahin einflussreichsten Anwalt Roms für sich entschied. Fortan galt er als der beste Redner Roms und konnte seinen Ehrgeiz auf die höchsten Staatsämter richten.

Im Jahre 63 v. Chr. erlangte der homo novus – so nannte man einen Emporkömmling, der nicht aus der Senatsaristokratie stammte – das Konsulat und damit den Höhepunkt seiner Laufbahn.
Im gleichen Jahr plante eine Gruppe von Verschwörern unter der Führung Catilinas, die politischen Verhältnisse in Rom radikal zu verändern und die Macht an sich zu reißen.

1 Recherchiert die wesentlichen Etappen in Ciceros Leben.

G Quid de Marco Tullio Cicerone scitis?

Is vir consul clarus fuit.
Multi eum bonum virum vocant.

Orationes eius clarae sunt.
Eas orationes hodie quoque legimus.

Anschlag auf den Konsul Cicero

T Als eine gewisse Fulvia über ihren Geliebten Quintus Curius erfuhr, dass der Konsul Cicero noch in derselben Nacht von den Verschwörern ermordet werden sollte, eilte sie sofort zu dessen Haus. Da sie sich als Frau an die Hausherrin zu wenden hatte, bat sie Ciceros Sekretär Tiro, der die Tür öffnete, Ciceros Frau Terentia zu benachrichtigen.

Multa nocte Tiro dominam suam e somno excitavit. Terentia, ubi eius vocem sollicitudinemque[1] animadvertit, statim surrexit. Tum Tiro: „Dominus“, inquit, „in periculo est. Ecce, Fulvia adest, quia dominum summo in periculo esse censet.“ Terentia eam salutavit[2], tum Fulvia dixit: „Quintus Curius meus et pauci viri hodie apud M. Porcium Laecam[3] fuerunt. Audi ea, quae consuluerunt: Consulem, maritum tuum, in aedibus vestris necare student!“

Terentia, postquam verba Fulviae audivit, ad Ciceronem contendit eique periculum nuntiavit. Cicero statim e cubiculo[4] cucurrit, cunctos servos arcessivit, eis imperavit: „Currite ad ianuam[5] et claudite eam! Defendite me ab iis hominibus, qui me necare volunt!“

Prima luce profecto duo homines ad aedes consulis accesserunt. Diu ante ianuam steterunt, tum eam aperire frustra studuerunt, denique discesserunt.

Postridie[6] Cicero senatores convocavit et cum lictoribus in templum Iovis Statoris[7] cucurrit. Ubi Catilinam vidit, iram non iam tenuit eumque ita accusavit: „Iam diu, Catilina, consilia tua cognovimus. Me bene defendi ab insidiis, quas mihi in aedibus meis paravisti. Ita periculum mortis vitavi. Ego te moneo, a te postulo: Libera nos a periculo tuo, relinque tandem id templum urbemque nostram!“

Qua oratione Cicero Catilinam ex urbe pepulit.

(nach Sallust, De coniuratione Catilinae)

1 sollicitūdō, inis Unruhe
2 salūtāre begrüßen
3 M. Porcius Laeca: ein Mitverschwörer des Catilina
4 cubiculum Schlafzimmer
5 iānua Eingangstür
6 postrīdiē am folgenden Tag
7 templum Iovis Statōris der Tempel des Jupiter Stator (in dem manchmal Senatssitzungen stattfanden)

Marcus Tullius Cicero (106–43 v. Chr.). Marmorbüste aus dem 1. Jh. n. Chr. Rom, Musei Capitolini.

1 Personen charakterisieren
Untersuche zunächst die Sätze, in denen Cicero selbst handelt und spricht:
Übersetze die Kernaussagen mit Cicero als Subjekt und die dazugehörigen Prädikate und Objekte. Welches Wortfeld steht im Zentrum? Wie wird Cicero dadurch charakterisiert?

2 Über Sprache nachdenken
Suche alle Zeitangaben aus **T** heraus. Wie können Zeitangaben im Lateinischen ausgedrückt werden?

3 Text gliedern
Gib jedem Abschnitt von **T** eine passende Überschrift, die auch die zeitliche Abfolge der Ereignisse wiedergibt.

4 Rezeptionszeugnisse kennenlernen
Welche Szene des Textes spiegelt sich in dem Wandgemälde auf der linken Seite wider? Was will der Maler von der Situation Catilinas vermitteln?

Ü

Antonia und Atia warten auf dem Forum. Antonia will Atia ihren neuen Freund vorstellen:
Antonia et Atia Titum exspectant. Antonia Titum amat. Semper de Tito cogitat. Cum Tito ridere cupit. Sed Titus non adest. Ubi Titus est? Tum Antonia eum videt. Antonia gaudet: „Adest!“ Sed Atia eum non cognoscit; itaque rogat: „Ubi est?“
„Nonne vides eum puerum, qui ante basilicam stat?“ Nunc Titus ad puellas accedit et Antoniae flores (Blumen) dat. Antonia erubescit (errötet). Atia autem Titum spectat. Titus magnus est. Vox eius Atiae placet, oculi eius rident. Titus oculos suos in Atiam convertit. Tum etiam Atia erubescit.

A Setze die richtigen Formen von is, ea, id ein und übersetze.
Quis est Tiro? 1. Multa de ? viro scimus. 2. Terentia ? saepe (oft) laudat. 3. Nam Tiro semper ?, quae Terentia imperat, bene facere studet. 4. Et familiam et ?, qui aedes intrant, bene curat. 5. Etiam Cicero Tironem amat: ? ad consilia admittit; cum ? itinera facit ? que libros suos et multa negotia mandat (vertraut an). 6. Itaque multi Tironem non servum Ciceronis, sed ? amicum vocant.

B Mit Reduplikation oder ohne Stammveränderung? Bilde die entsprechende Perfektform.
stas – pellitis – animadverto – currimus – contendunt – do – restat – defendunt – instituit

C Während Cicero zur Senatssitzung unterwegs ist, berichten Fulvia und Tiro den anderen Hausbewohnern, wie es zu der Rettung kam.
Da beide sehr aufgeregt sind, reden sie gleichzeitig – teile die Aussagen den beiden Sprechern zu (die Reihenfolge ist unwichtig) und ergänze die Endungen. Übersetze dann.
1. „Cicero ? iam dormire (schlafen) respondi.“ 2. „Fulvi ? Q. Curium amare cognovi.“ 3. „Cicero ? eos viros nunc accusare gaudemus.“ 4. „Serv ? dominum excitare volui.“ 5. „Fulvi ? ad portam esse audivi.“ 6. „Domin ? in periculo esse narravit.“

D Mehrdeutige Formen bestimmen
Welche der folgenden Formen können sowohl Perfekt als auch Präsens sein? Bestimme jede Form:
respondit – contendit – defendi – ostenderunt – reliquit – venit – vidit – animadvertit – vitavisti – instituunt

E Sprachenvergleich nutzen
1. Führe die Wörter auf ihre lateinische Wurzel zurück und erschließe den Satzinhalt:
Ride bene chi ride ultimo. (italienisch)
Te digo „muchas gracias.“ (spanisch)

2. Welche Wörter gehören zusammen?

amicus	italienisch	sempre
	deutsch	*sehen*
videre	französisch	homme
	deutsch	*Tempel*
homo	italienisch	amico
	deutsch	*eintreten*
semper	italienisch	tempio
	deutsch	*Freund*
templum	spanisch	entrar
	deutsch	*Mensch*
intrare	französisch	voir
	deutsch	*immer*

F 1. Sortiere nach folgenden Gesichtspunkten:
a) Präpositionen mit Akk.
b) Präpositionen mit Abl.
c) Adverbien
in – ante – e/ex – in – sine – certe – per – ad – bene – profecto – a/ab – de – post – vero – pro – propter – subito – hodie – apud – cum

2. Erkläre die Bedeutung der folgenden Wörter:
prowestlich – Exminister – postmortal – abnormal

G Scharfe Worte
1. Die Reden, die Cicero gegen[1] Catilina gehalten hat, sind berühmt. 2. Noch[2] heute lesen wir dessen Worte: 3. „Seht diesen Mann, Senatoren, der unsere Heimat mit Waffen angreift. 4. Wir haben deine Gefährten erkannt, Catilina, ich kann sie mit Namen nennen[3]. 5. Meine Sklaven haben die Männer, die du in der Nacht geschickt hast, bemerkt und mir ein Zeichen gegeben. 6. Deshalb lebe ich noch°. 7. Wir richten unsere° Augen auf dich!“

1 gegen in *m. Akk.* – 2 noch quoque *(nachgestellt)* – 3 mit Namen nennen nōmināre

Ubi Tiro ianuam (Eingangstür) aperuit, Fulvia ei dixit: „Ad aedes vestras venio, quod consul, dominus tuus, in summo periculo est. Curre ad dominam nuntiaque ei periculum!“

H Übersetzungen prüfen

Beurteile die folgende Übersetzung nach Genauigkeit und Korrektheit. Ergänze bzw. korrigiere:
Nachdem Tiro die Tür geöffnet hatte, sagte Fulvia: „Ich komme zu euch, weil dein Herr in großer Gefahr schwebt. Laufe zu deinem Herrn und melde ihm dies!“

I Grammatische Begriffe zuordnen

Auf welche Wörter des Textes treffen die folgenden Angaben jeweils zu?
Verbform im Imperativ / Präposition mit Ablativ / weibliches Dativ-Objekt / s-Perfekt / kausale Subjunktion / temporale Subjunktion / Verb der i-Konjugation / männlicher Nominativ

André Nicolas Monsiau: Fulvia entdeckt Cicero die Verschwörung des Catilina. 18. Jh. Lille, Palais des Beaux-Arts.

Cicero wird gejagt

Z

Viele Jahre später (43 v. Chr.) hatte Cicero den übermächtigen Politiker Marcus Antonius in mehreren Reden scharf angegriffen; denn im Streben des Antonius nach Alleinherrschaft sah Cicero eine Gefahr für die römische Republik und die Herrschaft des Senats. Antonius schwor Rache und befahl seinen Leuten, den Widersacher zu töten. Als Cicero von Freunden über den Racheplan des Antonius erfuhr, blieb ihm nur die Flucht, und er beklagte sich bitter über sein Schicksal:

Postquam Cicero amicis gratias egit eosque dimisit, statim de fuga[1] cogitavit: „Di[2] boni, adeste mihi familiaeque meae miserae! Antonium in foro ‚bestiam‘ et ‚hostem patriae‘ appellavi. Qui certe iam milites suos ad me misit; mihi hic manere non licet. Num ego patriam e multis periculis frustra servavi? Nonne ego fui is consul, qui Catilinam ex urbe expulit atque ita patriam ab eius sceleribus liberavit? Tum senatores virtutem meam laudaverunt meque ‚patrem patriae‘ vocaverunt. Semper cuncta pericula superavi et libertatem[3] rei publicae[4] defendi. Nunc autem patriam Italiamque relinquere atque vitam meam servare debeo.“

(nach Livius, Ab urbe condita)

1 fuga Flucht
2 dī ~ deī
3 lībertās, ātis Freiheit
4 reī pūblicae des Staates

1 Was bedeutet pater patriae (Z. 9) wörtlich? Finde eine passendere Übersetzung.

2 Finde Überschriften für die Sinnabschnitte in Ciceros Überlegungen.

Szenenbild aus dem Zeichentrickfilm „Asterix und Kleopatra". Frankreich / Belgien 1968.

Die Beziehung zwischen Julius Cäsar und Kleopatra, der letzten Königin Ägyptens, war schon für die Zeitgenossen wie auch für die Nachwelt ein viel diskutierter Gesprächsstoff. Dies lag vor allem daran, dass beide in ihrer Art faszinierende Persönlichkeiten waren.
Gajus Julius Cäsar wurde 100 v. Chr. geboren und stammte aus einer der angesehensten Adelsfamilien. 59 v. Chr. wurde er Konsul. Um seine ehrgeizigen Ziele durchzusetzen, war ihm beinahe jedes Mittel recht. So eroberte er in den Jahren 58 bis 51 v. Chr. Gallien und dehnte den römischen Machtbereich weit nach Norden aus. Zu dieser Zeit stand er in Rom in höchsten Ehren, doch hatte er sich durch sein rücksichtsloses Vorgehen auch viele Feinde gemacht. Es kam zum Bürgerkrieg zwischen Cäsar und Pompejus, dem neben Cäsar mächtigsten Mann in Rom, der schließlich mit der Niederlage des Pompejus und dessen Flucht nach Ägypten endete, wo er durch Verrat ermordet wurde (48 v. Chr.).
Bei der Verfolgung seines Gegners gelangte auch Cäsar nach Ägypten, wo er in Alexandria auf Kleopatra traf, die mit ihrem Bruder Ptolemaios im Streit um die Herrschaft in Ägypten lag. Der gleichermaßen skrupellosen wie faszinierenden Kleopatra gelang es, Cäsar für sich zu gewinnen: Dieser stellte sich nicht nur im Streit um den Thron auf ihre Seite, sondern ging auch eine Beziehung zu ihr ein. Sie schenkte ihm einen Sohn mit Namen Kaisarion und folgte Cäsar 46 v. Chr. nach Rom, das sie jedoch nach dessen Ermordung (15.3.44 v. Chr.) wieder verließ.
Auch in den folgenden politischen Auseinandersetzungen spielte sie noch eine wichtige Rolle, bis sie schließlich im Jahr 30 v. Chr. Selbmord beging.

G

Cicero, postquam se ab insidiis bene defendit, statim senatores in templum convocavit. Ubi Catilina templum intravit, Cicero iram non iam tenuit eumque verbis vehementibus accusavit.
Dum Cicero de sceleribus Catilinae dicit, multi senatores surrexerunt et magna voce clamaverunt.
Ea oratione Cicero ingentem gloriam (Ruhm) paravit.

Cäsar im Banne Kleopatras

T Anstatt sich weiter um seine Gegner zu kümmern, hatte Cäsar, der Sieger über Pompejus, nur noch Augen für Kleopatra, die schöne Königin der Ägypter. In Rom begann man sich Sorgen zu machen.

Multos homines in forum convenire videmus; de Caesare atque Cleopatra verba vehementia faciunt:

– Num Caesar, qui imperatoribus pristinis virtute praestitit, propter eam mulierem in Aegypto manere vult? Quid? Num id verum est? Num id credere licet? Etsi alii potentem, alii pulchram eam vocant, mulier est. Num mulier plus valet quam potentia imperatoris? Victorem totius Galliae mulieri parere puto.

– Multi te, o Caesar, servum Cleopatrae vocant; nam cum apud reginam[1] es, ei placere studes eamque magnis donis delectas. Aegyptum relinquere non vis, quamquam fratrem Cleopatrae[2] vicisti pacemque iam paravisti.

– Num Caesar morte Pompei contentus est? Nonne consilia inimicorum perspicit? Nonne pericula novi belli et sanguinem patrum filiorumque videt? Inimici magnas copias parare instituerunt, dum Caesar cum Cleopatra nave iter per Nilum facit.

– Num monumenta Aegypti apud Caesarem plus valent quam victoriae? Caesar, si patriam servare et imperium temperare vult, Aegyptum statim relinquere debet.

– Cleopatra Caesarem et corpore pulchro et ingenti copia auri et multis aliis illecebris[3] sibi adiunxit. Eam timere debemus, quia non solum regnum Aegypti, sed etiam Romam tenere studet. Multis e nuntiis conicio: Ea mulier non Caesarem amat, sed eius potentiam.

Königin Kleopatra VII. Philopator (69–30 v. Chr.). Marmorbüste mit Resten einer Goldgrundierung im Haar. Um 30 v. Chr. Berlin, Antikensammlung.

1 rēgīna Königin
2 frātrem Cleopatrae: Ptolemaios XIII., der die Römer in Alexandria angreifen ließ
3 illecebra Verlockung

1 Der Text gliedert sich in vier Abschnitte (Z. 1–2 / Z. 3–11 / Z. 12–18 / Z. 19–22). Fasse kurz den Inhalt jedes Abschnittes zusammen.

2 Argumente beurteilen
Die Vorwürfe gegenüber Cäsar betreffen sowohl ein persönliches Fehlverhalten Cäsars als auch mögliche Gefahren für den Staat. Ordne die in **T** genannten Vorwürfe diesen beiden Bereichen zu. Welche hältst du für schwerwiegender?

3 Welche Vorstellungen darüber, wie sich ein Mann, vor allem ein bedeutender Politiker und Feldherr, gegenüber Frauen verhalten soll, werden aus den Vorwürfen gegenüber Cäsar deutlich?

4 Text und Bildquellen vergleichen
Der Historiker Christian Meier schreibt in seinem Cäsar-Buch über Kleopatra:
„Sie war nicht eigentlich schön, wenn man nach den überlieferten Porträts urteilen darf, die Nase in der Tat beachtlich, an der Spitze etwas eingebogen, die Lippen sehr voll. Aber sie muss Cäsar bezaubert haben ... Kleopatra war aber zugleich eine hochgebildete Frau, sprach viele Sprachen wie ihre Muttersprache. Sie war politisch von überragender Klugheit, verschlagen, zu jeder Intrige fähig. Bestrickend seien ihre Umgangsformen gewesen, unwiderstehlicher Reiz sei von ihr ausgegangen und habe jeden in seinen Bann geschlagen. Alle ihre körperlichen Vorzüge stellte sie in den Dienst ihrer Politik."

a) Welche Informationen über Kleopatra stimmen mit **T** überein? Was erfährst du darüber hinaus über Kleopatra?
b) Vergleiche die Büste Kleopatras mit der Comic-Zeichnung (S. 80): Gib die Unterschiede an. Erkläre sie.

Ü

Titus – das war der gut aussehende neue Freund von Antonia. Auch Atia, der Freundin Antonias, hatte er bei der ersten Begegnung gut gefallen. Atia semper de Tito cogitat, postquam eum in foro vīdit. Sed Titus, quia Antoniam amat, de Atia non cogitat. Itaque Atia dolet.
Lucius cum Atia circum visitat (besucht). Sed Atia, ubi in circum venerunt, Antoniam et Titum videt. Quamquam (obwohl) Lucius multa de equis et de praemiis narrat, ea amicum non audit. Lucius, dum narrat et narrat et narrat ..., Antoniam et Titum accedere non videt. Qui, ubi accesserunt, Atiam et Lucium salutant (grüßen). Atia erubescit (errötet). Tum Antonia, quae circum amat, cum Lucio equos spectat. Sed Titus, quod circum non amat, cum Atia homines, qui in circo sunt, spectat et ridet. Atia gaudet.

A Suche den Irrläufer:

1. doni – genti – vehementi – multo – altae – viro – saluti
2. potentium – tutum – vocum – carminum – insidiarum
3. moenia alta – tota gens – magna voce – reges boni

B Spielerisch üben

Drei Gruppen deklinieren um die Wette (Singular und Plural). Auf die Plätze, fertig, los!

vir potens — oratio vehemens — ingens periculum

C Fremdsprachliche Texte erschließen

Erschließe den Inhalt des folgenden italienischen Textes zum Forum Romanum. Welche lateinischen Wörter erkennst du? Welche Wörter, die du noch nicht gelernt hast, kannst du erschließen?

Ecco il Foro Romano. Vediamo il centro politico, religioso, economico, giudiziario e sociale della Roma antica. Questi sono i pochi resti dei tempi, basiliche, archi trionfali e della curia, la sede del senato Romano.

D Verbinde die Aussagen sinnvoll. Ergänze auf der linken Seite eine der angegebenen Subjunktionen. Übersetze die Sätze dann und gib an, auf welche Lektion sie sich jeweils beziehen.

quod (quia) – cum – postquam – dum – etsi – quamquam – si – ubi

1. ? Romani de scelere filii regis audiverunt,
2. ? servi ianuam (Eingangstür) claudunt,
3. ? lupa (Wölfin) pueros servavit et aluit,
4. ? Scipio Hannibalem in Africa vicit,
5. ? pueri bene respondent,
6. ? pauci viri sumus,
7. ? tuti ab insidiis esse vultis,
8. ? inimici novas copias paraverunt,

a) Faustulus eos Accae uxori dedit.
b) urbem armis defendere debemus.
c) iram non iam tenuerunt.
d) magister (Lehrer) eos laudat.
e) tamen Caesar apud Cleopatram mansit.
f) Tarquinios superbos expellere debetis.
g) timor (Furcht) Ciceronem occupavit.
h) Romani eum Africanum appellant.

E Füge die Infinitive passend ein und übersetze: delectavisse, amare, praestare

1. Homines Caesarem cunctis imperatoribus ? dicunt.
2. Homines Caesarem Cleopatram donis ? dicunt.
3. Homines Cleopatram non Caesarem, sed eius potentiam ? dicunt.

F Wortfamilien zusammenstellen

Suche „Mitglieder“ der gleichen Wortfamilie zu imperium, vocare, scire, mittere, labor, nex, orare, libertus, nuntius und clamare.
Das Register kann dir ggf. helfen. Bestimme auch die Wortart der einzelnen Wörter.

G Rasches Handeln bringt Erfolg

1. König Pharnakes[1] wollte sich ein gewaltiges Königreich in Asien[2] schaffen (bereiten). 2. Sobald Cäsar von den Plänen des Königs hörte, eilte er mit wenigen Legionen in dessen Königreich. 3. Kurz darauf besiegte er diesen und verließ Asien wieder°. 4. Später erzählte er Freunden so von diesem Sieg: „Ich kam, sah und° siegte!“

1 Pharnakes Pharnacēs, is *m* – 2 Asien Asia

Karl von Piloty: Die Ermordung Cäsars. 1865–1867. Hannover, Niedersächsisches Landesmuseum.

Die Ermordung Cäsars

Z

Nach dem Sieg über Pompejus benahm sich Cäsar wie ein Alleinherrscher. Mehr und mehr Stimmen in Rom erhoben sich daher gegen seine Macht:

„Caesar, cuius ingentem potentiam timemus, regnum capere vult." „Tarquinius rex ultimus non fuit: Nam Caesar rex novus esse cupit." „Quod si prohibere volumus, Caesarem necare debemus."

Schließlich in der Senatssitzung des 15. März 44 v. Chr. ...

Senatores, postquam in curiam convenerunt, Caesarem exspectaverunt. Qui curiam petere dubitavit, quod Calpurnia uxor eum verbis vehementibus monuit: „Ea nocte somnium[1] me terruit: Te mortuum[2] vidi. Mane hic, Caesar, quia saluti tuae timeo[3]!" Paulo post Brutus senator ad aedes Caesaris venit eumque rogavit: „Ubi es, Caesar? Cur in curiam non venis? Senatores te exspectant." Quamquam Calpurnia maritum tenere studuit, is denique cum Bruto curiam petivit. Quam dum Caesar intrat, senatores surrexerunt eumque salutaverunt[4].
Unus e senatoribus ... *(nach Sueton, Divus Iulius)*

1 somnium Traum
2 mortuus, a, um tot
3 timēre *m. Dat.* fürchten um
4 salūtāre begrüßen

1 Vollende den letzten Satz auf Deutsch. Betrachte dazu das Bild oben: Was sollte der Senator, der unmittelbar vor ihm kniet, tun? Wie ist Cäsar schließlich ermordet worden? Beschreibe die Beteiligten.

Differenziert üben III

Wer sich sicher im Umgang mit der lateinischen Sprache fühlt, kann gleich mit Aufgabe 3 beginnen. Wer noch etwas Hilfe braucht, kann vor der Übersetzung des **T**-Stückes mit Aufgabe 1 und / oder 2 ein wenig Vorarbeit leisten.

Die sibyllinischen Bücher

T Poeta Romanus mulierem ad regem Tarquinium Superbum venisse eique novem[1] libros ostendisse narrat.
Tarquinius: „Quis es, mulier? Quid cupis? Te numquam vidi."
Mulier autem regi dixit: „Vide libros, quos mecum porto. Verba, quae in iis libris legis, oracula[2] deorum sunt. Libros vendere volo."
Ubi Tarquinius pretium rogavit[3], mulier magnam copiam pecuniae postulavit.
Tarquinius autem pecuniam dare noluit: „Pretium, quod postulas, ingens est. Cur me rides?" Tum rex stupens[4] mulierem tres[5] libros capere eosque in ignem[6] mittere vidit. Mulier regi dixit: „Eos tres libros restituere[7] non possum, sed nunc tibi sex[8] libros vendo."
Quod mulier pro sex libris idem[9] ingens pretium postulavit, rex eam risit: „Puto te furem esse, mulier! Solum sex libri restant, tamen idem pretium postulas. Quod ego crimen voco!"

1 novem *indekl.* neun
2 ōrāculum Weissagung
3 pretium rogāre nach dem Preis fragen
4 stupēns staunend
5 trēs drei
6 ignis, is Feuer
7 restituere wiederherstellen
8 sex *indekl.* sechs
9 idem pretium *Akk. Sg. n* denselben Preis

1 Suche aus dem Text die AcI-Konstruktionen heraus. Schreibe den Akkusativ und den Infinitiv in dein Heft und gib das Zeitverhältnis an.

2 Schreibe zu den Relativpronomina die Bezugswörter heraus. Bestimme die Relativpronomina nach Kasus, Numerus und Genus. Wo findest du einen relativen Satzanschluss?

3 Übersetze den Text schriftlich in dein Heft.

Die folgenden drei Übungen haben verschiedene Schwerpunkte. Suche dir die zwei Schwerpunkte aus, die dir am meisten Schwierigkeiten bereiten, und bearbeite dazu die Übungen.
Nach diesen Übungen findest du die Fortsetzung von **T**. Die Übersetzung sollte dir dann keine Probleme mehr bereiten.

4 Schwerpunkt Perfektformen

Übersetze die folgenden Sätze. Beachte, dass das lateinische Perfekt im Deutschen meist mit Präteritum wiedergegeben wird.

a) Post magnum proelium Galli (die Gallier) ad Romam accesserunt.
b) Romani aedificia sua reliquerunt et in Capitolium convenerunt.
c) Nunc Galli Romam occupaverunt.
d) Deinde etiam Capitolium petiverunt, Romanos clauserunt, sed montem occupare non potuerunt.
e) Multa nocte, dum Romani dormiunt (schlafen), Galli Capitolium ascendere (besteigen) voluerunt.
f) Ne canes (Hunde) quidem hostes animadverterunt.
g) Sed anseres (Gänse) magna voce clamaverunt et Romanos excitaverunt.

5 Schwerpunkt AcI

Übertrage die Sätze a) – d) in dein Heft. Markiere die Sätze so, wie im Folgenden beschrieben wird. Übersetze dann die Sätze.

a) Hannibal multos elephantos (!) in proelio vitam amisisse videt.
b) Milites Caesarem venisse, vidisse, vicisse senatoribus nuntiant.
c) Remus Romulum fratrem novum oppidum moenibus munire videt.
d) Nuntius Cleopatram cum Caesare nave per Nilum iter fecisse narrat.

1. Markiere nach dem folgenden Beispiel den AcI; unterstreiche Akkusativ und Infinitiv.
2. Übersetze zuerst den Satz, von dem der AcI abhängig ist.
3. Füge dann den AcI als deutschen dass-Satz hinzu, indem du den Akkusativ zum Subjekt und den Infinitiv zum Prädikat des dass-Satzes machst.

Cicero [Terentiam in aedes venire] videt.
Akk. Inf.
Cicero sieht, **dass** Terentia ins Haus kommt.

4. Weiterhin musst du beim AcI das Zeitverhältnis beachten. Beachte, dass der Infinitiv Perfekt immer vorzeitig ist. Notiere über den Infinitiven jeweils vz (vorzeitig) oder gz (gleichzeitig).

Videmus [multos homines in forum convenisse].
Akk. Inf. Perf.
Wir sehen, **dass** viele Menschen auf dem Forum zusammengekommen **sind**.

6 Schwerpunkt Relativsätze

Ordne die Relativsätze den Hauptsätzen richtig zu und übersetze:

a) Rhea Silvia, ... , filia Numitoris fuit.
b) Itaque Amulius, ... , fratres necare decrevit.
c) Faustulus liberos, ... , ad casam (Hütte) suam portavit.
d) Postea Romulus et Remus, ... , Amulium vicerunt.

quos lupa (Wölfin) aluit – quibus magna virtus erat – cui duo filii fuerunt – qui solus populo imperare voluit

Faustulus entdeckt die Zwillinge Romulus und Remus. Französische Buchmalerei. 15. Jh.

7 Die Fortsetzung der Geschichte

Sed mulier non dubitavit iterum[1] tres[2] libros in ignem[3] mittere. Tum regi dixit tres libros nunc restare. Quibus verbis adiunxit: „Tibi licet eos emere, sed idem pretium[4] postulo." Tarquinius, qui diu de verbis mulieris cogitavit, denique dixit: „Fiducia[5] tua mihi placet, mulier. Vende mihi eos libros! Pecuniam, quam cupis, tibi do." Mulier regi libros praebuit, gratias egit, discessit. Ita Tarquinius tres libros sibi paravit, verum autem pretium librorum nescivit. Multi homines vatem[6] Sibyllam regi libros praebuisse putaverunt. Itaque Romani libros „Sibyllinos" appellaverunt. Quos in templo servaverunt.

1 iterum wiederum – 2 trēs drei – 3 ignis, is Feuer – 4 idem pretium *Akk. Sg. n* denselben Preis – 5 fidūcia Zuversicht – 6 vātēs, is *m/f* Seher(in)

Lateinische Texte lesen – Aussageabsichten erkennen

Das Handeln der Personen untersuchen

In den vergangenen Lektionen hast du einige berühmte Römerinnen und Römer kennengelernt: Cloelia, Horatius Cocles, Brutus, Mucius Scaevola und andere. So wie ihr lasen und hörten auch die römischen Kinder Geschichten über diese Persönlichkeiten. Dabei sollten sie aber nicht nur die Geschichte Roms kennenlernen, sondern auch lernen, wie ein richtiger Römer zu handeln und zu denken hatte: Cloelia, Horatius Cocles, Brutus und andere waren dafür „exempla" (Beispiele, Vorbilder).

Vorbildlich war ein Römer, wenn er nach Sitte der Vorfahren (mos maiorum) handelte. Zu den wichtigsten guten Eigenschaften (virtutes) gehörten demnach vor allem:

Klugheit (prudentia)
Tapferkeit (fortitudo)
Gerechtigkeit (iustitia)
Besonnenheit (temperantia)

- Untersuche rückblickend die Taten des Horatius Cocles, der Cloelia, des Brutus, des Menenius Agrippa und des Scipio und benenne die guten Eigenschaften (virtutes), die ihrem Handeln zugrunde liegen und die vorbildlich wirken sollen.

Attribute erkennen und ihre Funktion beschreiben

Einem Vorbild müssen durch den Verfasser eines Textes genaue Eigenschaften zugewiesen werden. Dazu dienen unter anderem Attribute.

- Überprüfe mit Hilfe des Begleitbandes (S. 28, 49, 54), wie in der lateinischen Sprache Attribute ausgedrückt werden können.
- Ordne in die folgenden Sätze die Attribute richtig ein.
- Beschreibe die Funktion, die diese Attribute in Bezug auf die jeweilige Person haben.

1 Cloelia ? viris virtute praestitit.
2 Scipio ? Romam servavit.
3 Menenius verbis ? plebeios (!) oravit.
4 Romulus filius ? fuit.
5 Romani Horatium virum ? appellaverunt.

A dei
B quem Romani Africanum appellaverunt
C claris
D quae in urbe non remansit
E potentem magnumque

Position beziehen

Diskutiert die Frage, ob man durch das Lesen und Hören von Taten vorbildlicher Menschen selbst ein besserer Mensch werden kann.

Giovanni Antonio Pellegrini: Mucius Scaevola vor König Porsenna. 1720. Venedig, Ca' Rezzonico.

Als der Etruskerkönig Porsenna im 6. Jh. v. Chr. Rom belagerte, soll sich der Römer Mucius Scaevola ins Lager der Feinde geschlichen haben, um Porsenna zu töten; er wurde aber zuvor von den Feinden ergriffen. Als er vor den König geführt wurde, hielt Scaevola seine Hand ins Feuer und drohte dem König, es würden weitere tapfere Römer wie er kommen, um ihn zu töten.
Beschreibe die Haltung, in der Scaevola vor den König tritt und die Reaktion des Königs auf die Drohung. Diskutiert das Für und Wider derartiger Tapferkeitsbeweise.

Wer hat Cäsia geraubt?

In den nächsten Lektionen wird eine spannende Geschichte erzählt, in der viel Aufregendes passiert. Dabei werden zahlreiche Themen des Lebens in der Antike angesprochen; ihr erfahrt z. B. etwas über Reisen im Altertum. Überlegt: Welche Fortbewegungsmittel gab es? Wie bequem waren Reisen damals? Mit welchen Gefahren musste man rechnen?

Ausschnitt aus einer römischen Straßenkarte. Das Original stammt aus dem 4. Jh. Die abgebildete Kopie (675 x 34 cm) wurde im 12. Jh. angefertigt. Wien, Österreichische Nationalbibliothek.

1 Gibt es in der Nähe eures Wohnortes Spuren aus der Römerzeit? Wo? Gibt es vielleicht noch Spuren von alten Römerstraßen? Verschafft euch Informationen darüber, wie die Römer ihre Straßen bauten – und wie man sie heute baut.

2 Informiert euch darüber, welche Gefahren in der römischen Antike von Seeräubern ausgingen und wer gegen sie kämpfte.

ntv.de | Dienstag, 18. Januar 2011

Piraten aktiv wie nie

Die weltweiten Meere werden immer unsicherer. 2010 bringen Piraten mehr Menschen und mehr Schiffe in ihre Gewalt als je zuvor. Zumal die Piraten eine neue Strategie anwenden und Schiffe bereits auf hoher See angreifen.
Piraten haben im vergangenen Jahr mehr Menschen in ihre Gewalt gebracht als je zuvor – und die Gewässer vor Somalia bleiben die gefährlichsten der Welt.
Im vergangenen Jahr wurden 1181 Besatzungsmitglieder als Geiseln genommen. Die Piraten brachten acht Geiseln um. 445 Piratenangriffe wurden insgesamt gemeldet. Seit vier Jahren steigt die Zahl der Überfälle deutlich.

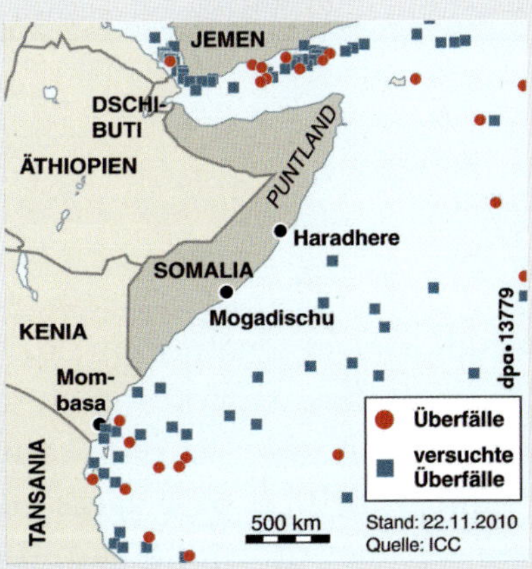

Piratenangriffe vor der Küste Somalias 2010.

Unsere Geschichte beginnt auf dem Esquilin, einer für römische Verhältnisse Topwohnlage, denn hier wohnen die Reichen und Mächtigen. In einer ruhigen, nicht sehr belebten Straße befindet sich auch das Haus des einflussreichen Senators Lucius Caesius Bassus. Schon mehrfach ist er in der Kurie durch kluge Äußerungen aufgefallen. Leider gibt es auch Neider, so zum Beispiel seinen politischen Gegner Marcus Fundanius Secundus, der keine Gelegenheit auslässt, ihn schlechtzumachen. Der Senator Lucius hegt deshalb tiefen Groll gegen seinen Intimfeind.

Lucius hat einen großen Haushalt: Zu seiner familia zählen nicht nur seine Frau und seine Tochter Cäsia, sondern auch viele Sklaven. Einer davon ist Balbus, der Türhüter ...

G

Nonnulli (einige) senatores in curiam properant.
Video nonnullos senatores in curiam properare.
3 Consules senatores in curiam convocavisse scimus.
Eos nunc de bello et pace agere puto.
Postea consules urbem Romam tutam esse in foro nuntiant.

Aufregung im Hause des Senators

T Balbus servus ante aedes Luci Caesi Bassi senatoris stat. Subito Caesia, filia senatoris, ex aedibus excedit. Videt Balbum eumque intro[1] mittit: „Abi intro[2], serve! Quid ante aedes facis?“ Servus, dum aedes intrat, in via subito clamorem audit. Quid videt? Nonnulli viri feri, quorum capita velata[3] sunt, Caesiam capiunt atque abducunt – filiam domini rapiunt. Protinus Balbus in aedes ruit et clamat: „Adeste! Adeste! Latrones[4] filiam domini rapere puto!“ Cuncti, qui in aedibus sunt, magno cum clamore in atrium[5] ruunt. Etiam Lucius Caesius Bassus senator adest: „Quid indicavisti, Balbe? Quis filiam meam rapuit?“
Balbus nuntiat: „Nonnullos viros filiam tuam capere et abducere vidi.“ – „Quin tu Caesiae adfuisti?“
Nunc Chrysalus servus accedit: „Domine, Balbus filiae tuae adesse non potuit. Nam Caesiam eum in aedes misisse audivi.“
Senator magna voce clamat, quod Marcum Fundanium Secundum auctorem sceleris putat: „Nemo nescit Marcum Fundanium mihi semper infestum fuisse et nuper in curia verbis improbis me laesisse. Manifestum est Marcum Fundanium filiam meam rapuisse.“ Uxor senatoris accedit: „Scisne certe Fundanium auctorem esse? Ego Fundanium id scelus commisisse non puto. Suspicionem tuam falsam esse conicio.“ Lucius Caesius Bassus iubet: „Tacete! Quaerite latrones! Interrogate vicinos[6]! Reperite filiam meam! Continete latrones! Puellam eis eripite!“

1 intrō hinein
2 abī intrō! Geh hinein!
3 vēlātus, a, um verhüllt
4 latrō, ōnis Räuber
5 ātrium Atrium
6 vīcīnus Nachbar

1 Welche inhaltlichen Erwartungen an **T** hast du, wenn du die Informationen aus dem Bild (S. 88) und der Überschrift berücksichtigst? Beachte außerdem die Schlüsselwörter: latro (Räuber), clamor, clamare, capere, abducere, adesse, scelus.

2 Informationen entnehmen
Lest euch Z. 1–7 laut und deutlich vor und versucht herauszufinden, was mit Cäsia, der Tochter des Senators, geschehen ist.

3 Charakterisiere die auftretenden Personen mit Hilfe von Wendungen aus **T**.

4 Beurteile die Reaktionen der einzelnen Personen (Z. 6 ff.). Sind sie jeweils angemessen?

5 Handlungszusammenhänge entwickeln
Stelle Vermutungen an, wie die Geschichte weitergehen könnte; bedenke, dass bei Kriminalgeschichten oft auch unvorhersehbare Wendungen auftreten. Beziehe in deine Überlegungen die folgenden Fragen mit ein: Wer könnte Cäsia geraubt haben? In welcher Absicht?

6 Position beziehen
Wie beurteilst du die Schuldzuweisung des Senators in Z. 15 ff.? Begründe dein Urteil mit einem Rechtsgrundsatz.

7 Welches Vorgehen nach einer Entführung würdest du heute empfehlen? Wie unterscheidet sich dein Vorschlag von dem des Senators Lucius Caesius Bassus?

8 Textinhalt kreativ-produktiv umsetzen
Plant für **T** eine Comic-Sequenz oder einen Fotoroman: Wie viele Bilder benötigt ihr? Verteilt den Text geschickt auf Sprechblasen und Bildunterschriften.

Ü

Cäsar ist seit einiger Zeit in Ägypten.
Die Gerüchteküche brodelt:
Multi homines in forum conveniunt. De Caesare verba vehementia faciunt: „Num imperator Romanus Aegyptum relinquere non vult? Nonne Romam venit?" Alius Caesarem Romam venire narrat. Alius Caesarem Aegyptum non reliquisse narrat. Alius Caesarem Aegyptum propter Cleopatram non reliquisse narrat. Alius Caesarem Aegyptum propter corpus pulchrum Cleopatrae non reliquisse et cum ea nave iter per Nilum fecisse narrat. Alius Cleopatram non solum regnum Aegypti, sed etiam Romam tenere velle clamat.

A Bilde zusammenhängende Sätze, indem du wie im folgenden Beispiel jeweils den zweiten Satz zum AcI machst:

Beispiel: Chrysalus servus nuntiat: Caesia ad portam properavit.
→ Der Sklave Chrysalus berichtet: Cäsia ist zur Tür geeilt.
→ Der Sklave Chrysalus berichtet, dass Cäsia zur Tür geeilt ist.
→ Chrysalus servus nuntiat Caesiam ad portam properavisse.

1. Chrysalus narrat: Caesia Balbum intro (hinein) misit.
2. Vidi: Nonnulli viri filiam domini abduxerunt.
3. Senator putat: Balbus servus improbus est.
4. Magna voce senator dixit: Marcus Fundanius Secundus est sceleris auctor.
5. Scio: Marcus Fundanius me verbis laesit.
6. Manifestum est: Balbus filiae senatoris non adfuit.

B Wortfamilien zusammenstellen
Wie heißt das jeweilige „Familienoberhaupt" (Verbum simplex) zu den Komposita abducere, committere, interrogare, continere und eripere? Kennst du weitere „Mitglieder" dieser Wortfamilien? Für excedere kannst du das „Familienoberhaupt" samt deutscher Bedeutungen erschließen.

C Welche Endung passt? Wähle aus.
am – visse – um – re – is – as – am – isse

1. Marcus Iuliam amicam pulchr ? esse scit. 2. Claudia Marcum Iuliae amic ? esse putat. 3. Manifestum est Marcum Iuliam ama ? . 4. Claudia Marcum amicam don ? delecta ? nuntiat.

D Wortfelder bilden
Stellt aus dem Wortschatz der Lektionen 1–18 in zwei Spalten alle Verben des Sagens und der Wahrnehmung zusammen, weil von solchen Verben ein AcI abhängen kann.

E Bilde zu den Formen des Infinitiv Präsens die des Infinitiv Perfekt und umgekehrt:
laudare – induxisse – excedere – dixisse – laedere – quaesivisse – reperire – praestitisse – valere – respondisse – esse

F Übersetzungen prüfen
Welche Übersetzung ist richtig?

1. Scimus Lucium Caesium senatorem fuisse.
a) Wir wissen, dass Lucius Caesius Senator ist.
b) Dass Lucius Caesius Senator war, wissen wir.
c) Wir kennen Lucius Caesius, der Senator gewesen ist.

2. Manifestum est servos filiam senatoris non repperisse.
a) Es ist nicht klar, dass die Sklaven die Tochter des Senators gefunden haben.
b) Es ist offensichtlich, dass die Sklaven die Tochter des Senators finden.
c) Es war klar, dass die Sklaven die Senatorentochter nicht finden würden.
d) Es ist offensichtlich, dass die Sklaven die Senatorentochter nicht gefunden haben.

3. Senator servos filiam quaerere iubet.
a) Der Senator befiehlt den Sklaven, die Tochter zu suchen.
b) Der Senator befahl, dass die Sklaven die Tochter suchen sollten.
c) Der Senator ordnet an, dass Sklaven seine Tochter gesucht haben.

Das Urteil des Paris. Griechische Vasenmalerei. 5. Jh. v. Chr. Berlin, Staatliche Antikensammlung. Paris (rechts) sollte unter Hera, Athene und Aphrodite die schönste Göttin auswählen. Jede versprach ihm ein großzügiges Geschenk. Aphrodite wollte ihm die schönste Frau der Welt geben.

Wer hat die schöne Helena geraubt?

Z Im Auftrag seines Vaters Priamos machte der trojanische Königssohn Paris eine Gesandtschaftsreise nach Griechenland. Dabei gelangte er auch nach Sparta. Der König von Sparta, Menelaos, war aber nicht anwesend. Seine Gattin, Helena, die damals schönste Frau der Welt, empfing den Gast. Und die Göttin Aphrodite bewirkte, dass sich Helena in Paris verliebte ...
Wir sehen einige Zeit später Menelaos von seiner Reise zurückkehren:

Menelaus: „Servi, ubi est uxor? Quis Helenam vidit?“

Nemo respondet. Denique unus e servis accedit: „Domine, reginam[1] non iam adesse puto.“

Menelaus, quem verba servi excitant: „Quid dixisti, improbe? Narra! Quid scis?“

Servus: „Nuper magnum agmen hospitum Spartam[2] venit. Quorum dux[3] fuit Paris[4], filius regis Troianorum[5]. Uxor tua hospites in aulam[6] induxit. Nos servi Paridem vestes pulchras gerere et uxori tuae munera dare vidimus. Servae reginam formam[7] adulescentis laudavisse dixerunt.“

Rex clamat: „Verum non dicis! Iram meam excitas. Ubi nunc est Helena? Vocate reginam!“

Servus: „Valde[8] doleo, domine. Nemo nescit Paridem uxorem tuam abduxisse. Nonnulli reginam sua sponte[9] cum filio regis Troianorum ex aedibus tuis excessisse putant.“

Menelaus: „Tace, improbe! Ea dicere non licet. Ad naves! Capite arma! Convocate cunctos reges Graecorum[10]! Uxorem liberare debemus.“

1 rēgīna Königin
2 Spartam nach Sparta
3 dux Anführer
4 Paris, idis Paris
5 Trōiānī, ōrum die Trojaner
6 aula Palast
7 fōrma schönes Aussehen
8 valdē sehr
9 suā sponte freiwillig
10 Graecī, ōrum die Griechen

1 Personen charakterisieren

Welche Charakterzüge des Menelaos lassen sich in **Z** entdecken? Warum könnte Helena ihn verlassen haben? Begründe deine Antwort aus dem Text.

Reisen in der Antike war beschwerlich, auch wenn die Römer hervorragende Straßenbauer waren. Einfache Leute gingen zu Fuß. Zu Pferde war man schneller, aber bequemer ging es sicherlich im vierrädrigen, gefederten Reisewagen mit beweglicher Vorderachse und Deichsel.
Übernachten konnte man in den tabernae oder in Stationen, wo die Pferde gewechselt wurden. Aber auch die Wirte (caupones) einer Straßenschenke boten ein einfaches Lager an. Natürlich gab es in größeren Städten auch luxuriöse Herbergen mit Bädern und guter Küche.
Im Römischen Reich reiste man sicherer und schneller als z. B. um 1800 irgendwo in Europa; denn das Straßennetz wurde dauernd überwacht.

Die Via Appia, die „Königin der Straßen", wurde ab 312 v. Chr. als militärische Aufmarschlinie von Rom nach Capua erbaut. Im 2. Jh. v. Chr. wurde sie bis Brundisium verlängert.

G

Dominus Balbum servum vocat; eum accedere iubet.
Balbus statim accedit; se iam adesse dicit.
3 Dominus eum esse servum bonum putat.
Et Balbus se servum bonum esse putat.

Den Entführern auf der Spur

T Die Nachforschungen des Senators Lucius Caesius Bassus in Rom ergeben, dass die Entführer seiner Tochter die Stadt auf der Via Appia in Richtung Capua verlassen haben. Zusammen mit seinem Freund Titus und einem Sklaven macht er sich zu Pferde auf die Verfolgung. Auf dem beschwerlichen Landweg geht es über die Albaner Berge nach Kampanien in die Landstadt Capua. Hier, in den verwinkelten Straßen mit Kneipen und zweifelhaften Unterkünften, endet vorläufig die Spur; nur ein Zufall kann weiterhelfen:

Senator: „Paene cunctis in tabernis fuimus. Sed caupones[1] se filiam meam et latrones[2] vidisse negaverunt. Ubi sunt latrones? Eos Capuam numquam petivisse existimo.“
Nunc Titus vires amicum deficere sentit et dicit: „Tu es Lucius Caesius Bassus senator! Itaque animo deficere non debes.“ Et Lucius, qui Titum sibi adesse gaudet, dexteram amici capit: „Bene dixisti! Verba tua multum valent. Iam vires crescere sentio.“
Titus: „Caupo, quem paulo ante interrogavimus, contendit plerosque peregrinos[3] in id hospitium[4] convenire, quod prope[5] forum est.“ Senator: „Veni mecum, Tite! Eo contendere volo.“
Ambo per vias angustas oppidi currunt; iterum atque iterum viam ex hominibus quaerunt. Tandem ante eas aedes stant, quas quaesiverunt. Sed Titus: „Eh, non oportet senatorem eam speluncam[6] intrare.“ Senator: „Equidem sentio filiam meam hic esse, immo vero certe scio eam hic esse.“
Intrant hospitium et cauponem interrogant. Sed caupo primo respondere dubitat – postea dicit: „Concedo, domini: Profecto nonnulli viri hic fuerunt, qui virginem pulchram secum duxerunt. Unus e viris umerum virginis continuit. Sed in hospitio meo non iam sunt: Et hospitium et oppidum heri[7] reliquerunt. Eos nave Athenas petere audivi.“

1 caupō, ōnis Gastwirt
2 latrō, ōnis Räuber
3 peregrīnus Fremder
4 hospitium Gasthaus
5 prope *m. Akk.* nahe bei
6 spēlunca Spelunke
7 herī gestern

Kneipenszene. Römisches Relief. 1. Jh. n. Chr. Mérida, Museo Nacional de Arte Romano.

1 Konnektoren zur Erschließung nutzen
Suche aus **T** diejenigen Wörter heraus, die die Sätze verbinden und den gedanklichen Zusammenhang zwischen den Einzelsätzen herstellen. Stelle die Wörter in einer Liste zusammen und bestimme die Wortart (z. B. Pronomen, Adverb). Ermittle dann ggf. das Bezugswort aus dem vorausgehenden Satz oder beschreibe das logische Verhältnis, das der jeweilige Konnektor ausdrückt.

2 Beschreibe die unterschiedlichen Stimmungen, in denen sich Lucius Caesius Bassus bei der Suche nach seiner Tochter befindet. Wie würdest du sein „Wechselbad der Gefühle“ erklären?

3 Finde mit Hilfe der Karte im Buchdeckel heraus, welche Route die beiden Freunde genommen haben.

4 Textverständnis anwenden
Entscheide anhand von **T**, welche Aussage jeweils zutrifft:
a) Senator Lucius ist: niedergeschlagen – fröhlich – optimistisch
b) Sein Freund Titus ist: lustlos – albern – aufmunternd
c) In die Kneipe hineinzugehen findet Titus: nicht schlecht – nicht angemessen – nicht nötig
d) Der Wirt ist: redselig – nur gezwungenermaßen zur Auskunft bereit – geheimnisvoll – zögerlich mit seiner Antwort
e) Die Auskunft führt: zurück nach Rom – in ein anderes Gasthaus – aufs Meer – zu dem schönen Mädchen

Ü

In der Aufregung über die Entführung seiner Tochter verliert der Senator Lucius Caesius Bassus fast seinen kühlen Verstand. Die Sklaven bekommen alles mit:
Lucius Caesius Bassus senator, ubi de scelere audivit, clamat: „O Marce Fundani!“ Nam senator se auctorem sceleris scire putat. Sed uxor eum auctorem sceleris nescire dicit. Etiam servi uxorem de falsa suspicione dicere audiunt. Murmurant (sie tuscheln). Senator eos ridere putat. Itaque per iram clamat: „Tacete!“ Servi se non risisse dicunt. Etiam uxor eos non risisse dicit. Denique senator iubet: „Quaerite latrones (Räuber)!“
Am Abend streiten Lucius Caesius Bassus und seine Frau vor den Ohren der Sklaven erneut über den Verdacht:
Senator Marcum Fundanium auctorem sceleris esse putat. Uxor se ei non credere dicit. Senator eam sibi non credere audit. Senator servos ridere videt. Itaque eos quoque sibi non credere putat. Servi autem se ei credere dicunt. Sed uxor eos sibi – non marito – credere scit.

A Stelle in Anlehnung an **T** sinnvolle Sätze zusammen:

Lucius senator	nonnullos viros	amicum deficere	negaverunt
Caupo	vires	Capuam numquam petivisse	existimat
Caupones	latrones	filiam senatoris in tabernis suis vidisse	concedit
Titus	se	cum virgine pulchra in taberna fuisse	sentit

B Übersetze die Sätze. Bestimme dort, wo du einen AcI entdeckst, den Akkusativ und den Infinitiv. Entscheide jeweils, ob die Aussage des AcI im Verhältnis zum Prädikat des Satzes gleichzeitig oder vorzeitig ist.

1. Lucius et Titus in oppido Brundisio[1] consistunt et in tabernis caupones[2] interrogant. 2. Tandem unus e cauponibus se adulescentem et virginem vidisse putat: 3. „Audivi eos de Athenis dicere. 4. Sed certe non scio. 5. Nam homines hic in taberna multa de Graecia et Athenis narrare manifestum est. 6. Multos oppidum Brundisium relinquere et Athenas petere non ignoramus.“ 7. Nunc Lucius: „Tibi, caupo,“ inquit, „gratias ago. 8. Sed et amicum meum et me vires defecisse puto. 9. In aedibus tuis nos recreare[3] volumus. 10. Da nobis cibos et vinum!“ 11. Caupo: „Vos in aedibus meis manere gaudeo.“ 12. Titus, qui iam bibit: 13. „Ah, vinum tuum bonum esse animadverto. 14. Iam vires crescere sentio.“ 15. Titus: „Graecia et Athenae nos iam exspectant.“ 16. Lucius: „Sed antea[4] mare[5] nos exspectat.“ 17. Titus: „Oh! – Iterum bibere volo.“

1 Brundisium: heute Brindisi – 2 caupō, ōnis Gastwirt – 3 recreāre erholen – 4 anteā vorher – 5 mare Meer

C Leicht zu verwechseln! Bestimme jeweils Wortart und Form und übersetze dann:

1. virginum – virium – virum
2. sumimus – sumus – summus
3. aliis – altis – alitis – alis
4. liberi – libri – liberatis
5. via – vita (2) – vivis (2) – viis
6. muneris – muris – munus
7. negat – necant – negotia
8. patet – parant – parent – parentes

D Spielerisch üben

Jede Gruppe erhält einen Würfel. Reihum werden die folgenden Verben gemäß der gewürfelten Zahl „verwandelt“: Wer ⚀ würfelt, bildet die 1. Pers. Sg. im Perfekt, wer ⚃ würfelt, die 1. Pers. Pl. usw. Wer eine falsche Form bildet, scheidet aus.

existimare – quaerere – adiungere – deficere – defendere – reperire – sentire

E Übersetzungen prüfen

Welche Übersetzung ist richtig?

Vires crescere sentio.

a) Die Männer fühlen, dass sie wachsen.
b) Ich habe bemerkt, dass die Kräfte zunehmen.
c) Dass meine Kräfte zugenommen haben, fühle ich.
d) Ich fühle, dass die Kräfte wachsen.
e) Ich merke, dass die Männer größer werden.

Caupo hospites nave Athenas petere audivit.

a) Der Wirt hat gehört, dass die Gäste mit einem athenischen Schiff fahren wollten.
b) Der Wirt hörte, dass die Gäste mit einem Schiff Athenes fahren wollten.
c) Der Wirt hörte, dass die Gäste zu Schiff nach Athen wollten.
d) Der Wirt hat gehört, dass die Gäste mit einem Schiff nach Athen gefahren sind.

Herkules und Deianira

Z Hercules[1], postquam ad Oeneum regem venit et Deianiram, filiam eius, aspexit, eam uxorem habere cupit. Quod Oeneus hospiti libenter[2] concedit. Tum Hercules ex aedibus Oenei discedit, dum Deianira nuptias[3] exspectat. Sed paulo post Eurytion[4] centaurus Deianiram a rege petit; nam eam in matrimonium ducere[5] vult. Et pater, qui vim centauri timet, id hospiti improbo concedit. Tum Eurytion fratres convocat et cum iis nuptias parat, dum filia regis dolet et flet.

Hercules autem paulo post sponsam[6] suam visit[7] et aedes Oenei intrat: Ibi centauros nuptias parare videt. Statim Eurytionem sagitta[8] necat. Etiam alios centauros vincit. Denique Deianiram capit eamque abducit.

1 Herculēs, is Herkules
2 libenter gern
3 nūptiae, ārum Hochzeit
4 Eurytiōn, ōnis Eurytion
5 in mātrimōnium dūcere heiraten
6 spōnsa Braut
7 vīsere besuchen
8 sagitta Pfeil

Herkules heiratet Deianira und führt mit ihr eine glückliche Ehe. Doch einige Jahre später haben die beiden Ehegatten eine Begegnung mit dem Kentauren Nessus, der nicht vergessen hat, was Herkules seinem Verwandten Eurytion und dessen Brüdern angetan hatte.

1 Informiere dich über das weitere Schicksal des Herkules und der Deianira in einem Lexikon.

2 Antike Kunstgegenstände beschreiben

Beschreibe die abgebildete Sagengestalt eines Kentauren.

Kentaur. Griechische Bronzeplastik. 5. Jh. v. Chr. New York, Metropolitan Museum of Art.

Reisen auf See war in der Antike immer ein Wagnis. Da die Schiffe nur geringen Tiefgang hatten, konnten sie leicht kentern.

Zwar gilt das Mittelmeer als ruhiges Meer; aber bei Stürmen können doch hohe und gefährliche Wellen entstehen. Die antiken Seefahrer scheuten das Kreuzen auf offenem Meer und fuhren in Sichtweite der Küste. Gefährlich war das Reisen zur See auch wegen der Seeräuber, die zwischen den zerklüfteten Ufern lauerten, um die Schiffsladungen zu rauben und die Passagiere zu versklaven. Oft wurden Menschen auch als Geiseln genommen, um Lösegeld von den Angehörigen zu erpressen.

Im Jahre 67 v. Chr. sah sich der Senat in Rom gezwungen, den tüchtigen Feldherrn Pompejus mit dem Oberbefehl über das gesamte Mittelmeer zu betrauen. Pompejus hatte sich bereits militärischen Ruhm erworben, vor allem bei der Bekämpfung des römischen Feldherrn Sertorius, der in Spanien eine gefährliche Revolte gegen Rom angezettelt hatte, und bei der Niederschlagung des von Spartakus angeführten Sklavenaufstandes. Pompejus wurde auch der neuen Aufgabe gerecht: In nur drei Monaten wurde er Herr der Lage und befreite das Reich von der Plage der Seeräuber.

1 Informiere dich und erkläre folgende Fachbegriffe:
Galeere – Rammsporn – Triere – Enterbrücke

2 Beschreibe die Situation auf dem Bild. Mit welchen Gefahren mussten Matrosen, Soldaten, Passagiere und Ruderer rechnen?

Severino Baraldi: Seeschlacht. Aquarell. 20 Jh. Privatbesitz.

G

Iter facere pulchrum est.
Apud Romanos iter facere pulchrum non erat.
Ii, qui hodie iter faciunt, pauca solum pericula timent.
Romani, qui iter faciebant, multa pericula timebant.
Itaque sine comitibus itinera non faciebant.

Auf hoher See

T Der Senator Lucius hat mit seinem Freund Titus in Capua erfahren, dass die beste Möglichkeit zur Überfahrt nach Athen die Schiffsreise von Brundisium aus sei. Dorthin müssen die beiden Freunde aber eine harte und beschwerliche Route über mehrere Tage durch das mittelitalische Gebirge bewältigen, ehe sie endlich im Hafen von Brundisium ein Schiff finden, das sie für eine beträchtliche Summe mitnimmt ...
Inzwischen sind zwei Tage vergangen. Wir sehen unsere beiden Freunde unter Deck eines unbekannten Schiffes. Sie sind gefesselt. Was in der Zwischenzeit passiert ist, erfahren wir aus der Erinnerung des Senators Lucius:

Nox erat atra. In puppi[1] gubernatorem[2] solum videbam. Ceteri vectores[3] et nautae quiescebant. Neque venti adversi mare turbabant neque Neptunus vectores magnis undis terrebat. Ego in puppi sedebam, gubernatorem observabam. Nos in tuto esse existimabamus et finem itineris desiderabamus.

Repente unus e nautis clamavit. Navem aliam ostendit, quae magna celeritate per undas volabat: „Defendite navem nostram! Sunt piratae feri. Qui nos capere cupiunt." Quamquam nautae navem nostram e periculo servare studebant, tamen piratae armati navem ceperunt et nos superaverunt; tum magno cum clamore pecuniam nostram rapuerunt.

Etiam me amicumque meum scelerati in navem suam traxerunt nosque in alveum[4] obscurum duxerunt. Intus iam alios captivos esse animadvertimus.

Subito vocem audivi: „Pater! Esne hic?" Pariter unam e captivis surgere et ad me accedere vidi. Iam Titus clamavit: „Est filia tua, quam diu quaerebamus!" Tum ego: „Quotiens desperavi! Modo latrones[5] te rapuisse conieci. Nunc te repperi. At piratae te ceperunt, nunc etiam me. O nos miseros!"

Nunc cuncti captivi eramus et sorte nostra dolebamus. Etsi periculum non ignorabamus, de salute non desperabamus. Profecto nihil[6] aliud nobis restabat.

1 puppis, is Achterdeck (Plattform am Ende eines Schiffes, wo sich das Steuerruder befand)
2 gubernātor, ōris Steuermann
3 vector, ōris Reisender
4 alveus (Schiffs-)Bauch
5 latrō, ōnis Räuber
6 nihil nichts

Römischer Silberdenar. Sextus Pompeius ließ die Münze zu Ehren seines Vaters 44/43 v. Chr. prägen. Neapel, Museo Archeologico Nazionale.

1 Tempusprofil erstellen
Stelle fest, welches Tempus in den einzelnen Textabschnitten vorherrscht (ausgenommen die wörtliche Rede).
Überlege, welchen Einfluss die Tempora und die Zeitadverbien auf die Spannungskurve des Textes haben. Versuche, die Spannungskurve mithilfe von Stichwörtern und Zeilenangaben nachzuzeichnen.

2 Tempusfunktionen unterscheiden
Überprüft, mit welchem Tempus im lateinischen Text jeweils das Folgende ausgedrückt wird:
- Beschreibung der Situation
- Erzählung
- Spannung
- andauernde Handlung

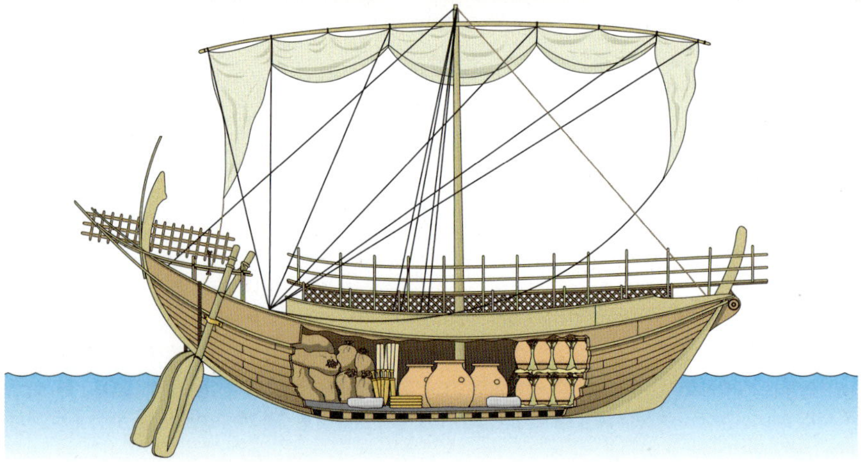

Modell eines römischen Handelsschiffes, auf dem auch Passagiere fuhren.

Ü

Titus Antoniam exspectat; diu exspectat – vinum bibit. Antonia non adest. Tum Atia intrat et ad Titum accedit ...
Später schreibt Titus Antonia einen Brief:
„Diu te exspectabam. Vinum bibebam. Sed tu non aderas. Subito Atia intravit et ad me accessit. Diu in taberna eramus. Atia multa narrabat. Etiam alii hospites Atiam narrare audiebant. Tum Atia me in theatrum (!) ducere cupivit. Statim tabernam reliquimus. Multa nocte domum perveni."

A Ordne die Formen in die Säcke:

valebam – negat – occupavit – cogitabat – gaudebat – eratis – miserunt – erant – interest – monet – vitabamus – necavistis – probamus – damus – praebetis – servant – admittebam – surgis – consulo – cupiebas – vivunt – defendi – fuit – vidistis – capiebas

B Sortiere die Formen aus **Ü A** nach Singular und Plural.

C Welche Form passt nicht in die Reihe?

1. tenebam – parabam – eram – victoriam – quaerebam
2. gaudent – consulunt – sunt – appellant – probabant
3. agitis – comitis – mittitis – narratis – estis
4. dubitat – liberat – laborat – probat – manebat
5. exemplo – cognosco – neco – erro – moneo – sum

D Spielerisch üben

Wir bilden mehrere Teams für eine „Stumme Staffel". Jeder Mannschaftsführer erhält ein Blatt Papier, notiert die Verbform der ersten Formenkette (video) und gibt das Blatt an den nächsten Mitspieler weiter. Jedes Teammitglied verwandelt die Form des Vordermanns schriftlich gemäß der Aufgabe.
Gewonnen hat das schnellste „fehlerfreie" Team. Das Gleiche gilt für die folgenden Formenketten.

1. video – 2. Pers. Pl. – Impf. – Sg. – 3. Pers. – Pl. – Präs. – 2. Pers. – Sg. – Impf.
2. surgunt – 1. Pers. – Impf. – Sg. – Präs. – 2. Pers. – Impf. – Pl. – Präs.
3. perspicis – Pl. – Impf. – 3. Pers. – Sg. – Präs. – Pl. – Impf. – 1. Pers.
4. est – Pl. – 2. Pers. – Impf. – Sg. – 1. Pers. – Pl. – Präs. – 3. Pers. – Impf.
5. statis – Sg. – Impf. – 3. Pers. – Pl. – Präs. – Sg. – 1. Pers. – Impf. Pl.

E Wortarten ordnen

Welche Form kommt von einem Substantiv, welche von einem Verb? Welche Formen sind zweideutig?
1. venti – venit 2. turbo – turba 3. servo – serva 4. captiva – capita – capit

F Ich weiß alles!

Nautae clamant. – Scio nautas clamare.
Mache auch die folgenden Sätze von scio abhängig, notiere sie und unterstreiche – wie im Beispiel – die Veränderungen.
1. Mercator laboravit. 2. Viri equos tenent. 3. Homines in viis stant. 4. Pueri venerunt. 5. Puellae discedunt. 6. Piratae puellam rapuerunt. 7. Senator finem itineris desiderat.

G Sprachen vergleichen

Vergleicht die in **Z** abgedruckte Übersetzung mit dem lateinischen Text. Überlegt, warum der lateinische Text kürzer ist. Wo ist die Übersetzung gegenüber der lateinischen Vorlage relativ frei, um zu guten Formulierungen zu kommen?

Ein unverhofftes Wiedersehen

Z Der Senator Lucius spricht im Schiffsbauch mit seiner Tochter:

Unbekannte Wörter sind im lateinischen und deutschen Text farbig gedruckt.

Lucius: Deis gratias ago. Nam me ad filiam duxerunt.
Caesia: O pater, te oro: Ignosce mihi! Te fefelli, quamquam te fallere non cupivi.

Lucius: Quid dicis? Esne insana?
Caesia: Neque latrones me rapuerunt neque inimici tui. Immo vero mea sponte cum amico meo Roma fugi. Nam te timebamus.

Lucius: Mene fugisti? Non intellego. Sed quis amicus tuus est?
Caesia: Iam dudum amo Publium Fundanium Secundum; qui me quoque amat. Sed obstatis vos patres, tu et pater Publi. Itaque dolum adhibuimus: Latrones me rapuisse simulavimus. Quo modo patres nostros fallere studuimus. Postea in Graecia vivere cupiebamus.

Lucius: Sed ubi est amicus tuus?
Caesia: Nescio. Piratae navem nostram ceperunt. Publius autem piratas fugit et in undas desiluit. Fortasse mortuus est.

Lucius: Den Göttern Dank! Denn sie haben mich zu meiner Tochter geführt!
Cäsia: Ach Vater, ich bitte dich: Verzeih mir! Ich habe dich getäuscht, obwohl ich dich nicht täuschen wollte.
Lucius: Was sagst du da? Bist du verrückt?
Cäsia: Weder haben mich Räuber entführt noch deine Feinde. Im Gegenteil, ich bin freiwillig mit meinem Freund aus Rom geflohen. Denn wir hatten Angst vor dir.
Lucius: Vor mir bist du geflohen? Das verstehe ich nicht. Aber wer ist denn dein Freund?
Cäsia: Ich liebe schon lange Publius Fundanius Secundus; dieser liebt mich auch. Aber ihr Väter steht dem im Wege, du und der Vater des Publius. Deshalb griffen wir zu einer List: Wir täuschten vor, dass Räuber mich geraubt hätten. Auf diese Weise suchten wir unsere Väter zu täuschen. Später wollten wir in Griechenland leben.
Lucius: Aber wo ist dein Freund?
Cäsia: Ich weiß es nicht. Die Piraten haben unser Schiff gekapert. Publius aber entfloh den Piraten und sprang in die Fluten. Vielleicht ist er tot.

Schifffahrtsszene auf einem römischen Sarkophag. 3. Jh. n. Chr. Kopenhagen, Ny Carlsberg Glyptothek.

John William Waterhouse: Thisbe. 1909. London, Sotheby's.

Die Literaturgattung „Roman" gab es bereits in der Antike. In allen antiken Romanen kamen bestimmte Motive und Themen vor:

- Eine Liebe wird durch widrige Einflüsse unmöglich gemacht.
- Held und Heldin werden getrennt.
- Einer von beiden oder beide müssen eine lange Irrfahrt (Odyssee) auf sich nehmen.
- Diese Irrfahrt ist geprägt von zahlreichen Abenteuern.
- Am Ende gibt es eine Wiedererkennungsszene.
- Meist grenzt das überraschende Happy-End an ein Wunder.

In unserer Geschichte ist auch ein Motiv, das in die Weltliteratur Eingang gefunden hat, verarbeitet:
Zwei Liebende können nicht zueinanderfinden, weil die Eltern oder die Begleitumstände dagegen sind.

1 Informiert euch über eines der nachstehenden Werke der Weltliteratur, in denen dieses Motiv verarbeitet ist, und referiert darüber kurz vor der Klasse:
Pyramus und Thisbe, Romeo und Julia, Porgy und Bess, Westside-Story, Denn sie wissen nicht, was sie tun.

2 Informiert euch – z. B. mit Hilfe eines Literaturlexikons – über den Inhalt des griechischen Hirtenromans „Daphnis und Chloë" (2./3. Jh. n. Chr.).

G Nuper Publius ad forum ibat. Subito Marcum amicum vidit; eum adiit: „Quo (wohin) is, Marce?" Marcus: „In circum ire cupio. I mecum, Publi!" Ambo in circum ierunt. Marcus: „Vidistine equum patris mei? Is equus et celer et fortis est." Publius: „Eum equum et celerem et fortem esse scio. Neque omnes equi tam (so) celeres sunt."

Ein glückliches Ende?

T

Das Piratenschiff ist auf dem Weg zu seinem Versteck irgendwo an der zerklüfteten illyrischen Küste. Da meldet der Beobachter im Mastkorb mit einem Entsetzensschrei:

„Adite! Adeste! Video naves Romanas adire. Periculum nobis instare puto.“ Et omnes piratae ad puppim[1] ruunt. Quid vident? Profecto naves celeres classis Romanae adeunt et piratis instant; eorum navem cingunt.
Dum scelerati clamant: „Nunc periimus!“, milites fortes Romanorum iam in navem piratarum transeunt. Nonnullos piratas in undas eiciunt, ceteros necant. Unus e militibus: „Inite in alveum[2]! Sumite praedam et liberate captivos!“
Postea captivi piratarum ad Pompeium, qui classem Romanam regit, eunt: „Salve, Pompei! Tu nos e periculo eripuisti.“ Pompeius respondet: „Non facile erat piratas superare. Sed is vir nobilis, quem hic videtis, nobis adfuit: Publius Fundanius Secundus.“
Protinus Caesia Publium adit et clamat: „Publi, quomodo[3] ad classem Romanam venisti? Ego te in undis perisse putavi, postquam piratas fugisti et de nave desiluisti[4].“ Publius Fundanius: „Fortuna fortibus adest. Audi!“ Et de calamitate narrat ...

1 puppis, is Achterdeck
2 alveus (Schiffs-)Bauch
3 quōmodo wie
4 dēsilīre *(Perf.* dēsiluī*)* hinabspringen

Publius erzählt, dass der Piratenüberfall in Sichtweite der Küste stattgefunden habe, sodass er sich – den Göttern sei Dank – an Land habe retten können; mit Hilfe mitleidiger Küstenbewohner sei er einen Tag später zur Flotte des Pompejus gelangt, die – welch ein Zufall – in der Nähe vor Anker gelegen habe. Pompejus sei über seinen Hinweis, in welche Richtung die Piraten gefahren seien, sehr erfreut gewesen und habe tags darauf mit mehreren Schiffen die Verfolgung aufgenommen.

Tum Lucius Caesius Bassus clamat: „Adulescens, tu filiaque mea me fefellistis; sed Pompeius, imperator nobilis, auxilio deorum et virtute sua nos omnes liberavit. Quamquam es filius Marci Fundani Secundi, inimici mei, tamen tibi gratus sum. Te adulescentem probum puto; nam ceterīs virtute praestitisti, Caesiam numquam deseruisti. Manifestum est te filiam meam amare.“

Marmorbüste des Pompejus, 1. Jh. v. Chr. Kopenhagen, Ny Carlsberg Glyptothek.

1 Vorerwartungen formulieren
Entnimm den Zeilen 1–4, was das Entsetzen des Beobachters auslöste. Stelle Vermutungen über den Fortgang der Geschichte an.

2 Wie mit einer Zoom-Technik rückt in Z. 1–11 die Hauptperson in den Mittelpunkt. Wer ist die Hauptperson? Stelle die einzelnen Stufen des „Heranzoomens“ dar.

3 Handlungszusammenhänge entwickeln
Stellt aus den Lektionstexten 18–21 alle Fakten so zusammen, dass sich eine chronologische Abfolge der Geschichte ergibt.

4 Vergleicht eure Vermutungen zum Verlauf des Geschehens (Lektion 18, S. 89 Aufgabe 5) mit dem tatsächlichen Verlauf der Geschichte.

5 Verfasst auf Deutsch Berichte aus der Perspektive verschiedener Personen (Pompejus, Publius Fundanius Secundus, Senator Titus, Cäsia). Vergleicht sie und stellt fest, wo es Unterschiede in der Berichterstattung gibt. Worauf sind diese Abweichungen jeweils zurückzuführen?

6 Die Geschichte lässt sicherlich Fragen offen: Warum haben die Liebenden Rom verlassen? Mit welchem Ziel inszenierten sie die Entführung? 20 **Z** (S. 99) kann dir bei der Beantwortung helfen.

Ü

Ein ungewöhnlicher Dialog:
„Ire debes." - „Ire nolo." - „Debes. I!" - „Cur tu non is?" - „Saepe (oft) iam ibam." - „Sed ego heri (gestern) ii. Me heri īsse scis." - „Tace! Nunc ego eo." - „Exspecta me! Una (zusammen) imus." Tum eunt.

A Übersetze:

ibam	ibatis	istis	iimus
i	eunt	eo (!)	is (!)
ibant	ii (!)	ite	imus
ierunt	ibamus	it	ibas
itis	isti	ibat	ire

Auch diese Übung lässt sich in ein kniffliges „Memory" (vgl. Übung **I** auf S. 75) verwandeln, indem ihr z. B. die lateinischen Formen und deren deutsche Übersetzungen auf Kartenpärchen schreibt.

B Setze in die angegebenen Tempora und übersetze dann alle Formen:

imus (Impf. / Perf.) — transeo (Impf. / Perf.)
adibant (Präs. / Perf.) — inistis (Präs. / Impf.)

C Welche Adjektivform(en) passt (passen)?

1. viri (nobiles / nobili / nobilis / nobile)
2. militem (fortium / fortem / fortes)
3. equis (celeris / celeri / celeribus)
4. vestes (miseras / miseris / miserae)
5. poetae (nobili / nobiles / nobilis)

D Welche Form passt nicht in die Reihe?

1. omnis – manifestae – celeris – ceteris – fortis – contenti
2. multorum – facilium – bonorum – forum – omnium
3. plerasque – nonnullas – potentes – celeritas – faciles
4. pulchrum – sceleratum – totum – superbum – fortium

E In der Buchhandlung des Athenodorus ist eine neue Lieferung eingetroffen. Nun beschriftet der Buchhändler die Rollen, indem er gemäß dem Beispiel Etiketten anbringt. Kannst du ihm helfen?

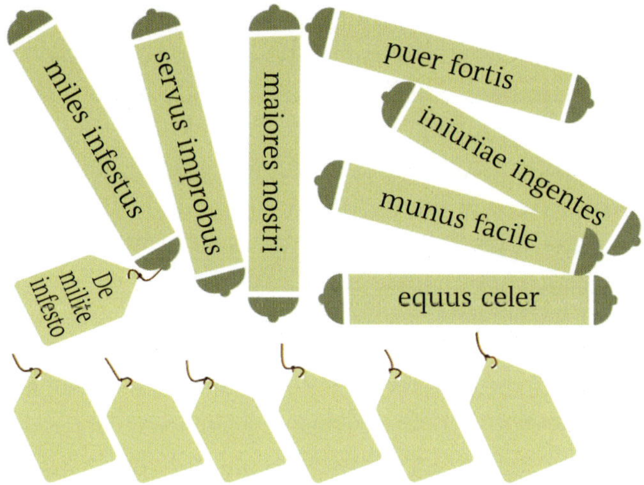

F Wer ist mit welchem Pronomen gemeint?

1. Piratae virtute sua se servare volunt.
2. Nam piratae se viros fortes esse existimant.
3. Etiam Romani eos fortes esse existimant.
4. Tamen piratae se perire sentiunt.

Notiere in den Sätzen 2–4 jeweils den Wortblock, der den AcI bildet.

G Kombiniere die folgenden Adjektive jeweils mit vir, nuntius, nauta und mulier; dekliniere dann laut im Singular und Plural.
fortis, nobilis, probus, sceleratus, potens

H Lateinische Sprichwörter kennenlernen

1. IMPERIUM SINE FINE DEDI.
2. TE HOMINEM ESSE MEMENTO!
3. SAPIENS OMNIA SUA SECUM PORTAT.

mementō bedenke – sapiēns der Weise

I Fremdwörter erklären

Erkläre die kursivgedruckten Wörter im folgenden „*Quiz*“:
1. Wer kennt Kapitän *Nemo* aus dem Roman „20 000 Meilen unter dem Meer“ des französischen Schriftstellers Jules Verne? 2. Für wen ist ein *Omnibus*? 3. Was ist in der Mathematik ein *Quotient*? 4. Wer von euch hatte schon einmal in einem Schulfach ein *Defizit*? 5. Was versteht man unter einem *sensiblen* Menschen? 6. In welchem *Kapitel* des Buches „Winnetou III“ lässt der *Autor* Karl May den Helden sterben? 7. Was macht ein Detektiv, wenn er Leute *observiert*? 8. Warum steht auf manchem LKW ein Schild mit der Aufschrift *Transit*?

Herkules besiegt den Riesen Cacus

Z

Herkules (lat. Herculēs, is) ist berühmt geworden durch die zwölf „Arbeiten“, die er verrichten musste. Unter anderem hat er in Spanien Geryon, einen gewalttätigen Riesen mit drei Oberkörpern, im Kampf besiegt. Als Beute nahm Herkules dessen große Rinderherde mit und trieb diese auf einem beschwerlichen Landweg über Südfrankreich bis nach Italien.

Herkules tötet Cacus. Marmorgruppe von Baccio Bandinelli. 1534. Florenz, Piazza della Signoria.

Hercules postquam Alpes transiit, eo loco[1], ubi postea Romulus urbem Romam condidit[2], constitit et quievit. Ibi Cacus vivebat, qui erat latro[3] sceleratus. Dum Hercules quiescit, Cacus ad eum adiit et nonnullos boves[4] Herculis in speluncam[5] suam duxit. Boves autem retro[6] ibant, quia Cacus eos caudis[7] traxit. Ibi se tutum esse putabat. Postridie[8] Hercules boves quaesivit. Primo boves reperire non poterat, quia vestigia[9] boum eum fefellerunt. Subito autem voces boum audivit.
Nunc facile erat in speluncam inire et latronem vi superare. Homines, qui in ea regione[10] vivebant, postquam Cacum perisse audiverunt, illuc convenerunt et virum fortem laudaverunt. Tum Hercules boves secum duxit et in Graeciam rediit[11].

(nach Livius, Ab urbe condita)

1 locus Ort – 2 condere *(Perf.* condidī*)* gründen – 3 latrō, ōnis Räuber – 4 bovēs, boum *m* Rinder – 5 spēlunca Höhle – 6 retrō rückwärts – 7 cauda Schwanz – 8 postrīdiē einen Tag später – 9 vestīgium Spur – 10 regiō, ōnis Gegend – 11 redīre zurückgehen

1 Stellt lateinische Adjektive zusammen, mit denen ihr Herkules und Cacus charakterisieren könnt.

2 Informiert euch über weitere Herkules-Sagen und stellt sie in Kurzreferaten vor.

3 Was hat die Menschen zu allen Zeiten wohl an Herkules fasziniert? Berücksichtige auch die Abbildung.

Differenziert üben IV

Du findest hier drei Texte, die auf Fabeln des römischen Dichters Phädrus zurückgehen. Die Texte sind aufsteigend nach Schwierigkeitsgrad angeordnet. Entscheide dich, welchen der drei Texte du bearbeiten möchtest.
Eines haben alle Fabeltexte gemeinsam: Ihnen fehlen eine passende Überschrift und die für eine Fabel wichtige Lehre bzw. Moral. Füge beides deiner Übersetzung hinzu.

Fabeln des Phädrus

T1 bietet kurze Sätze und greift auf geläufige Vokabeln zurück. Die Zeichnungen unter dem Text helfen dir zum Verständnis.

Wiederhole vor der Übersetzung folgende Vokabeln:
aspicere – complēre – contentus – cōpia – corpus – fīlius – ingēns – iterum – negāre – nōnne – repente – respondēre – rogāre – summus – vīs

Ad aquam rana magnum bovem aspexit.
Rana dixit: „Ego magna non sum;
sed ingens corpus bovis habere cupio."
Tum rana aere[1] se complevit et filium ad se vocavit.
Rana: „Responde, mi fili[2]! Egone corpus bovis habeo?"
Quod filius negavit.
Iterum rana aere se complevit.
Filium rogavit: „Nonne mihi nunc corpus bovis est?"
Quod filius iterum negavit.
Rana verbis filii contenta non fuit.
Itaque summis viribus se inflat[3].
Repente autem copia aeris eam rupit[4].

1 āēr, āeris *m* Luft
2 mī fīlī *Vok.* mein Sohn
3 īnflāre aufblasen
4 rumpere *(Perf.* rūpī*)* zerreißen

T2 besteht zwar aus etwas längeren Sätze, bietet aber durch die Anordnung Hilfestellungen.

> Wiederhole vor der Übersetzung folgende Vokabeln:
> angustus – īre – is, ea, id – scelerātus – īnsidiae – corripere – prīmō – grātus – amittere

Duo muli per viam angustam in montem ibant:
Unus pecuniam portabat;
eius autem comes magnos saccos hordei[1] tantum portabat.
Subito homines scelerati ex insidiis eum mulum,
        qui pecuniam portabat,
petiverunt, paene necaverunt, pecuniam corripuerunt.
Comes primo vulnera[2] amici spectavit et curavit.
Deinde dixit:
„Gratus sum et gaudeo,
        quod non pecuniam, sed hordeum porto;
nam neque saccos amisi
    neque vulneribus doleo."

1 hordeum Gerste
2 vulnus, vulneris *n* Wunde

T3 enthält am Ende Lücken, die in der deutschen Übersetzung gefüllt werden müssen.

> Wiederhole vor der Übersetzung folgende Vokabeln:
> nāvis – volāre – cupere – vehemēns – īnstāre – plērīque – paucī – cēterī – perīre

In nave, quae per mare volabat, multi homines erant, qui patriam petere volebant. Iam insulam[1], quam adire cupiebant, viderunt. Subito autem venti vehementes et magnae undae navi hominibusque institerunt. Denique nautae clamaverunt: „Nobis in nave remanere non licet. Relinquite navem!" Plerique statim pecuniam et omnia, quae secum habebant, corripuerunt; tum magno cum onere[2] in aquam [?]. Simonides autem poeta navem sine ullo[3] onere reliquit. Is cum paucis solum ad insulam [?]; ceteri perierunt. Postea [?] Simonidem [?]: „Cur non [?]?" [?] autem respondit se omnia sua semper secum portare.

1 īnsula Insel
2 onus, oneris *n* Last
3 ūllus irgendein

Lateinische Texte lesen – Textmerkmale analysieren

Textsorten bestimmen

Die Römer schauten oft und gerne in die Vergangenheit: Die Sitte der Vorfahren (mos maiorum) sollte der Maßstab ihres Handelns sein. Auch die Texte in diesem Lateinbuch drehen sich vorrangig um die Vergangenheit. In ihnen herrschen daher auch die Tempora der Vergangenheit vor.
Man kann Texte über die Vergangenheit in zwei Gruppen unterteilen:

1 Es gibt Texte über historische Personen und Ereignisse. Man nennt sie auch nicht-fiktional, weil die Inhalte nicht erfunden, sondern real sind. *Merkmale:* Genaue Personen-, Orts- und Zeitangaben.

2 Es gibt Sagen, Legenden und Mythen, von denen oft nur der Kern oder ein Teil wahr ist. Die meisten dieser fiktionalen Texte sind erfunden. *Merkmale:* vage oder fehlende Orts- und Zeitangaben. („Es war einmal vor langer, langer Zeit, ... weit, weit weg ...“)

Texte der Gruppe 1 müssen nicht zwingend ganz der Wahrheit entsprechen. Sie wollen jedoch glaubhaft erscheinen.

Viele Texte unseres Buches lassen sich einer der beiden Gruppen zuordnen. Manchmal ist die Zuordnung auch strittig.

- Ordne die Texte 16 **Z**, 17 **Z**, 18 **Z**, 19 **Z**, 21 **Z** und 16 **T** den zwei Gruppen zu. Notiere dazu alle Personen-, Orts- und Zeitangaben aus den Texten und ihren Begleittexten und beurteile die Genauigkeit dieser Angaben.

Sprachen vergleichen

- Sammelt Gemeinsamkeiten und Unterschiede im Tempusgebrauch des Deutschen, Englischen und Lateinischen.
- Stellt die Ergebnisse übersichtlich zusammen und überprüft sie zusammen mit eurem / eurer Deutsch- und Englischlehrer / in.

Tempusfunktionen unterscheiden

Du hast gesehen, dass die Verwendung der Tempora in Hauptsätzen wichtige Hinweise für das Verständnis eines Textes gibt.

- Wähle jeweils das passende Prädikat aus und begründe deine Entscheidung (zum Inhalt vgl. 19 **Z**).

1. Hercules Deianiram uxorem habere diu (cupit / cupivit / cupiebat). 2. Sed etiam Eurythion centaurus filiam Oenei in matrimonium ducere (vult / voluit / volebat). 3. Hercules centaurum nuptias parare (videt / vidit / videbat). 4. Dum Deianira (flet / flevit / flebat), Hercules centaurum (petit / petivit / petebat) et (necat / necavit / necabat). 5. Tandem Hercules Deianiram in matrimonium (ducit / duxit / ducebat).

nūptiae, ārum: Hochzeit
in mātrimōnium dūcere: heiraten

Herkules im Kampf mit einem Kentauren. Griechische Vasenmalerei. 6. Jh. v. Chr. Paris, Musée du Louvre.

Wie nahe kommen wir den Göttern?

In den folgenden Lektionen erfahrt ihr, wie nach Auffassung der antiken Menschen das Leben vom Wirken der Götter geprägt war, wie und mit welchen religiösen Handlungen man dieses Wirken der Götter erforschte und zu beeinflussen versuchte.

①

②

③

④

⑤

⑥

⑦

⑧

1 Verschafft euch Bilder von antiken Tempeln. Beschreibt und zeichnet einen römischen Tempel. Fertigt den Grundriss eines römischen Tempels an. Bastelt allein oder mit anderen ein Modell.

⑨

① **Jupiter:** oberster aller Götter und Herrscher des Himmels
② **Juno:** Gemahlin Jupiters, Göttin der Frauen und der Geburt
③ **Minerva:** Göttin der Weisheit und des Handwerks
④ **Mars:** Gott des Krieges
⑤ **Neptun:** Gott des Meeres und des Wassers
⑥ **Apollo:** Gott des Lichtes und der Künste
⑦ **Venus:** Göttin der Liebe und Schönheit
⑧ **Diana:** Göttin des Mondes und der Jagd
⑨ **Merkur:** Götterbote, Gott des Handels und der Reise
⑩ **Amor:** Gott der Liebe, Sohn der Venus und des Mars
⑪ **Bacchus:** Gott des Weines

⑪

⑩

Als der römische Kaiser Augustus herrschte, hatte Rom eine lange Zeit grausamer Bürgerkriege hinter sich. In dieser Zeit erbitterten Streits und Kriegs zwischen den Bürgern hatten viele Wertvorstellungen und Tugenden der Römer – Treue, Frömmigkeit, Pflichterfüllung und Bereitschaft zu harter Arbeit – scheinbar ihre Gültigkeit verloren.

Augustus wollte diese Werte wiederbeleben; deshalb förderte er Dichter, die in ihren Werken von Menschen erzählten, die genau diese Werte verkörperten. Einer der Dichter, den Augustus besonders förderte, war Vergil. Er verfasste die „Äneis".

Dieses Epos – eine groß angelegte Verserzählung in zwölf Büchern – berichtet von den Taten des trojanischen Helden Äneas, der zum Stammvater der Römer werden sollte. Vergil schildert den Weg des Äneas aus dem zerstörten Troja in eine von den Göttern geweissagte neue Heimat. Nach Jahren der Irrfahrt gelangt er mit seinen Schiffen zunächst nach Afrika. Dido, die Königin Karthagos, nimmt ihn und seine Gefährten freundlich auf und verliebt sich in Äneas. Auf Geheiß Jupiters muss er Karthago jedoch verlassen. Nachdem er sogar in die Unterwelt hinabgestiegen ist, wo sein toter Vater Anchises ihm seine Zukunft und die spätere Größe Roms offenbart, erreicht er schließlich Italien: die von den Göttern bestimmte neue Heimat. Nach langen Kämpfen gelingt es ihm, die einheimischen Latiner zu besiegen und mit ihnen Frieden zu schließen. Auch die Göttin Juno, die Ehefrau des Jupiter, die Äneas immer feindlich gegenüberstand, erkennt ihn nun als Stammvater der Römer an.

Die „Äneis", in der auch die Herrschaft des römischen Volkes verherrlicht wird, wurde zur Nationaldichtung der Römer und beeinflusste die europäische Dichtung über Jahrhunderte hinweg.

Gian Lorenzo Bernini: Äneas rettet seinen Vater aus dem brennenden Troja. 1618. Rom, Galleria Borghese

G

Servus nonnullos viros filiam domini rapuisse viderat;
in aedes celeriter cucurrit.
Marcus Fundanius Bassum senatorem improbe laeserat;
itaque Bassus eum filiam suam cepisse putavit.
Navis piratarum, quae per undas maris volabat,
senatorem amicumque vehementer terruit.

Äneas folgt dem Willen der Götter

T Jupiter schickt Merkur nach Karthago, um Äneas zum Aufbruch zu mahnen.

Mercurius Aeneam vidit gerere pulchram vestem Punicam, quam Dido ei libenter donaverat. Itaque nuntius Iovis ad Aeneam celeriter accessit: „Audi, Aeneas! Iuppiter me misit, te monet: Quid hic facis? Cur eo loco te tam improbe geris? Cogita de fato tuo! Hic iucunde vivere tibi non licet. Relinque Carthaginem; nam Italiam petere debes. Posteris tuis illic novam patriam para!"
Verba Mercuri Aeneam vehementer terruerunt. Itaque vir pius, qui imperio Iovis semper paruerat, consilium cepit fugam petere et regiones Punicas relinquere. Statim comites ad litus vocavit, eos classem et arma parare iussit.
At Dido, quae consilia Aeneae iam animadverterat, eum verbis flectere temptavit et dixit: „Cur me tam turpiter fallis? Cur fugere properas, cur tam crudelis es? Nunc dolum tuum perspexi!"
Postquam Dido diu tacuit, tristi voce adiecit: „Tibi nimis credidi; nam te amavi."
Aeneas autem, quem Mercurius de fato monuerat, graviter gemuit[1]: „Numquam tibi conubium[2] promisi. Cogita deos vitam meam regere! Iuppiter, pater deorum hominumque, me novam patriam quaerere iussit. Etiam Troiam non mea sponte reliqui. Anchises pater in somno me in Italiam ire monuit. Desine me teque querelis[3] tuis vexare[4]: Italiam non mea sponte peto."
(nach Vergil, Aeneis)

1 gemere *(Perf.* gemuī*)* seufzen
2 cōnūbium Ehe, Heirat
3 querēla Klage
4 vexāre quälen

1 Textinhalt wiedergeben
Finde heraus, welche Entscheidung Äneas nach der Mahnung durch Merkur trifft (Z. 7–10) und welche Konsequenz diese Entscheidung für ihn und Dido hat (Z. 11–15).

2 Verschiedene Perspektiven entwickeln
Untersuche, wie Dido und Äneas die Situation aus ihrer jeweiligen Sicht bewerten (Z. 12–21). Wie drücken sie ihre Wertung aus?

3 Äneas muss sein Schicksal, das die Götter ihm mitteilen, auf sich nehmen.
Erkläre anhand von **T**, was es für einen Menschen bedeuten kann, den Willen der Götter zu erfüllen.

Giovanni Battista Tiepolo: Merkur erinnert Äneas an seine Bestimmung. Fresko in der Villa Valmarana, Vicenza. 1757.

Ü

Puella cum patre mare transibat. Subito piratae navibus celeribus adierunt. Naves piratarum celeriter navem puellae cinxerunt. Piratae puellam capere studebant. Pater puellae fortis non erat; piratae autem fortiter pugnabant. Pater improbus puellam deseruit; immo improbe et scelerate egit: Nam filiam piratis dedit; ipse (selbst) fugit.
Viele Jahre später: Pater improbus, qui puellam deseruerat, mare iterum transibat. Piratae adierunt et navem eius celeriter cinxerunt. Tum puella, quam pater piratis dederat, e nave piratarum in navem eius transiit.
Patri dixit: „Quamquam me deseruisti, tibi gratus sum, pater improbe! Nam unus e piratis nunc maritus meus est. Is me amat et semper fortiter me defendit." Pater tacebat.

A Welches Zeitverhältnis tritt zwischen lateinischen Haupt- und Gliedsätzen auf, in denen Plusquamperfekt verwendet wird? Untersuche die Sätze von **T**.

B Stelle alle Adverbien aus **T** zusammen und ordne sie nach ihrer Bildungsweise.

C „Adverbienwerkstatt"
Bilde zunächst zu den folgenden Adjektiven den Genitiv. Schneide dann die Endung ab, damit du den Wortstamm erhältst, und klebe die richtige Adverbendung an.

ver | i

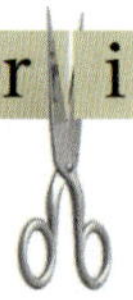

ver | e

verus	gravis	vehemens
fortis	celer	improbus
crudelis	clarus	pulcher
turpis	contentus	iucundus

D Ganz genau!
Die Aussagen von Satz 1–4 werden von Satz zu Satz genauer. Durch welche sprachlichen Mittel wird dies erreicht?

1. Bassus: „Publio gratias ago, quod filiam servavit."
2. Bassus: „Publio adulescenti gratias ago, quod filiam meque servavit."
3. Bassus: „Publio, adulescenti nobili, gratias ago, quod filiam meque fortiter servavit."
4. Bassus: „Publio, adulescenti nobili, gratias ago, quod vitam filiae et fortunam meam fortiter servavit."

E Irrläufer gesucht!

1. clamoris – hominis – capitis – ventis
2. celeri – omni – clari – ingenti
3. iterum – criminum – virtutum – victorum
4. pulchre – contente – bene – morte

F Wortarten unterscheiden
Setze in die folgenden Sätze die richtige Form (Adjektiv oder Adverb) ein und übersetze dann:

1. Romani urbem ? (fortis) defendebant.
2. Romani se dominos ? (potens) esse putabant.
3. Amicus meus ? (vehemens) me monuit.

G Übersetze. Achte dabei auf das Zeitverhältnis.

1. Legiones, quas Pompeius in provinciam duxerat, multa bella gerebant.
2. Liber, quem mihi dederas, mihi non placuit.
3. Amicae, quae Romam iam viderant, Claudiae forum ostenderunt.

Trojanisches Pferd. Nachbildung. In Troja steht heute dieses neue hölzerne Pferd. Kinder können über eine Leiter in das Innere des großen Holzpferdes klettern und griechische Eroberer spielen.

H Wortbildung und Sprachenvergleich nutzen

Was bedeuten die Adjektive in den folgenden Wendungen? Wenn du die Adjektive dir bekannten lateinischen Verben zuordnest, kannst du die Ausdrücke leicht übersetzen:
1. hostis terribilis 2. aedes stabiles 3. amica amabilis 4. periculum incredibile
Was bedeutet also das Suffix -bilis bzw. -ilis?
Du findest es in vielen Fremdwörtern (Stabilität, Immobilien), auch in unserer Adjektivendung -bel, z. B. passabel, plausibel, praktikabel, miserabel, akzeptabel.
Auch in Fremdsprachen taucht das Suffix auf:
Italienisch: *portabile, incredibile, terribile, impossibile*
Englisch: *portable, incredible, terrible, impossible*
Finde mindestens drei weitere Fremdwörter bzw. fremdsprachliche Vokabeln, die so gebildet sind.

Das hölzerne Pferd

Z Nach fast zehn Jahren Krieg sind die Griechen eines Morgens von der Küste Trojas verschwunden. Die Trojaner meinen, dass die Feinde endlich die Belagerung Trojas aufgegeben haben. Sie entdecken am Strand ein hölzernes Pferd. Eifrig beraten sie, was mit diesem zu geschehen habe. „Verbrennen!", schreien die einen, andere wollen das Pferd den Göttern weihen.

Postquam Troiani[1] diu de equo ligneo[2] consuluerunt, eum in urbem ducere ibique collocare[3] decreverunt. Putaverunt enim Graecos[4] equum deis reliquisse. Laocoon[5] solus, sacerdos[6] Neptuni, dolum Graecorum perspexit. Ex urbe ad litus cucurrit et magna voce clamavit: „Discedite! Fugite!
Quidquid id est, timeo Danaos et dona ferentes."

(Was auch immer es ist, ich fürchte die Griechen, auch wenn sie Geschenke bringen.)

Vix[7] verba dixerat, cum gemini angues[8] ad litus celeriter pervenerunt, Laocoontem eiusque filios petiverunt, eos crudeliter necaverunt. Troiani Laocoontem pro verbis suis poenam miseram solvisse[9] putaverunt. Tum magno cum gaudio equum in urbem traxerunt.
(nach Vergil, Aeneis)

1 Trōiānī, ōrum die Trojaner
2 ligneus, a, um hölzern
3 collocāre aufstellen
4 Graecī, ōrum die Griechen
5 Lāocoōn, Lāocoōntis Laokoon
6 sacerdōs Priester
7 vix kaum
8 geminī anguēs zwei Schlangen
9 poenam solvere *(Perf. solvī)* eine Strafe erleiden

1 Rezeptionsdokumente kennenlernen

Welcher Augenblick des **Z**-Textes ist in der Laokoongruppe eingefangen? Welche Gefühle spiegeln sich in den Gesichtern?

Laokoongruppe. Römische Marmorkopie einer Bronzefigur aus Pergamon (um 140 v. Chr.), gefunden in Rom in den Ruinen eines Kaiserpalastes. Rom, Vatikanische Museen.

Apollo, Gott der Weisheit und Weissagung. Innenbild einer griechischen Trinkschale. Um 460 v. Chr. Delphi, Archäologisches Museum.

Den Willen der Götter zu kennen war bei Griechen und Römern nicht nur wichtig, um den Göttern gehorchen zu können (vgl. L 22). Wer den Willen der Götter erforschte und deutete, konnte auch versuchen, daraus Informationen über die Zukunft zu erlangen: Man glaubte, dass die Götter in Erscheinungen, Träumen, vielfältigen Zeichen und Orakeln den Menschen ihren Willen offenbarten.
Das bekannteste Orakel befand sich im griechischen Delphi, einem besonders wichtigen Heiligtum des Gottes Apollo. Der große Tempelbezirk von Delphi war ein Zentrum der griechischen Welt. Die Priester des Tempels wussten, was in den entferntesten griechischen Städten geschah. Ihre Ratschläge hatten großen Einfluss. Die griechischen Städte führten sogar Kriege, um die Priesterschaft von Delphi zu beschützen – und zu kontrollieren.

Man glaubte, dass der Gott Apollo durch eine Priesterin, Pythia genannt, zu den Menschen spreche. Die Fragesteller übergaben den Apollopriestern ihre Bitten; diese trugen sie dann der Pythia vor. In Ekstase gab die Pythia unverständliche Laute von sich, aus denen die Priester oftmals zweideutige Antworten formulierten. Natürlich zeigten sich die Besucher des Orakels durch großzügige Geschenke erkenntlich.

1 Informiere dich über die Schätze des Museums von Delphi, um dir eine Vorstellung vom Reichtum und von der Bedeutung des Heiligtums und seiner Priester in der Antike zu machen. Die Homepage des Museums kannst du leicht finden.

G „Quid facis, Claudia?“ „Forum peto, Cornelia. Sed postea amicam conveniam et cum ea domum ibo.“ „Quis te conveniet, Claudia?“ „Iulia aderit et me vestibus novis ornabit.“ „Etiam ego vestes probare volo. Tum nos omnes thermas adibimus.“ „Ibi iam alii amici amicaeque erunt. Qui ad me accedent et vestes meas laudabunt.“ „Certe, si vestes ostendes. Itaque forum petere propera!“

Wer deutet den Willen der Götter?

T

Die Perser beherrschten vom Orient aus ein riesiges Reich. Ihr König sah sich als „König der Könige". Weil sich griechische Städte in Kleinasien, der heutigen Türkei, ihm nicht fügten, wollte er ganz Griechenland unterwerfen. Er mobilisierte ein riesiges Heer und eine riesige Flotte. Die griechische Stadt Athen wollte sich widersetzen und beschloss, das Orakel von Delphi zum bevorstehenden Krieg zu befragen:

Athenienses[1] legationem Delphos miserunt. Legati, postquam templum Apollinis intraverunt, sacerdotes interrogaverunt: „Persae[2] civitatem nostram capere student. Quomodo[3] hostes superabimus? Quando dei tandem Persarum superbiae finem facient?"

Et Pythia eis sortem dedit: „Fugite ex urbe vestra! Nam hostes urbem et templa capient. Mars crudeliter omnes necabit."

Legati, qui animo defecerunt, Pythiam iterum adierunt. Tristes orabant: „Audi supplicia nostra! Iterum da nobis oraculum! Aliter e templo numquam exibimus, sed mortem hic exspectabimus."

Tum Pythia: „Iterum oraculum vobis dabo ostendamque sortem vestram: Urbem ab hostibus non defendetis. Sed murum ligneum[4] hostes non superabunt." Denique legati domum redierunt.

1 Athēniēnsis, is *m* Athener, Einwohner von Athen
2 Persae *m* die Perser
3 quōmodo? wie?
4 ligneus hölzern, aus Holz
5 cōnscendere besteigen

Die Athener stritten nun darüber, wie dieser Orakelspruch aufzufassen sei. Einige plädierten dafür, sich auf die Burg zurückzuziehen. Ein seit ewigen Zeiten dort wucherndes Dornengestrüpp – eine hölzerne Mauer – werde die Feinde aufhalten. Aber es gab noch eine andere Deutung:

Die Pythia, die Priesterin des delphischen Apoll, erteilt ein Orakel. Griechische Vasenmalerei. Um 440 v. Chr. Berlin, Antikenmuseum.

Themistocles, vir nobilis, iam antea Athenienses multas naves aedificare atque classem parare iusserat. Ita Athenienses cura Themistoclis classem paraverant. Is vir nunc orationem claram habuit: „Nonne oraculum intellegitis? Apollo nos patriam relinquere et naves conscendere[5] iubet. Navibus hostem vincemus; auxilio deorum ac virtute vestra patriam ab hostibus liberabitis. Persae Graeciam relinquent. Gloria Athenarum erit ingens." Ita Themistocles animos Atheniensium confirmavit. Qui statim urbem relinquere navesque viris armatis complere statuerunt. In proelio naves celeres Atheniensium magnas naves Persarum cinxerunt. Persarum classis in undis periit, ut Themistocles prospexerat.

(nach Herodot, Historien)

1 Aussageabsicht erkennen
Untersuche die Rede des Themistokles in der Volksversammlung (Z. 17–20): Wie gelingt es ihm, die Athener von seiner Deutung zu überzeugen?

2 Das Orakel von Delphi zu deuten hatte nicht nur mit Frömmigkeit und Religion, sondern auch sehr viel mit Politik zu tun: Suche im Text nach Hinweisen darauf.

3 In 22 **T** hast du erfahren, welche Haltung Äneas in der Erzählung des Dichters Vergil gegenüber dem Willen der Götter einnimmt. In 23 **T** erzählt der Historiker Herodot, wie die Athener mit den Prophezeiungen des Orakels umgehen. Vergleiche die Haltung des Äneas mit der Haltung, die die athenischen Gesandten und Themistokles einnehmen.

4 Informiere dich über die Kriege zwischen Persern und Griechen und berichte deinen Mitschülern.

Ü

Mercurius Aeneam monuit: „Cur hic iucunde vivis? Cur vestibus Punicis gaudes? Cur posteris novam patriam negas? Relinque Carthaginem! Non hic, sed in Italia bene vives. Ibi patria nova gaudebis. Ibi etiam posteris patriam parabis. Gens tua potens erit."
Aeneas respondit: „Deis semper parui. Etiam nunc pareo semperque parebo. Carthaginem relinquam et Italiam petam."

A Wortbildung nutzen

Erkläre die Bedeutung der **Komposita** aus der Bedeutung des Präfixes und des Verbum simplex:

ad- (hinzu-, dabei-)	ac-cedere, ad-ire, ad-iungere, ad-mittere
dis- (auseinander-)	di-mittere, dis-cedere
ex- (heraus-)	ex-cedere, ex-pellere, ex-spectare, e-icere, e-ripere
con- (zusammen-)	con-venire, con-vocare, con-icere, com-ponere
re- (zurück-, wieder-)	re-vocare, red-ire, re-stare
per- (hindurch-)	per-spicere, per-venire

B Setze die folgenden Präsensformen ins Imperfekt und Futur:
sumus – habes – ducitis – animadvertitis – vinco – ades – eunt – sentit – adiciunt – sedemus – it – perimus – cingis – postulant

C Verbformen analysieren

Ordne die folgenden Formen in deinem Heft nach den Tempora (Präs., Impf., Fut., Perf.):
veniunt – terruisti – transibat – estis – probabimus – capient – respondent – surgebatis – rapit – commiserunt – intelleget – dolebo – constiti – imperat – deposuistis – attingemus – erat
Ergänze zu jeder Form die anderen drei Tempora.

D Welche Form passt jeweils nicht in die Reihe?

1. interrogabit – intelleget – ibit – ignorabit – interest
2. defendebamus – decernebamus – aderamus – probamus
3. audiemus – aperiemus – tenemus – sentiemus – capiemus
4. duces – vives – aderis – bibis – reges – reperies
5. quaerit – vidit – respondit – venit – reliquit – rediit

E Konjugiert zu dritt:

1. intellego et intellexi et intellegam
2. redeo et redii et redibo
3. adicio et adieci et adiciam
4. fallo et fefelli et fallam
5. sedeo et sedi et sedebo

Der heilige Bezirk von Delphi. Modell im Archäologischen Museum von Delphi.
Über die Heilige Straße gelangte man – vorbei an den Schatzhäusern der griechischen Staaten – hinauf zum Tempel des Apollo. Dort begrüßte eine Inschrift über dem Eingang die Besucher mit den Worten: „Erkenne dich selbst!"
Im Allerheiligsten des Tempels, das Laien unzugänglich war, saß Pythia auf einem Dreifuß über einer Erdspalte, aus der äthylenhaltige Gase austraten. Die Dämpfe, so vermutet man, versetzten Pythia in einen Rauschzustand, in dem sie die Orakelsprüche des Gottes verkündete.
Oberhalb des Tempels liegt das Theater. Dort fand der musische Teil der Pythischen Spiele statt, die alle vier Jahre zu Ehren des delphischen Apollo veranstaltet wurden. Der sportliche Teil der Wettkämpfe wurde im noch weiter hangaufwärts gelegenen Stadion ausgetragen.

König Krösus missversteht ein Orakel

Z

Croesus, rex Lydorum[1], se esse beatissimum[2] omnium hominum putabat. Nam multas et magnas regiones vicerat. Tamen Solon philosophus[3], qui aliquando[4] hospes Croesi fuerat, regi dixerat: „Nemo ante mortem beatus[5] est."

Das wiederum hatte Krösus, der über sagenhaft großen Reichtum verfügte, dem Gast nicht glauben wollen. Vielmehr vergrößerte er durch weitere Eroberungen seine Macht.

Croesus ne Persarum[6] quidem vires timebat, qui erant Lydorum propinqui: „Persas vincam. Antea autem legatos Delphos petere et Pythiam rogare iubebo."
Et Pythia Croeso respondit: „Si Halyn fluvium[7] transibis, magnum regnum delebis[8]." Croesus iis verbis gaudebat; nam cogitabat: „Si Halyn transibo, Persas vincam."
Itaque milites convocavit et cum iis Halyn fluvium transiit et proelium cum Persis iniit. Sed Persae copias Lydorum celeriter superaverunt. Croesum captivum ad Cyrum, regem Persarum, duxerunt. Cyrus milites suos Croesum flammis[9] dare iussit. Tum Croesus verba Pythiae intellexit: Halyn fluvium transierat – et regnum suum deleverat. Et fortunam suam doluit, quia cognovit: Nemo ante mortem beatus est.

(nach Herodot, Historien)

1 Lȳdī, ōrum die Lyder
2 beātissimus der glücklichste
3 philosophus: *vgl. Fw.*
4 aliquandō einmal
5 beātus glücklich
6 Persae, ārum *m* die Perser
7 Halys *(Akk.* Halyn*)* fluvius der Fluss Halys (kleinasiatischer Grenzfluss zwischen Lydien und Persien)
8 dēlēre *(Perf.* dēlēvī*)* vernichten
9 flamma: *vgl. Fw.*
flammīs dare: *vgl. dazu das Vasenbild*

1 Antike Wertvorstellungen erkennen und beurteilen

Stimmt ihr der These „Nemo ante mortem beatus est" (Z. 18 f.) zu? Diskutiert zunächst mit eurem Banknachbarn, dann in der gesamten Klasse darüber.
Überlegt, wie ein Leben aussähe, das konsequent nach dieser Einstellung geführt wird.

2 Textsorte erkennen

Vergleiche diese Geschichte mit den Fabeln des Phädrus (S. 104 f.)

König Krösus auf dem Scheiterhaufen. Rotfigurige griechische Vase. Um 500 v. Chr. Paris, Musée du Louvre.

Michelangelo Merisi, genannt Caravaggio: Das Haupt der Medusa. Um 1598/99. Florenz, Galleria degli Uffizi.

Aberglaube gibt und gab es zu allen Zeiten und in allen Kulturkreisen – bei den Römern genauso wie in unserer heutigen Lebenswelt. Offensichtlich ist die Verbreitung abergläubischer Vorstellungen beinahe unabhängig davon, zu welchen Erkenntnissen Naturwissenschaft und Psychologie gekommen sind. Jeder von uns kennt „magische Formeln" und „Regeln" wie die folgenden:

- Der Trainer der siegreichen Mannschaft hat schon drei Wochen lang seinen Pullover nicht gewechselt.
- „Toi, toi, toi!" sagen die Schauspieler vor der Premiere.
- Am Freitag, dem 13., gehe ich keinen Schritt aus dem Haus!
- Bei einer Klassenarbeit bringe ich immer mein Maskottchen mit.
- Die Eishockey-Spieler rasieren sich alle nicht, solange ihr Team im Play-off steht.
- Wenn man sich in einer Gruppe begrüßt, soll man sich nicht über Kreuz die Hände reichen.

1 Sind die aufgeführten Vorstellungen für dich einsichtig? Welche davon sind für dich wichtig?

2 Was ist Aberglaube?
Versucht eine Definition auch unter Berücksichtigung des folgenden antiken Beispiels:
Die Medusa (links) war eine schreckliche Sagengestalt. Denn wer in die wahnsinnigen Augen ihres von Schlangen umrahmten Gesichtes blickte, erstarrte zu Stein. Warum trugen Soldaten Schilde mit dem Medusenhaupt? Warum war auf Haustüren das Medusenhaupt angebracht?

G

Amicae Iuliam donis delectant.
Iulia ab amicis donis delectatur.
3 Amicae: „Te muneribus delectamus. Tu a nobis delectaris."
Iulia: „Ego a vobis donor. A vobis donari pulchrum est.
Quotiens a vobis iam donabar!
6 Etiam parentes donis vestris delectantur.
Iterum atque iterum parentes et ego donis vestris delectabamur.
Sed nunc vos a me donabimini."

Keine Angst vor Gespenstern

T In der römischen Kaiserzeit, in der der überlieferte Glaube an die Götter immer mehr in den Hintergrund trat, kamen überall abergläubische Vorstellungen auf; auch gebildete Menschen waren nicht frei davon. So wurden fantastische Gespenstergeschichten kritiklos verbreitet, wie uns der Brief des Schriftstellers Plinius an seinen Freund Sura (Anfang 2. Jh. n. Chr.) zeigt:

C. Plinius Surae suo salutem dicit.

Incredibile est, quod tibi narrabo: Antiquis temporibus erant Athenis aedes amplae, sed infames[1]. Nam tempore nocturno ibi sonus[2] ferri et vinculorum audiebatur.

Mox etiam senex ignotus videbatur, qui vincula gerebat. Omnes, qui iis in aedibus vivebant, noctes terribiles[3] fuisse contendebant. Nam a monstro e somno excitabantur. Iterum atque iterum ii, qui illic vivebant, aedes relinquebant.

Quondam venit Athenas Athenodorus philosophus. Cui omnia narrantur, sed: „Neque perturbor neque perterreor“, inquit, „immo vobis promitto: Vos a monstro liberabimini.“ Et aedes conducit. Iubet nocte se solum in aedibus relinqui. Etiam servi dimittuntur. Primo erat silentium; deinde ferrum et vincula moveri audit. Tum videt monstrum. Quod e tenebris procedit et signa dat. Athenodorus a sene ignoto in peristylium[4] ducitur, ubi monstrum subito abest. Postridie[5] philosophus effodi[6] eum locum iussit, ubi monstrum abierat. Ibi ossa[7] et vincula inveniebantur. Postquam ossa rite sepeliri[8] sivit, aedes a monstro liberae erant.

Nunc te interrogo: Tune monstra esse putas? Equidem iterum atque iterum fabulis miris commoveor et terreor. Etiamne tu talibus fabulis permoveris et timore[9] caperis?

Equidem credo iis, a quibus tales fabulae confirmantur.

Vale! *(nach Plinius, Epistulae)*

1 īnfāmis, e berüchtigt
2 sonus Geräusch
3 terribilis, e schrecklich
4 peristȳlium Innenhof
5 postrīdiē am nächsten Tag
6 effodere aufgraben
7 os, ossis *n* Knochen
8 rīte sepelīre ordnungsgemäß bestatten
9 timor, ōris Furcht

1 Text vorerschließen
Lies den Text abschnittweise durch und versuche, dabei möglichst viele inhaltliche Informationen in Stichworten festzuhalten. Unbekannte Vokabeln kannst du mithilfe von Fremd- und Lehnwörtern (z.B. monstrum, fabula, antiquus), englischen oder französischen Vokabeln (z.B. mirus, movere, silentium) sowie mit deinen Kenntnissen über die Bildung von Komposita erschließen.

2 Die Überschrift hat kein Satzzeichen. Überlege, welches man setzen könnte, und begründe deine Entscheidung.

3 Stelle alle Merkmale zusammen, an denen man erkennt, dass **T** ein Brief ist. Worin unterscheidet sich ein römischer Brief von einem Brief, wie wir ihn abfassen würden, oder von einer E-Mail?

4 Tempusfunktionen unterscheiden
Untersuche die Verwendung der Tempora in Z. 2–19. Überlege, weshalb ab Z. 9 wiederholt Präsensformen auftreten.

5 Text hinterfragen
Welche Gewährsleute nennt Plinius für seine Geschichte? Sammle die Stellen, an denen Plinius sich auf Gewährsleute direkt oder indirekt berufen kann. Was könnte Plinius, einen gebildeten Vertreter der Oberschicht, zu seinem abschließenden Urteil bewogen haben?

Ü

Navis mercatoris mare transibat. Subito piratae adsunt. Piratae navem capere cupiunt. Paulo post navis a piratis capitur. Piratae mercatorem et nautas necare volunt. Sed mercator et nautae a piratis non necantur. Nam filia mercatoris, puella pulchra, piratas verbis flectere studet. Profecto piratae verbis flectuntur. Piratae pecuniam rapiunt et in navem suam portant. Sed tum puella quoque a piratis rapitur et in navem trahitur. Puella clamat: „Vae! A piratis rapior et in navem trahor! Quis me servabit?“ At piratae rident: „Tu non servaris – tu numquam servaberis.“ Puellam secum duxerunt.
Postea autem dux (Anführer) piratarum eam liberare et Romam mittere voluit. Itaque puellam liberari et Romam mitti iussit.
Setze die Geschichte auf Deutsch fort; benutze dabei das Passiv.

A Schreibe aus **T** alle Verbformen (ausgenommen Formen von esse und der Komposita von esse) heraus und setze sie in das andere Genus verbi (Aktiv bzw. Passiv). Zu welchen Verben gibt es kein Passiv?

B Ordne im Heft: Welche Formen sind Aktiv, welche Passiv?
superabimur – excitatur – occupaberis – claudimus – turbari – ignoras – ornor – dabatur – muniuntur – appellabaris – vincentur – discedit – cognoscimur – pugnatis – trahitur – responde – ostendi – reperire
Bestimme anschließend die Formen und übersetze sie.

C Bilde eine Formenreihe in der angegebenen Person im Aktiv und Passiv für Präsens, Imperfekt und Futur:

Beispiel: vocare (3. Pers. Sg.)
Aktiv: vocat – vocabat – vocabit
Passiv: vocatur – vocabatur – vocabitur

capere (1. Pers. Sg.), liberare (3. Pers. Pl.), monere (2. Pers. Pl.), decernere (3. Pers. Sg.), audire (1. Pers. Pl.)

D Ordne die deutschen Übersetzungen zu.
du lobst – du lobtest – du wurdest gelobt – du wirst gelobt werden – du wirst loben – du wirst gelobt
laudas – laudabas – laudabis – laudaris – laudabaris – laudaberis

E Wo wird in den Sätzen ein Täter genannt, wo eine Ursache und wo keines von beiden?
1. Fabula mira narratur. 2. Multi fabulis miris terrentur. 3. Ego non terreor. 4. Neque ea fabula, quae narratur, terreor. 5. Quae fabula ab amico meo narratur. 6. Amicus a monstro non terretur. 7. Itaque ea fabula ab amico hospitibus narratur. 8. Ita hospites delectantur.

F Ermittle die Passivformen und übersetze sie ins Lateinische; die dazu benötigten lateinischen Verben stehen alle im Wortschatz 23 und 24:
er wird veranlasst – sie werden vorrücken – ich werde erlauben – wir werden gefunden werden – sie wurden angeworben – es wird beschlossen – ihr werdet bemerken – ihr werdet bemerkt – du wirst ermutigen – du wirst ermutigt

G Äneas im Passiv. Übersetze:
Mercurius ad Aeneam mittitur. Aeneas a Mercurio monetur. Aeneas verbis Mercuri terretur. Postea comites ad litus vocantur.
Aeneas: „Regiones Punicae a nobis relinquentur. Patria nova a nobis quaeretur.“

H Sprachen vergleichen
Bringe die folgenden französischen Verbformen von *faire* (lat. facere) und *finir* (lat. finire *beenden*) in die richtige Reihenfolge. Begründe, worauf sich deine Entscheidung jeweils stützt.
ils font – nous faisons – je fais – tu fais – vous faites – il fait
nous finissons – tu finis – vous finissez – je finis – il finit – ils finissent

I Passiv treffend wiedergeben
Passiv: In Griechenland wurde oft das Orakel von Delphi befragt.
→ **unpersönlich:** In Griechenland befragte ***man*** oft das Orakel von Delphi.

Passiv: Krösus wurde getäuscht.
→ **reflexiv:** Krösus täuschte sich.

Erprobe die unterschiedlichen Wiedergabemöglichkeiten des Passivs:

Die Perser planen einen Krieg. In Griechenland ist man ratlos. Itaque Pythia interrogatur. Das Orakel gibt eine bedrohliche Antwort: „Urbs non defendetur.“ Wie reagieren die Athener? Homines verbis Pythiae terrentur. Nam verba Pythiae non intelleguntur. Themistokles will das Orakel deuten. Consilium eius in foro auditur. Nach dem Sieg über die Perser ist die Freude groß. Homines victoria delectantur.

J Lateinische Sätze bilden

Notiert in Anlehnung an **T** fünf sinnvolle lateinische Sätze. Als Hilfe sind auch die deutschen Entsprechungen angegeben, allerdings nicht in der richtigen Reihenfolge.

aedes relinquebant – amplae aedes – antiquis temporibus – audiebatur – erant Athenis – ii, qui illic vivebant – incredibile est – iterum atque iterum – tempore nocturno ibi – qui vincula gerebat – quod nunc narrabo – sed infames (berüchtigt) – senex videbatur – sonus (Geräusch) ferri et vinculorum

aber berüchtigt – befand sich in Athen – das Geräusch von Eisen und Ketten – verließen das Haus – der Fesseln trug – diejenigen, die dort lebten – ein alter Mann wurde gesehen – ein stattliches Haus – es wurde gehört – immer wieder – in alter Zeit – zu nächtlicher Zeit dort – unglaublich ist – was ich jetzt erzählen werde

Bronzemodell einer Schafsleber mit einer genauen Einteilung der verschiedenen Deutungsbereiche. 3. Jh. v. Chr. Piacenza, Museo Civico.

Der Feind soll verflucht sein!

Z

Obwohl die Römer schon geglaubt hatten, dass ihre Herrschaft in Mittelitalien gefestigt sei, kam es im Jahr 340 v. Chr. zu einem Krieg gegen die Stämme der Latiner. Wieder einmal stand alles auf dem Spiel. Die beiden Konsuln Decius Mus und Titus Manlius zogen in die Schlacht. Vorher opferten die beiden römischen Feldherrn den Göttern, wie es üblich war. Doch offensichtlich reichte das nicht aus:

Nam uterque[1] consul nocte in somno vidit virum, qui dixit: „Ex altero[2] populo deis debentur milites, ex altero debetur imperator. Unius populi imperator et se et legiones hostium deis devovebit[3]; cuius populo erit victoria.“

Da die Opferschauer, die aus den Eingeweiden der geschlachteten Tiere die Zukunft deuteten, die Träume der Konsuln bestätigten, verabredeten die beiden Konsuln, dass derjenige mit seinem Opfertod die Götter umstimmen solle, dessen Legionen vor dem Feind weichen würden.

Et Latini[4] et Romani proelium inierunt. Diu Latini a militibus Romanis prohibebantur. Tum autem legiones Decii fugere coeperunt[5]. Decius Romanos nunc perire et ab Latinis vinci intellexit. De somnio[6] cogitavit et magna voce clamavit: „Iane[7], Iuppiter, Mars pater, Quirine[8], Bellona[9], Lares, vos adeo: Date populo Romano vim victoriamque et exstinguite[10] hostes! Quibus verbis me atque legiones hostium deis devoveo.“ Decius statim hostes petivit. Denique Decius necatur, hostes autem a militibus Romanis vincuntur.

(nach Livius, Ab urbe condita)

1 uterque jeder von beiden
2 alter – alter der eine – der andere
3 dēvovēre weihen
4 Latīnī die Latiner
5 coepērunt sie begannen
6 somnium Traum
7 Iānus: Gott des Ein- und Ausgangs
8 Quirīnus: Name des zum Gott erhobenen Romulus
9 Bellōna: Kriegsgöttin, Schwester des Mars
10 exstinguere vernichten

Die politische Ordnung der römischen Republik löste sich seit ca. 130 v. Chr. mehr und mehr auf. Immer häufiger übten einzelne mächtige Politiker und Feldherrn größeren Einfluss aus als die Gemeinschaft der vornehmen Römer im Senat. Zu diesen Feldherrn gehörten auch Cäsar und Pompejus.
Nach dem Tod Cäsars setzte sich dessen Adoptivsohn, der spätere Kaiser Augustus, in blutigen Bürgerkriegen gegen seine politischen Gegner durch (Schlacht bei Aktium, 31. v. Chr.) und suchte dann die Verständigung mit dem Senat.
Er herrschte unangefochten als Princeps („Erster im Senat") und wahrte den Schein, dass die vornehmen Senatoren die Geschicke des Staates mitbestimmten. 27 v. Chr. wurde ihm vom Senat der Ehrentitel Augustus („der Erhabene") verliehen. Dieses Datum gilt als Beginn der römischen Kaiserzeit. Augustus brachte Rom eine lange Epoche des Friedens und Wohlstands.
Um das Handeln des Augustus auch religiös zu rechtfertigen, rückte man den Herrscher in die Nähe der Götter. Äneas war nicht nur der Stammvater der Römer, sondern auch Ahnherr der Familie der Julier, der Augustus angehörte. Da Äneas als Sohn der Venus galt, konnte eine göttliche Abkunft des Kaisers gefeiert werden.

Die „Gemma augustea". Auf dem um 10 n. Chr. entstandenen Schmuckstück wird die Herrschaft des Augustus dargestellt. Wien, Kunsthistorisches Museum.

1 Antike Bildquellen verstehen
Ordne die folgenden Erklärungen den Figuren auf dem Bild zu: • Römischer Adler, Vogel des obersten Gottes Juppiter • Neptun, bärtiger Meeresgott • Tellus, Erdgöttin; mit Kindern und einem Füllhorn voller Früchte, Symbolen für die Fruchtbarkeit • Ökumene, Göttin, die für alle friedlich zusammenlebenden Völker steht; hält einen Eichenkranz über das Haupt des Augustus • Tiberius, Sohn des Augustus, mit Lorbeerkranz, steigt von einem Triumphwagen herab • Germanicus, Neffe des Kaisers, ein erfolgreicher Heerführer • Victoria, geflügelte Gottheit des Sieges, lenkt den Triumphwagen des Tiberius • Roma, Göttin, die für die Stadt Rom steht; bewaffnet, tritt auf Waffen der Gegner Roms • Augustus, mit nacktem Oberkörper (wie Götter); mit Priesterstab in der Hand; tritt auf Waffen der Gegner Roms.

2 Erfindet ein Gespräch, in dem zwei Römer darüber streiten, wie Augustus sich auf dem Edelstein darstellen lässt.

G

Athenienses (die Athener) legatos ad oraculum miserunt.
Legati ab Atheniensibus ad oraculum missi sunt.
Legati, postquam ab Atheniensibus Delphos missi sunt, templum Apollinis intraverunt.
Legati ab Atheniensibus Delphos missi templum Apollinis intraverunt.
Postea ea, quae Pythia dixerat, a sacerdotibus nuntiata sunt.

Von Venus zu Augustus

T Seit den Zeiten des Gaius Iulius Caesar, des Adoptivvaters des Augustus, wurde in Rom wieder oft die Geschichte erzählt, dass Venus, die Göttin der Liebe, die Urmutter der gens Iulia, der Familie von Cäsar und Augustus, sei.

Iuppiter, pater deorum, iterum atque iterum feminas mortales amabat – et cum compluribus mortalibus amore coniungebatur[1]. Tum Iuno, uxor Iovis, saeviebat[2], Venus autem filia ridebat. Itaque Iuppiter ira commotus est. Pater ira commotus filiam virum mortalem amare iussit.
Is vir – filius regis Troianorum, cui nomen erat Anchises – a patre in campos missus erat, ubi oves pascebat[3]. Venus invenit Anchisam, virum pulchrum, in campis et statim amore capta est. Dea amore capta auro et vestibus pulchris se ornavit. Nunc vestibus pulchris ornata Anchisam adiit. Is pulchritudine[4] incredibili feminae perturbatus eam deam esse censuit. Itaque vir pius religione et officio permotus dixit: „Dea ignota! Libenter aram tibi ponam. Supplex semper aram tuam adibo et sacra tibi dabo. Tu autem respice preces meas: Civibus oppidi mei imperare volo."
Sed Venus, quod virum pulchrum amabat et cum eo amore coniungi cupiebat, negavit se deam esse. Anchises – verbis eius primo perturbatus – paulatim gaudio ac desiderio[5] motus est. Mox vir fortis desiderio motus cum dea amore coniungebatur. Postea Anchises a Venere e somno excitatus est. Nunc dea viro excitato ostendit se Venerem esse: „Gens tua a deis delecta est. Me enim concepisse[6] filiumque tuum gerere tibi aperio. Nomen filii Aeneas erit. Aeneam nymphis mandabo, quae eum instruent. Quinto[7] anno filium tibi ostendam. Tu autem gaudio permotus filium tuum fortem esse videbis. Gloriam tuam et gloriam totius gentis augebit.
Tibi autem non licebit hominibus ostendere Venerem deam viro mortali filium peperisse. Aliter Iuppiter te interficiet. Respice iram deorum!"

(nach dem Homerischen Hymnus an Aphrodite)

1 amōre coniungī *Pass.* sich in Liebe verbinden
2 saevīre wütend sein, toben
3 ovēs pāscere die Schafe weiden
4 pulchritūdō: zu pulcher
5 dēsīderium Verlangen
6 concēpisse *Perf.* schwanger sein
7 quīntus, a, um der fünfte

Annibale Carracci: Venus und Anchises. Um 1600. Rom, Palazzo Farnese.

1 Untersuche, welche Vorstellung von göttlichen Wesen diesem Mythos zugrunde liegt.

2 Text- und Bildquellen vergleichen
Beschreibe die Darstellung des Anchises in den unterschiedlichen Abschnitten in dieser Geschichte und vergleiche sie mit der Darstellung des Anchises auf dem Gemälde.

3 Überlege, welche Teile des Mythos von Venus und Anchises Kaiser Augustus besonders geschätzt hat und welche nicht.

4 Informiere dich darüber, wie der Dichter Vergil in seinem Heldenepos über Äneas, den Urahn der Römer, dessen Vater Anchises darstellt.

Ü

Serva cenam parat. Filius a patre vocatur. Sed filius non venit, quamquam a patre vocatus est. Tum serva, quae filium a patre vocatum esse audivit, adit. Nunc filius a serva vocatur. Filius a serva vocatus statim venit.
Post cenam serva a filio vocatur. At serva, quamquam a filio vocata est, non venit. Tum pater servam vocat. Serva a patre vocata statim venit. Pater: „Cur a filio vocata non venisti?“ Serva: „Num filius cenam mihi paravit?“

Äneas opfert den Penaten. Relief von der Ara Pacis Augustae in Rom. 9 v. Chr.

A Schreibe aus **T** alle PPP-Formen heraus und überlege, ob du im Deutschen besser wörtlich, mit Relativsatz oder Adverbialsatz übersetzt.

B Bilde das PPP zu den folgenden Verben:
accusare – legere – mittere – interficere – augere – censere – movere – agere – turbare – respicere – vocare – debere – instruere – habere – audire

C Verwandle ins Passiv. Die Auflösung der ersten Sätze hilft dir:

1. Claudius amicum exspectavit. – Amicus a Claudio exspectatus est.
2. Amicos delectavimus. – Amici a nobis delectati sunt.
3. Consul senatorem accusaverat. – Senator ...
4. Mulierem vidisti.
5. Hostes milites superaverant.
6. Ii omnes interfecerunt.
7. Pater librum legit.
8. Amicus me excitavit.
9. Consul de pace egit.

D Füge zu den kursivgedruckten Substantiven die passenden Partizipialausdrücke hinzu:

a) ab imperatore convocati
b) ab imperatore datum
c) convocatos
d) ab hostibus paratas
e) oratione excitatis
f) paratis

1. *Milites* statim conveniunt.
2. Imperator *milites* oratione excitat.
3. Imperator se *insidias* non timere nuntiat.
4. Milites quoque se *insidiis* non terreri confirmant.
5. Et omnes *signum* audiunt.
6. Paulo post imperator cum *militibus* hostes petit.

E Satzstrukturen analysieren

Gehe bei der Analyse der Sätze (unten) folgendermaßen vor:

1. Markiere zuerst das Nomen, auf das sich das Partizip bezieht.
2. Isoliere dann den Partizipialblock (durch Einklammern): Dazu gehören das Partizip und die vom Partizip abhängigen Ergänzungen (meistens zwischen Partizip und Beziehungswort).
3. Übersetze den Satz ohne den Partizipialblock.
4. Übersetze den Partizipialblock. Überprüfe dabei, ob du am sinnvollsten wörtlich, mit Relativsatz oder mit Adverbialsatz (weil, nachdem, ...) übersetzen kannst.
5. Übersetze den ganzen Satz.

1. Anchises a patre in campos missus oves pascebat (Schafe weiden). 2. Anchises a Venere in campis visus deae placuit. 3. Venus amore capta vestibus pulchris auroque se ornavit.
4. Anchises Venerem vestibus pulchris auroque ornatam vidit et auro perturbatus est.
5. Anchises auro perturbatus feminam ignotam deam esse censuit. 6. Vir pius religione permotus feminae aram ponere et sacra facere voluit.
7. Venus amore mota negavit se deam esse.

Prometheus hilft den Menschen

Z

Prometheus vom alten Göttergeschlecht der Titanen hatte die Menschen erschaffen; dies ärgerte die olympischen Götter, weil sie von den Menschen nicht beachtet wurden:

Dei decreverunt: „Homines peribunt. Eos interficiemus.“ Itaque Prometheus deos adiit et cum iis de officiis hominum et de religione consuluit; denique promisit: „Dei ab hominibus colentur. Homines in aris deis sacra facient. Et dei ab hominibus culti eos servabunt iisque aderunt.“ Quod a deis probatum est. Prometheus autem superbia commotus deos fefellit: Magnum taurum[1] necavit. Dimidium[2] tauri necati deis promisit.

Prometheus hatte aber nach der Zerstückelung des Tieres zwei Haufen aufgeschichtet: Auf die eine Seite legte er die guten Fleischstücke und bedeckte sie mit dem unappetitlichen Magen, auf die andere Seite legte er die kahlen Knochen, die er sorgfältig mit den üppigen Fettschichten bedeckte. Jupiter, der allwissende Göttervater, durchschaute diesen Betrug. Trotzdem ging er auf Prometheus' List ein und wählte im Namen der Götter den Teil, der mit Fett bedeckt war; das bedeutete aber für künftige Opfer, dass die Götter jedes Mal Fett und Knochen, also die ungenießbaren Teile eines Opfertieres, erhalten sollten, dass aber die Menschen beim Opfermahl zu Ehren der Götter die Fleischstücke verzehren durften.

Iuppiter autem dolum malum Promethei vindicare[3] voluit. Itaque Prometheo dixit: „Nos ab hominibus colemur. Homines nobis sacra facient. Sed propter superbiam tuam homines ignem[4] non habebunt. Homines ignem habere non sinam.“ Et Prometheus ea verba Iovis probavit. Tum autem clam[5] solem[6] adiit; a sole ignem cepit et hominibus dedit. Tum homines igne a Prometheo donati multum valebant: Igne confirmati bestiis imperabant. Sed Iuppiter ira commotus Prometheum in monte Caucaso[7] in vinculis esse iussit.

Lange Zeit musste der gefesselte Prometheus grausame Qualen ertragen; denn täglich flog ein Adler, der Vogel Jupiters, herbei und fraß von seiner Leber; und Tag für Tag wuchs die Leber wieder nach. Erst Herkules befreite Prometheus von seinen Qualen.

1 taurus Stier
2 dīmidium Hälfte
3 vindicāre rächen, bestrafen
4 īgnis, is Feuer
5 clam heimlich
6 sōl, sōlis Sonne
7 mōns Caucasus Kaukasusgebirge

Die Titanen Atlas und Prometheus. Griechische Vasenmalerei. Um 560 v. Chr. Rom, Vatikanische Museen.

1 Funktion des Mythos kennenlernen

Mythen bieten oft Erklärungen für unerklärliche Phänomene. Welche Phänomene werden durch den Prometheus-Mythos erklärt?

Die Götter für sich günstig zu stimmen war wichtiger Bestandteil der römischen Religion. Die Menschen meinten durch Opfer, Geschenke, Gebete und Gelübde den Göttern zu gefallen. Das galt nicht nur im Privatleben, sondern auch in wichtigen Staatsangelegenheiten, vor allem im Krieg.
Vor einem Krieg vollzog der Feldherr (imperator) feierliche Gelübde. Nach einem siegreichen Feldzug wurde den Göttern am Ende eines festlichen Triumphzugs auf dem Kapitol gedankt, wo die wichtigsten Götter des Staates verehrt wurden.
Neben dieser religiösen Funktion bekam der Triumphzug immer größere Bedeutung für den Feldherrn selbst, der bei diesem Spektakel seine eigenen Leistungen für den Staat vor dem ganzen Volk prächtig zur Schau stellen konnte. Deshalb musste der Triumphzug, solange die Senatoren die wichtigsten Männer im Staat waren, auch vom Senat genehmigt werden.
Im Jahre 168 v. Chr. war es dem römischen Feldherrn L. Aemilius Paullus in der Schlacht bei Pydna endlich gelungen, König Perseus von Makedonien entscheidend zu besiegen. Dieser hatte sein Reich immer weiter ausgedehnt, woraufhin sich viele griechische Städte und kleinasiatische Fürstentümer an Rom um Hilfe gewandt hatten. Und Rom half tatkräftig und mit Erfolg.
Die Beute, die den Römern in die Hände fiel, war so gewaltig, dass die römischen Bürger fortan keine Steuern mehr bezahlen mussten. Livius und andere antike Historiker berichten, dass in Rom an drei aufeinanderfolgenden Tagen 250 Wagen mit erbeuteten Statuen und Gemälden im Triumphzug mitgeführt wurden; 3000 Männer sollen 750 Gefäße mit Silbergeld, außerdem Schalen, Krüge und Becher getragen haben; natürlich fand auch eine Parade der siegreichen Truppen mit dem Feldherrn und den Gefangenen statt.

G Et Caesar et Maiestix erant duces (Anführer) potentes. Hic paucis solum Gallis (Gallier) imperabat, ille imperium Romanum regebat. Hunc multi propter virtutem laudant, illius virtus ab auctoribus antiquis laudatur. Huic Asterix et Obelix aderant, ille quondam haec dixit: „Veni, vidi, vici."

Der Triumph des Paullus

T Omnes fere cives in vias conveniunt, ubi praeclarum spectaculum videre possunt. Imprimis in foro magna est turba hominum, qui et victorem ducem et regem captum spectare volunt.
Nimio gaudio permotus unus e turba haec verba fecit: „Mox venient et ad Capitolium ibunt.“ Ad haec alius dicit: „Cur non in foro triumphi finem facient?“
Cui ille respondet: „Deis quoque, non solum mortalibus debetur triumphus. Nam hos bella gerere, illos autem victoriam dare credimus. Haec iam maiores nostri intellexerunt. Itaque Paullus, postquam illud bellum feliciter confectum est, in Capitolio deis gratias populi Romani publice aget.“
Iam incedunt hostiae[1] a sacerdotibus ductae. Tum homines, qui triumphum spectant, valde[2] delectantur: Praeda hostium victorum ostenditur. Clamant: „Ecce, haec signa aurea et marmorea[3], illa arma ex aere facta, illae tabulae pictae[4], illae vestes regiae. Spectate et haec et illa! Tanta pecunia, tantum argentum, tantum aurum, tantum aes! Ecce, barbari a Romanis subiecti in servitutem ducuntur!“
Deinde rex captus ante victorem ducitur. Hic auro purpuraque[5] fulget[6], ille in vinculis it. Huius dignitas a duobus filiis augetur, qui post patrem eunt; illius miseriam augent filii simul cum patre capti. Tum transit agmen longum equitum et legionum, dum turba clamat: „Io triumphe[7]!“
(nach Livius, Ab urbe condita)

1 hostia Opfertier
2 valdē sehr
3 marmoreus marmorn
4 pictus bemalt
5 purpura Purpur
6 fulgēre glänzen
7 Iō triumphe! Hurra, Triumph!

Kaiser Tiberius auf dem Triumphwagen. Silberbecher von Boscoreale. 1. Jh. n. Chr. Paris, Musée du Louvre.

1 In Z. 12 ff. kannst du die Aufstellung des Triumphzuges nachvollziehen. Notiere die Signalwörter, die den Hinweis auf die Reihenfolge des Zuges geben, und führe die Personen an, die im jeweiligen Abschnitt auftreten.

2 Textinhalt veranschaulichen
Fertigt ein Plakat an, auf dem die Aufstellung des Triumphzuges deutlich wird.

3 Was soll die Gegenüberstellung Sieger – Besiegte in Z. 19–24 bewirken? Wie wird sie auch sprachlich betont?

4 Verfolge auf der Karte der Stadt Rom im Buchdeckel den Weg des Triumphzuges, der vom Marsfeld über den Circus Flaminius, das Velabrum und die Via Sacra auf dem Forum führte. Wo endet der Triumphzug? Wie wird dies in **T** begründet? Erkläre, weshalb das Thema „Triumphzug“ zur Sequenz „Römische Religion“ gehört.

5 Bildquellen verstehen
Beschreibe, welche Einzelheiten du auf dem Becher erkennen kannst. Welcher Teil des Triumphzuges ist hier zu sehen? Stelle dann Bezüge zu **T** her.

6 Mit der eigenen Lebenswelt vergleichen
Auch heute werden zu verschiedenen Anlässen öffentliche Feiern veranstaltet, die einem antiken Triumphzug ähnlich sind. Welche Feiern kennst du und zu welchen Anlässen werden sie begangen? Vergleiche sie mit einem antiken Triumphzug.

Ü

Anchises, pater Aeneae, et imperator Augustus gloriam Romanorum augebant. Ille Troiam, oppidum antiquum, ab hostibus defendit. Hic Romam, urbem nostram, templis pulchris ornavit.
Aeneas, illius filius, posteris novam patriam paravit. Germanicus, huius nepos (Neffe), patriam Romanam ab hostibus defendit. Illi Venus dea regnum promisit. Huic civitas Romana propter salutem et pacem gratias egit. Illum Venus dea amabat. Hunc omnes deos deasque amare homines putabant.
Poetae antiqui illa omnia confirmant. Haec hodie in libris legimus.

A Wer ist jeweils hic, wer ille? Achte darauf, dass du nicht durcheinanderkommst.

1. Quis nescit Asterigem et Obelicem?
2. Hunc propter staturam (Gestalt) ridemus, illum propter virtutem laudamus.
3. Huic est canis (Hund) nomine Idefix, illius auxilio multa pericula prohibentur.
4. Ille potu magico (durch den Zaubertrank) incredibilia facit, hic semper multa edere (essen) cupit.
5. De hoc et illo narrare oportet.

B Bestimme das geheimnisvolle x:

nos	:	illi	=	nobis	:	x
eius	:	huius	=	eos	:	x
hanc	:	illam	=	hae	:	x
eos	:	hos	=	eorum	:	x
quas	:	illas	=	quibus	:	x
me	:	hunc	=	mecum	:	x

C Füge an Stelle der Ziffern die entsprechende Form von hic bzw. ille ein. Übersetze dann den kurzen Text:

hae – haec – haec – haec – hanc – illa – ille – illum

Multi homines in (1) vicum (Dorf) praeclarum Gallorum convenerunt. Nam Maiestix, (2) dux virorum fortium, mulieres placare (beruhigen) debet. (3) est Epona, uxor ducis. Et (4) est Barbula, quae (5) verbis laedit. Nam Barbula huic infesta est, quia maritus Eponae in scuto (auf einem Schild) portatur, cum domum relinquit. Dum (6) verbis illius dolet, Obelix adit et (7) dicit: „(8) mulieres delirant (spinnen)!"

D Markiere den Wortblock, der aus dem Partizip und der zugehörigen Ergänzung besteht. Übersetze dann das Participium coniunctum mit allen bisher gelernten Möglichkeiten:
Servi a domino vocati domum cucurrerunt.

E Übersetze die Sentenzen 2 und 3 und versuche nach dem folgenden Beispiel eine freiere Wiedergabe im Deutschen:

1. SINE CERERE ET BACCHO FRIGET VENUS.
   Ohne Ceres und Bacchus *friert* Venus.
   Ohne Wein und Brot ist die Liebe tot.
2. O TEMPORA, O MORES!
3. SERVA ME, SERVABO TE.

Suche für alle drei Sentenzen Beispiele aus deinem Erfahrungsbereich.

F Setze zu jedem PPP ein passendes Substantiv (im gleichen Kasus) und übersetze dann die Wendung:
permota – factum – victus – capta – confectum – interfecti

G Fremdwörter erklären
Welche Wörter kannst du aus dem Lateinischen herleiten?
„Auf dem Schulhof wurde die Misere publik gemacht. Aber das war keine Neuigkeit mehr, denn die Schüler dachten nicht daran, die Instruktionen des Rektors zu respektieren. Als erstes wehrten sie sich gegen die Zensur der Schülerzeitung."

Cäsar – ein Gott?

Z Merkwürdig kommt es uns vor, dass einige bedeutende Römer „vergöttlicht" wurden; man glaubte also, dass sie unter die Götter aufgenommen worden seien. Von Cäsar wird nach seiner Ermordung Folgendes berichtet:

Primo Brutus et Cassius, postquam Caesarem cum amicis interfecerunt, corpus dictatoris[1] in Tiberim mittere volebant. Tum autem Antonius et Piso, amici Caesaris, eos prohibuerunt et Caesarem publico funere efferri[2] iusserunt.

Quod senatores probaverunt; timebant enim iram populi, qui dictatorem amaverat eiusque morte dolebat. Immo vero senatores Caesarem ut deum coli decreverunt.

Hoc Antonius consul statim populo indicavit; multi enim cives, qui in forum convenerant, funus[3] spectare studebant. Antonius e Caesaris testamento[4], quod ille paulo ante fecerat, recitavit[5]. Ita cives permoti sunt; nam Caesar omnes cives post mortem suam trecentis sestertiis[6] donari iusserat. Postquam Antonius togam cruentam[7] de corpore Caesaris movit, populus ad tribunal[8] contendit et dictatoris corpus flammis[9] dedit.

Alii mensas e tabernis mercatorum rapiebant et in flammas eiciebant, alii argentum et aurum.

Denique multi cives ira commoti illos viros, qui Caesarem interfecerant, in viis necare studebant; sed Brutus eiusque comites iam ex urbe fugerant.

Et ecce, multa nocte cometes[10] visus est. Ita omnes Caesarem a deis in caelum acceptum[11] esse putabant.

(nach Sueton, Divus Iulius)

1 dictātor, ōris Diktator
2 fūnere efferrī zu Grabe getragen werden
3 fūnus *n* Leichenbegängnis
4 testāmentum: *vgl. Fw.*
5 recitāre vortragen
6 trecentī sestertiī 300 Sesterzen (Silbermünzen)
7 cruentus blutig
8 tribūnal *n* Podium
9 flamma: *vgl. Fw.*
10 comētēs *m*: *vgl. Fw.*
11 in caelum acceptus in den Himmel aufgenommen

Römischer Denar mit dem Kometen Cäsars, dem sog. sidus Iulium. Um 19 v. Chr. Museum Kalkriese.

Marcus Antonius wiegelt vor dem Leichnam Cäsars das Volk auf. Szene aus der Verfilmung des Shakespeare-Dramas „Julius Caesar". USA 1953.

Differenziert üben V

Der folgende Text enthält einige Partizipialkonstruktionen. Diese sind in den ersten Sätzen des Textes noch markiert. Im weiteren Verlauf sollst du sie dann selbst erkennen.
Wer sich beim Participium coniunctum (PC) schon ganz sicher fühlt, kann gleich mit der Übersetzung von **T** beginnen.
Wer noch etwas Hilfe braucht, sollte zuerst die Aufgaben 1–3 bearbeiten. In diesen Aufgaben kannst du die Übersetzung der Partizipien, die in **T** vorkommen, vorbereiten. Die Aufgaben 4 und 5 solltest du nach der Übersetzung von **T** zur Vertiefung bearbeiten.

Die Kyklopen auf Sizilien

T Äneas hat mit seinem Vater, seinem Sohn und anderen Einwohnern Trojas die brennende Stadt verlassen und sucht für alle eine neue Heimat. Nach einigen Monaten Fahrt landen sie an der Küste Siziliens. Als sie an Land gehen, stürzt ein junger Mann auf sie zu, der sich als Gefährte des Odysseus (lat. Ulixēs, is *m*) herausstellt und hier auf der Insel zurückgelassen worden ist. Er erzählt:

1. Postquam Troia capta est, Ithacam insulam[1], patriam [amatam], petere voluimus. **2.** Sed ventis vehementibus ad insulam Siciliam acti sumus. **3.** Comites [magna fame[2] commoti] in cunctis regionibus insulae frustra cibos quaerebant. **4.** Tum speluncam[3] vidimus; eam intravimus et illic ingentem copiam ciborum invenimus. **5.** [Magno gaudio moti] corpora cibis confirmabamus, tum [laboribus superati] quiescebamus.

6. Subito incredibili clamore perterriti vidimus magnum monstrum speluncam intrare. **7.** Intelleximus id monstrum, cui unus tantum oculus erat, Polyphemum Cyclopem[4] esse. **8.** Ego vidi eum duos comites delectos corripere, crudeliter interficere, denique devorare[5]. **9.** Quamquam Polyphemum suppliciter precibus orabamus, tamen complures amici ab eo interfecti sunt. **10.** At comites dolo Ulixis servati ad navem redire potuerunt. **11.** Ego autem ...

1 īnsula Insel
2 famēs, is *f* Hunger
3 spēlunca Höhle
4 Polyphēmus Cyclōps der Kyklop Polyphem
5 dēvorāre verschlingen

Die Blendung des Polyphem. Darstellung auf einer etruskischen Vase. 6. Jh. v. Chr. Rom, Museo Nazionale di Villa Giulia.

1 Übersetze das PC zunächst wörtlich, dann mit einem Relativsatz:

a) patriam amatam (Satz 1)
b) comites magna fame commoti (Satz 3)

2 Bestimme in Satz 5 und 6 jeweils das Bezugswort des PPP.

3 Schreibe aus den Sätzen 6–11 die PC heraus und übersetze zunächst wörtlich, dann mit einem Relativsatz und mit einem Adverbialsatz (*als, weil, ...*).

4 Übersetze die Sätze nach dem folgenden Beispiel:

Troiani a Graecis **superati sunt**.
Die Trojaner sind von den Griechen besiegt worden.

Troiani a Graecis **superati** urbem reliquerunt.
a) Die Trojaner, die von den Griechen besiegt worden waren, verließen die Stadt.
b) Nachdem die Trojaner von den Griechen besiegt worden waren, verließen sie die Stadt.

Adulescens ab Ulixe in insula relictus est.
Aeneas adulescentem ab Ulixe in insula relictum invenit.

Comites a Polyphemo capti sunt.
Ulixes comites a Polyphemo captos servare non potuit.

Scelus a Polyphemo commissum est.
Iuppiter scelus a Polyphemo commissum intellexit.

5 Übersetze die folgenden Wendungen jeweils mit zwei verschiedenen Möglichkeiten:

a) tempus hodie amissum
b) serva ad dominum vocata
c) vox palam audita
d) equus a milite servatus
e) auxilium diu exspectatum

Wenn du wissen möchtest, wie Odysseus und seine Gefährten sich aus der Höhle befreien konnten, betrachte aufmerksam das Bild.

Griechisches Vasenbild. Um 500 v. Chr.
Karlsruhe, Badisches Landesmuseum.

Lateinische Texte lesen - Sprache und Inhalt bewerten

Texte als Quellen nutzen

In den vergangenen Lektionen hast du unter anderem Texte von Livius und Plinius gelesen. Die Texte dieser Autoren sind wichtige Quellen, aus denen wir unser Wissen über die Antike schöpfen.

- Betrachte die Texte von Plinius (24 **T**) und Livius (26 **T**) und bestimme die jeweilige Textsorte.

- Erkläre, welche Sorten lateinischer Texte für uns als Quellen besonders interessant sind.

Satzwertige Konstruktionen auflösen

Zur Bewertung einer Quelle ist die Beantwortung der Frage wichtig, ob der Verfasser selbst Zeuge der Ereignisse war. War er dies nicht, verweist er bisweilen auf andere Zeugen, die er die Ereignisse berichten lässt. Dazu dient unter anderem die indirekte Rede. Im Lateinischen verwendet man den AcI zur Wiedergabe von Aussagen in der indirekten Rede.

- Untersuche die folgenden Sätze schrittweise:

1 Markiere den AcI und übersetze den ganzen Satz.
2 Fasse die Aussage des AcI im Deutschen als eigenständigen Satz.
3 Versuche, den AcI im Deutschen ohne dass-Satz wiederzugeben und so zu betonen, dass es die Aussage einer anderen Person ist.

1. Prometheus se deos fallere posse dixit. 2. Plinius monstra esse dicit. 3. Laocoon hostes equum non deis reliquisse dixit. 4. Romani Caesarem deum factum esse dixerunt. 5. Homines se praeclarum spectaculum videre velle dicunt.

- Wenn der Verfasser eines lateinischen Textes eine indirekte Rede mit einem AcI wiedergibt, erlaubt dies kaum Rückschlüsse auf die Frage, wie der Autor des Textes das bewertet, was er referiert. Der AcI ist also eine relativ „neutrale“ Form des Berichtens.
Überlege: Welche Möglichkeiten hast du beim Übersetzen ins Deutsche, die Glaubwürdigkeit einer Aussage zu bewerten?

Quellen analysieren und bewerten

Um die Glaubwürdigkeit einer Textquelle zu ermitteln und um die dahinterstehende Absicht zu erkennen, sollte man das Verhältnis des Textes zu den berichteten Ereignissen genau bestimmen:

→ In welchem zeitlichen Verhältnis steht der Bericht zu den berichteten Ereignissen?
→ War der Verfasser selbst Zeuge, Teilnehmer, Verursacher oder Betroffener der Ereignisse?
→ Sagt der Verfasser, woher er seine Informationen hat?
→ Welche Informationen über den Verfasser liegen dir vor?
→ In welcher Absicht wurde der Text verfasst? Möchte er den Leser z. B. sachlich informieren oder unterhalten?

- Analysiere den Text des Plinius über Gespenster (24 **T**) unter den genannten Kriterien und beurteile die Glaubwürdigkeit des Textes.

- Sucht im Internet, in Tageszeitungen und Zeitschriften Artikel zu ungewöhnlichen Phänomenen (z. B. UFO-Sichtungen, Gespenstererscheinungen) bzw. zu Ereignissen, die in anderen Ländern / Kontinenten passiert sein sollen (!). Analysiert die Texte und beurteilt ihre Glaubwürdigkeit.

Magische Gemme aus grünem Jaspis. 3./4. Jh. n. Chr. Trier, Rheinisches Landesmuseum. Die Vorderseite zeigt einen hahnenköpfigen Dämon mit Schlangenfüßen. Auf der Rückseite stehen griechische Zaubernamen / Zauberworte. Warum hat der Besitzer den Stein wohl ständig bei sich getragen?

Pioniere des Geistes

Wir wenden uns nun verschiedenen Provinzen des imperium Romanum zu. Zuerst befassen wir uns mit Griechenland, das für die kulturelle Entwicklung der Römer sehr wichtig war.
Im 2. Jh. v. Chr. wurde Griechenland zur römischen Provinz Achaia (vgl. Lektion 26) und viele Griechen kamen als Kriegsgefangene nach Rom. Dadurch lernte man in Italien auch die kulturellen Errungenschaften der Griechen kennen. Im römischen Imperium entstanden Bauwerke nach griechischem Vorbild, vor allem aber wirkten die griechische Sprache und Literatur auf die Römer.
Man erzählte griechische Sagen, fasste Reden und philosophische Abhandlungen nach griechischem Muster ab und übertrug griechische Theaterstücke ins Lateinische. Dadurch lernten die Römer neue und spannende Geschichten kennen, wurden aber auch mit wichtigen Fragen, die viele Lebensbereiche berührten, konfrontiert: Woher kommen Blitz und Donner? Wer oder was bestimmt mein Schicksal? Was passiert mit mir, wenn ich mich verliebe?

Ein Blick in die „kulturelle Herzkammer des Kontinents“: das 2009 neu eröffnete Akropolis-Museum in Athen. Das Museum am Fuß der Akropolis beherbergt Hunderte unschätzbar wertvoller Kunstwerke der griechischen Antike.

John William Waterhouse: Narziss und Echo. 1903. Liverpool, Walker Art Gallery.

Die Mythen der Griechen haben einen besonders großen Einfluss auf die römische Kultur ausgeübt. Für die Römer der Frühzeit waren die Götter weniger menschlich handelnde Personen, sondern Mächte in der Natur. Unter dem Eindruck der griechischen Mythologie verändern sich diese Vorstellungen: Neue Götter werden in Rom verehrt und die Welt der römischen Heldensage wird eng mit der griechischen verbunden.
Abgesehen von ihrem hohen Unterhaltungswert sind die Mythen der Griechen aber auch in einem anderen Sinne ausgesprochen interessant: Sie erklären nämlich sehr anschaulich, welche Ursachen bestimmte Naturerscheinungen in der Welt haben, die den Menschen umgibt. Das einfachste Beispiel ist sicherlich der Blitz: Nach den heutigen Erkenntnissen der Physik handelt es sich um eine elektrische Entladung, nach der griechischen Mythologie sind es Feuerkeile, die Hephaistos (lat. Vulcanus), der Gott der Schmiede, anfertigt und die Zeus (lat. Iuppiter) als Waffe benutzt.
Der römische Dichter Ovid (43 v. Chr.–17 n. Chr.) hat in seinen „Metamorphosen" (Verwandlungen) viele Mythen ausgestaltet. Sein Werk und seine Geschichten sind bis heute berühmt.

G

In foro Anna aspicit amicos triumphum spectantes.
Puella nomina amicorum vocans per turbam properat.
Subito amicos non iam videt.
Tandem pueri amicam magna voce clamantem aspiciunt et vocant:
„Veni, Anna, hic sumus!"
Anna gaudet, quod voces amicorum clamantium audit, et ad eos currit.
Tum pueri puellae multa interroganti omnia ostendunt.

Der Mythos von Narziss und Echo

T Die Nymphe Echo war von Juno für ihre Geschwätzigkeit damit bestraft worden, dass sie immer nur die letzten Worte von dem wiederholen durfte, was vorher jemand gesagt hatte. In Echos Umgebung lebte Narziss, ein junger Mann, wunderschön, aber auch so stolz und unnahbar, dass er sich keinem anderen Menschen zuwenden wollte.

Quondam Echo, quae in silva vivebat, aspexit Narcissum bestias feras capientem. Ubi inter arbores vidit hunc iuvenem pulchrum, amore accensa est. Per silvam et agros vestigia eius petens ab eo magis magisque amari cupiebat.
Sed cum eum appellare vult, natura hoc vetat.
Tum demum Narcissus eam audit adeuntem, sed non videt.
Itaque interrogat: „Quis adest?“ – „Adest!“ respondet Echo.
Narcissus verbum auribus accipit et puellam verbum repetentem quaerit. Sed nihil videns: „Cur“, inquit, „me fugis?“ – „Me fugis!“ illa repetit.
Hic autem territus magna voce clamat: „Huc veni!“ Et illa amore ardens vocat vocantem.
Rursus Narcissus: „Te videre volo!“ – Et Echo: „Volo!“
Nunc puella iuveni pulchro occurrit.
Sed ille fugit fugiensque clamat: „Veto corpus meum a te tangi!“
Ita Echo a Narcisso fugiente repulsa est et in silvam se recepit.
Hinc sola vivebat in antro[1]. Amor tamen manebat – dolor crescebat. Tandem membra amantis solvuntur; manet vox.
(nach Ovid, Metamorphosen)

1 antrum Höhle

1 Texte sinnbetont vorlesen
Verteilt vor der Übersetzung die Rollen des Erzählers, des Narziss und der Echo. Lest dann **T** abschnittsweise vor. Die anderen versuchen jeweils zu beschreiben, wie das Zusammentreffen von Echo und Narziss abgelaufen ist.

2 Text in ein anderes Medium umsetzen
Bildet Gruppen und erstellt eine Abfolge von Fotos zu der Geschichte! Hängt die fertigen Werke aus und vergleicht, bei welcher Gruppe die charakteristische Bewegung der beiden Hauptfiguren (Flucht – Verfolgung) am besten zu sehen ist.

3 In Ovids Werk nehmen die Hauptfiguren am Ende der jeweiligen Erzählung eine andere Gestalt an, sie verwandeln sich. Überlege dir unter diesem Gesichtspunkt ein mögliches Ende des Narziss.

Auch der Dichter Ovid lebt weiter: Das Hotel „Ovidius“ in Venedig.

Ü

Jupiter ist im Begriff, den Olymp zu verlassen; er sucht – wieder einmal – nach einem Liebesabenteuer: Seiner Frau Juno erzählt er, dass er im Gebirge auf die Jagd gehen will. Sie glaubt ihm aber nicht.
Iuppiter ridet. Deus ridens iterum dicit se in monte bestias capere velle. Sed Iuno marito non credit. Dea marito non credens eum in monte quaerit. Tum Iuno maritum aspicit cum nymphis pulchris se delectantem. Protinus Echo nympha deae maritum quaerenti occurrit (entgegenlaufen). Nympha multa verba faciens Iunonem diu tenet. Simul aliae nymphae iram Iunonis timentes fugiunt. Denique Iuno nympham garrulam (geschwätzig) punit (bestrafen).

A Das Kennzeichen für ein PPA (-nt-) findet sich manchmal auch in anderen Formen. Suche aus der folgenden Liste die Formen heraus, bei denen es sich um ein PPA handelt (Tipp: Bestimme zuerst die Lernform, d.h. Nom. Sg. oder Inf. Präs.). Die Anfangsbuchstaben dieser Formen ergeben einen Begriff aus der Geometrie (übrigens auch ein PPA).
argenti – terrente – ingentibus – ardentis – petunt – vehementia – nescientes – venti – contento – gerenti – excedentium – adulescentium – nuntiantibus – tacens – contendent – exeuntem

Franz von Stuck: Narziss betrachtet sein Spiegelbild. 1926. Privatbesitz.

B Dekliniere im Singular und Plural:
puella clamans – iuvenis fugiens – corpus ardens – puer fugere volens – equus currens

C Ordne die Satzteile zu sinnvollen Sätzen und unterstreiche jeweils Partizip und Bezugswort:
1. amicos – cives – thermas – salutant (begrüßen) – intrantes
2. etiam mercatores – vident – negotia agentes – in thermis
3. a Romanis – nos quoque – thermas – spectamus – instructas

D Sprachenvergleich nutzen
Im **Italienischen** findest du das lateinische PPA wieder: Wer ist wohl mit den folgenden Bezeichnungen gemeint?
l'amante, il credente, l'ignorante, il mittente, lo studente

E Wortfelder bilden
Sammelt aus **T** sämtliche Verben, welche die Hin- und Herbewegungen zwischen Narziss und Echo wiedergeben. Bildet zwei Gruppen von Verben:
1. Bewegung auf etwas zu
2. Bewegung von etwas weg

F Satzstrukturen analysieren
Du weißt schon von der Übersetzung des PPP, dass das Partizip durch die KNG-Kongruenz an sein Bezugswort angebunden ist. So ist es auch beim PPA. Markiere in den folgenden Sätzen das Bezugswort des Partizips und isoliere den Partizipialblock (durch Einklammern). Übersetze dann jeden Satz ohne den Partizipialblock; baue zuletzt diesen Wortblock sinnvoll in den Satz ein.

Narcissus et amici bestias capientes per campos et silvas properant. Subito iuvenis amicos non iam videt et eos quaerens solus ad stagnum (Teich) venit. Ibi in undis puerum pulchrum aquam bibentem aspicit. Iuvenis se faciem (Gesicht) suam videre nesciens hunc puerum aquam bibentem tangere cupit. Narcissus autem aquam tangens simul faciem pueri turbat.

G Eine wortgewandte und mutige Nymphe rettet ihre Freundinnen. Achte besonders auf die Zeitverhältnisse und auf die – z.T. versteckten – Beziehungswörter der Partizipien:
1. Quondam nymphae per montes et silvas properabant. 2. Puellae ridentes non senserunt venatores (Jäger) adire. 3. Venatores, ubi inter arbores virgines pulchras viderunt, amore accensi sunt. 4. Protinus nymphas capere cupiverunt. 5. Viri magna voce clamantes nymphas petiverunt. 6. Sed virgines clamore territae fugerunt. 7. Una e nymphis venatoribus amicas capere cupientibus occurrit. 8. Verba superba faciens contendebat se filiam Veneris deae esse. 9. Dixit: „Venus mater mihi omnia dabit, quae peto. 10. Mater a me vocata vobis instabit, si amicas capietis. Abite!" 11. Tum venatores nympham vera dicere existimantes abierunt.

Phaëthon: Hochmut kommt vor dem Fall

Z

Hier eine weitere Geschichte aus dem Schatz der griechischen Mythen – überlege dir bei der Übersetzung, in welchen Fällen diese Begebenheit wohl erzählt wurde! Vielleicht kannst du dir ja auch Situationen in deinem eigenen Leben vorstellen, auf die genau diese Geschichte gut passen würde.

Phaethon iuvenis semper verba superba faciebat confirmans se filium Solis[1] dei esse. Quia amici ridentes id non credebant, Phaethon ad aedes regias Solis contendit. Aedes auro argentoque factas intravit et patri veste aurea ornato dixit: „Audi preces meas, pater! Ostende et mihi et amicis verba turpia facientibus te patrem meum verum esse." Sol respondit: „Tu es filius meus; dabo tibi omnia, quae petis." Et Phaethon cupivit currum[2] patris. Ille autem verbis filii territus respondit: „Ingens est, quod petis, Phaethon! Quid putas? Homo es, non deus. Currus ignifer[3] a me tantum regi potest; via nimis periculosa[4] est et vires te deficient. Desine id petere, fili!" Sed Phaethon non desiit – et tandem Sol puero vehementer roganti paruit. Denique Phaethon currum patris regens periit – et terra[5] sole accensa paene exusta[6] est.

(nach Ovid, Metamorphosen)

1 Sōl, Sōlis Sol (der Sonnengott)
2 currus Wagen
3 īgnifer Feuer-, feurig
4 perīculōsus: *Adj. zu* perīculum
5 terra Erde
6 exūrere (-ūssī, -ūstum) verbrennen

1 Etwa so war das Bild, das Phaethon von seinem Vater hatte; notiere die Gedanken und Gefühle, die den Sohn zu seinem großen Wunsch bewegten.

Der Sonnengott auf seinem vierspännigen Wagen. Griechische Vasenmalerei. 5. Jh. v. Chr. London, British Museum.

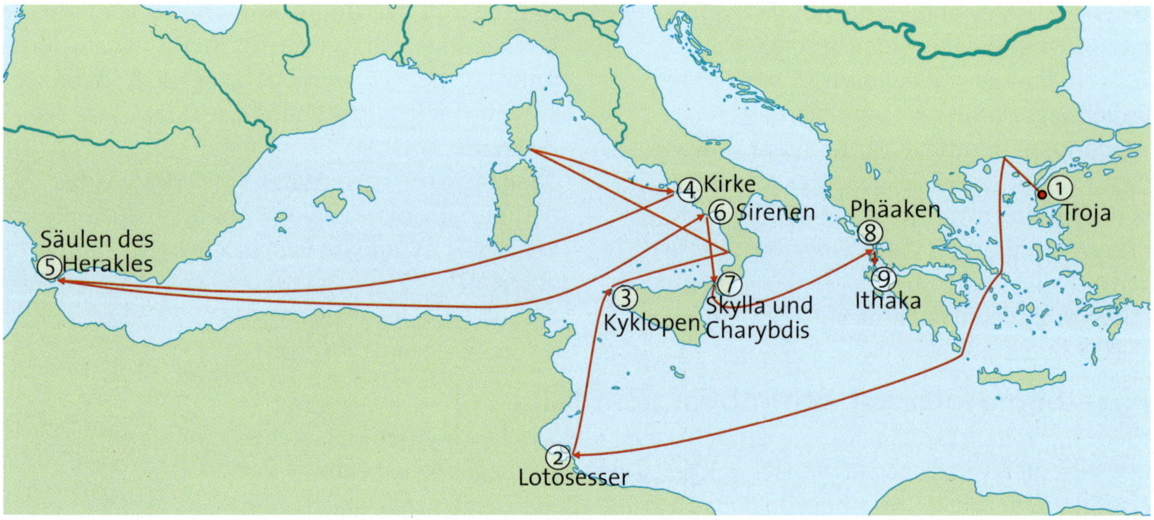

Auf der Karte ist eingezeichnet, wie die Irrfahrt des Odysseus vielleicht verlaufen ist.

Die Berichte von den Taten großer Helden gehörten ebenso wie Göttergeschichten zur Sagenwelt der Griechen. Die groß angelegten, in Versen erzählten Tatenberichte der Helden nennt man Epen. Der Dichter Homer berichtet in dem Epos „Ilias" vom langen Kampf um Troja. In seinen Schilderungen begegnen wir dem griechischen Fürsten Odysseus (lat. Ulixes), einem Helden, der in jeder schwierigen Lage einen Ausweg weiß – Homer nennt ihn den „listenreichen" Odysseus!
Nach dem Ende des Trojanischen Krieges waren die überlebenden Helden der Griechen – wenn sie nicht auf ihrer gefahrvollen Rückfahrt umgekommen waren – nach Hause zurückgekehrt. Odysseus aber wurde von den Göttern noch an der Heimkehr gehindert.
Die Geschichte seiner Irrfahrten durch fremde Meere und Länder erzählt Homer in seinem zweiten Epos, der „Odyssee".
Auf der Insel Ithaka wartete seit mittlerweile 20 Jahren Penelope auf die Rückkehr ihres Gatten Odysseus. Inzwischen war eine Menge von sogenannten Freiern, d. h. Männern, die den Platz an Penelopes Seite einnehmen wollten, in den Palast eingezogen. Diese versuchten der Wartenden einzureden, dass Odysseus tot sei und sie einen von ihnen heiraten solle. Penelope aber versuchte mit allen möglichen Listen, Zeit zu gewinnen ...

1 Lest in einem Sagenbuch nach, was Odysseus und seine Mitfahrer an den einzelnen Stationen der Irrfahrten erlebt haben. Bildet Gruppen, die je ein Abenteuer vorstellen.

2 Erkläre, was damit gemeint ist, wenn jemand sagt, er habe eine „Odyssee" hinter sich.

3 Recherchiere, warum der Kampf um Troja ausbrach (vgl. auch 18 **Z**) und wie er zuende ging.

4 Welches war die bekannteste List des Odysseus? Wenn es dir nicht mehr einfällt, sieh dir noch einmal das Foto auf S. 110 an und lies 22 **Z** durch.

G Ulixes per maria errans convenit nympham pulchram, cui nomen erat Calypso (Kalypso). Quae Ulixem amans per nonnullos annos virum apud se tenuit. Sed Ulixes ipse Penelopam uxorem desiderabat! Calypso animum Ulixis perspiciens tamen eum abire non sivit. Itaque Iuppiter ipse Mercurium ad nympham misit; qui ei vehementer flenti imperavit: „Ulixem dimitte!" Denique Calypso virum multis muneribus ornatum dimisit.

Penelope vermisst Odysseus

T Während Penelope auf ihren Mann Odysseus wartete, hat sie vielleicht einen solchen Brief geschrieben:

Penelopa Ulixi suo salutem dicit.
Si tu vales, bene est. Ego ipsa non valeo. Hanc epistulam Penelopa tua amore mota tibi non redeunti mittit, Ulixes. Heu me miseram![1] A te – familiam tuam certe desiderante – nullam accepi epistulam, nullum solacium. Sed opus non est te mihi respondere: Ipse veni! Ego deserta in lecto iaceo; longas et perpetuas vigilias vix sustineo. Animus meus timore agitatur: Nam postquam Troia perdita est, nonnullos duces Graecorum[2] in patriam redisse audivi – sed te ipsum in tecto nostro non video. Aliae uxores, sicut accepi, beatae sunt, sed uxor ducis ipsius sola est. Ita me de vita tua metuentem tristes curae conficiunt. Sine te nihil mihi contingit, nihil me delectat. Ubi tu nunc labores periculaque suscipis? Cur non redis? Domum rediens amorem tuum ostende! Non ignoras: Tua sum. Penelopa coniunx Ulixis semper erit et numquam alii viro nubet. Equidem tibi redeunti amorem meum ostendam!
Nunc turba virorum locum tuum cupientium me premit; non iam sustineo illos, quos tu – absens[3] ipse – opibus tuis alis. Magna est audacia illorum virorum bona tua consumentium. Mihi ipsi vires non sunt in illos inimicos vehementer consulere. Ego ipsa illos eicere non possum. Tu es arx et ara mihi – domum veni!
(nach Ovid, Heroides)

1 Heu mē miseram! Ach, ich Unglückliche!
2 Graecī, ōrum die Griechen
3 absēns abwesend

Penelope am Webstuhl. Nachzeichnung eines griechischen Vasenbildes um 450 v. Chr. Chiusi, Museo civico.

1 Überlegt zu zweit vor der Übersetzung, was Penelope Odysseus wohl schreiben wird und notiert dazu eure Gedanken. Vergleicht nach der Übersetzung eure Aufzeichnungen mit den Worten der Penelope. Fasst zusammen, welche unterschiedlichen Bilder von Penelope entstanden sind.

2 Personen charakterisieren
Suche aus **T** Wörter und Wendungen, mit denen die Gefühlslage der Penelope beschrieben wird. Überlege, worauf sich ihre Ängste und Hoffnungen beziehen könnten. Überprüfe nach Abschluss der Textarbeit die Richtigkeit deiner Vermutungen.

3 Handlungsträger unterscheiden
Ordnet in drei Gruppen die Verbalinformationen von **T** (Partizipien, finite Verben) mit ihren Ergänzungen den verschiedenen Personen zu (Penelope, Odysseus, Freier). Welcher erste Eindruck ergibt sich dadurch von den einzelnen Personen?

Ü

Der Dichter Homer erzählt die Geschichte von Odysseus und Nausikaa, der Königstochter der Phäaken: Diese hatte den schiffbrüchigen Odysseus am Strand gefunden und ihm geholfen, bei ihrem Volk Aufnahme zu finden. Schließlich hatte sich das junge Mädchen in den berühmten Helden verliebt.

Nausicaa amore mota Ulixem domum abire noluit. Amicae amorem filiae regis animadverterunt. Filiam regis ridebant dicentes Ulixem, virum nobilem, Nausicaam non amare. Nausicaa invidiam (Neid) amicarum sentiens Ulixem adiit et dixit: „O Ulixes, amicae ipsae me rident. Te me repellere credunt. Itaque te oro: Ostende et mihi et amicis verba turpia facientibus te me amare."
Ulixes verbis puellae territus primo nihil dicere potuit. Tum dolorem eius videns tamen amorem his verbis reppulit: „O Nausicaa, ingens est, quod petis. Nonne scis Penelopam uxorem me amare? Uxorem et familiam desiderans domum redire ipse cupio. Itaque te oro: Sine me abire!"

A Ist ipse wirklich so neu?
Trage in dein Heft nebeneinander die folgenden vier Tabellen ein und vervollständige sie (im Sg. und Pl.). Setze hinter die Formen, die besonders auffallen und daher genau gelernt werden müssen, ein Ausrufezeichen.

is	ea	id	hic	haec	hoc
eius usw.			huius usw.		

ille	illa	illud	ipse	ipsa	ipsum
illius usw.			ipsius usw.		

B Fremdwörter erschließen
Die folgenden Fremdwörter sind offensichtlich von Formen des PPA abgeleitet. Nenne jeweils das PPA (im Nom. Sg.) und den Infinitiv Präsens des betreffenden lateinischen Verbs.
Student, Ignorant, Laborant, Repetent, intelligent, solvent, Tangente, Konsument, Mandant, Regent, Dezernent

C Amantes non vident. Videntes non amant.
Sucht bzw. überlegt euch ähnliche Sätze (auch im Deutschen), die sich umdrehen lassen.

D Stell dir vor, dass **T** lediglich die Endfassung des Briefes an Odysseus ist und dass Penelope in einer ersten Fassung noch viel mehr Sätze zu Papier gebracht, dann aber doch zerrissen hat.
Diese Schnipsel liegen uns jetzt vor ...

a) perpetuas vigilias sustinenti.

b) uxorem atque filium desiderans.

c) nova narrantes et solacium praebentes.

d) maritum exspectantem.

Füge die abgedruckten Satzfetzen so an die untenstehenden Teile an, dass sinnvolle Sätze entstehen und übersetze diese dann:
1. Iam diu abest coniunx
2. Vires non iam sunt mihi
3. Curae ingentes permovent me
4. Semper audire cupio viros

E Eine Freundin der Penelope kommt von einer Reise auf das Festland in die Heimat Ithaka zurück. Aufgeregt berichtet sie Penelope von einer – angeblichen – Begegnung in der Hafenstadt Pylos. Achte bei der Übersetzung vor allem auf eine passende Übertragung der Formen von ipse.

„Homines multa et de Ulixe ipso et de amicis eius narrant, sed ego ipsa maritum tuum vidi, Penelopa. Is cum puella ignota, quae pulchris vestibus ornata erat, palam per portum (Hafen) ambulabat (spazieren gehen). Statim: ‚Ulixes!', clamo. ‚Ulixes, Ulixes!', repeto – sed subito nauta magna voce me ad navem vocat. Postea Ulixem quaerens circumspectavi (sich umsehen), sed neque Ulixem neque puellam ignotam vidi. Hac ipsa nocte illum portum reliquimus. – Audi, Penelopa, perturbata sum, sed verum est: Ulixes ipse erat!"

Odysseus berichtet

Z

Nach der Heimkehr musste Odysseus seiner Frau natürlich erst einmal von seinen Abenteuern berichten. Penelope hatte so viele Gerüchte gehört und wollte nun endlich wissen, was ihrem Mann wirklich widerfahren war. Sicherlich hat sie vor allem nach zwei Namen, die sie immer wieder gehört hatte, gefragt: Calypso und Nausicaa. Und sicherlich hat Odysseus sich bemüht, seinen Aufenthalt bei diesen beiden Frauen möglichst harmlos und kurz gefasst darzustellen:

„Tum dei me per mare errantem duxerunt in insulam[1], ubi Calypso[2], Atlantis[3] filia, vivebat. Quae amore nimio capta diu me dimittere noluit. Tandem imperio Iovis paruit et mihi uxorem et patriam desideranti navem dedit.
Deinde Neptunus ipse undas adversas navem meam vi ingenti petentes misit. Ira enim commotus erat, quod ego antea Cyclopem[4], eius filium, me necare temptantem dolo fefelleram.
At ego non perii, sed ex omnibus periculis maris servatus ad insulam Phaeacum[5] veni. Me sine vestibus ad litus quiescentem subito clamor virginum ludos facientium excitavit. Statim post arborem me recepi, quia Nausicaam[6], Alcinoi[7] regis filiam, et servas eius terrere nolui. Postea tamen exii. Nunc illa a Minerva dea bono animo instructa mihi adfuit et me secum domum duxit. Alcinous ipse me libenter hospitem accepit. Postea me donis ornatum in Ithacam[8] patriam dimisit.“

1 īnsula: vgl. Fw.
2 Calypsō: eine Nymphe auf der Insel Ogygia
3 Atlās, antis *m* Atlas (Titan, der den Himmel trägt)
4 Cyclōps, ōpis *m* der Zyklop (einäugiger wilder Riese)
5 Phaeāces, um *m Pl.* die Phäaken (märchenhaftes Seefahrervolk)
6 Nausicaa: Prinzessin der Phäaken
7 Alcinous: König der Phäaken
8 Ithaca: Heimatinsel des Odysseus

Max Beckmann: Odysseus und Kalypso. 1943. Hamburger Kunsthalle.

1 Unterlegt mit einem Textmarker in eurer deutschen Übersetzung alle Nebensätze, die im lateinischen Text als Partizipien formuliert waren. Überlegt nun, warum Odysseus an den verschiedenen Stellen genau diese Gedanken nicht als Hauptgedanken (also in einem Hauptsatz) ausformuliert hat. Welche Rolle hat er ihnen durch die Formulierung als Participium coniunctum jeweils zugewiesen? Gruppiert die Partizipien euren Überlegungen entsprechend.

2 Vergleiche die Beschreibung in Z. 1–4 mit dem Bild von M. Beckmann. Welcher Konflikt wird in **T** und im Bild thematisiert? Beachte auch, dass Odysseus auf dem Bild einen Helm und Beinschienen trägt.

Walter Crane: Die Pferde des Neptun. 1892. München, Neue Pinakothek.

Die Erscheinungen in der Natur zu erklären war für die Menschen der Antike schwieriger als für uns, die wir auf die Erkenntnisse der modernen Wissenschaft zurückgreifen können. Am Beispiel der Nymphe Echo hast du schon erfahren, dass in der Antike mythologische Vorstellungen dazu dienten, Naturphänomene zu deuten. Eine solche „Naturdeutung“ finden wir auch in den Versen des griechischen Dichters Homer, mit denen er den Auftritt des Gottes Poseidon (lat. Neptunus) beschreibt:

„Und Poseidon, der Herr, der Erderschütterer, stieg von dem felsigen Berg herab und schritt weit aus mit seinen Füßen und es erzitterten die großen Berge und der Wald unter den Füßen, wie er dahinging. Dreimal griff er aus mit dem Schritt und mit dem vierten erreichte er sein Ziel. Dort angekommen schirrte er die beiden Pferde mit eisernen Füßen an seinen Wagen, schnell fliegende Pferde mit goldenen Mähnen. Und er kleidete sich selbst auch in Gold und fasste eine goldene gut gefertigte Geißel und stieg auf seinen Wagen. Und er trieb durch die Wogen und es hüpften die Meerungeheuer unter ihm überall her aus den Tiefen und erkannten ihren Herrn. Und voller Freude trat das Meer auseinander und sie flogen ganz leicht dahin und die eiserne Achse des Wagens blieb dabei trocken.“

1 Welche Bedeutung hatte dieser Gott? Werte zur Beantwortung das Bild und den Text des Homer aus.

2 Male nun selbst ein Bild, das zeigt, wie der Gott ein Erdbeben auslöst.

G

Vergleiche:

a) Homines deos timent. – Timor hominum magnus est.

b) Homines deos timent. – Timor deorum magnus est.

Eine neue Deklination:

Populus Romanus magistratūs creat (wählt). Magistratūs Romani populo imperant. Populus imperio magistratuum paret. In senatu de bello et pace agitur. Magistratūs senatui parent. Auctoritas (Einfluss) senatūs magna est.

Was steckt hinter den Naturgewalten?

T Das griechische Festland und die vielen griechischen Inseln liegen in einer Region, die bis heute häufig von Erdbeben heimgesucht wird.
Im Jahre 372 v. Chr. wurde die griechische Stadt Helike an der Küste des korinthischen Golfes völlig zerstört und versank in den Fluten des Meeres:

Ad Helicem[1], oppidum Graeciae, erat templum Neptuni sacrum; quem deum homines dominum oceani[2] appellabant et – potentiam eius timentes – colebant. Eundem deum alio nomine Ennosigaeon[3] nominabant. Aliquando[4] complures homines Ionii[5] in hoc templo Neptunum colere voluerunt. Sed senatus huius oppidi eos e templo pepulit.
Et eodem anno totum oppidum ingenti motu terrae et fluctibus maris periit.

Wie haben die Menschen dieses Erdbeben erlebt?

Praecesserat[6] diu tremor[7] terrae. Quare iidem magistratus, qui antea homines Ionios e templo pepulerant, – sceleris memores – nunc iram Neptuni timebant. Metu dei commoti ex oppido excedere civibus persuadebant. Tamen multi cives – consilium magistratuum neglegentes – intra domos et moenia oppidi manebant.
At illa nocte atra tremor terrae crevit: Homines e somno territi non solum moveri omnia, sed etiam verti et frangi credunt. Domos motu terrae cadentes fugiunt, animum demittunt, manus ad caelum tendunt. Omnia luctūs plena sunt. Audiuntur undique clamores: Alii parentes, alii liberos, alii coniuges vocant. Omnes eodem metu mortis capti sunt. Audiuntur undique gemitus hominum; audiuntur undique carmina Neptuni sacra.
Omnes fere occidunt. *(nach Pausanias)*

1 Helicē Stadt am korinthischen Golf in Griechenland
2 oceanus: *vgl. Fw.*
3 Ennosigaeon *(griech. Akk.)* ‚den Erderschütterer'
4 aliquandō einst
5 Iōnius, a, um jonisch, aus Kleinasien
6 praecēdere *(Perf.* praecessī*)* vorausgehen
7 tremor Zittern

Der sog. Poseidon von Kap Artemision. Griechische Bronzeplastik. Um 460 v. Chr. Athen, Archäologisches Nationalmuseum.

1 Sachfelder bilden und nutzen
Stelle aus **T** Vokabeln zu den Sachfeldern „Götter/Religion" und „Naturgewalten" zusammen. Versuche das gemeinsame Auftreten dieser Sachfelder in **T** zu erklären. Welche Vermutungen über das antike Weltbild kannst du anstellen?

2 Stelle aus **T** lateinische Begriffe und Formulierungen zusammen, die das Verhältnis zwischen Menschen und Göttern beschreiben.

3 Wie haben sich die Menschen dem Bericht zufolge das Erdbeben erklärt? Belege deine Antwort mit lateinischen Zitaten.

4 Mit der eigenen Lebenswelt vergleichen
Informiert euch darüber, wie heute Erdbeben erklärt werden. Diskutiert, ob die heutige Erklärung für Menschen, die eine solche Naturkatastrophe erleben, eine Hilfe darstellt.

Am 5. Februar 62 n. Chr. erschütterte ein gewaltiges Erdbeben Mittelitalien. Das Relief zeigt, wie das Beben den Jupiter-Tempel von Pompeji zum Einsturz bringt. 1. Jh. n. Chr. Rom, Museo della Civiltà Romana.

Ü

Calypso nympha Ulixem amat. Sed amor deae Ulixem non perturbat. Nam Ulixes Penelopam coniugem amat. Ulixes amorem coniugis servat.

A Suche alle Genitive aus **T** und überlege, ob sie dem Typ a) oder b) aus **G** entsprechen. Suche nach passenden deutschen Übersetzungen für die Genitive des Typs b).

B Übersetze die folgenden Ausdrücke treffend: amor patris (2x), metus mortis, timor Romanorum (2x), fiducia (Vertrauen) sui

C Übertrage die folgende Tabelle in dein Heft. Bestimme die in **T** vorkommenden Formen dieser Substantive, trage sie ein und vervollständige anschließend die Tabelle.

Nom. Sg.	senatus	magistratus	metus	-us
Gen. Sg.	?	?	?	-ūs
Dat. Sg.	?	?	?	
... usw.				

D Ein Erdbeben hat die Wörter durcheinandergebracht! Stelle Pronomina und Beziehungswörter wieder richtig zusammen und übersetze.

dominos, idem, īsdem, eādem, īdem, earundem, epistulae, eadem, eundem, arx, lectus, eiusdem, naturam, epistularum, manibus, tectum, dolorem, silvā, eandem, eosdem

E Wortfamilien zusammenstellen
Ergänze zu jedem Wort weitere „Familienmitglieder“: nominare, motus, metus, neglegere, tendere, timor, amor.

F Fremdwörter zuordnen
Zu welchen Sachgebieten gehören die folgenden Fremdwörter: zu Literatur, Religion, Politik oder Medizin? Führe sie auch auf die lateinischen Herkunftswörter zurück.
Plenarsaal, Fraktur, Dom, sakral, Magistrat, Epistel, Presse, Delegierter, Fabel, Konfirmation, Kur

G Das griechische Wort „logos“ bedeutet *Vernunft* und *planvolles Denken*. So kommt es, dass die Bezeichnungen vieler moderner Wissenschaften, die ihre Wurzeln im antiken Griechenland haben, aus dem Griechischen kommen und oft mit der Endung „-logie“ (= Lehre von ...) gebildet werden:
Archäo-logie, Bio-logie, Geo-logie, Psycho-logie ...
Stelle die Namen weiterer Wissenschaften zusammen und erkläre mit Hilfe eines Lexikons ihre Bezeichnung.

H Ordnung und System!
Ordne die folgenden Substantive in die vorgegebenen Deklinationstabellen ein. Suche nach Ähnlichkeiten zwischen den einzelnen Deklinationsklassen, damit du dir das Lernen durch Hilfen erleichtern kannst.
magistratūs, cenis, cenae, magistratibus, laborēs, domini, magistratu, laborum, dominum, labori, laborem, cenam, magistratuum, labore, domino, cenā, laboribus, laboris, cenas, magistratum, dominorum, dominos, dominis, cenarum, magistratui

	o-Dekl.	a-Dekl.	3. Dekl.	u-Dekl.
Nom.	domin-us	cen-a	labor	magistrat-us

Thales erklärt das Erdbeben

Z Als Helike zerstört wurde, glaubten die meisten Menschen, dass das Erdbeben durch den Gott Neptun ausgelöst worden sei. In der kleinasiatischen Stadt Milet hatte allerdings schon im 6. Jh. v. Chr. der Philosoph Thales über die Entstehung von Erdbeben nachgedacht. Er gehörte zu einer Reihe von Männern, die versuchten, die Erscheinungen der Welt mit ihrer Vernunft (griech. „logos") zu deuten. In Europa haben zuerst die Griechen diesen neuen Weg beschritten, Naturerscheinungen zu erklären. Die Römer sind den Griechen auf diesem Weg gefolgt. Und letztlich versuchen auch wir bis heute, die Welt mit Hilfe der Vernunft zu verstehen.

Vixerat ante illum motum terrae, quo Helice perdita est, Thales[1] philosophus in Ionia[2]. Qui cogitaverat etiam de causis, quae motum terrae efficiunt[3]: Aqua primum elementum[4] est. Nam orbis[5] aqua portatur ut navis magna et gravis. Motu aquae terram portantis etiam terra movetur ut navis fluctibus agitata.

Multi philosophi, qui postea de natura et de motibus terrae cogitabant, alias causas motus esse dixerunt. Iidem autem animum Thalis laudabant, quod censuit iram deorum non esse causam motuum. Ita philosophus ille ratione[6] timorem deorum vicit – quamquam errabat de veris causis, quae motum terrae efficiunt.

1 Thalēs, is Thales
2 Iōnia Kleinasien
3 efficere hervorrufen
4 elementum Grundstoff
5 orbis Erdkreis
6 ratiō, ōnis *f* Vernunft

1 Spätere Philosophen hielten die Theorien des Thales teilweise für falsch. Erkläre, weshalb sie ihn trotzdem für bedeutend hielten.

2 Informiert euch (z.B. im Internet unter der Adresse www.philosophenlexikon.de), über welche weiteren Probleme Thales nachgedacht hat, und stellt euren Mitschülern die Ergebnisse vor.

Karl Bryllow: Die letzten Tage von Pompeji. 1830/33. St. Petersburg, Staatliches Museum.

30

Die platonische Akademie. Mosaik aus Pompeji. 1. Jh. v. Chr. Neapel, Museo Archeologico Nazionale.

Im 6. Jh. v. Chr. beginnt eine neues Zeitalter in der europäischen Geistesgeschichte: Thales und andere griechische Naturforscher versuchen nicht mehr durch mythologische Erklärungen, sondern durch philosophisches Fragen und Denken die Welt, die Menschen und die Götter zu verstehen. Es geht ihnen dabei um Fragen wie:

- Was ist der Ursprung der Welt?
- Bestimmen die Götter oder das Schicksal das Handeln der Menschen?
- Was tun wir eigentlich, wenn wir denken?
- Wie können wir ein glückliches Leben führen?

So entwickeln dann im 4. Jh. v. Chr. vor allem Platon und Aristoteles umfassende philosophische Systeme; im 3. Jh. v. Chr. kommen die Gedanken der Stoiker und Epikureer hinzu, die sehr schnell großen Einfluss gewinnen und danach die Geschichte der Philosophie für lange Zeit bestimmen sollten.

In Rom tritt man erst im Jahr 155 v. Chr. in direkten Kontakt mit dieser Art des Denkens. Drei bedeutende Philosophen aus Athen besuchen Rom und vertreiben sich die Zeit damit, ihre seit langem entwickelte Art logisch zu argumentieren öffentlich vorzuführen; so etwas ist in Rom bisher noch unbekannt. Viele Jugendliche reagieren darauf begeistert, die Älteren ablehnend. Vor allem der greise Politiker Marcus Porcius Cato macht massiv Front gegen diese Philosophen, die er abfällig Graeculi („Griechlein") nennt.

G

Terra movetur; itaque magistratus urbis homines domos relinquere iubent. Homines autem consilium magistratuum neglegunt. Eo consilio neglecto urbs plena hominum est. Itaque multi eorum muris domuum laeduntur et interficiuntur. Muris homines laedentibus magnus clamor auditur. Nunc demum homines urbem deserunt. Urbe deserta omnes in montes fugiunt.

Römer und Philosophie?

T Cato stellt im Senat den Antrag, die Philosophen aus Rom auszuweisen:

„Dico vobis, patres conscripti: Ex urbe pellere debemus illos philosophos Graecos, qui orationibus suis non solum mutabunt animos adulescentium Romanorum, sed etiam exstinguent civitatem nostram! Civitatis nostrae interest adulescentes Romanos orationibus eorum aures non praebere. Orationibus Graecorum auditis multi eorum philosophiam magni aestimare incipiebant; magna pars eorum mox huic disciplinae studebit.
At si id facient, civitas nostra peribit. Credite mihi: Sententiis philosophorum Graecorum cognitis adulescentes nostri corpora non iam exercebunt; vim corporum neglegent. Vi corporum neglecta inopiam laboresque non iam sustinebunt et in bellis male pugnabunt. Sed periculis ingentibus imperio nostro instantibus necessarium est milites Romanos magna vi pugnare. Quod si non iam facient, imperium amittemus; denique urbs ipsa ab hostibus petetur.
Quare vos moneo: Vindicate in illos Graecos, qui iuvenes Romanos docent; damnate eorum philosophiam! Nam philosophia causa funeris nostri erit. Dum vivam, nullo modo sinam iuvenes Romanos philosophia Graeca corrumpi. Itaque illos Graecos ex urbe nostra expellite! Philosophis ex urbe pulsis mores nostri non peribunt."
Hac oratione habita nonnulli senatores his verbis acerbis restiterunt. Sed Catone iterum atque iterum Graecos reprehendente animi senatorum mutati sunt. Denique expulsio[1] philosophorum statuta est. *(nach Plutarch, Cato maior)*

Marmorporträt eines vornehmen Römers. 1. Jh. n. Chr. Altino, Museo Archeologico.

Mark Aurel. Römischer Kaiser 161–180 n. Chr. Rom, Musei Capitolini.

1 expulsiō, ōnis Vertreibung

1 Sachfelder erkennen
Die Textsorte und die Aussageabsicht Catos werden aus dem Einleitungssatz klar. Welche Sachfelder sind demnach zu erwarten? Welche lateinischen Vokabeln kannst du dazu beim ersten Durchlesen von **T** finden?

2 Vorerwartungen entwickeln
Sammelt vor der Erarbeitung von **T** aus eurer Kenntnis der römischen Gesellschaft Gründe, die Cato gegen die griechische Philosophie vorbringen könnte.

3 Text gliedern
Erstelle unter Beachtung der Konnektoren, der Tempus- und Modusverwendung eine Gliederung von **T**. Achte auch auf wiederholte Formulierungen.

4 Antike Porträts vergleichen
Das untere Bild zeigt Kaiser Mark Aurel. Er hatte eine für einen römischen Herrscher seltene Leidenschaft, die Philosophie. Um dies sichtbar zu machen, trug er einen Vollbart, damals ein typisches Kennzeichen für einen Philosophen. Mark Aurel verfasste sogar eine umfangreiche philosophische Abhandlung, und zwar in der Sprache der Philosophie, dem Griechischen.
- Vergleiche das Porträt des Kaisers Mark Aurel mit dem des vornehmen Römers und überlege, welche Art von Mensch in den Gesichtern erkennbar werden soll.
- Erkläre das Sprichwort: Barba (der Bart) non facit philosophum.

Ü

Venus, dea amoris, potens est. Multi homines potentiam Veneris timentes eius aram saepe adeunt. Multis hominibus potentiam Veneris timentibus dea sacra postulat. Sacra ab hominibus facta Veneri placent. Sacris ab hominibus factis Venus preces audit.

A Stelle alle Partizipien aus **T** in einer Liste zusammen und notiere dazu die Bezugswörter. Vergleiche dein Ergebnis mit den Listen deiner Mitschüler.

B Wenn man das Partizip eines Ablativus absolutus mit seinem Bezugswort verbindet, entsteht eine Wortgruppe. Finde in **T** solche Wortgruppen und suche verschiedene Wiedergabemöglichkeiten für das Deutsche. Überlege, welche Übersetzung dem Lateinischen am nächsten kommt.

C Suche im folgenden Satzgefüge die Partizipien. Beschreibe den Unterschied in ihrer grammatischen Verwendung.
Verbis philosophorum cognitis Cato habuit orationem a multis senatoribus laudatam, in qua philosophi damnati sunt.

D Beachte das Zeitverhältnis und übersetze:
hostibus pulsis – his epistulis cognitis – bello confecto – calamitate nuntiata – Caesare imperante – philosopho docente

E Der Unterschied zwischen Aktiv und Passiv ist bei Partizipien wichtig. Erkläre den Unterschied zwischen den beiden Sätzen:
Magistro (Lehrer) reprehendente liberi non gaudent. – Magistro reprehenso liberi gaudent.

F Füge mit Hilfe eines Ablativus absolutus die beiden Einzelsätze zu einem einzigen Satz zusammen:

Orationes ab adulescentibus laudatae sunt.
Cato philosophos in urbe manere vetuit.

Übersetze den entstandenen Satz. Welche Sinnrichtung passt für die Wiedergabe des Ablativus absolutus?

G Füge die folgenden Partizipien sinnvoll ein:

prohibente – auditis – capta – resistentibus – dictis

1. His verbis ? Cato abiit.
2. Nullo hoste ? milites Romam petunt.
3. Troia ? Graeci in patriam redierunt.
4. Verbis philosophorum ? adulescentes imperium non iam defendent.
5. Multis hostibus ? Caesar arcem urbis capere non potuit.

H Sprachen vergleichen

lateinisch: philosophia
deutsch: *Philosophie*

1. Ergänzt die Auflistung für die Sprachen Englisch, Französisch und Italienisch.
2. Entwerft ähnliche Listen zu anderen aus dem Lateinischen oder Griechischen stammenden Begriffen.

Raffael: Die Schule von Athen. Eine Darstellung aller berühmten griechischen Denker, im Zentrum Platon und Aristoteles. Fresko, um 1508–11. Rom, Vatikan.

Gespräch über den Philosophen Epikur

Z

70 Jahre nach Catos Tod sprechen Memmius und Lucretius über den griechischen Philosophen Epikur (Epicūrus):

MEMMIUS: Dic mihi: Cur amas philosophiam Epicuri?

LUCRETIUS: Epicurus non solum mihi ipsi, sed etiam omnibus hominibus donum magnum dedit: A metu deorum nos liberavit.

MEMMIUS: Quid dicis? Nonne credit Epicurus homines a deis regi?

LUCRETIUS: Dicit deos neque in caelo nostro esse neque vitam hominum temperare. Intellegisne Epicurum hoc modo cunctos homines liberavisse? Sententiis Epicuri cognitis animus meus non iam turbatus est: Nam doctrina[1] eius metum deorum tollit. Metu deorum sublato beate vivo. Gratias ago Epicuro.

MEMMIUS: Mihi persuasisti. Certe necessarium est multos Romanos studere huic doctrinae. Quare ostende praecepta[2] eius verbis tuis!

LUCRETIUS: Quod faciam et Epicuro ducente philosophiam docebo.

(nach Lukrez, De rerum natura)

1 doctrīna Lehre
2 praeceptum Vorschrift

1 Schreibe aus **T** und **Z** alle Sätze mit einem AcI heraus, markiere jeweils das Prädikat und bestimme das Zeitverhältnis.

2 Informiert euch über die Lehre des Philosophen Epikur. Erklärt vor diesem Hintergrund den Satz „A metu deorum nos liberavit“ (Z. 3).

Rekonstruktion des Dionysos-Theaters in Athen. Der im 6. Jh. v. Chr. am Südhang der Akropolis errichtete Bau gilt als Geburtsstätte des griechischen Theaters und des Dramas überhaupt.

Im Dionysos-Theater in Athen fanden jährlich zu Ehren des Gottes Dionysos Theateraufführungen statt. Mehrere Dichter traten mit ihren Theaterstücken in einen Wettstreit. Eine Aufführung bestand aus drei ernsten und einem komischen Theaterstück: drei Tragödien und einer Komödie.
Die berühmtesten athenischen Tragödiendichter waren Aischylos, Sophokles und Euripides. Sie alle lebten im 5. Jh. v. Chr., der Blütezeit des griechischen Theaters. Bekannte Komödiendichter waren Aristophanes und Menander. Alle Athener besuchten die Aufführungen. Der Eintritt war frei.
In den Theaterstücken wurden Probleme behandelt, die das ganze Volk und sein Zusammenleben betrafen, zum Beispiel Krieg und Frieden, Gewaltherrschaft, Gehorsam und Auflehnung, das Verhältnis der Menschen zu den Göttern und von Männern und Frauen.
Später nahmen sich auch Dichter in Rom diese Theaterstücke zum Vorbild; von Rom aus wurden sie zum kulturellen Erbe Europas. Auch heute noch werden die griechischen Tragödien weltweit auf die Bühne gebracht.

1 Informiere dich über die Titel griechischer Theaterstücke und versuche herauszufinden, ob einzelne Stücke zur Zeit in deutschen Theatern aufgeführt werden.
(Suchtipp: Internetausgabe der Zeitung ‚Die Zeit' oder unter www.kulturkalender.de)

G Vergleiche den lateinischen Satz und die deutschen Wiedergabemöglichkeiten.
Philosophis ex urbe pulsis tamen Romani philosophiae studebant.

a) Nachdem die Philosophen aus der Stadt vertrieben worden waren, interessierten sich die Römer dennoch für Philosophie.
b) Obwohl die Philosophen aus der Stadt vertrieben worden waren, interessierten sich die Römer dennoch für Philosophie.
c) Die Philosophen waren aus der Stadt vertrieben worden; aber trotzdem interessierten sich die Römer für Philosophie.
d) Trotz der Vertreibung der Philosophen aus der Stadt interessierten sich die Römer für Philosophie.

Die Tragödie der Antigone

T

Die Königsfamilie von Theben ist durch einen Fluch zum Unheil verdammt. Darunter hat schon König Ödipus fürchterlich gelitten. Aber auch seine Söhne Eteokles (Eteoclēs, Eteoclis) und Polyneikes (Polynīcēs, Polynīcis) und die Töchter Antigone und Ismene können dem Verderben nicht entgehen:

Post Oedipodis mortem Eteocles et Polynices de imperio urbis certaverunt[1]. Denique Polynices Thebas reliquit et ad Argos[2] iit. Ibi multis sociis collectis ad Thebas magno cum exercitu rediit. Qui exercitus Polynice duce ante portas Thebarum proelium commisit. Eteocles urbem defendit. Fratribus in proelio occisis Creon avunculus[3] imperium in urbe obtinuit.

Antigona et Ismena in scaenam[4] procedunt:

ISMENA: Quid mente agitas, soror? Video te dolore commotam per domos Oedipodis, patris nostri, errare.

ANTIGONA: Creonte auctore Eteocles frater magno in honore est, corpus autem Polynicis iacet insepultum[5]. Morte puniet[6] Creon eum, qui Polynicem sepulcro[7] condet. – Quo flagitio cognito mentem tuam ostende! Scio te honestam esse deisque parere. Dei autem Polynicem sepulcro condi iubent.

ISMENA: O miseram sororem! Creonte talia iubente quid facere possumus?

ANTIGONA: Una mecum Polynicem fratrem meum et tuum sepulcro conde!

ISMENA: Rege id prohibente magnum facinus audes. Cave iram Creontis! Aditum ad fratrem difficilem esse audivi; nam custodes armati a Polynice omnes prohibent.

ANTIGONA: Sed fratrem non sepelire[8] flagitium est. Id faciam, quod et deis debetur et fratri!

ISMENA: Mulieres sumus; legibus urbis a viris constitutis parere oportet. Nos deos obsecrare debemus – ita veniam impetrabimus, si Creonti nunc paremus. Equidem Creonte invito tantum facinus committere non audebo.

ANTIGONA: Tu menti tuae pare! Ego sola fratrem sepulcro condam.

Fratre sepulto Antigona a Creonte morte punita est.

(nach Sophokles, Antigone)

1 certāre streiten
2 ad Argōs nach Argos (griechische Stadt)
3 avunculus Onkel
4 scaena Bühne
5 īnsepultus unbeerdigt
6 pūnīre bestrafen
7 sepulcrum Grab
8 sepelīre *(PPP* sepultum*)* beerdigen

Antigone und Ismene. Aufführung der Sophokles-Tragödie „Antigone" an der Berliner Volksbühne. 2009.

1 Erschließe die Vorgeschichte des Dialogs zwischen Antigone und Ismene anhand der folgenden Fragen zum Einleitungstext und zu **T**, Z. 1–6: Cur liberi Oedipodis calamitatem fugere non possunt? Cur fratres inter se pugnant? Cur Creon nunc in urbe Thebarum regit?
Überlege, welchen Inhalt das folgende Gespräch der Schwestern Antigone und Ismene haben könnte. Vergleiche deine Vermutung mit der ersten Äußerung der Antigone (Z. 10–12).

2 Argumente erkennen
Den Bruder beerdigen oder nicht? Formuliere die Argumente, die Ismene und Antigone nennen, mit deinen Worten und gib die entsprechenden lateinischen Wendungen an.

3 Antike produktiv-kreativ rezipieren
Antigone streitet in der Tragödie auch mit Kreon. Erfindet einen Dialog zwischen den beiden, in dem auch Argumente Kreons deutlich werden.

Ü

A Suche die Sätze in **T**, die einen Ablativus absolutus enthalten, und erprobe verschiedene Übersetzungsmöglichkeiten.

B Die Ablativi absoluti und die deutschen Fortführungen der Sätze sind durcheinandergeraten. Ordne sie richtig zu und wähle für den Ablativus absolutus jeweils eine treffende Übersetzung.

Antigone hat den Bruder begraben, aber Soldaten Kreons haben sie beobachtet. Das Schicksal nimmt seinen Lauf:

1. Antigona a militibus capta ...
2. Civibus in forum convocatis ...
3. Mente puellae non mutata ...
4. Ira Creontis magis magisque aucta ...
5. Antigona a Creonte damnata ...
6. Morte Antigonae cognita ...
7. Morte filii Haemonis nuntiata ...

a) machte Kreon Antigone in aller Öffentlichkeit bittere Vorwürfe, dass sie einem Feind des Vaterlandes – gegen seinen ausdrücklichen Befehl – die Ehre eines Begräbnisses hatte zuteil werden lassen.
b) wurde sofort Kreon benachrichtigt.
c) erkannte Kreon, dass er sich durch seine Härte gegenüber der mutigen Antigone selbst ins Unglück gestürzt hatte.
d) nahm sich auch Hämon das Leben.
e) geriet Kreon fürchterlich in Zorn.
f) ließ sich Antigone von ihrem Onkel trotzdem nicht einschüchtern.
g) stürzte der Sohn des Kreon, Hämon, der Antigone liebte, in tiefe Verzweiflung.

C Fortleben der Antike erkennen

Unsere Theater leben bis heute aus den Wurzeln der Antike. Informiert euch über Bedeutung und Ursprung folgender Wörter:

Theater, Orchester, Szene, Autor, Tragödie, Komödie, Drama, Monolog, Dialog, Chor, Person.

D Große Tragödien der europäischen Geistesgeschichte

Die kursiv gedruckten Namen sind Titelhelden berühmter Tragödien. Informiert euch über den groben Inhalt der Tragödien (Arbeitsteilung!). Finde passende deutsche Wendungen für die nominalen Ablativi absoluti.

Antigone vor Kreon. Süditalisches Vasenbild, um 380 v. Chr. London, British Museum.

1. Uxore auctore beging *Macbeth* einen Mord. 2. Parentibus invitis standen *Romeo und Julia* zu ihrer Liebe. 3. Augusto imperatore stellte sich Gnaeus Cornelius *Cinna* an die Spitze einer Verschwörung. 4. Diabolo (Teufel) duce suchte *Faust* vergeblich nach dem Sinn des Lebens. 5. Scelere filiarum manifesto wurde *König Lear* wahnsinnig.

E Sinnrichtungen erkennen

Nachdem seit ca. 600 v. Chr. die Griechen begonnen hatten, mit den Mitteln der Vernunft über die Natur nachzudenken, war es vor allem der Athener Sokrates (Sōcratēs, is), der sich auch über das Leben der Menschen und richtiges und falsches Handeln Gedanken machte.

1. Athenis vivebat Socrates philosophus. 2. Qui de vita hominum cogitabat. 3. Socrate de vita hominum cogitante multi cives sollicitati (beunruhigt) erant. 4. Nam adulescentes orationes philosophi audientes philosophiam magni aestimare incipiebant. 5. Multi adulescentes illi philosopho aures praebentes disciplinae eius studebant. 6. Etiam magistratus Socratem timentes sollicitati erant. 7. Credebant philosophum de vita hominum cogitantem deos non timere. 8. Dicebant: „Civitatis nostrae interest omnes cives deos colere. 9. Civibus deos timentibus civitas potens erit. 10. Disciplinā Socratis cognitā adulescentes deos neglegent.“ 11. Magistratibus in Socratem vindicantibus tamen ille adulescentes docere non desiit. 12. Denique Socrates a magistratibus accusatus est.

Informiere dich über den Prozess des Sokrates und stelle deinen Mitschülern die Ergebnisse vor.

Ödipus erkennt sein Schicksal

Z

Ödipus war der Sohn des Lajos und der Jokaste, des Königspaares von Theben. Er sollte als Kind in der Wildnis ausgesetzt werden, weil seine Eltern eine fürchterliche Prophezeiung bekommen hatten: Er werde seinen Vater töten und die eigene Mutter heiraten. Aber ein mitleidiger Hirte hatte ihm das Leben gerettet, sodass Ödipus überlebte und in Korinth aufwuchs. Eines Tages machte sich Ödipus, der nun den Orakelspruch kannte, aber nicht wusste, wer er wirklich war, auf die Reise nach Theben, um seinem Schicksal zu entkommen. Auf dem Weg traf er auf seinen Vater Lajos, den er nicht erkannte. Die beiden gerieten in einen heftigen Streit, in dessen Verlauf Ödipus seinen Vater tötete.

Patre interfecto Oedipus Thebas venit et uxorem regis in matrimonium duxit[1], ignorans eam matrem suam esse. Matre in matrimonium ducta regnum obtinuit. His sceleribus commissis tota urbs a deis punita est[2]. Multis civibus peste[3] interfectis Oedipus oraculum de causa pestis consuluit. Oraculum iussit hominem, qui Laium necaverat, puniri. Quare Oedipus curā civium commotus non dubitavit quaestionem de morte regis instituere[4]. Multos homines interrogavit. Tandem fatum suum cognovit: Intellexit se ipsum patrem necavisse et matrem in matrimonium duxisse.
Facinore suo cognito Oedipus oculos sibi ipse effodit[5] Thebasque reliquit.

1 in mātrimōnium dūcere heiraten
2 pūnīre bestrafen
3 pestis Pest
4 quaestiōnem īnstituere eine gerichtliche Untersuchung einleiten
5 effodere *(Perf.* effōdī*)* ausstechen

1 Das Schicksal des Ödipus wirft die Frage auf, ob der Mensch seine Zukunft in der Hand hat. Diskutiert diese Frage; bezieht ggf. eigene Erfahrungen ein.

Ödipus beklagt den Tod seiner Söhne. Etruskischer Terrakotta-Fries vom Tempel in Talamone (Italien). Um 180 v. Chr. Orbetello, Museo Civico.

Ödipus und seine Tochter Antigone. Aufführung der Tragödie „Ödipus auf Kolonos" bei den Salzburger Festspielen 2010.

32

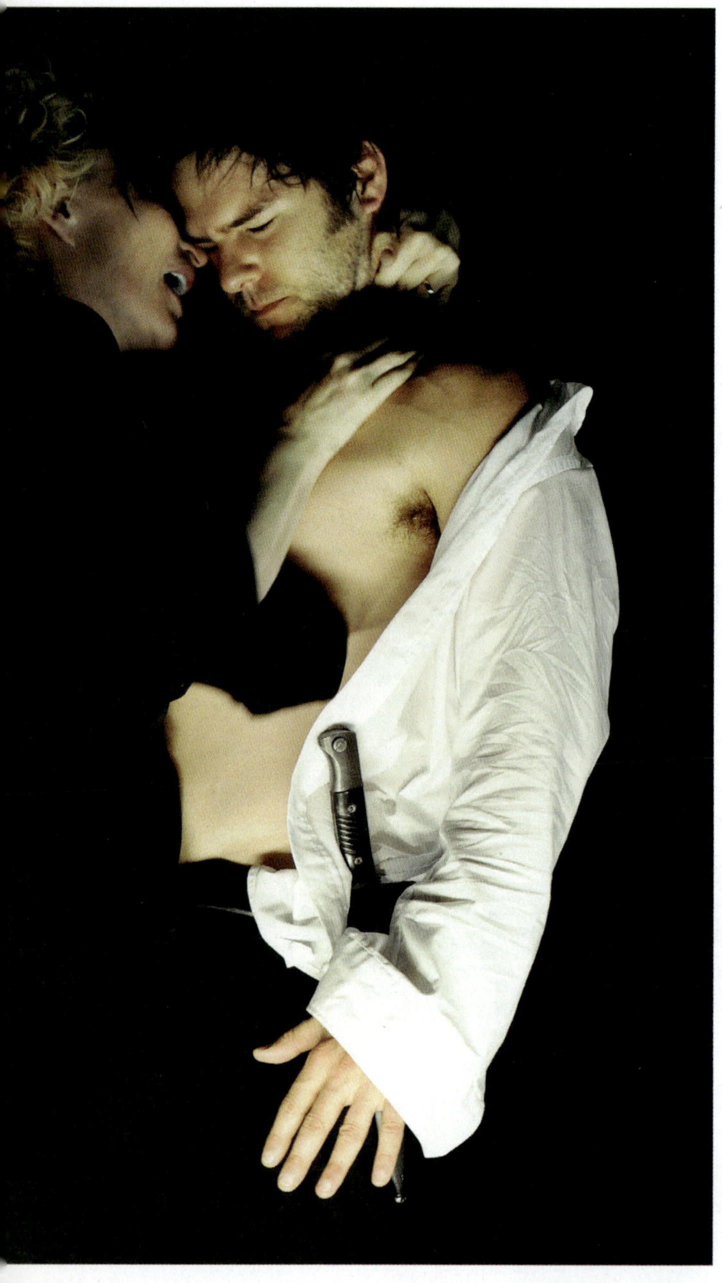

Der athenische Tragödiendichter Euripides (480–406 v. Chr.) war besonders wichtig für die Geschichte des Dramas in Europa. Nur wenige Jahre jünger als Sophokles legt er in seinen Stücken besonderen Wert auf die Darstellung menschlicher Leidenschaften und auf das Verhalten von Menschen in Extremsituationen.
Diese Themen greifen dann auch die lateinischen Dramendichter auf. Die einzig vollständig erhaltenen römischen Tragödien stammen von Seneca.
Dieser war im 1. Jh. n. Chr. nicht nur der Erzieher des Kaisers Nero, sondern vor allem auch ein bedeutender Philosoph, wodurch seine Bearbeitungen der bekannten mythischen Stoffe eine ganz besondere Ausprägung erhielten.
Die Tragödien Senecas übernahmen schließlich eine Art Mittlerfunktion zwischen den antiken Tragödien und den späteren Werken. So werden sie z.B. in der Zeit der Renaissance (das ist die Zeit der Rückbesinnung auf die Antike ab dem 15. Jh.) von vielen Dichtern nachgeahmt und haben auf diesem Weg das europäische Theater bis heute geprägt.
An ein Stück Senecas mit dem Titel „Phaedra" ist der folgende Text angelehnt.

Szenenbild aus der Tragödie „Phädra" von Jean Racine (1677). Aufführung bei den Salzburger Festspielen 2010.

G

SYRUS: Cui placuit fabula de Antigona acta?
MARCUS: Mihi non placuit, quia res tristis est. Res tristes mihi non placent. Num tibi placuit ea fabula, Cornelia?
CORNELIA: Antigona mihi placuit. Hanc feminam exemplum magnae fidei esse puto!
SYRUS: Visne audire aliam fabulam tristem?
CORNELIA: Cur rogas? Equidem omnes tragoedias (!) amo.

Phädra zwischen Vernunft und Wahnsinn

Porträt des Philosophen und Dichters Seneca. 1.-3. Jh. n. Chr. Berlin, Antikensammlung.

T Phädra ist die zweite Frau des Theseus, des Königs von Athen. Als Theseus längere Zeit fort ist, verliebt sich Phädra leidenschaftlich in Hippolytos, den Sohn des Theseus aus erster Ehe, also ihren Stiefsohn. Sie wird sich ihrer Verwirrung immer stärker bewusst – sie kann doch nicht dieser Liebe nachgeben! Als sie auch noch ihre Heimat Kreta zu vermissen beginnt, schaltet sich Phädras alte Amme ein:

PHAEDRA: O magna Creta, domina maris vasti: Cur me vitam in malis lacrimisque agere cogis? Nunc sola hic sum, quia Theseus abest neque fidem praestat uxori. At tamen ego adventum mariti desidero. Nam dies noctesque crescit et ardet malum, quod vehementer me sollicitat: Labores meos subire et deos donis colere mihi non iam libet, sed semper in silvis montibusque esse volo. Quo petit animus meus?

NUTRIX[1]: Quam mulierem desperatam audio? Quid, misera, verbis tuis dicere vis? Quidnam illud malum est?

PHAEDRA: Amore Hippolyti incensa sum. – Satisne dixi?

NUTRIX: Quem amas? Nonne id te pudet? Hippolytus quasi filius tuus est! Te spei turpi dedis! Occides! Exstingue, Thesei clara coniunx, flammas amoris. Num dubitas? Num amori tuo cedere vis?

PHAEDRA: Res ita est, ut dixisti. Amore non levi capta sum. Equidem flammas amoris in animo meo exstinguere non possum. De ea re omnem spem deposui. Qui deus amorem exstinguet?

NUTRIX: Spem salutis in virtute tua ponere debes! Aliter res adversae nobis accident.

PHAEDRA: Id verum esse scio, sed – cui ea bona consilia das? Mihi ratio deest: Furor me vicit et regit. *(nach Seneca, Phaedra)*

1 nūtrīx Amme

1 Personen charakterisieren
Untersuche, mit welchen Vokabeln Phädra über ihre Gefühle spricht, und überprüfe, wie sich dies im Laufe des Dialogs verändert. Wie wird durch den Satzbau und die verwendeten Satzarten Phädras „Verwirrung“ deutlich?

2 Beschreibe mit eigenen Worten den Konflikt, in dem sich Phädra befindet. An welcher Stelle in **T** wird er besonders deutlich?

3 Motive vergleichen
Informiere dich darüber, welchen Fortgang die tragische Geschichte um Phädras Liebe nimmt. Welche Gemeinsamkeiten erkennst du zwischen dieser Geschichte und den Geschehnissen um die Familie der Antigone?

4 Antike produktiv-kreativ rezipieren
Die Tragödie „Phädra“ wurde von mehreren bekannten Schriftstellern Europas immer wieder neu geschrieben. Könnt ihr euch vorstellen, wie eine heutige Fassung dieses Tragödienstoffes aussehen müsste, damit ihr sie gespannt lest? Formuliert in Kleingruppen den Dialog aus **T** in einer modernen Version (auch als Drehbuch möglich).

5 Suche zu jeder in **T** vorkommenden Frage das Wort, das dir zusätzlich zum Satzzeichen das Signal gibt, dass es sich hier um eine Frage handelt. Stelle die entdeckten Wörter in einer Liste zusammen und bilde dabei möglichst sinnvolle Gruppen.

Ü **A** Dekliniere (im Singular und Plural) nebeneinander in deinem Heft dies und nox. Markiere die Gemeinsamkeiten.

B Bestimme und übersetze:

1. vires (2), consules (3), aspicies, dies (3), vides, incipies, aes (2), amantes (2), abes (2), tristes (2).
2. verum (2), rerum, puerum, carminum.
3. se (2), spe, sorore, considere, iucunde, nubere.

C Deklinationenwürfel

Jeder Würfel ist beschriftet mit Formen zweier Wörter. Auf den gegenüberliegenden Seiten stehen die entsprechenden Formen des anderen Wortes. Wie lauten diese?

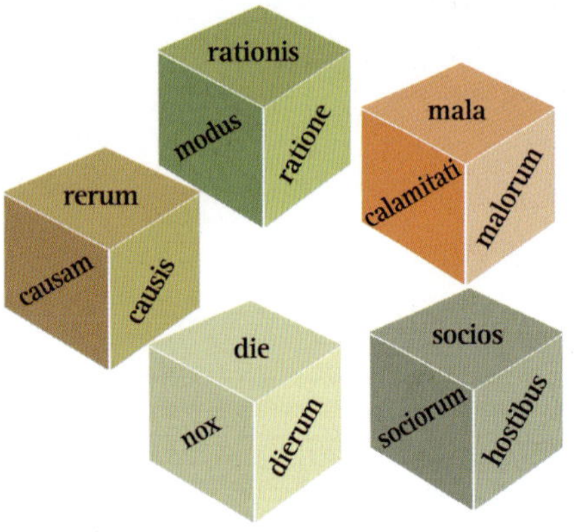

D Ein bewusstloser Mann liegt am Boden. Um ihn herum stehen mehrere Menschen, die laut Fragen stellen: Quis est? Ubi vivit? Cur ... Skizziere zusammen mit zwei Mitschülern ein Bild, auf dem diese Situation abgebildet ist. Tragt dann diese und weitere denkbare Fragen in Sprechblasen ein.

E Zwei Besucher der Tragödie „Phaedra" haben nur noch Plätze in der letzten Reihe bekommen. Einer der beiden ist kurzsichtig und lässt sich von seinem Begleiter das Geschehen beschreiben. Er fragt zuerst: „Quid vides?" Schreibe die weiteren Fragen auf, mit denen er die in den Antworten farbig markierten Wörter erfragt:

1. Mulierem tristem video. 2. Magna voce clamat, quia patriam non iam videt. 3. Nutrix manum dat mulieri. 4. Mulier tristis flammas amoris exstinguere non potest. 5. Nutrix feminae bona consilia dat.

Tragische Maske. Mosaik aus der Casa del Fauno in Pompeji. 1. Jh. n. Chr. Neapel, Museo Nazionale Archeologico.

F Seneca, der Autor der Tragödie „Phaedra", ist heute noch berühmt für seine philosophischen Betrachtungen. Er glaubt, dass die ratio das ist, was den Menschen von anderen Lebewesen wesentlich unterscheidet: rationale enim animal est homo. Wenn mir dies bewusst ist, ergibt sich daraus automatisch die Verantwortung, mein Denken und Handeln von der ratio lenken zu lassen. Um das einem Freund klar zu machen, stellt Seneca ihm in einem Brief die folgende Frage:

Si hominem vides
- interritum periculis,
- intactum cupiditatibus,
- inter res adversas felicem,
- in mediis tempestatibus placidum,
- e superiore loco homines videntem,
- ex aequo loco deos videntem,

nonne colis eum ut deum?

ratiōnālis, e mit Vernunft begabt – animal *n* Lebewesen – interritus unerschrocken – intactus unberührt – cupiditās Leidenschaft – fēlīx glücklich – tempestās Sturm – placidus ruhig, gelassen – superior höher – aequus gleich

1. Übersetzt den Text mithilfe der Wortschatzangaben. 2. Diskutiert, ob der Mensch eurer Meinung nach ein rationale animal ist. 3. Kennt ihr einen Menschen, der mit den im lateinischen Text dargestellten Eigenschaften ausgestattet ist? 4. Würdet ihr einen solchen Menschen verehren? Begründet eure Meinung. 5. Was bedeuten die Betrachtungen Senecas für Phädra und ihr Problem? Wie ist ihr Verhalten demnach zu bewerten?

So benimmt sich keine Römerin!

Z

Im 1. Jh. v. Chr. hat man in der römischen Gesellschaft viel über die Lebensweise der Patrizierin Clodia gelästert, die angeblich ein Verhältnis mit einem jüngeren Mann aus der Nachbarschaft, einem gewissen Cälius, hatte. Dieses Gerücht benutzt auch der Redner Cicero, um den politischen Einfluss der Clodia zu schwächen. In einer Rede vor Gericht wendet Cicero dazu folgenden Trick an: Das Publikum soll sich vorstellen, mit welchen Worten Clodia von einem ihrer Verwandten beschimpft und erniedrigt werden könnte:

Mulier, quid tibi cum Caelio, quid tibi cum illo adulescentulo[1] est? Nonne patrem tuum vides? Nonne modo maritum tibi fuisse scis, clarum ac fortem virum patriamque amantem, qui omnes paene cives virtute, gloria, dignitate superat? Ex ampla familia in familiam claram nupseras – cur tibi nunc Caelius tam coniunctus[2] est? Quid furori te dedis? Adulescentem aspexisti: Corpus pulchrum et oculi te moverunt; semper eum videre voluisti. Visne nunc tu, nobilis mulier, illum filium patris miseri tuis opibus tenere? Cave! Id tibi non continget; ille te repellet neque dona tua grata ei erunt. Quin redit mens tua? Quin amores novos invenire temptas?

(nach Cicero, Pro M. Caelio oratio)

1 adulescentulus ganz junger Kerl
2 coniunctus vertraut, verbunden

1 Stil analysieren

In der Art und Weise, wie Cicero den Verwandten sprechen lässt, wird die Einschätzung von Clodias angeblichen Verfehlungen sehr deutlich. Ermittle, welche Rolle gerade die Fragesätze hierbei spielen, indem du sie (im Deutschen) als Aussagen formulierst!

2 Bildquellen erschließen

Beschreibe, welche besonderen Tugenden eines Ehepaares du aus dem Relief ableiten kannst und welche „Gefahren" für genau diese Tugenden die Statue der Venus zum Ausdruck bringt. Beziehe deine Beobachtungen auch auf **T**.

Die sog. Venus Kallipygos. → Römische Kopie eines griechischen Originals aus dem 3. Jh. v. Chr. Neapel, Museo Archeologico Nazionale.

← Detail vom Sarkophag eines römischen Ehepaares. Um 240 n. Chr. München, Glyptothek.

Differenziert üben VI

Bearbeite nacheinander die Aufgabenbereiche I–III. Bei den Bereichen I und III kannst du den Schwierigkeitsgrad frei wählen.

Ein tragischer Schauspieler und eine Bühnenmaske. Römische Wandmalerei aus Pompeji. 1. Jh. n. Chr.

I Participium coniunctum

Schwierigkeitsgrad 1

Den folgenden lateinischen Sätzen, die jeweils ein Partizip enthalten, ist eine wörtliche Übersetzung zugeordnet. Finde zu jedem Satz mindestens zwei weitere, grammatisch korrekte und sinnvolle Übersetzungen des PC (z. B. als Relativ- oder Adverbialsatz):

a) Phaedra maritum amans adventum eius desiderat.
   Die ihren Ehemann liebende Phädra erwartet dessen Ankunft.
b) Tamen Phaedra amore Hippolyti capta furori resistere non potuit.
   Trotzdem konnte die von der Liebe zu Hipploytus ergriffene Phädra ihrem Wahnsinn nicht widerstehen.
c) Sed furor mulierem amore filii incensam puduit.
   Aber dieser Wahnsinn beschämte die von der Liebe zu ihrem Sohn entflammte Frau.
d) Denique Phaedra amore dies noctesque crescente victa est.
   Schließlich ist Phädra von der Tag und Nacht wachsenden Liebe besiegt worden.

Satz d) könnte auch als Ablativus absolutus aufgefasst werden. Würde eine weitere Übersetzung dann anders ausfallen?

Schwierigkeitsgrad 2

Ergänze die fehlenden Endungen und übersetze die Sätze:

a) Antigona imperium Creontis negleg? corpus fratris sepulcro (Grab) condidit.
b) Sed custodes Antigonam corpus conde? aspexerunt.
c) Iram Creontis time? regi iniuriam Antigonae nuntiaverunt.
d) Antigona autem mortem negleg? Creonti non cessit.

II Wer behält den Überblick?

Ödipus, der Vater der Antigone, tat, ohne es zu wissen, schlimme Dinge: Als ihm ein Orakel prophezeite, er werde seinen Vater töten und seine Mutter heiraten, verließ er entsetzt seine Heimat. Da er aber nur die halbe Wahrheit kannte, ermöglichte er damit erst die Erfüllung der Prophezeiung. Sein kompliziertes Schicksal erzählt der folgende Satz, der schrittweise länger und schwieriger wird. Wie weit kommst du?

a) Oedipus quondam in montibus expositus[1] erat.
b) Oedipus quondam in montibus expositus a rege Polybo[2] inventus[3] est.
c) Oedipus quondam in montibus expositus et a rege Polybo inventus se eius filium esse putavit.

1 ex-pōnere aussetzen
2 Polybus: König von Korinth, Stiefvater des Ödipus
3 inventus: *PPP zu* invenīre

d) Oedipus quondam [Laio[4] patre oraculo sollicitato] in montibus expositus et a rege Polybo inventus se eius filium esse putavit.
e) Oedipus quondam Laio patre oraculo sollicitato in montibus expositus et a rege Polybo inventus se eius filium esse putavit, sed sortem suam non cognovit.
f) Oedipus quondam Laio patre oraculo sollicitato in montibus expositus et a rege Polybo inventus se eius filium esse putavit, sed sortem suam non cognoscens patriam reliquit.
g) Oedipus quondam Laio patre oraculo sollicitato in montibus expositus et a rege Polybo inventus se eius filium esse putavit, sed sortem suam non cognoscens patria relicta[5] flagitium commisit.

4 Läius: König von Theben, wahrer Vater des Ödipus; ein Orakel hatte ihm prophezeit, dass er von seinem eigenen Sohn getötet werde.
5 relictus: *PPP zu* relinquere

III Deutsch für Fortgeschrittene

Schwierigkeitsgrad 1

Der folgende Text enthält zahlreiche Partizipialformen, offensichtliche und versteckte; finde möglichst viele Verbformen, bei denen es sich um Partizipialformen handelt:

„Gemessenen Schrittes betrat der Angeklagte den vollbesetzten Gerichtssaal. Verwundert rieben sich alle Anwesenden die Augen. Selbst erfahrene Geschworene waren verwirrt. Betrübt hatten sie ihn erwartet, betroffen, niedergeschlagen, wohl wissend, dass ihn eine verdiente Strafe für ein gravierendes Verbrechen erwarte. Doch ungeachtet aller belastenden Umstände ergriff er entschlossen das Wort, und unversehens und für alle überraschend griff er den vorsitzenden Richter mit geradezu unverschämten Worten an."

Schwierigkeitsgrad 2

Im Deutschen haben sich Spuren von einer Art „Genitivus absolutus" erhalten, der dem lateinischen Ablativus absolutus stark ähnelt, z. B. *„Unverrichteter Dinge* kehrte er heim."
Diese Partizipialkonstruktion kann man wie einen Ablativus absolutus auf verschiedene Weise auflösen:

- *Obwohl die Dinge nicht verrichtet worden waren,* ging er heim. (Adverbialsatz)
- *Trotz „Nicht-Verrichtung" der Dinge* ging er heim. (Präpositionalausdruck)
- *Die Dinge waren nicht verrichtet worden und* (trotzdem) ging er heim. (Beiordnung)

Löse in den folgenden deutschen Sätzen den „Genitivus absolutus" durch einen passenden Adverbialsatz, Präpositionalausdruck oder einen beigeordneten Hauptsatz auf:

a) Klopfenden Herzens packte sie ihr Geschenk aus.
b) Gesenkten Hauptes steht er da.
c) Er rennt sehenden Auges in sein Unglück.
d) Überraschenderweise (!) konnten sie das Spiel gewinnen.

Antike Kultur betrachten – europäische Kultur verstehen

Kulturelle Gemeinsamkeiten erkennen und hinterfragen

Ein thematischer Schwerpunkt der letzten Sequenz lag auf der griechischen Philosophie und Religion. Wenn wir heute durch Museen oder Schlossparks gehen oder Gemälde in Kunstgalerien betrachten, begegnen wir immer wieder Darstellungen der römischen und griechischen Götter, ja sogar in der modernen Werbung spielen sie eine Rolle.

- Identifiziere die auf der Vase abgebildeten Götter. Benenne sie jeweils mit ihrem griechischen und ihrem lateinischen Namen.
- Formuliere Vermutungen darüber, wie es zu der Ähnlichkeit von griechischen und römischen Göttern gekommen ist.

Griechische Vasenmalerei. Um 550 v. Chr. Paris, Musée du Louvre.

Im Internet recherchieren

Vielleicht möchtest du mehr über die Götter der Griechen und Römer erfahren. Neben Büchern steht dir als weitere Informationsquelle das Internet zur Verfügung.
Du hast ja bereits geübt, die Glaubwürdigkeit einer Quelle einzuschätzen (vgl. S. 54). Das gilt besonders für das Internet. Hier stellt sich angesichts des riesigen Angebots von Informationen die Frage, welche der gefundenen Informationen überhaupt brauchbar sind.
Zu möglichen Informationsquellen gelangst du durch Eingabe von Begriffen in eine Suchmaschine; so erhältst du eine Liste von Internetseiten, auf denen deine Suchbegriffe auftauchen.

- Gib in eine Suchmaschine im Internet den Namen einer römischen oder griechischen Gottheit (z. B. Mars) ein. Überprüfe die ersten zehn Suchergebnisse und entscheide, welche der aufgelisteten Informationen für dich interessant sind.
- Verändere und ergänze deine Suchbegriffe solange, bis die Suchmaschine möglichst viele Seiten auflistet, die für deine weitere Recherche interessant sind.
- Verfahre so mit mehreren Götternamen.
- Erstelle für das Fach Latein eine eigene „Favoritenliste“, auf die du bei deiner Arbeit immer wieder zugreifen kannst. Aktualisiere diese Favoritenliste regelmäßig.

Utopien entwickeln

Die Römer haben durch die Begegnung mit den Griechen wichtige kulturelle Impulse erfahren. Beide Kulturen haben gemeinsam die europäische Kultur bis in die Gegenwart maßgeblich geprägt. Doch auch diese europäische Kultur ist in der Gegenwart und Zukunft Einflüssen ausgesetzt.

- Vergleicht die unterschiedlichen Möglichkeiten der Begegnung mit anderen Kulturen in Antike und Gegenwart. Berücksichtigt dabei auch die modernen Medien.
- Entwickelt die Utopie (von griech. *utopos* – ein Ort, der in der Vorstellung, nicht aber in der Wirklichkeit existiert) einer europäischen Kultur der Zukunft. Überlegt dabei: Was wird die kulturelle Identität Europas in hundert Jahren ausmachen? Welche kulturellen Einflüsse aus anderen Regionen und Religionen der Welt werden sich durchsetzen? Was wird sich vom griechisch-römischen Erbe erhalten? Wie „europäisch“ wird Europa in hundert Jahren sein? Wird es noch Schüler wie euch geben, die Latein lernen?

Die Römer profitieren vom Orient

Rom war über seine Beziehung mit Griechenland auch in Kontakt mit Kleinasien getreten. Die Städte an der kleinasiatischen (heute türkischen) Westküste waren zwar in ihrer Lebensform griechisch geprägt, doch sie unterschieden sich von Griechenland in einem wichtigen Punkt: Hinter ihnen standen bedeutende Kulturen des Orients.
Es fügten sich hier griechisches Denken und orientalische Prachtentfaltung zu einer einmaligen Verbindung zusammen. Dies war für die Römer besonders anziehend.

Die Celsus-Bibliothek in der kleinasiatischen Stadt Ephesos. Die Bibliothek beherbergte bis zu 12 000 Buchrollen. Das Gebäude wurde zwischen 114 und 125 n. Chr. von Tiberius Iulius Aquila Polemaeanus zu Ehren seines Vaters errichtet. Vater und Sohn gehörten zur römischen Senatorenschicht und hatten beide das Konsulat bekleidet.

1 Sucht auf einer modernen Karte der Türkei weitere Orte, die zu einer Besichtigung empfohlen werden, und sammelt Material zu diesen Orten.

Federico Barocci: Äneas' Flucht aus Troja. 1598. Rom, Galleria Borghese.

Mit der Zerstörung Trojas beginnt, wie du weißt, die Geschichte von der Gründung Roms (L 22).
Du erinnerst dich: Äneas verlässt in göttlichem Auftrag seine zerstörte Heimat, um nach Italien zu segeln. Die Hausgötter, seinen Vater und seinen Sohn nimmt er mit. Aber was wird aus der Mutter seines Sohnes, seiner Gattin Krëusa?
Unterwegs trifft er die Königin Dido, verliebt sich in sie – verlässt sie dann aber auf göttliche Weisung, weil er den Auftrag hat, in Italien eine neue Heimat zu finden.
Wie gelang es nun den römischen Dichtern, den Urvater der Römer als Vorbild hinzustellen, ohne ihn als rücksichtslos gegenüber Frauen erscheinen zu lassen?
Der Text gibt wieder, wie der Dichter Vergil die Trennung von Äneas und Krëusa erzählt.

1 Recherchiere die Fahrtroute des Äneas von Troja nach Italien. Wo triff er auf die Königin Dido?

G

Marcus fortis est. Iulia fortior est.
Cornelia fortissima est.
Iulia fortior est quam Marcus.
Cornelia fortior est Iuliā.
Cornelia omnium fortissima est.

Äneas verliert seine Frau

T Das trojanische Pferd hatte seinen Zweck erfüllt und den Griechen geholfen, die uneinnehmbaren Befestigungsmauern Trojas zu überwinden.

Nobilissimi Troianorum patriam fortiter defendebant, sed Graeci fortiores erant Troianis. Qui acriter resistebant – sed hostes saevius pugnabant quam incolae[1] oppidi. Quo acrius Troiani resistebant, eo crudelius hostes incolas necabant: Sanguinem fecerunt, nemini pepercerunt, totam urbem accenderunt: Ignis, qui est ferro crudelior, omnia perdidit.
Etiam Aeneas patriam et domum suam quam fortissime defendens vim hostium non prohibuit.
Dei autem eum – Troia relicta – novam patriam quaerere et gentem suam clarissimam reddere iusserunt. Quare signo a deis dato una cum familiaribus ex oppido fugit: Patrem Anchisam et filium parvum Ascanium ex urbe eduxit. Creusam, coniugem carissimam, post filium ire iusserat.
Sed postquam periculum effugit, extra urbem constitit. Respiciens Creusam non iam conspexit. Tum Aeneas fortissimum se praebuit: Dolore acerrimo commotus solus in oppidum redit, per urbem perditam currit, uxorem saepe vocat. Sed nemo respondet.
Subito umbra Creusae ante oculos stat et: „Aeneas", inquit, „dulcissime coniunx! Haec omnia non sine numine deorum eveniunt, qui te fortiorem aliis viris esse sciunt. Tu quaere sedes novas: Iter longius erit laboresque ingentiores erunt, sed invenies coniugem regiam condesque urbem potentissimam. Dei cives huius urbis dominos gentium facient. Ego autem Troiam non relinquam. Dei in hac regione me retinent. Vale et serva amorem Ascanii, nostri filii communis!" *(nach Vergil, Aeneis)*

1 incola Einwohner

Die Prophezeiungen der Krëusa wurden nach langen Jahren Wirklichkeit.

Äneas rettet seinen Vater und das Kultbild der Athene aus dem brennenden Troja. Münzprägung Cäsars. 47/46 v. Chr. Berlin, Münzkabinett.

1 Ermittle vor der Übersetzung von **T**, welches Sachfeld den ersten Absatz dominiert; beachte vor allem die Adjektive und Verben. Was kannst du somit über den Inhalt des Abschnitts vermuten?

2 Suche in **T** Adjektive und Adverbien, die Äneas und sein Handeln charakterisieren. Welche Aussagen über die Gefühle des Äneas für seine Gattin Krëusa lassen sich **T** entnehmen? Belege deine Antworten mit Zitaten.

3 Untersuche die Worte, die Krëusa an Äneas richtet: Welche Haltung zeigt sie gegenüber dem Plan der Götter? Welche Rolle spielt für sie die Liebe zu ihrem Mann?

4 Versetze dich in die Lage des Äneas: Was empfindest du bei Krëusas Worten? Wie würdest du reagieren? Was würdest du ihr antworten?

5 Argumente vertreten
In **T** ist viel von Befehlen der Götter und von Schicksal die Rede. Nehmt Stellung zu der Frage, ob die Freiheit des einzelnen Menschen oder das Schicksal unser Leben bestimmt. Beschreibt die Konsequenzen, die sich aus eurer Antwort ergeben und setzt sie in Bezug zum Handeln des Äneas.

Ü

A Einen Vergleich kann man im Lateinischen mit quam oder mit dem Ablativ des Vergleichs ausdrücken. Notiere jeweils die Alternative zu den folgenden Sätzen aus **T**:

1. Graeci Troianis fortiores erant.
2. Hostes saevius pugnabant quam incolae (Einwohner) oppidi.
3. Ignis, qui est ferro crudelior, omnia perdidit.
4. Dei te fortiorem aliis viris esse sciunt.

B Treffsicher formulieren

1. Ordne die deutschen Ausdrücke den passenden lateinischen Elativen zu:

abgrundtief, barbarisch, bärenstark, brandneu, ellenlang, federleicht, fuchsteufelswild, haushoch, hochberühmt, kinderleicht, messerscharf, pfeilschnell, randvoll, stinkvornehm, steinalt, stockfinster, todesmutig, todtraurig, todunglücklich, verrucht, wunderschön, zentnerschwer, zuckersüß

acerrimus, altissimus (2), antiquissimus, celerrimus, crudelissimus, dulcissimus, facillimus, fortissimus (2), gravissimus, levissimus, longissimus, miserrimus, nobilissimus (2), novissimus, obscurissimus, plenissimus, pulcherrimus, saevissimus, tristissimus, turpissimus

2. Finde jetzt selbst treffende deutsche Ausdrücke:

1. amica carissima 2. poeta clarissimus 3. fatum gravissimum 4. senator honestissimus 5. vir miserrimus 6. coniunx dulcissima 7. dolor acerrimus 8. puer levissimus

C Übernimm die Tabelle in dein Heft, bestimme die Formen und ergänze entsprechend dem Beispiel.

	Positiv	Komparativ	Superlativ
Abl. Sg. *m*	acri	acriore	acerrimo
Adverb	graviter	?	gravissimē
?	forte	?	fortissimum
?	acerbē	?	?
?	celeribus	?	?
? *f*	?	graviorum	?
?	?	?	facillimas

D Satzwertige Konstruktionen bilden

Aus zwei mach eins! Bilde jeweils einen einzigen Satz, indem du den zweiten Teil als AcI vom ersten abhängig machst.

Beispiel: Scis: Romulus Romam condidit.
→ Scis Romulum Romam condidisse.

1. Romani narraverunt: Lupa (Wölfin) Romulum et Remum aluit. 2. Manifestum est: Romani multis populis imperaverunt. 3. Scimus: Romani etiam cum Gallis pugnaverunt. 4. Audivistis: Multa aedificia pulchra in urbe Roma sunt. 5. Poetae narrant: Uxor ab Aenea saepe vocata est. 6. Aeneas dixit: Dei uxorem retinent. 7. Scimus: Comites Aenea duce Troiam reliquerunt.

E Wortbildung vergleichen

Was ist mit den folgenden deutschen Substantiven passiert?
Büchlein, Frauchen, Frauke, Mareike, Herzchen, Herzilein ... Dir fällt bestimmt noch mehr ein.
Auch im Lateinischen gibt es solche „Deminutiv-Formen" (Verniedlichungsformen) von Substantiven:

liber *Buch* → libellus *kleines Buch,*
canis *Hund* → canicula *Hündchen,*
Marcus → Marcellus

Sieh dir jetzt noch einmal die Regeln zur Steigerung an und beschreibe den Trick, mit dem eine Sprache Wörter „vergrößern" oder „verkleinern" kann.

F Sprachen vergleichen

Welche zwei Methoden, bei Adjektiven die Steigerung zu signalisieren, kannst du unterscheiden?

Lateinisch:	longus	longior	longissimus
Deutsch:	*lang*	*länger*	*der längste*
Englisch:	*long*	*longer*	*the longest*
Französisch:	*long*	*plus[1] long*	*le plus[1] long*
Italienisch:	*lungo*	*più[2] lungo*	*il più[2] lungo*

1 lat./frz. plus ~ mehr – 2 it. più ~ mehr

„Pius Aeneas“ – eine andere Sichtweise

Z Du kennst schon die Geschichte von Äneas (22 **T** und 33 **T**). Stell dir vor, Königin Dido hätte der ersten Gattin des Äneas, Krëusa, einen Brief schreiben können, in dem sie ihre Wut und ihre Enttäuschung zum Ausdruck bringt, dass Äneas sie verlassen hat.

Dido Creusae salutem dicit.
Omnes Aeneam pium appellant, sed nemo improbior est illo pio Aeneā. Nemo superbior, nemo crudelior est quam dux Troianorum. Nam reliquit et te, honestissimam omnium uxorum, et me, potentissimam omnium reginarum[1], quod imperio deorum parere debuit, ut ipse contendit. Homines fatum et officium gravius esse amore dicunt, quamquam nihil tristius est officio, nihil dulcius amore. Ille dux fortis, qui amorem officio praeponere[2] non audet, miserrimum omnium se praebuit.
Talis est virtus virorum! Talis est animus viri, qui urbem potentissimam condet!

1 rēgīna Königin
2 praepōnere *m. Dat.* für wichtiger halten als

1 Dido, die Verfasserin des erfundenen Briefes, will besonders eindringlich formulieren; sie erreicht dies mehrfach durch einen parallelen Satzbau. Suche Belege dafür. Wodurch wird die Eindringlichkeit noch bewirkt?

2 Informiere dich darüber, wie Dido letztendlich auf die Trennung von Äneas reagiert hat.

3 Erkläre, wie der Maler die besonderen Möglichkeiten eines Deckengemäldes für die Wirkung seiner Darstellung nutzt.

Die Ankunft des Äneas in Italien. Deckengemälde von Matthäus Günther im Stuttgarter Neuen Schloss. 1757.

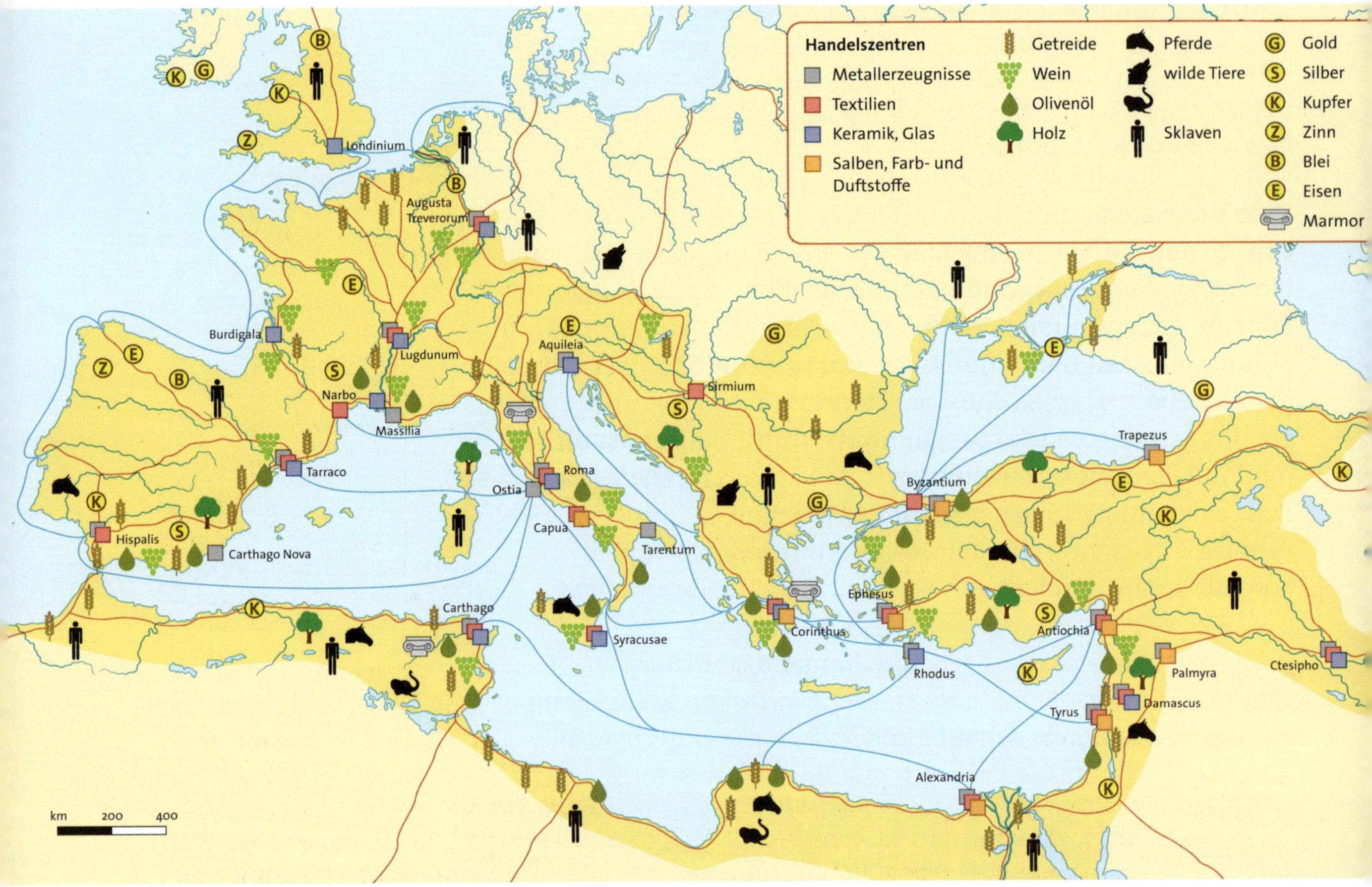

Die Wirtschaft des Imperium Romanum zur Kaiserzeit.

Im östlichen Mittelmeergebiet herrschte seit der Zeit des Kaisers Augustus Frieden. So konnten in den folgenden Jahrhunderten die Menschen im gesamten Mittelmeergebiet sicher Handel treiben.

Ephesos in Kleinasien war eine der größten Handelsstädte im Imperium Romanum. Die Handelsgeschäfte im Hafen waren eine wichtige Voraussetzung für den Wohlstand der Stadt. Die Abwicklung der Geschäfte war ganz unproblematisch, denn im ganzen Reich wurde in einheitlicher römischer Währung bezahlt und überall galt das römische Recht.

Ihre Glanzzeit hatte die Stadt Ephesos unter Kaiser Hadrian (117–138 n. Chr.), der das gesamte Imperium bereiste, um den Wohlstand in den Provinzen zu fördern. In dieser Zeit muss die Stadt ungefähr 200 000 Einwohner gehabt haben. Sie besaß zwei Märkte, mindestens sieben Thermenanlagen, ein riesiges Gymnasium, ein Theater, ein Stadion, Straßen mit Säulengängen, zahllose Tempel, Wasserleitungen und sogar eine der bedeutendsten Bibliotheken der Kaiserzeit, die Celsusbibliothek. Viele prächtige Gebäude verdankte Ephesos reichen Bürgern, die bereit waren, ihre Stadt auf eigene Kosten zu verschönern.

G Vergleiche:

longus	longior	longissimus
fortis	fortior	fortissimus
bonus	melior	optimus

Kaufleute feilschen in Ephesos

T Quintus Crassus Oeconomicus und Croesus Monopolista – das sind natürlich Fantasienamen für zwei Kaufleute. Aber dass sich zwei Kaufleute zur Zeit des Kaisers Hadrian im Hafen von Ephesos treffen, ist durchaus vorstellbar. Gerade ist der Römer Crassus mit seinem Schiff im Hafen angekommen:

Plurimae naves in portu sunt, audiuntur ubique[1] voces hominum diversis linguis clamantium. Mercator Romanus in taberna amicum invenit et Graecā linguā Croesum salutat[2]: „Chaire!“[3] „Salve!“, ille respondet. Tum Latinā linguā de negotiis agitur:

„Vinum optimum importavi[4]: Vinum, quod superiore anno emisti, bonum erat, sed hoc anno etiam melius est. Vinum Italicum totius imperii optimum esse constat. Hoc vinum maiori usui tibi erit. Nam imperator Hadrianus, qui provinciis semper consulit, Ephesum visitabit[5]. Et senatores Romani una cum eo venient. Itaque Falernum[6] ab eis libenter sumptum maiore pretio vendes. Et maximo honori tibi erit hoc vinum imperatori offerre[7]“.

„Honor meus tibi magnae scilicet curae est! Quid aliud vendere cupis?“

„Oleum[8] minore pretio a senatore Romano, amico meo, emi: Oleum optimum vendit. Bonum pretium faciam amico bono. Sed manus manum lavat. Quid tu vendis?“

„Omnia, quae optas – omnia ex oriente[9] importata: unguenta[10], condimenta[11], textilia[12] mira; sed magno constant.“

„Mmh. Quippe omnia, quae ex oriente importantur, Alexandriae[13] et Antiochiae[14] minimo pretio emuntur.“

„Sed iter longius est. Periculosius[15] est haec omnia Romam vehere. Piratae ...“

„Piratae maxime timent imperatorem Hadrianum, qui – sicut ipse dixi – provinciis semper consulit.“

1 ubīque überall
2 salūtāre begrüßen
3 Chaire *(griechisch)* Sei gegrüßt!
4 importāre: vgl. Fw.
5 vīsitāre besuchen
6 Falernum Falernerwein
7 offerre anbieten
8 oleum Öl
9 oriēns, ntis Osten
10 unguentum Salbe, Parfüm
11 condimentum Gewürz
12 textilia *Pl.* Stoffe
13 Alexandrīae in Alexandrien
14 Antiochīae in Antiochia
15 perīculōsus gefährlich

1 Informiere dich vorab auf der Karte (S. 164) über wichtige Handelsgüter und Handelsrouten im östlichen Mittelmeerraum. Welche der in **T** genannten Handelsgüter sind typisch für Ephesos? Überlege, wodurch die Entwicklung von Ephesos als Handelszentrum begünstigt wurde.

2 Was fällt an dem Gespräch der Kaufleute auf? Untersucht in Partnerarbeit ihre Sprache im Hinblick darauf, wie sie ihre Ware an den Mann bringen wollen. Jeder Partner übernimmt einen Gesprächspartner.

3 Informationen entnehmen
Die Namen der Kaufleute in **T** sind erfunden. Informiere dich in einem Fremdwörterlexikon über Herkunft und Bedeutung der Fremdwörter „Ökonomie“ und „Monopol“.

4 Antike Lebenswirklichkeit erkennen
Überlege, ausgehend von den Zeilen 1–4, welche Bedeutung die lateinische Sprache für die Wirtschaft im Römischen Reich hat.

5 Mit der eigenen Lebenswelt vergleichen
Informiert euch über den Begriff Globalisierung. Diskutiert, ob der Handel in Ephesos ein Beleg für eine antike Form der Globalisierung ist.

Ü

Die List des Odysseus mit dem hölzernen Pferd hatte Erfolg gehabt ...
Graeci Troianos vicerant. Gaudium magnum erat. Victoria Graecis magno gaudio erat. Ulixes, qui dolum invenerat, ab omnibus laudabatur. Honos eius magnus erat. Victoria Ulixi magno honori erat. Duces Graeci deis gratias agebant et sacra curabant. Sacra deorum ducibus curae erant.

A Bedeutungen ermitteln

consulere mit Dativ oder Akkusativ?
Setze je nach Zusammenhang die eingeklammerten Wörter in den richtigen Kasus und übersetze:

1. Pater et mater (liberi) magna cura consulunt.
2. Consul (senatores) de re publica consulit.
3. Dominus (servus) bene consulere debet.
4. Senator Romanus (amicus) consulit, nam amicus multas res cognovit.
5. Manus manum lavat! Itaque Valeria consulit (amica), quae ei adfuit.

B Welchem Zweck dient das ?

Ergänze jeweils die Dative des Zwecks. Suche dann eine passende deutsche Formulierung als Übersetzung.

1. Feriae (Ferien) liberis ? sunt.
2. Pater amico filios ? misit.
3. Antiquis temporibus equi hominibus, qui agros colebant, ? erant.
4. Salus civium senatoribus ? esse debet.
5. Labor magis quam pecunia hominibus ? est.

C Fremdwörter erklären

Vergleiche die Vokabelzettel mit den Fremdwörtern in den deutschen Sätzen und erkläre dann die Bedeutung der deutschen Fremdwörter.

plures | minor | pessimus[1] | maximus | peior[2] | maior | minimus | optimus | melior

1. Ich bin eher **Optimist** als **Pessimist**. 2. Er kümmerte sich mit **maximalem** Einsatz um die notleidende Bevölkerung. 3. Bilde den **Plural**! 4. Die Regierungspartei hat die **Majorität** im Parlament. 5. Durch Bewässerung erzielt man eine **Melioration** des Bodens. 6. Die Aktie konnte nur **minimale** Gewinne erzielen. 7. „Kindisch" ist ein **Pejorativum** zu „kindlich". 8. Die deutschstämmige Bevölkerung bildet eine **Minorität** in Polen.

1 pessimus der schlechteste 2 peior schlechter

D Mehrdeutige Formen erschließen

Achte bei der Übersetzung des folgenden Dialogs zwischen einem Römer und einem Weinhändler besonders auf die passende Wiedergabe der Komparative.

1. Mercator: „Hoc vinum melius est.
2. Illud autem melius est quam hoc."
3. Romanus: „Sed pretium utriusque (von beiden) maius est."

E Schiffe im Hafen

Crassus und Croesus haben in der Hafenkneipe zwei Geschäftspartner getroffen, den Ägypter Ptolemaeus Alexandrinus und den Briten Britannicus. Was erfahren wir über die Schiffe der vier Männer im Vergleich?

1. Britannico plures quidem naves sunt quam Croeso, sed peiores (peior schlechter). 2. Etsi Ptolemaeus minores naves habet quam Crassus, tamen Ptolemaei naves meliores sunt. 3. Bonae naves, quae Crasso sunt, plures et meliores sunt navibus Britannici. 4. Naves Croesi maiores sunt quam eae, quas Ptolemaeus habet.

Celsus – ein antiker Sponsor

Z

Auf seinem Weg durch die Stadt sieht Quintus Crassus Oeconomicus in einer Prachtstraße ein besonders prunkvolles Gebäude. Crassus hört, was ein begeisterter Ephesier seinen Gästen aus Alexandria über das Gebäude erzählt:

„Celsus Polemaeanus, vir clarissimus, hoc aedificium civibus e testamento[1] donavit. Bibliotheca[2] publica est. Celsus vir honestissimus erat, amicus imperatoris Traiani. Ecce, in muris leguntur inscriptiones[3] Graecae et Latinae, in quibus de vita eius narratur: Senator Romanus erat. Proconsul[4] factus est provinciae Asiae, quae est clarissima omnium provinciarum.
Ibi saluti civium optime consulebat. Itaque filius Celsi non dubitavit bibliothecam quam luxuriosissime[5] ornare. Ecce muri marmorei[6], ecce sarcophagus[7] Celsi marmoreus, ecce ....“
Tum unus ex hospitibus civem Ephesium[8] interrogat: „Quid? Inscriptiones de vita Celsi? Sarcophagus? Estne bibliotheca publica an monumentum Celsi? Celsus gloriam sibi ipsi et familiae quaesivit!“
Sed civis Ephesius respondet: „Et salus civium et gloria sua Celso curae erant. Nam bibliotheca et civibus maximo usui est et Celso magnam gloriam parat.“

1 ē testāmentō durch testamentarische Verfügung
2 bibliothēca: vgl. Fw.
3 īnscrīptiō, ōnis *f* Inschrift
4 prōcōnsul Statthalter
5 luxuriōsus, a, um aufwendig
6 marmoreus aus Marmor
7 sarcophagus Sarkophag (prunkvoller Steinsarg)
8 Ephesius, a, um aus Ephesos

1 Überzeitliche Aktualität erkennen
Vergleiche die Motive, aus denen Celsus handelt, mit Verhaltensweisen berühmter Personen der Gegenwart.

2 Welche Charakteristika einer Inschrift fallen dir im Vergleich mit der Textfassung (rechts neben der Abbildung) auf?

An einem Sockel der Celsusbibliothek (vgl. S. 159) ist der cursus honorum des Celsus, des ersten römischen Konsuls, der aus der Provinz Asia stammte, angebracht:
Tiberio Iulio Tiberi filio Cornelia Celso Polemaeano, consuli, proconsuli Asiae, Tiberius Iulius Aquila consul fecit. – *„Dem Tiberius Iulius Celsus Polemaeanus, Sohn des Tiberius, aus der Tribus Cornelia, Konsul, Prokonsul von Asia, hat Tiberius Julius Aquila, Konsul, dies errichtet.“*

„Ungefegter Raum". Fußbodenmosaik, gefunden auf dem Aventin in Rom. 2. Jh. n. Chr. Rom, Musei Vaticani. Ursprünglich stammt dieses Bildmotiv, das die Römer häufig in Speisezimmern verlegen ließen, aus Kleinasien. Der berühmteste Mosaikkünstler und Erfinder des „ungefegten Raumes" (asarotos oikos) war Sosos von Pergamon.

Die Städte und Provinzen in Kleinasien sind für Rom nicht nur wirtschaftlich bedeutsam, sie wirken auch als Stätten des kulturellen Austauschs. Wenn römische Soldaten und Verwaltungsbeamte nach Kleinasien geschickt werden, lernen sie dort eine Lebensart kennen, die ihnen z.T. aus Rom nicht bekannt ist. Eleganz in der Art zu wohnen und sich zu kleiden hat im Osten eine lange Tradition und das Essen ist hier weitaus feiner und luxuriöser. Auch zuvor unbekannte Früchte wie der Pfirsich oder die Kirsche gelangen aus Kleinasien nach Rom.
Der römische General Lukull, der um 70 v. Chr. in Kleinasien Feldherr gewesen ist, setzt diese Art der Lebensführung auch nach der Rückkehr in seine Heimat fort.
So ist sein Name bis heute sprichwörtlich für einen aufwendigen und eleganten Lebensstil, der mit der früheren römischen Schlichtheit nichts mehr zu tun hat.

G Ein junger Römer wird auf dem Forum von einer zwielichtigen Gestalt angesprochen:
„Patrem tuum in Asia (!) fuisse audivi. Quid de illo itinere et de eius negotiis scis? Aliqui mercator dixit patrem tuum multum auri et argenti Romam portavisse. Dic (Sag) mihi verum! Aliquid audire volo! Cur taces?"
„Nihil dicam! Nos omnes scimus te furem esse – et furis est semper aliquid rapere velle! Itaque nihil novi tibi narrabo!"

Leben wie Lukull

T Marcus, der Sohn des Quintus Crassus Oeconomicus, ist mit seinem Vater nach Rom zurückgekehrt; im Hafen von Ostia trifft er auf seine alten Freunde. Vor allem sein Freund Callidus breitet stolz seine Kenntnisse vor Marcus aus:

FLACCUS: „Ubi terrarum fuistis et quid novi Romam portavistis?“

MARCUS: „Videtisne illam navem? Patris est. In Asia pater magnam copiam rerum pulcherrimarum emit. Ob eam rem nobis cenam vere Lucullianam[1] fecit.“

CALLIDUS: „Quis vestrum, amici, novit hominem nomine Lucullum?“

MARCUS: „Nuper aliquis mihi dixit hominem semper bene cenantem Lucullum nominari!“

CALLIDUS: „Recte dicis – sed Lucius Licinius Lucullus vir Romanus erat! In Asia multos annos provinciae praefuit quaestor[2]; multis rebus bene confectis aedilis factus est, deinde praetor; postea in Africam iit et inde ...

FLACCUS: „Equidem aliquid dicere volo! Lucullus etiam magnus imperator in omni genere belli fuit, et si quid ei commissum erat ...“

LENTULUS: „Satis est! Ego quoque Lucullo ingenium egregium fuisse accepi. Sed – quid ad rem pertinet? Num imperatoris magni est bene cenare? Marcus de cena Lucculliana narravit!“

CALLIDUS: „In ultima parte vitae Lucullus non modo a militaribus muneribus, sed etiam a publicis se recepit; nam aliquo modo in otio vivere voluit. Postremo pecunia e praeda collecta hortos[3] et balnea[4] pulcherrime instruxit; aedificia magna et pretiosa[5] Luculli erant. Maximos sumptus faciens convivia ampla parare et ipse variis voluptatibus multum pecuniae consumere solebat.“

LENTULUS: „Nunc intellexi: Vitam eo modo vivere viri vere magni est.“ *(nach Cicero, Academici libri)*

1 Lūculliānus lukullisch, des Lukull
2 quaestor als Quästor
3 hortus Garten
4 balneum Bad
5 pretiōsus: *Adj. zu* pretium

Ein Sklave bereitet ein Bankett vor. Römisches Mosaik aus Nordafrika. 2. Jh. n. Chr. Paris, Musée du Louvre.

1 Text vorerschließen
Lies **T** langsam durch und versuche abschnittsweise (Z. 1–4, 5–8, 9–16, 16–17, 18–23, 24–25) zu verstehen, worum es geht.
Orientiere dich dabei an folgenden Fragen: Welche Personen und Orte werden erwähnt? Wer oder was wird wiederholt genannt? Was ist das Hauptthema des Gesprächs?

2 Stimmst du der abschließenden Aussage des Lentulus zu? Nimm kritisch Stellung.

3 Erläutere aus **T** und **Z**, was mit dem Begriff „lukullische Freuden“ gemeint ist.

4 Überzeitliche Aktualität erkennen
Lucullus galt schon in der Antike als eine schillernde, ungewöhnliche Persönlichkeit. Erkläre ausgehend von dem, was du über sein Leben weißt, was die Menschen an seinem Leben faszinierte. Kennst du eine bedeutende Persönlichkeit, die durch eine ähnliche Lebensweise heutzutage Aufsehen erregt?

Ü

Zwei junge Ephesier hören dem Marktgeschrei der Kaufleute im Hafen von Ephesos zu:
Nicolaos: „Illum mercatorem Romanum non amo. Nimia verba facit. Semper vinum Italicum laudat." – Artemios: „Ita est. Sed mercator multa verba facere debet. Mercatoris est vinum suum semper laudare. Nam mercator magnam copiam vini vendere et multum pecuniae sibi parare vult. In verbis eius nihil mali esse puto."
Welcher Position schließt du dich an?

A Sachfelder bilden

In dem Dialog in **T** geht es vor allem um die beiden Schwerpunkte, die Lukull in seinem Leben gesetzt hat: zunächst seine auf verschiedenen Ämtern aufgebaute Karriere und dann der genussreiche Ruhestand. Erstellt eine zweispaltige Tabelle, in der ihr zu beiden Bereichen die passenden Begriffe aus **T** heraussucht (Partnerarbeit).

B Markus irrt nachts durchs Haus, weil er ein Geräusch gehört hat. In die Dunkelheit hinein versucht er einen vermeintlichen Einbrecher anzusprechen. An einigen Stellen hat ihm allerdings die Angst die Stimme verschlagen, sodass du nachträglich die Lücken füllen musst, um seine Sätze verstehen zu können:
Setze an den passenden Stellen ein: aliquis, quis (3x), qui

1. Umbram video – ? es?
2. Si ? me audit, is vitam tristem aget!
3. Nam pater meus, ? est vir fortissimus, fures semper necat.
4. Num ? me audit?
5. ? adest! Te e tenebris in lucem voco.

C Kasusfunktionen erkennen

Übersetze und ordne die Kasusbezeichnungen richtig zu:

Dativ des Zwecks – Genitivus obiectivus – doppelter Akkusativ – Genitivus partitivus – Dativ des Vorteils – Genitiv der Zugehörigkeit

1. Lucullum egregium putamus. 2. Hoc tibi honori est. 3. Saluti civium consulis. 4. Domus patris parva est. 5. Spes salutis magna est. 6. Multum temporis mihi est.

D Typisch!

Du hast in dieser Lektion den Genitiv als einen Kasus kennengelernt, der etwas über die charakteristische Eigenart oder die besondere Aufgabe von jemandem aussagt. Verbinde demnach die beiden Spalten zu sinnvollen Sätzen:

consulis erat	res pulchras vendere
sacerdotis est	deos colere et mortalibus aures praebere
patris est	pericula subire et nihil timere
mercatoris est	membra fracta curare
viri fortis est	filios laudare
medici (Arzt) est	rem publicam regere neque in otio vivere

E Erfindet selbst typische Aussagen zu den abgebildeten Personen und schreibt die ergänzten Sätze auf:

matris est ?

militis est ?

regis est ?

servi est ?

F Zeitverhältnisse beachten

Übersetze und löse dabei die Infinitiv- und Partizipialkonstruktionen im richtigen Zeitverhältnis zum übergeordneten Prädikat auf.
Nach dem Gespräch mit seinen Freunden geht Lentulus grübelnd nach Hause:

1. Multis verbis amicorum auditis Lentulus intellegit Lucullum ...
... in otio vivere voluisse.
... virum magnum fuisse.
2. His rebus diu cogitatis Lentulus intellegit se ...
... puerum nihil scientem esse.
... quoque in otio vivere velle.

Speisen wie Lukull

Z

„Speisen wie Lukull“ ist noch heute eine bekannte Redensart. Über die besondere Lebensart des Lukull waren immer schon zahlreiche Anekdoten im Umlauf. Auf jeden Fall passen die hier ans Licht tretenden Charakterzüge gut zu dem, was wir bisher über Lukull wissen:

Quo modo Lucullus vitam agebat? Certe illius viri erat non modo multas voluptates capere, sed etiam miro modo vitam agere, ut hae fabulae narrant:
Nonnullis Graecis Romam convenientibus Lucullus per multos dies libenter cenam dedit. Postremo autem illi homines modesti[1] – ut sunt Graeci – ad cenam venire dubitaverunt, quia sumptus domini eis non placuit. Tum Lucullus ridens dixit: „Certe, amici, aliquid sumptus facimus vobis, sed maximam partem Lucullo!“

Quondam Lucullus solus cenans unam solam mensam et cibos tantum modicos[2] aspexit. Inde ira incensus servum, qui cenam paraverat, vocavit. Is se defendit dicens: „Domine, veniam da! Non tantum sumptus feci et cibos leves facilesque paravi, quia hospites non exspectavisti.“ – „Quid?“, respondit Lucullus. „Nonne sciebas Lucullum hodie apud Lucullum cenare?“
(nach Plutarch, Lukullos)

1 modestus bescheiden
2 modicus (mittel)mäßig

1 Welche Charakterzüge Lukulls werden in diesen Anekdoten zum Ausdruck gebracht?

2 Erfindet nun selbst eine Geschichte, die zu Lukull, dem Genießer, passt.

3 Auf der Abbildung unten siehst du drei Gänge eines römischen Menüs. Versuche, einzelne Speisen zu identifizieren. In dem Schüsselchen auf der rechten Platte befand sich sicherlich liquamen (auch garum genannt). Diese Würzsauce durfte in keiner römischen Küche fehlen: Man gab Meeresfische – z. B. Sardellen, Thunfisch, Aal und Makrele – in eine schwere Salztunke und ließ diese Mischung mehrere Wochen lang in der Sonne verfaulen. Der dann noch in den Fischen vorhandene Saft wurde gepresst und gefiltert. Fischsaucen-Fabriken stellten das Produkt im großen Stil her.

Fußbodenmosaik aus dem römischen Villenort Daphne (heute Harbiye bei Antakya). 3. Jh. n. Chr. Archäologisches Museum von Hatay, Türkei.

Der Artemis-Tempel von Ephesos, erbaut zwischen 560 und 500 v. Chr. Rekonstruktion.

Von den Sieben Weltwundern (miracula mundi) existieren heute nur noch die Pyramiden von Gizeh. In römischer Zeit existierten sie vermutlich noch alle. Allein drei dieser Bauwerke standen auf kleinasiatischem Boden und führten den staunenden Römern die Größe und den Glanz Kleinasiens eindrucksvoll vor Augen: der Tempel der Artemis (lat. Diana) in Ephesos, das Grabmal des Fürsten Mausolos in Halikarnass und eine gewaltige Statue des Sonnengottes auf Rhodos, der dem südlichen Kleinasien vorgelagerten Insel (vgl. S. 174, Karte).

1 Verfasst in Gruppen Beschreibungen zu den antiken Weltwundern.

2 Lies zur Vorbereitung die Geschichte von Demetrius und Paulus im Neuen Testament in ihrer deutschen Fassung (Apostelgeschichte 19, 23–40).

G

Aeneas dux fuit magna virtute. Graecis autem urbem Troiam capientibus Aeneas tristissimo animo erat et pugnans necari voluit. Sed dei Aeneae, viro summa religione, imperaverunt: „Collige familiam tuam et propera ad litus! Tum navibus Asiam relinquite! Sed pater tuus, quia senex est, ire non iam potest; itaque eum ferre debes. Fer eum e finibus Troianorum! Si patrem ex urbe fers, imperio Iovis pares.“ His verbis commotus Aeneas patrem ex urbe tulit. Tum iter multorum annorum suscepit.

Groß ist die Artemis von Ephesos!

Weihgeschenke aus dem Diana-Tempel in Ephesos.

T Beim Diana-Tempel in Ephesos konnten die Besucher kleine Silberfiguren der Göttin kaufen; diese Figuren waren nicht nur Souvenirs, ihnen wurde auch Glück bringende Wirkung zugeschrieben. Demetrius, ein Produzent solcher Figuren, schreibt an seinen in Rom lebenden kranken Freund einen Brief:

Demetrius Marco suo salutem dicit.

Dolebam te morbum tuum nunc minus fortiter ferre, quam prius tuleras. Memoria tene illud philosophorum: „Quod fert fortuna, fer!"

Sed de alia re ac de condicione vitae tuae scribere volui. Scis templum Dianae Ephesiae unum e miraculis mundi[1] esse. Hoc aedificium mira magnitudine est; quod cum aliis templis conferri non licet. Itaque multi homines urbem nostram visunt. Et multi eorum, qui hic vivunt – ut ego – quaestum faciunt[2] ex illo templo. Ante paucos dies nuntius mihi allatus erat hominem quendam, nomine Paulum, in urbem nostram venisse. Qui primo ante portas aedis orationem habuerat de deo aliquo, quem Iesum Christum vocabat; deinde in theatrum ierat. Qua re audita celeriter ad theatrum ibam; ibi cernebam Paulum, virum parva statura, de theatro ad forum descendentem et iterum numen Dianae illudentem[3]. Statim clamavi: „Quis eiusmodi verba fert? Equidem haec numquam feram. Statim auferte hunc impium hominem, qui maiestatem[4] Dianae laedit! Certe enim scio: Maiestate Dianae sublata nemo urbem nostram viset. Postremo – hic Paulus nos omnes perdet." Cuncti, qui verba mea audiverant, clamabant: „Magna est Diana Ephesiorum! Diana, tu es praesidium urbis nostrae!" Tunc magistratus, viri magni ingenii, Paulum circumvenerunt, vi a theatro averterunt, foras abstulerunt. Tum laetus domum ii.

Vale! *(nach der Apostelgeschichte)*

1 mīrāculum mundī Weltwunder
2 quaestum facere seinen Lebensunterhalt bestreiten
3 illūdere verspotten
4 māiestās, ātis Erhabenheit

Die Kultstatue der „Großen Artemis" von Ephesos. 2. Jh. n. Chr. Archäologisches Museum von Selçuk, Türkei.

1 Informiere dich über die Merkmale eines lateinischen Briefs (vgl. 24 **M** 2). Identifiziere diese Merkmale in **T**.

2 Tempusfunktionen ermitteln
Untersuche die Vergangenheitstempora in **T**. Versuche die Auffälligkeiten zu erklären.

3 Stelle zusammen, was du in **T** über das Artemis-Heiligtum und seine Bedeutung für Ephesos erfährst.

4 Überlege, von welchen Ängsten Demetrius geleitet wird und wie er seinen Angriff gegen Paulus begründet.

5 Sich kreativ-produktiv mit dem Text auseinandersetzen
Verfasse einen Antwortbrief des Markus und versuche darin das Verhalten des Demetrius kritisch zu würdigen.

Ü Lehrer: „Hercules vir fortis erat. Ingentia monstra petere audebat.“ – Schüler: „Ita est. Sed ego quoque vir magnae virtutis sum. Omnia pericula subire audeo. “ – Lehrer: „Tu scilicet fortissimus es. Et certe puer magnā audaciā es.“

A Sammle aus **G** und **T** alle Formen von ferre. Erstelle dann eine vollständige Liste der Formen des Präsensstammes.

B „Fer-flixte Formen“! Bestimme und übersetze: fero – feremur – fert – ferte – ferro – aufer – confers – afferunt – conferebam – feram – ferri (2)

C Ordne entsprechend **T** den genannten Personen oder Sachen ihre speziellen Eigenschaften zu:

Paulus est vir	magnae potentiae
Magistratus sunt viri	mira magnitudine
Aedis Dianae est	tristis animi
Diana est dea	magni ingenii
Marcus est amicus	animo impio.

D Suche aus **T** alle Ablative ohne Präposition heraus und stelle fest, welche Bedeutung sie im jeweiligen Satz haben.

E Fremdwörter erschließen

Suche (z.B. mit Hilfe eines Herkunftswörterbuchs) aus den folgenden Wörtern diejenigen heraus, die auf ferre oder eine Stammform davon zurückzuführen sind:

Koniferen – Atlas – relativ – Konferenz – Verrat – Ablativ – Dativ – Interferenz – absolut – Toleranz – Tulpe – Referat

Ermittle zu den Wörtern, die dir unbekannt sind, die Bedeutung.

Ein Weltwunder aus Liebe

Z

Mausolos (Mausolus) war im 4. Jh. v. Chr. der König von Karien, einem Gebiet im Südwesten Kleinasiens mit der Hauptstadt Halikarnass. Verheiratet war er mit Artemisia, einer außergewöhnlichen Frau:

Artemisia, quod Mausolum maxime amavit, mortem mariti gravissime fert. Ingenti luctu commota rem incredibilem suscipit: Mausolum vehementissime desiderans corpus eius comburit[1], deinde corpus combustum in pulverem[2] contundi[3] iubet; postremo, quod maritum semper in se ferre vult, hunc pulverem in aquam immiscet[4] et aquam bibit.

Tum magnum monumentum, quod Mausolus aedificare coeperat, pulcherrime ornat; hoc modo omnibus hominibus amorem suum maximum ostendit.

Sed Artemisia non solum semper memor est mariti. Haec mulier maxima virtute et regnum suum multos per annos optime administrat[5] et in bello se fortem praebet: Non modo Rhodios[6], qui Halicarnassum temptant, e patria sua cedere cogit, sed etiam Rhodum[7] ipsam capit. *(nach Gellius, Noctes Atticae)*

1 combūrere (-ūssī, -ūstum) verbrennen
2 pulvis, eris *m* Staub
3 contundere zerreiben
4 immiscēre hineinstreuen
5 administrāre verwalten
6 Rhodiī, ōrum die Bewohner von Rhodos
7 Rhodus *f* Rhodos (griech. Insel)

Mausolos hatte schon zu seinen Lebzeiten damit begonnen, dieses Bauwerk errichten zu lassen; Artemisia sorgte dann für seine Fertigstellung und vor allem für eine glanzvolle Ausstattung.

Rekonstruktion des Mausoleums von Halikarnassos. Erbaut um 350 v. Chr.

Differenziert üben VII

Die Übungen auf dieser Doppelseite nehmen drei Grammatik-Schwerpunkte der letzten Lektionen noch einmal auf. Wähle den Schwerpunkt aus, bei dem du dich weniger sicher fühlst.
Zum Abschluss folgt ein Text, der alle drei Schwerpunkte enthält. Diesen solltest du auf jeden Fall übersetzen.

Schwerpunkt 1: Steigerung

1 Setze die folgenden Adjektive in den Superlativ. Behalte Kasus, Numerus und Genus bei:

a) turpibus b) pulchram c) probi d) crudelem (!) e) celeris (!)

2 Setze in den Komparativ und übersetze dann:

a) res difficiles b) pueris miseris c) fluctus magnus d) gentis nobilis e) multos homines

3 Setze die angegebenen Adjektive im Komparativ oder Superlativ in der richtigen Form ein und übersetze:

a) Ovidius ? omnium poetarum Romanorum est. *(clarus)*
b) Hannibal, quamquam ei exercitus ? erat quam Romanis, tamen Romam non occupavit. *(magnus)*
c) Fuitne Hannibal ? imperator Caesare? *(bonus)*
d) Cicero senatoribus de curis ? narravit. *(gravis)*

Schwerpunkt 2: Kasusfunktionen von Ablativ, Dativ und Genitiv

Bestimme die Kasusfunktionen der farbig markierten Formen und übersetze:

a) Scipio, imperator **magno honore**, multos milites in Africam duxit.
b) Quis **vestrum** libenter labores suscipit?
c) Dum primus **amicorum** ludum intrat, Quintus adhuc in lecto quiescit.
d) Cato, vir **summae dignitatis**, in senatu orationem habuit.
e) Mors filiae, quam maxime amaverat, Ciceroni **magno dolori** erat.
f) Mores temporum illorum Ciceroni **magnae curae** erant.
g) Lucretia, uxor **maxima virtute**, multis mulieribus Romanis **exemplo** erat.

Schwerpunkt 3: ferre und Komposita

1 Setze die folgenden Formen in den Plural und übersetze sie:
fero, contuli, attuleras, feram, aufertur, latum est

2 Übertrage die Sätze in dein Heft, wobei du die Lücken gemäß den Angaben in Klammern füllst. Übersetze dann:

a) Columbae (Tauben) multas epistulas ? (sie brachten herbei).
b) Milites Hannibalis ab elephantis per montes ? (sie werden getragen werden).
c) Laocoon (Laokoon) sacerdos dixit: „Graecos timeo, qui dona ? (sie bringen).

Die Witwe von Ephesos

T

Mulier quaedam Ephesia maritum amatum amiserat.
Cui monumentum maius aedificari iussit
et corpus in sepulcro[1] conditum more maiorum flere coepit.
Quia mors mariti viduae[2] maximo dolori erat,
diutius[3] in sepulcro mansit,
quam religio postulavit.
Dies noctesque vidua
flens et cibos negans
luctui se dabat.
Eodem autem tempore
duo scelerati ad illud sepulcrum crucibus affixi sunt[4].
Magistratus iusserunt
militem eas cruces custodire[5].
Qui multa nocte vocem mulieris miserioris audivit
et sepulcrum intravit.
Statim causam doloris intellexit,
mulieri consuluit,
cibum vinumque attulit.
Quae res viduae solacio erant.
Muneribus militis acceptis
mulier finem luctus fecit;
post cenam res minus iam doluit.
Etiam aliis rebus vidua nunc gaudebat.
Portis sepulcri clausis[6]
miles totam noctem apud eam manebat.
Prima luce miles sepulcrum reliquit
et
corpus de una cruce sublatum esse
vidit.
Supplicium gravissimum timens
ad viduam cucurrit.
Miser clamavit:
„Furti[7] damnabor,
quod officium neglexi!“
Vidua autem,
quia post maritum hunc quoque virum amatum amittere noluit,
consilium magnae audaciae cepit.
Paulo post nulla in cruce corpus defuit –
sepulcrum autem vacuum[8] erat.

1 sepulcrum Grab(mal)
2 vidua Witwe
3 diūtius: *Komp. zu* diū
4 crucī affīgere *(PPP* affīxum*)* ans Kreuz schlagen
5 cūstodīre: *Verb zu* cūstōs
6 clausum: *PPP zu* claudere
7 fūrtum Diebstahl
8 vacuus, a, um leer

Anderen Kulturen begegnen – eigenes Stilempfinden entwickeln

Kulturelle Unterschiede feststellen

Über ihre Beziehungen zu Griechenland kamen die Römer in Kontakt mit Kleinasien. Hier begegneten sie neben dem Griechentum auch den Kulturen des Orients, deren Neigung zur Prachtentfaltung auf die Römer fremd und faszinierend zugleich wirkte.
Die asiatische Liebe zum Überfluss beeindruckte die Römer nicht nur durch ihre gigantischen Tempelanlagen und ausschweifenden Festgelage. Auch die kleinasiatische Art zu reden wirkte auf sie eigentümlich. Sie bezeichneten deshalb den typischen Sprachstil, in dem viele gelehrte Männer Kleinasiens sprachen, als „Asianismus".

Funktionalität sprachlicher Mittel betrachten

● Erarbeite mit Hilfe der folgenden Tabelle die sprachlichen Besonderheiten des Asianismus. Übertrage sie dazu in dein Heft und fülle sie aus. Zur Ergänzung kannst du ein Lexikon oder das Internet zu Rate ziehen.

● Diskutiert die Frage, welche sprachlichen Phänomene des Lateinischen in der Rede eines Asianisten sehr häufig zum Einsatz kommen könnten.

● Erarbeite ein Gegenmodell zum Stil des Asianismus. Benenne dabei allgemeine Merkmale dieses Stils und stelle eine Liste entsprechender sprachlicher Mittel zusammen. Gib diesem Stil einen Namen und überlege, welche allgemeinen Merkmale die Kultur und Lebensweise der Sprecher haben müsste.

Persönliches Sprachbewusstsein entwickeln

● Überlege, ob dir jemand persönlich oder aus den Medien bekannt ist, der im Stil des Asianismus spricht oder schreibt. Beschreibe den Eindruck, den sein Sprachstil auf dich macht. Gehe ebenso bei einem Vertreter des gegenteiligen Stils vor.

● Betrachte und beschreibe deinen eigenen Stil zu sprechen und zu schreiben. Hole dazu Rückmeldungen von deinen Eltern, Lehrer/inne/n oder Freunden ein. Vielleicht möchtest du deinen eigenen Stil in eine bestimmte Richtung verändern. Nutze dazu gezielt sprachliche Mittel, die du in den vergangenen Kapiteln kennengelernt hast.

Allgemeine Merkmale der Kultur Kleinasiens	**Sprachliche Merkmale des Asianismus**	**Bevorzugte sprachliche Mittel des Asianismus**
Anlage riesiger Tempelanlagen	*Halten großer Reden*	*Große Redeteile (Erzählungen, Lobeshymnen etc.) werden kunstvoll zusammengefügt*
Bau riesiger Gebäude	*Bau langer ...*	...
Liebe zu Schmuck und Verzierung	...	...
...	...	...

Zivilisation in Mitteleuropa

Die Römer haben nicht nur Südeuropa und die Länder um das Mittelmeer beherrscht. Du weißt sicher, dass Gajus Julius Cäsar Gallien erobert hat. 500 Jahre lang blieben die Römer in diesem Gebiet (des heutigen Frankreich, Belgien und Luxemburg) an der Macht. In den folgenden Lektionen kannst du verfolgen, welche Spuren diese Zeit hinterlassen hat und wie ganz Mitteleuropa von der römischen Kultur geprägt wurde.

Die Stadt Trier – hier zur Zeit der römischen Kaiser in einer rekonstruierten Luftansicht – liegt heute in Deutschland. Sie gehörte aber nicht zum römischen Germanien, sondern zu Gallien. Am Beispiel dieser Stadt verfolgen wir in verschiedenen Epochen, was es bedeutete, dass Gallien römisch wurde.

1 Was bedeuten Begriffe wie „Zivilisation“ oder „Kultur“ genau? Vielleicht könnt ihr nach den nächsten fünf Lektionen genauere Vorstellungen mit diesen Begriffen verbinden.

Lambert Dahm: Blick in das Kaltbad (frigidarium) der sog. Viehmarktthermen im kaiserlichen Trier. 4. Jh. n. Chr.

Als römischer Kaufmann in Gallien konnte man durch die Handelsbeziehungen, die sich über das gesamte Imperium verzweigten, gute Geschäfte machen und nicht selten auch reich werden. Etliche dieser nach Gallien zugewanderten Kaufleute legten es dann durchaus darauf an, diesen Reichtum als Zeichen des römischen Sieges den Provinzbewohnern vorzuführen. So konnte man in den gallischen Städten sehr kostbar gekleidete Personen sehen, die ihren Reichtum auf dem Forum oder in den Thermen ganz ungeniert vorzeigten.

Das rief bei den Betrachtern nicht selten Kopfschütteln hervor.

G

Cornelia numquam contenta est.
Ante cenam dicit:
Si Flavus hodie veniret, bonos cibos ei pararem!
Si dona mihi daret, verba pulchra ei dicerem!
Si Flavus verba mea audiret, certe hic maneret!
Post cenam dicit:
Si Flavus hodie non venisset, bonos cibos mihi tantum paravissem!
Si dona mihi non dedisset, verba pulchra ei non dixissem!
Si Flavus verba mea non audivisset, certe hic non mansisset ...

Luxus an der Mosel

T In Trier, einer der wichtigsten Städte Galliens, hatte man im 3. Jh. n. Chr. luxuriöse Badeanlagen gebaut.
Zwei Freunde treffen sich vor den Kaiserthermen in Trier:

DRAPPES: Quid tu hic agis, amice? Unde venis?

DUMNACUS: E balneo[1] venio. Quare tu hodie non aderas? Si adfuisses, vehementer risisses.

DRAPPES: Hercules! Si hoc scivissem, ego quoque in balneum venissem! Sed dic mihi: Quid actum est?

DUMNACUS: Conspeximus senem calvum[2], tunica russea[3] ornatum, ludentem[4] pila[5] prasina[6]!

DRAPPES: Quis erat is senex?

DUMNACUS: Flavus, libertinus quidam, homo dives et rarissimus!

DRAPPES: Si homines tali natura non essent, vitam tristem ageremus. Narra modo!

DUMNACUS: Res singulas narrare nolo, sed hoc tantum audi: Post balneum tres servi Flavum unguento[7] perfundebant[8] et eum tergebant[9] lana[10] mollissima.

DRAPPES: Lana? Sed lana idonea non est ad ...

DUMNACUS: Verum dicis. Sed lana carior linteo[11] est.

DRAPPES: Nunc intellego: Si Flavus hominibus spectantibus res communes tantum ostenderet, nemo oculos in eum converteret.

DUMNACUS: Bene intellexisti! In ore omnium esse Flavo magnae curae est. Id tantum spectat. Itaque paulo post a duobus servis in lecticam[12] impositus est.

DRAPPES: Si ego lectica ferrer, non iam pedibus irem!

DUMNACUS: Exspecta – nondum omnia audivisti: Flavus vestibus pulcherrimis tectus auferebatur, cum subito servus quidam ad lecticam vocatus toto itinere cantavit.

DRAPPES: Tace, nimium diligenter narras! – Si Flavus intellegeret bona animi laudi esse, minores sumptus faceret.

(nach Petron, Satyricon)

1 balneum Bad(eanlage)
2 calvus kahlköpfig
3 russeus rot
4 lūdere spielen
5 pila Ball
6 prasinus grün
7 unguentum Salböl
8 perfundere *(PPP* perfūsum*)* übergießen
9 tergere abtrocknen
10 lāna Wolle
11 linteum Leinen
12 lectīca Sänfte

1 Lest euch Z. 1–5 von **T** laut vor. Welche Art von Unterhaltung erwartet ihr? Vergleicht eure Erwartung mit Z. 6 f. und 9. Erläutert, was für ein Mensch hier beschrieben wird.

2 Setzt die in **T** beschriebenen Situationen als Zeichnungen oder Standbilder um, die ihr fotografiert und beschriftet.

3 Der Forscher Paul Veyne schreibt über das Verhalten von Personen wie Flavus: „Das Zurschaustellen von Reichtum dient nicht allein dazu, anderen die eigene Wichtigkeit vor Augen zu führen, sondern auch dazu, das persönliche Selbstbewusstsein zu stärken." Erkläre, was Veyne meint. Zeige, dass die Ausführungen auch auf Flavus zutreffen.

4 Überlege, was unter bona animi (Z. 27) zu verstehen ist, und nimm Stellung zu dieser Aussage.

5 Textinhalt kreativ-produktiv umsetzen
Überlegt, wie sich die Szene aus **T** im heutigen Trier abspielen würde. Wie wäre jedes Detail zu übertragen? Welches heutige Statussymbol entspricht z. B. einer lectica? Schreibt dann auf dieser Basis einen neuen Dialog (auf Deutsch).

Ü

A Schreibe aus **T** sämtliche si-Sätze heraus und übersetze sie noch einmal ins Deutsche. Ersetze nun alle Formen des Konjunktiv Imperfekt durch die entsprechenden Formen des Konjunktiv Plusquamperfekt – und umgekehrt. Übersetze die neu entstandenen Sätze ebenfalls ins Deutsche. Wie haben sich die Aussagen inhaltlich verändert?

B Setze die folgenden Formen zunächst in den Konjunktiv Imperfekt, dann in den Konjunktiv Plusquamperfekt:
facit – it – videt – vult – intellegit – ridet – laudat – parcit – est

C Auf die eigene Lebenswelt beziehen
In welcher Situation könnte dein Lehrer/deine Lehrerin zu dir den folgenden berühmten lateinischen Satz sagen?

SI TACVISSES, PHILOSOPHVS MANSISSES.

D Beachte bei der Übersetzung die angegebene(n) Sinnrichtung(en) der Partizipien:
1. Homines theatrum aedificantes a civibus laudati sunt. (temporal, kausal) 2. Pater liberis magna voce clamantibus non adfuit. (konzessiv, temporal) 3. Hospites ad cenam vocati non venerunt. (konzessiv) 4. Cives e periculo servati militibus gratias egerunt. (kausal, temporal)

BENE LAVA! (Bade gut!) und SALVVM LAVISSE! (Wünsche, gut gebadet zu haben!). Dieses Fußbodenmosaik lag im Eingang eines römischen Bades in Thamugadi (Timgad/Algerien) und begrüßte bzw. verabschiedete die Badegäste. Die beiden Sandalenpaare markieren die jeweilige Lauf- und Leserichtung.

E Ein Sänftenträger des Flavus döst vor den Thermen im Schatten und führt dabei Selbstgespräche. Da er das Lateinische erst vor Kurzem erlernt hat, kennt er die Verbformen noch nicht so genau und redet daher stets in Infinitiven. Hilf ihm, indem du die in den Satz passenden Endungen der Verben ergänzt!

1. Si mater mea dea esse ..., ego quoque deus esse ...!
2. Si pater meus dives fuisse ..., ego servus non esse ...!
3. Si ego dominus esse ..., in tecto meo bene cenare ...!
4. Si domina quid dicere ..., numquam respondere ...!
5. Si nocte laborare ..., totum diem in lecto iacere ...!

F Spielerisch üben

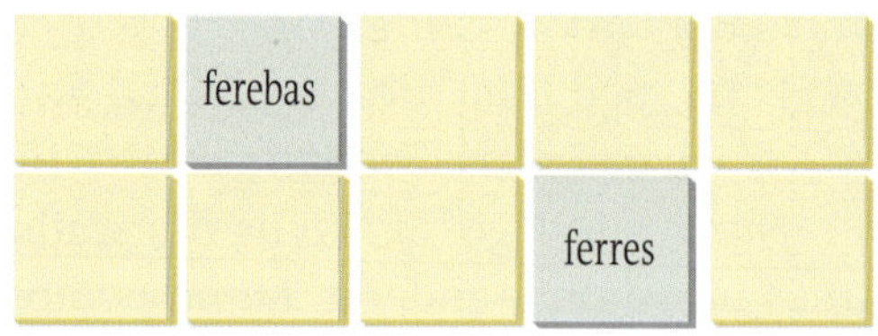

Bildet zu den folgenden Indikativformen jeweils die entsprechende Konjunktivform. Übertragt dann alle Formen auf gleichfarbige Kärtchen; die Rückseite bleibt jeweils frei. Fertig ist das **Formen-Memory**, mit dem ihr jederzeit – einzeln oder in der Gruppe – die Konjunktivformen üben könnt.

ferebas – ferebamus – ferebant – tuleram – tulerat – tuleratis – volebam – volebat – volebatis – volueras – volueramus – voluerant

Das Memory lässt sich mit beliebigen Formenpaaren erstellen.

G Fremdwörter erschließen
Schreibe aus dem folgenden Text die Fremdwörter heraus, die du auf Vokabeln dieser Lektion zurückführen kannst:
„Auf dem Weg zu seiner Doktorprüfung trat Wolfgang kräftig in die Pedale. Heute wollte er mit einem riesigen Spektakel seinem Auditorium gewaltig imponieren. Das Prädikat ‚magna cum laude' war sein Ziel."

Hadrian in den Thermen

Z Dass es in den Thermen häufig Interessantes zu betrachten gab, zeigt die folgende Anekdote über Kaiser Hadrian:

P. Aelius Hadrianus, quamquam imperator erat, saepe publice et una cum omnibus lavabatur[1]. Quodam tempore senem sibi notum aspexit et vidit eum tergum[2] defricare[3] muro. Imperator perturbatus interrogavit: „Cur tergum muro defricas, amice?“ Senex respondit: „Si servum haberem, is me defricaret!“
Hadrianus ubi id audivit, et servos et argentum ei donavit. Postero[4] die ille senex servos suos amicis ostendit et de fortuna sua narravit. Tum omnes dixerunt: „Si imperator nos vidisset, nobis quoque dona dedisset!“
Ita Hadrianus alio die thermas intrans vidit multos senes, qui ad murum cucurrerunt ibique se defricare coeperunt ...
Statim imperator eos vocari iussit et alium ab alio defricari.

(nach Historia Augusta, Hadrianus)

1 lavārī sich waschen, baden
2 tergum Rücken
3 dēfricāre abreiben, abtrocknen
4 posterus folgend

1 Welche Charakterzüge Hadrians werden durch die Anekdote zum Ausdruck gebracht?

*Eine vollständige Ausrüstung für den Gang in die Thermen: Mit der bronzenen **Schale** goss man sich kaltes Wasser über den Körper, um nach dem Heißbad die Poren zu schließen. Reiche Römer hatten Diener oder Sklaven, die diese Aufgabe wahrnahmen.*
*Die kleinen **Salbgefäße** enthielten Öle und andere aromatische Flüssigkeiten, mit denen man sich einrieb oder massiert wurde.*
*Mit der sog. **Strigilis**, die man im Bildvordergrund sieht, wurden nach sportlichen Übungen oder dem Besuch des Schwitzbades Öl, Schweiß und Staub vom Körper geschabt.*

Wohnraum einer keltischen Bauernfamilie, nachgestellt im Archäologischen Forschungszentrum in Dänemark.

Wie sah die Welt in Gallien aus, bevor die Römer ihre Kultur – denke zum Beispiel an die Thermen in Trier – dorthin brachten?
Wenn wir darüber etwas erfahren wollen, sind wir auf die Informationen angewiesen, die die Römer selbst über die damaligen Einwohner, die Kelten, überliefern. Hätten sie nicht über die Kultur der Kelten berichtet, wüssten wir nur wenig über sie. Die Einwohner Galliens, die Kelten, wohnten in Dörfern und kleinen befestigten Städten.
Das Volk lebte abhängig unter dem Schutz der Vornehmen. Die Familienoberhäupter der Großfamilien lebten wie Adlige; sie übernahmen als Reiter Führungsaufgaben im Krieg oder waren Druiden – so hießen die gallischen Priester.

1 Informiert euch über das Volk der Kelten und sammelt Informationen über ihr Siedlungsgebiet, ihre Lebensweise, den Aufbau ihrer Gesellschaft, ihre Kunst, Kultur und Religion.

G Vergleiche A und B:

Lucius laborat. Lucius diligens est. — Lucius diligenter laborat. (A)
Marcus laborat. Marcus laetus est. — Marcus laetus laborat. (B)

Quintus et Lucius ad domum currunt. — Quintus primus ad domum venit.
Quintus victor ad domum venit.

Senator Romanus potens est. Ego autem potens non sum.
Senator Romanus multum potest. Ego autem paene nihil possum.

Bevor Cäsar kam

T Welche Bedeutung die „Priester“ der Kelten hatten, erfahren wir in einem Bericht, den der römische Feldherr Cäsar über die Gallier und ihre Druiden verfasst hat.

In omni Gallia duo sunt genera hominum nobilium, equites et druides.
Nobiles familiis praesunt. Maximo honori eis est quam plurimos homines de plebe habere clientes[1]. Qui nobilibus in omnibus rebus adesse consueverunt et quasi in servitute vivunt. Nobiles autem paene omnia possunt; qui plurimum valent non ingenio, sed nobilitate.
Equitum est bellum gerere. Nobilissimi eorum manibus militum praesunt duces.
Druides autem magna cum dignitate viventes in summo honore apud homines omnium ordinum sunt; iis res sacrae et iudicia curae sunt. In omnibus controversiis[2] rem decernunt et poenas constituunt, nemo iudicio eorum resistere potest. Qui enim druidum iudiciis non paret, eum omnes fugiunt, cum eo nemo sermonem init, is etiam a sacrificiis[3] abesse debet; is solus et miser vitam agit. Si quis ei adesset aut eum adiret, etiam ipse a druidibus damnari posset.
Iuvenes disciplinae[4] causa frequentes druides convenire solent. Magnum ibi numerum versuum discunt. Ita iuventuti multa tradi potuerunt, quae druides antiquitus[5] docebant de terrae magnitudine, de siderum motibus, de deorum vi et potestate.
Nihil autem, quod sciunt, litteris mandant, tametsi litteras Graecas noverunt. Cuius rei duas causas afferunt: „Si disciplina litteris mandata esset, etiam vulgus eam sciret. Neque memoriae studerent homines, si omnia litteris mandarentur.“

(nach Caesar, Bellum Gallicum)

1 cliēns, clientis *m* Klient, Schutzbefohlener
2 contrōversia Streitfall
3 sacrificium Opferzeremonie
4 disciplīna Ausbildung
5 antīquitus seit alter Zeit

1 Textsorte erkennen
Welche Textsorte erwartest du aufgrund der Einleitung und der ersten zwei Zeilen von **T**? Überprüfe während der Textarbeit, ob **T** diese Erwartung erfüllt.

2 Erstelle ein Schaubild der keltischen Gesellschaft mit den einzelnen sozialen Gruppen und ihren Charakteristika.

3 Vergleiche die Aufgaben und die soziale Stellung der Druiden mit der heutiger Priester.

4 Argumente gegenüberstellen
Überlege und notiere in einer zweispaltigen Tabelle, welche Vorteile und welche Nachteile es hat, dass diejenigen, die sich um Religion kümmern, so viele Aufgaben in der Gesellschaft übernehmen.

5 Überlegt in Partnerarbeit, welche tieferen Gründe hinter den Argumenten der Druiden gegen eine schriftliche Überlieferung ihres Wissens stehen.

Ü

Lucius Licinius Lucullus imperator magnus erat; nam imperator Lucullus bella optime gerebat. Postea senex in otio pulcherrimo vivebat. Apud Romanos Lucullus primus maximam partem pecuniae pro variis voluptatibus consumebat. Lucullus unus et munera publica optime confecit et miro modo in otio vivebat.

A Alles von esse abgeleitet!
Ergänze die lateinischen Sätze sinngerecht mit den richtigen Komposita von „esse“ und übersetze. Tipp: Manchmal hilft auch das Tempus, das passende Wort zu finden.

a) a- fuerant	b) prae- erant	c) a- fuit
d) inter- est	e) ad- erit	f) ab- esse

1. Ein Kelte warnt den anderen: „Den Druiden nicht zu gehorchen ist gefährlich; wer es nicht tut, wird von niemandem Hilfe erwarten können; denn: Nemo ? ei, qui druidum iudiciis non paret.“
2. In der Vergangenheit hatten einige der gallischen Adligen im Krieg eine herausgehobene Stellung: Nobilissimi equitum plebi in bello ?.
3. Miraculix kehrt sehr zufrieden von dem Treffen aller gallischen Druiden zurück, das jährlich stattfindet. In diesem Jahr waren alle da: Nemo ?.
4. Im Jahr davor war es ganz anders gewesen: Multi ?.
5. Jeder Druide weiß, dass er bei diesem Treffen dabei sein muss, und sagt sich immer wieder: „A consilio ? non licet.“
6. Die beiden Gruppen der gallischen Adligen unterscheiden sich erheblich: Multum ? inter druides et equites.

B System durchschaut – Form erkannt!
Bestimme und bilde die entsprechende Form des eingeklammerten Verbs. Beispiel: praefuisse (posse): Inf. Perf. Akt. → potuisse
ades (abesse), possent (interesse), potuissent (praeesse), adestis (posse), deeras (posse), fueras (abesse), adero (posse), fuissetis (posse), deessent (posse), praefuissem (posse), posses (interesse)

C Hannibal, Rom und das Prädikativum
1. Hannibal puer promisit: Numquam amicus Romanorum ero. 2. Hannibal imperator multas gentes vicit; victor e proeliis abiit. 3. In urbe Roma homines supplices deos opem orabant. 4. Mulieres tristes ad caelum manus tollebant; frequentes templa adibant. 5. Hannibal senex dixit: Captivus Romanorum perire nolo.

D Lexika benutzen
Das hängt alles vom „Können“ ab!
In den folgenden Fremdwörtern taucht die lateinische Silbe „pot-“ auf, die auch in posse (<pot-esse) steckt. Informiere dich in einem Fremdwörterlexikon über die Bedeutung von:

Potenzial, potenziell, potenzieren, Potenz, Potentat, impotent

Welche dieser Wörter kannst du auch im Englischen (oder in anderen Fremdsprachen) bilden?

Der keltische Hirschgott Cernunnos. Reliefplatte vom sog. Kessel von Gundestrup. 2.-1. Jh. v. Chr. Kopenhagen, Nationalmuseet.

Wilde Jagd von Geistern. Filmszene aus „Der Herr der Ringe" (USA 2001).

Von Zwergen, Zauberern und Feen

Z

In den Märchen, die noch heute in der Bretagne, in Wales, Irland und Schottland erzählt werden, tauchen Zwerge, Zauberer, verwandelte Bäume und Feen auf; solche Figuren, die auch in der folgenden Geschichte mitspielen, stammen aus der Vorstellungswelt der Kelten, bevor die Römer nach Gallien kamen:

Eques fortis nocte per silvam iter fecit. Subito terra aperta est, homunculus[1] e terra surrexit, ante equum constitit, equiti dixit: „Cave periculum mortis. Magus[2] in his regionibus vivit, qui homines rapta pecunia in arbores mutat. Nemo, qui silvam intravit, hunc magum superavit. Sed ibi nympha[3] in flumine[4] vivit, quae tibi aderit. Usque ad[5] hunc diem nemo illud flumen invenire potuit. Tu autem a me ductus flumen primus invenies: Auxilio nymphae magum superare poteris." His verbis dictis ad illud flumen eum duxit. Nympha a homunculo vocata e fluctibus surrexit et equiti gladium micantem[6] dedit. Gladio accepto eques neque nympham neque homunculum videre potest, sed subito magus ingens ante oculos stat. Eques autem gladio eum petit et interficit. Tum omnes arbores in homines vivos mutantur. Homines equiti laeti gratias egerunt eumque regem suum fecerunt.

1 homunculus Männlein, Zwerg
2 magus Zauberer
3 nympha Nymphe, Fee
4 flūmen, flūminis *n* Fluss
5 ūsque ad bis auf
6 micāre funkeln

1 Fertigt zu dem Märchen ein Bild mit lateinischen Beschriftungen an oder zeichnet einen Comic (mit lateinischen Sprechblasen und Bildunterschriften).

Szene aus einem Asterix-Comic.

Die Eroberung Galliens in den Jahren 58–51 v. Chr. war nicht nur eine militärische Leistung der römischen Soldaten und ihres Feldherrn Cäsar. Die Römer haben überall, wo sie herrschten, unter ihren Gegnern auch Freunde gefunden – wie es in der Asterixszene dargestellt ist. Und sie haben Unstimmigkeiten unter ihren Gegnern systematisch ausgenutzt, um ihre eigene Herrschaft abzusichern. Der römische Historiker Tacitus beschrieb um 100 n. Chr. den Einfluss der römischen Kultur auf die besiegten Völker so: „Allmählich gab man sich dem verweichlichenden Einfluss von Lastern hin, z.B. Säulenhallen, Thermen und luxuriösen Parties. Dies hieß bei den ahnungslosen Menschen ‚Kultur', während es doch nur ein Teil der Unterdrückung war."

1 Diskutiert mit Bezug auf die Szene aus dem Asterix-Comic, ob Tacitus mit seiner Aussage Recht hat.

2 Kennt ihr aktuelle Beispiele, in denen sich ähnliche Entwicklungen erkennen lassen?

G

Iuvenes druides conveniunt.
Iuvenes discere volunt.
Iuvenes druides conveniunt, ut discant.

Druides vulgus disciplinam scire nolunt.
Itaque disciplinam litteris non mandant.
Druides disciplinam litteris non mandant, ne vulgus eam sciat.

Druides disciplinam litteris non mandant.
Itaque vulgus eam nescit.
Vulgus disciplinam nescit, cum druides eam litteris non mandent.
Druides disciplinam litteris non mandant, ut vulgus eam nesciat.

Teile und herrsche!

T Im Verlauf der Eroberung Galliens mehrten sich die Hinweise, dass sich die eigentlich romfreundlichen Treverer von Cäsar abgewandt haben. So erschienen z. B. ihre Vertreter nicht auf einer von Cäsar einberufenen Versammlung. Daraufhin zog dieser mit vier Legionen (etwa 20 000 Fußsoldaten und 800 Reiter) in das Stammesgebiet der Treverer.
Cäsar berichtet in seinen Aufzeichnungen, wie unterschiedlich die beiden wichtigsten Anführer des Stammes auf diese Einschüchterung reagierten.

Römischer Reitersoldat mit Paradehelm und Gesichtsmaske. Limesmuseum Aalen, Römertage 2008.

In civitate Treverorum Indutiomarus et Cingetorix de primo loco inter se contendebant. Cingetorix, cum de adventu legionum et auxiliorum cognovisset, ad Caesarem venit, ut egregiam fidem ostenderet. At Indutiomarus – ut Caesar a Cingetorige ipso accepit – milites conscripsit, ut bellum pararet libertatemque gentis suae defenderet. Alii principes civitatis adventu exercitus Romani territi e vicis et oppidis ad Caesarem venerunt, ut de suis rebus cum eo agerent: „Venimus, ut amicitiam petamus fidemque demonstremus. Nam tanta est fides nostra, ut libenter te adeamus." Qua re adductus etiam Indutiomarus legatos ad Caesarem mittit, ne ab omnibus deseratur. Haec verba a legatis Caesari referuntur: „Plebs facile ab amicitia Romanorum deficit, sed mea auctoritate regitur. Nam tanta est apud plebem auctoritas mea, ut facile eos in officio retinere possim. Equidem efficio, ut a licentia revocentur. Itaque adhuc ad te non veni. Nam timeo, ne plebs Romanis inimica sit et – cum libertatem gentis defendere velit – novis rebus studeat. Mox in castra Romana veniam, ut fidem meam cognoscas." Caesar, cum perfidiam[1] Indutiomari perspiciat, tamen bellum non parat; sed poscit, ut Indutiomarus cum centum obsidibus ad se veniat.

1 perfidia heimtückisches Wesen

Aber Indutiomarus gab nicht auf: Ein Jahr später erhob er sich erneut gegen die Römer und griff Cäsar an. Nachdem Indutiomarus im Kampf gefallen war, übergab Cäsar dem romfreundlichen Cingetorix die Stammesherrschaft.
(nach Caesar, Bellum Gallicum)

1 Handlungsträger unterscheiden
Gliedere **T**, indem du jeweils die Handlungsträger der einzelnen Absätze notierst. Welcher Treverer erweist sich als problematischer für Cäsar?

2 Beschreibe anhand von Schlüsselwörtern das Verhalten des Indutiomarus. Erkläre seine Strategie.

3 Welche Gründe veranlassen Cäsar zu der Vermutung, dass Indutiomarus sein Feind ist? Bewerte die Gründe in ihrer Stichhaltigkeit.

4 Cäsar und Indutiomarus versuchen beide, den anderen zu täuschen. Mit welchen Strategien gehen sie dabei vor? Bewerte Cäsars Vorgehen.

5 Text hinterfragen
Obwohl das Pronomen „ich" nicht auftaucht, stammt der Bericht von Cäsar selbst. An welchen Stellen muss man misstrauisch sein, ob seine Darstellung korrekt ist?

6 Römische Haltungen kennenlernen
Erkläre am Beispiel der Ereignisse im Gebiet der Treverer den Herrschaftsgrundsatz der Römer: „Teile und herrsche!" (Divide et impera!)

Ü

Geschichten von den Zauberkräften der Druiden und geheimnisvollen Bräuchen der Kelten faszinieren bis heute viele Menschen. So geht es auch einem jungen Mann:

Iuvenis, qui librum de druidibus legerat, per silvas obscuras iter fecit. Nam druides convenire voluit. Iuvenis multos dies iter fecit, ut druides conveniret. Druides autem nolebant arcana (Geheimnisse, *n Pl.*) silvae ab hominibus inveniri. Itaque animum iuvenis vi magicā (mit Zauberkraft) perturbaverunt, ne iter inveniret. Is, cum iter multorum dierum fecisset, ad arborem sacram somno superatus est.

Dum quiescit, nympha pulcherrima de arbore descendit. Cum os nobile iuvenis aspiciat, eum e somno excitare cupit. Ad iuvenem accedit et osculum (Kuss) ei dat, ut e somno eum excitet. Iuvenis excitatur, at nympha statim imperat, ut taceat. Iuvenem monet, ut silvam celeriter relinquat et domum redeat.

Is autem verba nymphae non audit. Nympha enim tam pulchra est, ut iuvenis verba eius non audiat, sed maximo amore statim capiatur. Neque tacet, ut nympha imperaverat. Amore autem accensus orat, ut nympha iterum sibi (ihm) osculum det. Quod nympha amore et dolore pariter commota facit.

Cum nympha osculum dedisset, iuvenis somno iterum superatus est. Tum druides ad iuvenem convenerunt. Falcibus (mit Sicheln) aureis crudeliter eum interfecerunt.

G. Henry / E. A. Hornel: The Druids. Bringing in the Mistletoe. 1890. Glasgow, Art Gallery.

B Suche aus **T** alle Konjunktive im Imperfekt und verwandle sie in den Konjunktiv Präsens.

C Teile (ein) und herrsche!
Wer Konjunktivformen erkennen kann, findet in einem Satzgefüge oft schnell die untergeordneten Gliedsätze. Suche alle Formen heraus, die Konjunktiv sein können:

moneam, laudem, regem, regam, regerem, tangerem, spectabam, umbram, undam, moveam, teneam, dem, amorem, amarem, amem, vocem, des, ades, res, faceres, pares

D Der Konjunktiv ist abhängig!
Verwandle die direkten Aufforderungen in indirekte. Bilde dazu Gliedsätze mit ut nach dem angegebenen Beispiel.
Pater filium orat: Accede!
Pater filium orat, ut accedat.

1. Dumnacus Drappem orat: „Narra de sene Flavo!“ 2. Flavus servos orat: „Cantate!“
3. Crassus Croesum orat: „Vinum eme!“
4. Creusa Aeneam orat: „Relinque patriam!“

A Satzgefüge bilden
In welchem logischen Verhältnis steht der cum-Satz zum Hauptsatz? Stelle jeweils den passenden cum-Satz zu seinem Hauptsatz und übersetze das lateinische Satzgefüge:

1. Die Menschen verehren die Götter: Homines deos colunt, ...	a) ... cum periculum magnum esset.
2. Bei seiner Ankunft in Ephesos fand Crassus seinen Freund in einer Taverne: Crassus amicum in taberna invenit, ...	b) ... cum soror desperaret.
3. Äneas suchte trotz großer Gefahren seine Gattin. Aeneas uxorem quaesivit, ...	c) ... cum iram eorum timeant.
4. Antigone verlor im Gegensatz zu Ismene die Hoffnung nicht: Antigona spem non amisit, ...	d) ... cum in urbem veniret.

Vercingetorix: ein Ereignis – zwei Berichte

Z

Der Gallier Vercingetorix (Vercingetorīx, Vercingetorīgis) hatte einen Aufstand gegen Cäsar organisiert; die Aufständischen hatten große Erfolge, wurden aber schließlich in Alesia belagert und mussten aufgeben. Vorher hatte Vercingetorix eine Versammlung seiner Verbündeten einberufen, über die Cäsar Folgendes berichtet:

Vercingetorix consilium convocavit et sociis dixit: „Hoc bellum non meā causā[1] suscepi, sed ut libertatem communem defenderem. Itaque nunc vobis concedo, ut me Romanis tradatis.“ Tum amici Vercingetorigis nuntios de hac re ad Caesarem miserunt. Caesar imperat, ut arma tradantur et principes producantur[2]. Ipse pro castris considit. Principes producuntur, Vercingetorix traditur, arma deponuntur. *(nach Caesar, Bellum Gallicum)*

1 meā causā aus persönlichen Motiven
2 prōdūcere vorführen
3 cōnscendere besteigen
4 equitāre reiten
5 circumīre umkreisen

Über 100 Jahre später berichtet der griechische Schriftsteller Plutarch – anders als Cäsar – nicht zuerst über die Rede des Vercingetorix; sondern er beschreibt gleich die Kapitulation:

Vercingetorix armis pulcherrimis ornatus equum conscendit[3] et per portas oppidi equitavit[4]. Caesar pro castris consedit. Vercingetorix autem in equo sedens Caesarem circumibat[5]. Tum de equo descendit, arma deposuit, ad pedes Caesaris tacens consedit.
(nach Plutarch, Vita Caesaris)

1 Textquellen vergleichen
Vergleiche den Bericht Plutarchs und den aus Cäsars eigener Feder miteinander. Welchen Eindruck von Vercingetorix und Cäsar soll der Leser jeweils bekommen?

2 Rezeptionszeugnisse kennenlernen
Auch das Gemälde zeigt die Kapitulation des Vercingetorix. Beschreibe das Bild und erkläre, welchen Eindruck von Vercingetorix und von Cäsar der Maler vermitteln wollte.

Henri-Paul Motte: Vercingetorix ergibt sich Cäsar. 1886. Le Puy-en-Velay, Musée Crozatier.

Die Palastaula in Trier von Innen – Rekonstruktion ...

... und heute.

Im Stammesgebiet der gallischen Treverer entstand nach der Eroberung Galliens eine römische Stadt: Colonia Augusta Treverorum – Trier, das heute zu Deutschland gehört. Aufgrund seiner Lage an der Mosel wurde Trier besonders wichtig als Handelsplatz für die Versorgung der Grenztruppen, die über 200 Jahre lang die nahe gelegene Grenze am Rhein gegen die Germanen sicherten. Später, im 4. Jh., wurde die Stadt noch wichtiger: Sie war zwar vorher von Germanen verwüstet worden, die jenseits des Rheines lebten. Aber nun machten verschiedene römische Kaiser Trier zur wichtigsten Stadt in Gallien; sie residierten hier, um Gallien besser gegen die Germanen schützen zu können. Zu den neuen Bauten gehörte auch die sogenannte Palastaula, ein prächtiges Gebäude für kaiserliche Empfänge.

Es war üblich geworden, dass die Leistungen des Kaisers bei öffentlichen Empfängen von Festrednern gepriesen wurden. Für diese Redner gab es in Trier auch eine berühmte Schule, in der junge Männer Rhetorik lernten, die Kunst überzeugend und eindrucksvoll zu reden.

1 Erfindet als Vorbereitung für **T** selbst eine Festrede für einen Herrscher (stichpunktartig). Überlegt, was man in solch einer Rede alles rühmend hervorheben könnte.

G

Caesar nonnullas legiones in Treveros duxit.
Cingetorix videt, quantam multitudinem militum Caesar in Treveros duxerit.
Tamen alios principes interrogat, velintne libertatem defendere an non.
Qui Cingetorigem interrogant, num exercitui Romano resistere audeat.

Welch ein großartiger Kaiser

T Ein Festredner spricht bei einem öffentlichen Empfang in der Palastaula:

Huc convenimus, cives coloniae Augustae Treverorum, ut gratias agamus imperatori nostro pro beneficiis eius. Quaero e vobis, num quis reprehendere possit res gestas imperatoris nostri.

Conspicite hanc ipsam palatii aulam[1] ingenti sumptu perfectam, ut videatis, quantas divitias[2] imperator nobis praebuerit! Spectate illam regionem, in qua vivimus, ut cognoscatis, quanta laetitia ab eo ipso nobis parata sit!

Te regente nemo inopia laborat; immo urbs omnibus divitiis toto orbe terrarum paratis abundat[3]. Cives artibus litterisque student, quia tu, imperator, provides, ut curis liberi vitam agere possint. Tu, imperator, tuo clarissimo exemplo homines docuisti, quanta esset cura imperatoris Romani, quanta esset fides Romana.

Nunc apertum est: Cum tu flammas belli exstinxisses, spes pacis celeriter crevit. Pace facta tota regione homines cum otio vitam agunt. Testes sunt copia frumenti omniumque fructuum, quam mercatores flumine Mosella vehunt, et villae pulchrae, quas homines tota regione aedificant. Dubito, utrum copia fructuum an aedificia pulchra maiori usui nobis sint. Quam praeclaram speciem haec regio praebet! Neque enim feri barbari – nuntio adventus imperatoris perterriti – Rhenum transire et impetus facere audebunt.

Tua igitur aetate, imperator, tuti vivimus! Tua cura urbs nostra magis magisque elata est, tua laude gloria totius rei publicae perpetua erit.

1 palātiī aula Palastaula
2 dīvitiae *Pl.* Reichtum
3 abundāre *m. Abl.* voll sein mit

Goldmünze mit dem Porträt Kaiser Konstantins des Großen. Um 315 n. Chr. Münzstätte Trier. London, British Museum. Die Umschrift lautet: CONSTANTINVS P(ius) F(elix) AVG(ustus).

1 Adressat ermitteln
Überprüfe vor der Übersetzung von **T** Abschnitt für Abschnitt die Personalendungen und Personalpronomina und entscheide, wer der Adressat der Rede ist. Was fällt dir dabei auf?

2 Untersucht anhand der dominierenden Sachfelder, welche Aspekte der Redner lobend hervorhebt. Vergleicht diese Aspekte mit denen, die ihr selbst für eine solche Festrede benannt habt (S. 192).

3 Mit welchen Kennzeichen beschreibt der Redner den Zustand des Friedens? Untersuche, wie sich – nach der Vorstellung des Redners – der Frieden auf das Verhältnis zu auswärtigen Völkern auswirkt. Bewerte diese Vorstellung.

4 Die Festrede steckt voller sprachlicher Besonderheiten, die die Wirkung steigern sollen: Beschreibe mit eigenen Worten, was dir aufgefallen ist.

5 Stil analysieren
Sieh dir die Fachbegriffe und deutschen Beispiele für rhetorische Stilmittel an und suche nach lateinischen Beispielen für solche Stilmittel in **T**.

Anapher (Wiederaufnahme): „Seine Kraft ist es, die uns beschützt, seine Klugheit, die uns behütet, sein Ruhm, der uns Glanz gibt."

Apostrophe (Anrede): „In all diesen Gefahren hast du, unser Kaiser, uns beschützt."

Asyndeton (unverbundene Reihung): „Er kam, überblickte die Situation, handelte sofort."

Metapher (bildlicher Ausdruck): „Der Sieg entfachte ein Feuer der Begeisterung."

Paralleler Satzbau „Seht seine Kraft, die uns beschützt, damit ihr erkennt, wie sicher wir leben. Hört von seiner Stärke, die uns behütet, damit ihr wisst, wie gefestigt der Frieden ist."

Trikolon (dreigliedrige Aufzählung): „Ich kam, sah, siegte."

Ü

A Suche aus **T** alle Konjunktivformen und bilde die entsprechende Form im Indikativ.

B Ein Formenpuzzle – Lösung mit System!
Bilde aus den Zettelchen sinnvolle Konjunktivformen und bestimme sie mit Angabe der Grundform; übersetze sie dann:

cerna-	tempte-	perfēc-	efferre-
poposc-	remanea-	vex-	opte-
-tur	-erit	-isses	-eritis
vehere-	-m	-s	rettul-
-mur	-nt	-issemus	-tis

C Suche die indirekten Fragen aus **T** und formuliere sie als direkte Fragen.

D Gliedsätze können die Satzgliedfunktion eines Objekts übernehmen:
Die Bürger erkennen, wie großartig der Kaiser ist.
Die Bürger erkennen die Größe des Kaisers.
Suche aus **T** alle Gliedsätze, die ein Objekt vertreten.

E Bilde zu den folgenden Indikativformen die entsprechende Form im Konjunktiv Präsens, Imperfekt, Perfekt und Plusquamperfekt:
perficio – aedificat – provident – geris – adducimus – conscribunt – traditis – disco – potest – afferunt – cernis

F Fremd- und Lehnwörter erkennen
Alles aus einem Text! Suche in **T** nach den lateinischen Wörtern, die hinter den folgenden Fremd- und Lehnwörtern stecken:
Konvent · Zivilisation · Kolonie · Gratifikation · Akt · Datum · Potenzial · Palast · Perfektion · Video · Quantität · Spektakel · Region · parat · laborieren · Orbit · Artist · Literatur · studieren · kurieren · vital · Exempel · Republik · Dozent · total · Fakten

Lambert Dahm: Die kaiserliche Palastaula in Trier, heute Basilika genannt, wie sie um das Jahr 380 ausgesehen haben könnte. Die Aula gilt als der größte Einzelraum, der aus der Antike erhalten ist. Der monumentale Ziegelbau diente einst als Empfangshalle der römischen Kaiser, die bis zum Ende des 4. Jh.s n. Chr. in Trier residierten. Der rechteckige Hallenbau misst 71 x 32 m. Die massiven Außenmauern sind 2,70 m dick. Mit diesem Prunksaal dokumentierten die Römer kaiserliche und imperiale Macht. Bei Empfängen, Audienzen und Festen konnte hier vorgeführt werden, wozu das Reich selbst in seinen Provinzen in der Lage war.

G Spielerisch üben

	Tempus (T)	Person (P)	Genus verbi (GV)
1 perficere	1 Präsens	1 ich	1 Aktiv
2 aedificare	2 Imperfekt	2 du	2 Passiv
3 tradere	3 Futur	3 er (sie, es)	
4 conscribere	4 Perfekt	4 wir	
5 efferre	5 Plusquamperfekt	5 ihr	
6 adducere		6 sie	

Detektive unterwegs – wer knackt den Konjunktiv-Code?
Je vier Detektive, die alle mit Papier und Stift ausgerüstet sind, bilden eine Einsatzgruppe.
Jeder Detektiv nennt einen vierstelligen Zahlencode (z. B. 1562), den alle Gruppenmitglieder auf ihre Blätter notieren. Alle versuchen nun, die vier Zahlenkombinationen zu knacken, indem sie die lateinischen Konjunktivformen neben den jeweiligen Code schreiben (z. B. perfecti (ae, a) essent). Anschließend werden die Lösungen auf Richtigkeit überprüft und ggf. die Art des Fehlers (z. B. T) notiert. Wer die meisten Codes richtig knackt, ist der beste Detektiv.

Welch ein fürchterlicher Kaiser

Z Zwei Studenten haben die Rede des Festredners gehört.
Bei ihrem Rhetoriklehrer, dem Rhetor, verfassen sie zur Übung ebenfalls Lobreden. Aber Schmähreden, in denen jemand kritisiert wird, gehören auch zum Unterrichtsprogramm; und außerdem hat der Rhetor ihnen beigebracht, jede Sache von zwei Seiten zu betrachten. Stellen wir uns vor, sie hätten zum Spaß die Lobrede auf den Kaiser ein wenig umformuliert!

Rückseite der auf S. 193 abgebildeten Goldmünze: Die Personifikationen des Friedens und des Weltkreises überreichen dem Kaiser Lorbeerkränze. Umschrift: PAX AETERNA AVG(usto) N(ostro). Die Abkürzung „PTR" ist die Kennung für den Prägeort Trier. Trier war vom 3.–5. Jh. Hauptmünzstätte des weströmischen Reiches.

Convenimus, cives coloniae Augustae Treverorum, ut reprehendamus imperatorem nostrum. Conspicite hanc ipsam palatii aulam[1] ingenti sumptu ornatam, ut cognoscatis, quantas opes a civibus paratas pro honore suo imperator consumpserit. Pauci cives tuti in oppidis viventes artibus litterisque student. Plurimi agros colunt. Spectate illam regionem, in qua vivimus: Castra militum toto orbe terrarum conscriptorum plena sunt. Tu, imperator, exemplo tuo homines doces, quae sit virtus Romana: bellum gerere. Barbaris exercitus Romanos timentibus pax tamen deest. Tua gloria militari tuti vivimus, sed hostes amicos facere non potuisti. Vae[2] civibus, si quando[3] exercitus Romani vi hostium victi erunt.

1 palātiī aula Palastaula
2 Vae! Wehe!
3 quandō einmal

1 Sucht vor der Übersetzung von **Z** Sätze / Wendungen aus **T** heraus, die man ins Negative wenden könnte, und macht dazu Notizen (auf Deutsch). Vergleicht nach der Übersetzung von **Z** euer rhetorisches Geschick mit dem der zwei Studenten.

Differenziert üben VIII

Übersetzungsmethoden kennenlernen und anwenden

Zur Analyse komplexer lateinischer Sätze gibt es verschiedene Methoden, die dir die Übersetzung erleichtern sollen.

1 Pendeln

Das Vorgehen ist dir bereits bekannt (vgl. S. 53). Mit dieser Methode kannst du auch Satzgefüge übersetzen:

Primo uxor et Lucius filius animo deficiebant, cum Romam relinquere nollent.

- Suche den Hauptsatz und markiere die Subjunktion des Gliedsatzes.
- Lege das erste Satzglied des Hauptsatzes fest (hier: primo).
- Pendle zum Prädikat (hier: animo deficiebant).
- Pendle danach zurück und übersetze den Satz der Reihe nach. Als erstes Wort des Gliedsatzes übersetzt du die Subjunktion (cum: weil).
- Dann pendelst du zum Subjekt, das hier in der Endung -nt steckt: sie.
- Pendle wieder nach vorne und übersetze den Rest des Satzes.

2 Konstruieren

- Grenze Hauptsatz und Gliedsatz voneinander ab.
- Suche in Haupt- und Gliedsatz jeweils Subjekt und Prädikat (S + P).
- Ermittle ausgehend vom Prädikat durch Abfragen die übrigen Satzglieder.

HS: Per Galliam iter faciemus, GS: ut vobis illam terram iucundam ostendam.

Per Galliam	iter	faciemus	ut	vobis	illam terram iucundam	ostendam
Adverbiale	Akkusativobjekt	S + P		Dativobjekt	Akkusativobjekt	S + P

3 Einrücken

Der Hauptsatz eines Satzgefüges ist immer ganz links zu finden, die Gliedsätze werden je nach Abhängigkeit nach rechts eingerückt.

Amici mei,
    qui in Gallia vitam agunt,
multis litteris me monent,
        ut cum meis in hanc regionem contendam.

Am besten verwendest du in der Praxis einen Mix aus diesen Methoden. Der folgende Text führt sie dir noch einmal vor Augen. Erkläre deinem Nachbarn jede Methode anhand eines Beispiels.

Abschied aus Rom

T Ämilianus, der lange als legatus in Gallien und Germanien war, hat beschlossen, seinen wohlverdienten Ruhestand zusammen mit seiner Familie in Trier (Augusta Treverorum) zu verbringen. Er erklärt seinen Angehörigen den Entschluss:

1. „Mihi otium meum cum familia familiaribusque meis agere placet.

2. Amici mei,
   qui Augustae Treverorum (in Trier) vitam agunt,
   multis litteris me monent,
   ut cum meis Galliam petam.

3. (HS) Itaque per Galliam iter faciemus, (GS) ut vobis illam terram iucundam ostendam."
   S + P … S + P
   Adverbiale | Akkusativobjekt | Dativobjekt | Akkusativobjekt

4. Primo uxor et Lucius filius animo deficiebant, (cum) Romam relinquere nollent.

5. Nam nesciebant,
   quae pericula in provincia essent,
   qui homines ibi viverent.

6. Sed pater hoc consilium ceperat.

7. Magno dolore multisque lacrimis gens Aemiliana Romam tristis reliquit.

8. Post multos dies castra (ad Rhenum flumen posita) aspiciunt.

9. (HS) Legatus Lucio concedit, (GS) ut munitiones spectet.
   S | P … S + P
   Dativobjekt | Akkusativobjekt

10. Legatus:
    „Munitiones semper bene defenduntur,
    ne hostes accedant, castra oppugnent, in castra ineant.

11. Nisi (wenn nicht) castra tam egregie munita essent,
    ab hostibus iam occupata essent neque provinciae praesidio fuissent.

12. Lucius: „Quando castra posita sunt?"

13. Legatus: „Galli antiquis temporibus hunc locum delegerunt.

14. Eodem loco Romani,
    cum eos fines oppugnavissent,
    haec castra posuerunt,
    ut hostes a provincia prohiberentur."

Die lateinische Sprache nutzen – romanische Sprachen verstehen

Das Fortwirken des Lateinischen erkennen

Die römische Herrschaft über weite Teile Europas hinterließ bis in die Gegenwart erkennbare Spuren. Dabei legten die Römer nicht nur durch Bauwerke wie die Palastaula in Trier (vgl. S. 194), sondern auch durch ihre Sprache die Fundamente der europäischen Gegenwart. So hat das Lateinische mit den romanischen Sprachen bis heute lebende Nachkommen. Die romanischen Sprachen selbst gingen in der Spätantike aus dem vom Volk gesprochenen Latein hervor, dem sog. Vulgärlatein.

Heute bilden die romanischen Sprachen einen wichtigen Zweig der indoeuropäischen Sprachen. Insgesamt gibt es über zehn romanische Sprachen, die von rund 700 Mio. Menschen gesprochen werden. Die durch ihre Sprechergruppen größten romanischen Sprachen sind heute:

Spanisch (ca. 330 Mio. Sprecher)
Portugiesisch (216 Mio.)
Französisch (80 Mio)
Italienisch (62 Mio.)
Rumänisch (28 Mio.).

● Vergleiche die Ausbreitung der romanischen Sprachen in Europa (Karte auf S. 215) mit einer Karte des römischen Reichs (Karte im hinteren Buchdeckel). Beschreibe die Unterschiede und Gemeinsamkeiten der Ausbreitung des romanischen Sprachgebiets und des römischen Reichs.

● Informiere dich darüber, wie es zu der Ausbreitung der romanischen Sprachen in Südamerika gekommen ist.

Sprachen vergleichen

Viele Wörter aus romanischen Sprachen lassen sich auf lateinische Vokabeln zurückführen.

● Ergänze in der Tabelle (unten) jeweils die lateinische Vokabel und ihre deutsche Bedeutung.

Romanische Sprachen erschließen

Vielleicht gibt es an eurer Schule Schülerinnen und Schüler, die als Muttersprache eine romanische Sprache sprechen.

● Lasst euch von ihnen Texte in ihrer Muttersprache vorlesen und versucht auf den Inhalt der Texte zu schließen.

● Durch Bücher, Zeitungen und durch das Internet könnt ihr euch leicht Texte in einer romanischen Sprache beschaffen. Sicher versteht ihr bei genauerem Lesen mehr, als ihr erwartet habt. Versucht es an folgendem Beispiel:

Mucha gente cree que aprender español es muy fácil. Bueno, aprender español funciona casi como aprender la „madre“ latín: hay que aprender con diligencia, estudiar el vocabulario y la gramática. Naturalmente es más facil al comprender ya un poco de latín. ¿Comprendido?

französ.	*span.*	*portug.*	*ital.*	*rumän.*	*lat.*	*deutsch*
chanter	cantar	cantar	cantare	a cînta	?	?
croître	crecer	crescer	crescere	a creşte	?	?
rire	reir	rir	ridere	a ride	?	?
venir	venir	vir	venire	a veni	?	?
nommer	nombrar	nomear	nominare	a numi	?	?
voir	ver	ver	vedere	a vedea	?	?
ami	amigo	amigo	amico	amic	?	?
faire	hacer	fazer	fare	a face	?	?
écrire	escribir	escrever	scrivere	a scrie	?	?
signe	signo	signo	segno	signal	?	?

Bis hierhin und doch weiter

Du hast in den letzten Lektionen schon erfahren, dass ein reger kultureller und wirtschaftlicher Austausch einsetzte, sobald die Römer ein fremdes Gebiet erobert hatten.
Eine Ausnahme bildete aber das Land der germanischen Volksstämme im Norden, die jenseits des Limes lebten, der die Grenze zwischen dem römisch besetzten und dem freien Germanien bildete. Germanen waren den Römern sehr fremd, wie zahlreiche Aussagen römischer Autoren belegen. Tacitus, ein römischer Autor des 1. Jh.s n. Chr., schreibt über die Germanen:

- Sie haben alle dasselbe Aussehen: trotzige blaue Augen, rotblondes Haar und große Leiber.

- Wenn sie nicht auf einem Kriegszug sind, verbringen sie ihre Zeit ... zum größeren Teil ohne Beschäftigung mit Essen und Schlafen.

- Jeder hat bei den Mahlzeiten einen Sitzplatz für sich und ein eigenes Tischchen. Sie fassen wichtige Beschlüsse meist bei Gelagen, wenn sie betrunken sind.

- Als Getränk haben sie eine Flüssigkeit aus vergorenem Weizen oder Gerste.

Der Limes ist eine von den Römern geschaffene Grenze auf dem Gebiet der heutigen Bundesrepublik Deutschland. Er diente dem römischen Reich als Sicherung gegen Übergriffe germanischer Stämme, die von den Römern nicht dauerhaft zu besiegen waren. Dieser Limes ist mit seinen ca. 500 km Länge das zweitlängste Bauwerk nach der Chinesischen Mauer und so bedeutend, dass es im Jahre 2005 von der UNESCO in den Rang eines Weltkulturerbe-Denkmals erhoben wurde.

Bäuerliches Leben der Germanen. Rekonstruktionszeichnung.

Wer sind eigentlich die Germanen? Wollte ein Römer eine zuverlässige Antwort auf diese Frage haben, musste er sich auf Informationen anderer verlassen – z.B. auf Berichte von Feldherrn, die bereits im fernen Germanien unterwegs gewesen waren, Kämpfe mit den dort lebenden Menschen ausgefochten hatten und die aus irgendwelchen Gründen nicht mehr weiter in dieses Land eingedrungen waren. Und diese Gründe hatten sie später natürlich den daheimgebliebenen Römern zu erklären. Erzählte solch ein Feldherr nicht notgedrungen von wilden, gefährlichen Völkern? Oder von unzivilisierten Menschen, mit denen eine Auseinandersetzung nicht lohnte?

Die Absicht, mit der jemand von einem fremden Volk berichtet, ist also wichtig.
Und wie waren die Menschen, die die Römer in Germanien trafen, nun wirklich?
Erst das vergleichende Betrachten von sämtlichen noch erhaltenen antiken Texten ermöglicht uns differenzierte Antworten auf diese Frage. Auch eine genaue Untersuchung der archäologischen Funde aus der Zeit, in der die Römer in Germanien waren, gehört dazu.

Die Betrachtung eines fremden Volkes ohne Vorurteile fällt jedoch nicht nur den heutigen Menschen schwer – sie war schon in der Antike nicht einfach, wie in **T** deutlich wird.

G Filius: Mater, nunc in Germaniam ibo. Gaudeamus! Omnia conferamus! Mater: Audi consilia mea: Vir Romanus in Germania cibos leves capiat, bonos libros legat, puellas pulchras fugiat! (Utinam) scribas mihi epistulas longas! Ne neglexeris consilia mea! Utinam una tecum iter facere possem!

Wer will schon nach Germanien?

T Bevor sich Lucius nach dem Ende seines Militärdienstes in Augsburg (Augusta Vindelicorum) niederlässt, reist er noch nach Rom, um dort seine alte Mutter zu besuchen. Lucius sieht zuversichtlich in die Zukunft, da er jetzt endlich eine eigene Familie gründen kann; doch seine Mutter ...

MATER: Utinam Romae maneres! Audivi consuetudinem vitae Germanorum multum a moribus nostris differre.
LUCIUS: Sed inter Romanos felix vivam, quod multi veterani[1] eo deducebantur! Praeterea Germani, qui ad flumen Danubium habitant, paulo humaniores sunt quam ceteri; nam saepe ad eos mercatores veniunt.
MATER: Sed dic mihi: Quisnam Italia relicta Germaniam, istam regionem asperrimam, peteret, nisi patria esset? Non solum hieme tempestas ibi saeva est!
Vellem viveret pater tuus, ut mihi adesset! Sed – me tacere oportet, quod femina sum.
LUCIUS: Quidquid tibi venit in mentem, dicas! At mea quoque verba audias! Non dubito, quin hac in regione vitam bonam vivere possim – prope dicam ibi bonos mores plus valere quam alibi bonas leges.
MATER: Dei omnia bona tibi dent! – Sed audi: A mercatore quodam audivi istos Germanos Solem et Vulcanum et Lunam deos habere, de reliquis autem deis immortalibus nihil cognovisse. Ne neglexeris deos nostros!
LUCIUS: Utinam ne istum mercatorem convenisses! Equidem in libro quodam legi Germanos maxime Mercurium colere ...
MATER: ... et interea ego audivi Germanos isti deo immolare[2] homines! – Mi fili[3]: Ubi isti barbari vivunt, ibi tu, vir vere Romanus, uxorem bonam invenire vis? Ne quaesiveris uxorem barbaram!
LUCIUS: Feminae apud Germanos maximo in honore sunt: Aliquid sancti in eis esse putant neque consilia earum neglegunt. – At nihil iam dicamus ira incensi! Ne timueris! Certe vitam liberam bonamque in Germania agam.
MATER: Hoc dei bene vertant!

(nach Tacitus, Germania; Caesar, Bellum Gallicum)

1 veterānus ehemaliger Soldat, Veteran
2 immolāre opfern
3 mī fīlī: *Vokativ zu* meus fīlius

Grabstein des Gaius Iulius Maternus, Veteran der Legio I Minervia, und seiner Frau. 2. Jh. Köln, Römisch-Germanisches Museum.

1 Lest vorab die Sachinformationen auf S. 200 und den deutschen Einleitungstext zu **T**. Formuliert in Partnerarbeit (einer übernimmt die Mutter, einer den Sohn Lucius) mögliche Bedenken, die die Mutter vorbringen könnte, und die Argumente, die Lucius wahrscheinlich dagegensetzt.

2 Mache dir während der Übersetzung die Bedenken der Mutter und die Reaktionen des Sohnes klar, indem du eine Tabelle anfertigst, in der du schrittweise die Beiträge der beiden mit lateinischen Stichwörtern festhältst und mit Pfeilen die Bezüge zwischen den einzelnen Aussagen einzeichnest.

3 Lexika benutzen
Finde mit Hilfe eines Lexikons heraus, was unter einem veteranus zu verstehen ist: Wen bezeichnete man so und wie lebten die Veteranen?

Ü

A Ihr kennt den Konjunktiv aus den vorangegangenen Lektionen bereits als einen Modus, der in unterschiedlichen Gliedsätzen verwendet wird. Erstellt eine Übersicht, indem ihr die bisher bekannten lateinischen Subjunktionen, die einen Konjunktiv erfordern, und die Sinnrichtung der damit eingeleiteten Gliedsätze in eine Tabelle eintragt.

B Ermittle unter Zuhilfenahme des Begleitbandes die unterschiedliche Verwendung der Konjunktive in Hauptsätzen von **T**, indem du die Textbeispiele in Gruppen zusammenfasst.

C Schreibe aus den folgenden Wörtern alle Verbformen heraus, die im Konjunktiv stehen, und übersetze sie. Ob du alle Formen gefunden hast, erkennst du daran, dass die Anfangsbuchstaben der herausgeschriebenen lateinischen Wörter (Achtung: v = u!) eine Aufforderung zum Weitermachen ergeben. Behalte die Reihenfolge der Wörter bei.
neget – accidet – vitam – educam – celerem – dubitetis – expelletis – excedatis – servem – servamus – praebeamus – effugiat – relinquam – postquam – errent – terrent – mandat – maneat – venia – venias – dignitas – sinant
Lösung: Utinam ?

D Bestimme die Form und bilde die entsprechende Form des eingeklammerten Pronomens.
Beispiel: istam (hic) - Akk. Sg. *f* → hanc
istis (hic), eius (ille), cui (is), horum (iste), cui (idem), qua (ille), eis (qui), huic (ipse), ista (ea), illum (idem), huius (quae)

E Was fällt in **D** bei den Formen des Genitiv und Dativ Singular auf? Dazu passt ein hilfreicher Merkspruch. Ergänze ihn:
unus, solus, totus, ullus (irgendeiner), alius und dazu nullus, diese Wörter haben alle „- ? " in dem zweiten Falle und im dritten enden sie stets auf einem langen „- ? ".

F Sprichwörter verstehen
Erkläre, was unter den folgenden römischen Rechtsgrundsätzen zu verstehen ist:

1. AUDIATUR ET ALTERA (der andere) PARS!
2. NULLA POENA SINE LEGE.
3. VIM VI REPELLERE LICET.

In welchen Situationen können diese Sätze gelten?

G iste hat oft pejorative (abwertende) Bedeutung. Versuche das bei der Übersetzung der folgenden Sätze zum Ausdruck zu bringen:

1. Antigone lässt sich durch Kreons Anweisung nicht zurückhalten:
„Ista impia lege ab officio non revocor."
2. Kreon ist über Antigones Ungehorsam empört:
„Istud facinus sine poena non erit."
3. Lehrer glauben, dass Hausaufgaben für Schüler gut sind:
„Isto errore (Irrtum) complures magistri (Lehrer) laborant."

H Auf vielen Trinkgefäßen, die man auch im ehemaligen Germanien – besonders in den Weingegenden (z.B. an der Mosel und am Rhein) – gefunden hat, sind Sprüche zu lesen, die sich auf das Leben im Allgemeinen, auf die Liebe oder den Trinkgenuss beziehen. Übertrage die lateinischen Sprüche in passende deutsche Aufforderungen und erkläre, warum hier der Konjunktiv verwendet wird.

felix sis	bibamus
gaudeamus	bene tibi sit

FELIX VIVAS. Römische Trinkflasche. Mainz, Landesmuseum.

I Es gibt ein berühmtes Studentenlied aus dem 18. Jahrhundert, das mit den Worten gaudeamus igitur (iuvenes dum sumus) beginnt. In den weiteren Zeilen des langen Liedes kommen immer wieder folgende Verbformen vor:
vivat/vivant, crescat/crescant, pereat/pereant
Denk dir nun gemeinsam mit deinem Nachbarn kurze Liedzeilen aus, in denen ihr Wünsche für euer Leben formuliert! Ihr müsst zu den hier aufgeführten Verbformen nur die passenden Subjekte ergänzen. Schreibt die fertigen Zeilen auf – vielleicht fällt euch ja noch eine geeignete Melodie dazu ein.

Jägerlatein

Z Besucher aus Rom, die nach Germanien kamen, hatten manchmal sehr merkwürdige Vorstellungen über dieses Land. Ein Beispiel dafür liefert die folgende Geschichte von Lucius, der vor seinem Umzug nach Augsburg seinen bereits in Germanien lebenden Freund Marcus besucht, um dort Tiere zu jagen:

Nocte Lucius et Marcus armati in silvam eunt. Ibi Marcus magna voce narrat: „Audivi in hac silva multa genera bestiarum vivere, quae maxime differunt a ceteris! Utinam unam solam caperem!" Lucius varios strepitus[1] audiens dicit: „Utinam tacuisses! Nunc omnes bestiae nos in silva esse senserunt!"

MARCUS: „Nuper eo ipso loco vidi duas alces[2], quae sunt bestiae mira magnitudine, mira statura, mira ...!"

LUCIUS: „Tace! Ne feceris clamorem! Bestiam venire audio!"

MARCUS: „Veni! Post arbores bestias exspectemus! Nam alces ad arbores se applicabunt[3] atque ibi quiescent. Tum nos succidemus[4] arbores ..."

LUCIUS (ridens): „... et alces cadent et nos capiemus alces, quia surgere non possunt!?! Ne credideris eiusmodi fabulas! Equidem statim domum ibo. Utinam ne in Germaniam venissem!"

Prima luce Lucius rursus in silvam redit et amicum invenit post arborem quiescentem ...

(nach Caesar, Bellum Gallicum)

1 strepitus, ūs Geräusch
2 alcēs, alcis *f* Elch
3 applicāre anlehnen
4 succīdere fällen

Jägerlatein – „bezeichnete zunächst die dem Laien schwer verständliche Sondersprache der Jäger und ging dann auf die Aufschneidereien der Jäger über."
(Duden, Herkunftswörterbuch)

Rekonstruktion eines römischen Wachturms bei Lorch (Baden-Württemberg).

Die Auseinandersetzungen zwischen Römern und Germanen begannen in der Zeit Cäsars, der bei seiner Eroberung Galliens (58–51 v. Chr.) auch den Rhein in Richtung Osten überquerte und dort auf germanische Stämme traf.
Seit dieser Zeit standen Germanen und Römer einander ummittelbar gegenüber.

Die Eroberungspläne von Kaiser Augustus scheiterten mit der vernichtenden Niederlage des römischen Feldherrn Varus im heutigen Kalkriese im Teutoburger Wald (9 n. Chr.). Damit blieb im Nordwesten der Rhein die trennende Grenze. Später ließ Kaiser Domitian (reg. 81–96 n. Chr.) eine einschüchternde Befestigungsanlage bauen, um die reiche römische Provinz vor räuberischen Überfällen zu schützen: den „Limes", einen Grenzwall mit Wachtürmen und Kastellen für die Grenztruppen.
Doch nicht alle Bewohner erklärten sich auf Dauer mit der römischen Herrschaft am Rhein einverstanden: Es gab immer wieder Auseinandersetzungen, mehrfach sogar Aufstände, in denen die Römer manchmal auch Niederlagen hinnehmen mussten. Sieger und Besiegte standen also nicht von vornherein fest.

G

Lucius uxorem petiturus in Germaniam venit.
Amici Romani dicunt eum multas feminas pulchras ibi visurum esse.
Profecto Lucius cognoscit Annam, filiam pulchram mercatoris.
Lucius vitam bonam una cum Anna acturus est.
Ambo non ignorant se in Germania mansuros (esse) et ibi contentos fore (futuros esse).

Die Seherin Veleda

T

Die germanische Seherin Veleda hatte beim Aufstand des Germanenstammes der Bataver (69/70 n.Chr.) einen vernichtenden Schlag gegen die römischen Legionen richtig vorhergesagt. Das Wort einer Seherin galt als Offenbarung der Götter. Selbst bei den Römern stand Veleda in hohem Ansehen, sodass sie später als Schlichterin bei Spannungen zwischen germanischen Völkern und Rom eintrat. Im Folgenden stellt sich die Seherin vor:

Veleda appellor mihique datum est res futuras videre. Equidem, cum de rebus futuris interrogor, spero me res secundas visuram esse; nam res adversas providere haud mihi placet. Itaque illa facultas[1] natura mihi data saepe gravis est.
Exemplum proferam: Miles in pugnam iturus de proelii exitu requirit. Qui si audit: „E vita excessurus es!“, aut tristis aut ira incensus abit. Sin autem[2] dico: „Video te incolumem rediturum esse!“, ille se postea praemium mihi daturum promittit et postero die animo laeto et forti se hostibus obicit.
Germani, cum nuper contra Romanos pugnarent, me consulturi venerunt. Inde auctoritas mea multo aucta est: Providi enim Germanos rem bene gesturos esse et dixi eos – quod tum incredibile erat – legiones Romanas victuros esse. Profecto id, quod dixeram, evenit. Ex illo tempore multi Germani me etiam deam esse putant.
Sed – ut supra memoravi – vita mea etiam dura est: Nec cum propinquis nec cum amicis habito; sola vivo in turri quadam. Praeterea: Ut cultus augeatur, homines neque cellam meam adire neque me ipsam appellare debent. Itaque ii, qui auxilium petunt, aliquem e propinquis meis deligunt et ad me mittunt, ut ille responsa[3] et consilia deorum a me accipiat.
At bono animo sum: Nunc Germani me magni aestimant ... et clare video mox etiam Romanos me culturos esse.

(nach Tacitus, Historiae/Germania)

1 facultās Fähigkeit, Fertigkeit
2 sīn autem wenn aber
3 respōnsum: *hier Subst.*

François Lepère: Die Seherin Veleda. 19. Jh. Paris, Musée d'Orsay.

1 Text gliedern
Fertige *vor* der Übersetzung eine zweispaltige Tabelle an:
1. Spalte: In welche Abschnitte kann der Text unterteilt werden?
2. Spalte: Worüber spricht Veleda in den einzelnen Abschnitten (Schlüsselwörter!)?
Vervollständige *während* und *nach* der Übersetzung schrittweise die Tabelle.

2 Vergleiche die Situation der Veleda mit den Informationen, die du in Lektion 23 über Pythia erhalten hast.

Ü

A Suche aus **T** die Formen des Partizip Futur heraus, die nicht Bestandteil eines AcI sind. Ordne sie nach ihren Verwendungsweisen (vgl. Begleitband). In welchem Zeitverhältnis stehen sie zu dem jeweils übergeordneten Prädikat?

B Quid volo? Quid spero?
Veleda erhält in ihrem Stamm die Position der Seherin und zieht in ihren Turm. Hier macht sie sich Gedanken über ihre Zukunft. Sie fragt sich: „Was will ich? Was erhoffe ich mir?" Die Antworten, die sie sich selbst gibt, stehen unten. Baue diese entsprechend dem Beispielsatz in einen AcI um, den du von spero abhängig machst.
„res futuras semper videre." → Spero me res futuras semper visuram esse.

1. „matrem et patrem frequenter videre"
2. „saepe praemia accipere"
3. „numquam desperare"
4. „deos immortales semper delectare"

C Zeichne in dein Heft die folgende Tabelle und trage die abgedruckten Formen an den entsprechenden Stellen ein. Die Wörter, die nicht in die Tabelle passen, ergeben einen lateinischen Spruch.

Vorzeitigkeit		Gleichzeitigkeit		Nachzeitigkeit	
Partizip	Infinitiv	Partizip	Infinitiv	Partizip	Infinitiv
?	?	?	?	?	?

redire – mutans – motum – fracturos – veni – fugisse – tacturum esse – traxisse – vidi – interfecta – educturam – aversuros esse – terreri – vici – narrantes

D Mehrdeutige Wörter erschließen

a) Ermittle in den folgenden Sätzen die Bedeutung von cum. Orientiere dich dabei an der Übersicht im Begleitband, S. 133.

1. Cum Romani in colonia Augusta Treverorum erant, imperator saepe ab oratoribus (Redner) laudabatur.
2. Cum imperator in oppidum veniebat, ab oratoribus laudabatur.
3. Orator: „Cum imperatore laetitia in oppidum venit."
4. Cum orator finem orationis fecisset, cives imperatorem celebraverunt (feierten).
5. Cum imperator civibus provideret, ab oratore laudatus est.
6. Cum imperator civibus provideret, tamen a iuvenibus reprehendebatur.
7. Cum alii imperatorem laudarent, alii eum reprehendebant.

b) Überprüfe mit der Übersicht im Begleitband, S. 133, deine Übersetzung der cum-Sätze in **T**.

E Text- und Bildquellen erklären

MORITURI TE SALUTANT!
„Die Todgeweihten grüßen dich!"
Erkläre, was dieser Ausspruch bedeutet, und stelle einen Zusammenhang mit dem Bild (unten) her.

Szenenbild aus dem Film „Gladiator". USA 2000.

Z

Verhandlungen an der Stadtmauer

Köln am Rhein, 69 n. Chr. Einige umliegende Germanenstämme rufen zusammen mit benachbarten Galliern zum Aufstand gegen die Römer auf. Dazu schicken die Aufrührer auch in die Stadt Köln Gesandte, um die dort ansässigen Germanen, die Ubier, zu überreden, am Aufstand gegen die Römer teilzunehmen:

„Cognovimus vos quoque liberos inter liberos vivere velle. Romani autem flumina ac terram claudunt, ut nos a colloquiis congressibusque[1] prohibeant. Itaque amicitiae nostrae causa nunc magna atque crudelia facere debetis: Promittite vos omnes Romanos, qui vivunt in finibus vestris, interfecturos. Liceat nobis vobisque – ut licebat maioribus nostris – in terra nostra vivere!"
Ubii autem de rebus futuris metuentes nesciebant, utrum consilia acciperent an repellerent.
Postremo his verbis responderunt: „Una cum vobis ceterisque Germanis, propinquis nostris, vivere volumus. Sed promittere nolumus nos interfecturos esse parentes, fratres, liberos nostros. Nam Romanis quoque, qui huc deducti sunt et nobiscum interea sanguinem miscuerunt[2], haec quasi patria est."

(nach Tacitus, Historiae)

1 colloquia congressūsque Unterhaltungen und Zusammenkünfte
2 miscēre vermischen

1 Mit welchen Argumenten versuchen die Aufrührer, die Ubier zum Aufstand zu überreden?

2 Überprüfe, wie die Ubier auf diese Argumente reagieren.

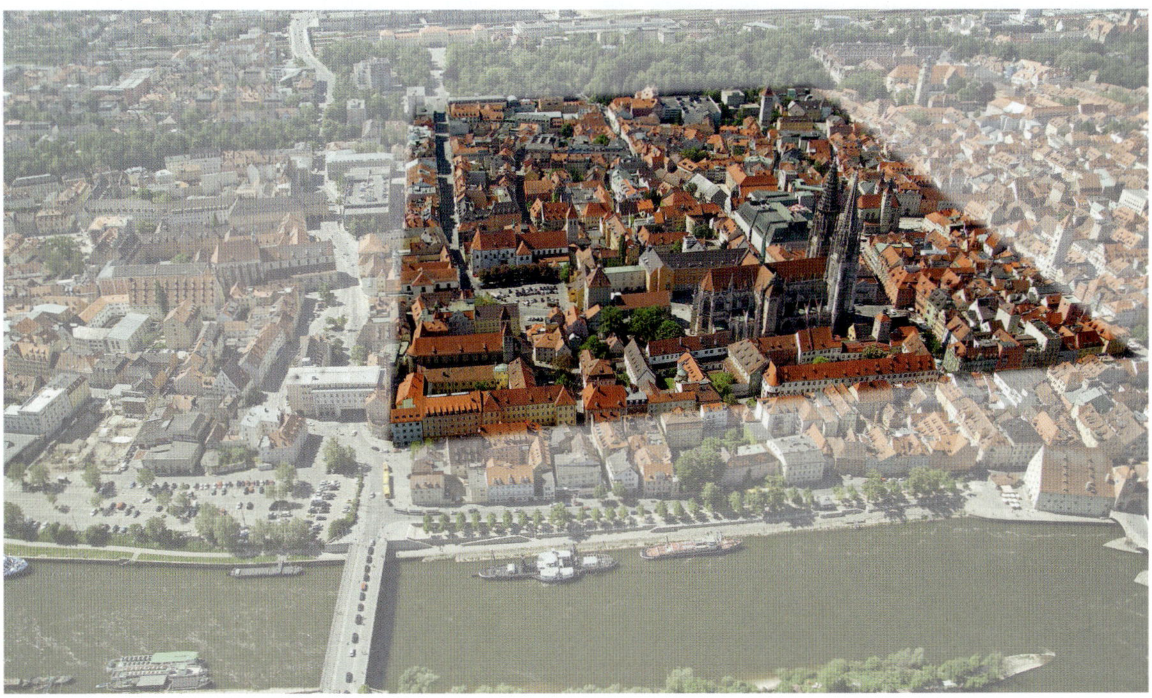

Der Straßenverlauf in der Altstadt von Regensburg lässt noch erahnen, dass ihre Keimzelle einst ein Römerlager war. Die Mauern des Legionslagers Castra Regina (540 x 450 m) waren aus Quadersteinen und hatten vier Tore und 30 Wehrtürme.

Die nördliche Grenze des Imperium Romanum kann im Verlaufe des 3. Jh.s n. Chr. nicht mehr aufrecht erhalten werden: 238 überschreiten Goten die untere Donau und dringen tief in das römische Reich ein; einzelne Stämme erreichen sogar Kleinasien. Wenig später werden große Teile des Limes zerstört.

Auch wenn es danach gelingt, das Vordringen dieser Stämme erst einmal zum Stillstand zu bringen, ist die Grenze an Rhein und Donau nicht mehr sicher. 375 erobern die Hunnen große Gebiete im Norden des Reiches, 410 wird Rom selbst von den Westgoten eingenommen und geplündert. Am Ende des fünften Jahrhunderts gibt es dann auch keinen römischen Kaiser mehr: Die Herrscher Italiens sind nun Ostgoten.

Dennoch ist die Idee des Imperium Romanum auch danach nicht tot. Ausgehend vom Stamm der Franken entsteht im Norden und Westen des ehemaligen Reichs eine politische Einheit. In diesem Gebiet versucht um 800 n. Chr. Karl der Große auch eine kulturelle Einheit zu schaffen, indem er das Lateinische zur Amtssprache macht und damit die antiken Vorbilder wieder in den Vordergrund stellt.

Die Verbreitung der lateinischen Amtssprache nahm dann von den Klöstern ihren Ausgang.

Schreiben und Lesen waren im Mittelalter geistliche Tätigkeiten. Auch höchste Würdenträger, wie hier Papst Gregor der Große, waren auf dieses Können stolz. Elfenbein-Relief aus dem 10. Jh. Wien, Kunsthistorisches Museum.

G

Liberi legere et scribere cupiunt.
Pueri et puellae cupidi legendi et scribendi sunt.
3 Legere et scribere iis gaudio est.
Legendo et scribendo gaudent.
Legendi et scribendi causa liberi conveniunt.
6 Nunc eis tempus est libros legendi et epistulam scribendi (epistulae scribendae).
Ad libros legendos et epistulam scribendam parati sunt.

Es geht nicht ohne Latein

In einem dieser Klöster sitzt als wirklich guter Lateinkenner der Mönch Berengar noch in tiefer Nacht am Schreibpult und arbeitet an einer Zusammenfassung von Karls Brief. Gleich zu Beginn seiner Arbeit wird Berengar klar, dass Karl mit seinem neuesten Schreiben ausgerechnet die Situation des Lateinischen an den Klosterschulen kritisiert. Persönlich getroffen kommentiert er hierauf beim weiteren Schreiben die Worte Karls, wobei er diesen direkt anredet:

„Cum his annis a quibusdam monasteriis[1] saepius scripta nobis mitterentur, cognovimus in plerisque eorum sermones incultos[2].“
– Dicis „incultos“? Totum diem diligenter scribo. Scribendo tempus meum consumo. In libris scribendis tantum bene vivo. Nemo tam peritus[3] scribendi est quam ego. Quis ergo incultus?
„Praeterea bene novimus errores verborum periculosos[4] esse; multo verum periculosiores sunt errores sensuum!“
– Num putas me scribere tantum posse? Num dubitas, quin etiam sensus verborum sanctorum comprehendam? Gratias tibi ago. Equidem scio multo periculosiores esse errores regum.
„Quamobrem vos monemus: Non modo curae sit vobis litterarum studium, sed etiam tam cupidi discendi sitis, ut facilius et rectius mysteria[5] divinae scripturae[6] perspiciatis!“
– Perspicere? Prius de mente mea dubitavisti – et nunc contendis me idoneum esse ad perspiciendum!? Egone idoneus sum ad divinam scipturam perspiciendam? Minime! Nihil aliud nisi homo indignus sum. Mihi officium libellos legendi et recitandi et scribendi satis est.
„Nunc viri idonei ad hoc opus deligantur! Illi et voluntatem discendi et cupiditatem alios instruendi habeant ...“
– Ah[7], tandem intellego! Volo! Quid aliud? Cupidus sum. Quodcumque praecipis – equidem sine mora ad alios instruendos paratus sum. At – dum haec lego, hora abit: Statim multos alios artem bene scribendi docebo. Interim alius haec scribendo delectetur! Vale!

(nach Karoli epistola de litteris colendis)

1 monastērium Kloster
2 incultus, a, um ohne Bildung
3 perītus *m. Gen.* erfahren in
4 perīculōsus: *Adj. zu* perīculum
5 mystērium Geheimnis
6 scrīptūra Schrift
7 āh aha!

Reiterstatuette Karls des Großen. 9. Jh. Paris, Musée du Louvre.

1 Notiere aus den Entgegnungen Berengars die Wörter und Wendungen, die er Karls „Vorwürfen“ entnimmt und aufgreift. Verschaffe dir so einen ersten Überblick über den Gedankengang des Textes.

2 Versetze dich in die Lage Berengars und überlege – während der Übersetzungsarbeit – nach jedem Abschnitt aus Karls Brief, wie du darauf reagieren würdest. Vergleiche damit dann den jeweiligen Kommentar Berengars. Wie lassen sich mögliche Unterschiede erklären?

3 Kooperativ Argumente erarbeiten
Erarbeitet in Gruppen eine Rede Karls, in der er weiter seine Position vertritt, aber die Einwände Berengars einbezieht.

4 Stellt Informationen über die Praxis der Vervielfältigung von Schriften (von der Antike über das Mittelalter bis hin in die jetzige Zeit) zusammen. Seht dazu auch in Lektion 10 nach.

Ü

Auch eine Seherin:

Res futuras videre mihi datum est. Itaque multum pecuniae mihi datur. Nam homines auxilio meo res futuras cognoscere cupiunt. Spes res futuras cognoscendi homines inducit, ut aurum mihi dent. Ita multum pecuniae paravi res futuras dicendo. Saepe res secundas provideo: Nam plures homines ad me veniunt, si saepe parata (bereit) sum ad res secundas prospiciendas. Dum res futuras dico, diligenter ea observo, quae homines ipsi cupiunt: Nam si in rebus futuris dicendis ea intellego, quae homines ipsi cupiunt, plus pecuniae mihi datur.

A Achtung, Verwechslungsgefahr! -nt- oder -nd-?
Setze in die folgenden Formen die passenden Buchstaben ein, gib den dazugehörigen Infinitiv an und bestimme die nun vollständige Form. Mache dir vorher klar, welcher Deklination das Gerundium folgt und welcher das PPA.
excita ? o – ostende ? es – orna ? em – da ? o – quiesce ? ibus – ad trahe ? um – time ? i (2) – demonstra ? is – defende ? ia – accede ? i (2) – erra ? o – para ? ibus – flecte ? ium

B Scribere facile non est.
Über Karl den Großen wird berichtet, dass er ein sehr lernbegieriger Mensch war, mit dem Schreiben allerdings seine Schwierigkeiten hatte – unter seinem Kopfkissen lagen angeblich immer Tafeln und Blätter bereit.
Stell dir vor, dass Karl eines Nachts die folgenden Sätze vor sich hin sagt. Das Wort, um das sich alles dreht, ist jedoch kaum zu verstehen. Setze du nun die entsprechenden Formen von scribere ein.
„Semper sponte mea paratus sum ad ? ! Cur nemo me artem ? docet? Omnes familiares sciunt me cupidum ? esse! ? causa somnum vix capio. In ? non proficio (ich mache Fortschritte).“

C Satzwertige Konstruktionen unterscheiden
Unterscheide, ob es sich um ein Gerundium oder ein attributives Gerundivum handelt. Übersetze dann:
1. libello Latino legendo 2. orationis audiendi causa 3. voluntas amicam delectandi 4. ars bene dicendi 5. studium novae linguae discendae 6. gaudium carmen recitandi 7. ad rem bene gerendam 8. monumento aedificando 9. libro Ciceronis legendo 10. ad deos colendos 11. litteras scribendo

D Mehrdeutige Wörter erschließen
Ermittle in den folgenden Sätzen die Bedeutung von ut. Orientiere dich dabei an der Übersicht im Begleitband, S. 133.
1. Berengarius, <u>ut</u> scitis, linguam Latinam non ignorabat.
2. Berengarius totam noctem laborabat, <u>ut</u> epistulam imperatoris conscriberet.
3. Verba imperatoris virum ita sollicitabant, <u>ut</u> ea reprehenderet.

b) Überprüfe mit der Übersicht im Begleitband, S. 133, deine Übersetzung des ut-Satzes in **T**, Z. 12.

E Sachfelder bilden
Stelle möglichst viele lateinische Wörter zum Sachfeld „Schule“ zusammen. **T** und **Z** helfen dir dabei.

Zeichnung von Wilhelm Busch. 1864.

Schreibregeln für Mönche

Z Nachdem unser Mönch sich gut ausgeruht hat, möchte er nun möglichst bald die Anregungen Karls, die du aus **T** kennst, in die Tat umsetzen lassen. So verfasst er für seine zukünftigen Schüler ein paar – nicht immer ernst gemeinte – Leitsätze für „gutes Schreiben", die er als ständige Erinnerung an die Wand des Schreibsaals hängen möchte.

Difficilem et duram artem libros scribendi discimus, id est: Quam diligentissime et quam plurimum scribemus. Libris scribendis semper delectabimur!

A somno prohibiti artem diligenter scribendi perdimus. Ergo: Nocte in cellis nostris quiescemus (non bibemus), ut die bene scribamus!

Virtutes nostrae in divinis libris scribendis videbuntur.

Non statim, si quid nos turbet, libros deponamus! Omnes turbationes[1] vincat cupiditas verba Dei scribendi: Ad scribendum nati[2] sumus!

Celeriter scribendo non bene scribitur, sed bene scribendo etiam celeriter scribitur.

Verbis Dei scribendis semper Dominum laudemus!

Ne desieritis divinos libros intellegere!

(nach Quintilian, Institutio oratoria)

Der Mönch Eadwine bei der Arbeit an einem Manuskript. Neben der Schreibfeder benutzt er ein Schabeisen, den „Radiergummi" des Mittelalters. Eadwine-Psalter. Um 1150. Cambridge, Trinity College.

1 turbātiō, ōnis: *Subst. zu* turbāre
2 nātus, a, um geboren

1 An welchen Stellen kannst du erkennen, dass Berengars Regeln nicht immer ernst gemeint sind?

2 Textinhalt kooperativ umsetzen
Erstellt in Gruppen ein ähnliches Plakat mit lateinischen Regeln für euren Unterricht – verwendet hierbei möglichst viele nd-Formen.
Lasst euch bezüglich des Vokabulars von eurer Lateinlehrerin / eurem Lateinlehrer helfen.

Gab es den typischen Germanen? Gibt es heute den typischen Deutschen?

Die Wiederbelebung des Imperium Romanum – diese Idee bleibt während des gesamten Mittelalters in den Köpfen von Königen und Herrschern lebendig. Nachdem das Reich Karls des Großen schon bald nach seinem Tod zunächst in drei, dann in zwei Teilreiche zerfällt, bleibt der offizielle Titel des Kaisers für den Herrscher im Ostreich (dem Heiligen Römischen Reich Deutscher Nation) bestehen. Mit diesem Anspruch, Nachfolger der römischen Imperatoren zu sein, versuchen die deutschen Könige, auch Italien und hier vor allem Rom für ihr Reich zurückzugewinnen. Dagegen leisten viele Bewohner Italiens immer stärkeren Widerstand; in diesen Widerstand bauen sie auch die alten Beurteilungen der Römer über die Germanen ein. Wieder spielt die Absicht, mit der über die Germanen gesprochen und geurteilt wird, eine wichtige Rolle.

G Multis libris lectis duo amici, qui legendi cupidi non iam erant, in bibliotheca (!) stabant dicentes se de populis diversis pauca scire. Itaque decreverunt se in alias terras ituros esse, ut iter facientes multaque videntes homines quoque ipsos cognoscerent. Consilium amicorum laudandum est. Amicis in itinere multa ferenda erant. Negandum non est amicos in itinere se fortes praebuisse.

Typisch germanisch?

T Im 15. Jh. entdeckte man im Kloster Hersfeld die Schrift „Germania“ des Geschichtsschreibers Tacitus (um 100 n. Chr.). Ohne auf die zeitliche Distanz zu achten, bezogen die Gelehrten des 15. Jh.s die Beschreibung der Volksstämme des alten Germanien auf ihre eigene Zeit. In der folgenden Geschichte treffen wir einen deutschen Klosterschüler namens Conradus und den aus Italien stammenden Mauricius in einer regen Auseinandersetzung über die in der „Germania“ gelesenen Informationen:

MAURICIUS: Legistine omnibus Germanis corpora magna esse? Si res ita se habet, quaero, cur tu tam parvus sis.

CONRADUS: Verba eiusmodi dicens mihi persuades te stultum et ignarum esse: Tot annis praeteritis me Germanum antiquum esse putas; sed Germanus antiquus appellandus non sum. – Si res a Tacito editas mecum comparare pergis, tibi ostendam, quemadmodum nos, homines parvi, ...

MAURICIUS: Desine adeo clamare! Semper tibi certandum[1] est. Interea cognovi, cur Germani non verbis, sed viribus semper certare cupiant: Tacitus scripsit corpora Germanorum ad bellum tantum valere ...

CONRADUS: Tace!

MAURICIUS: ... et vos oculos crudeles habere. Profecto – forte me talibus oculis spectas, quasi hostes simus. Talibus oculis resistendum est. Vos Germani semper parati estis ad ...

CONRADUS: Quid? Ad laborandum?! Verum dicturus es. Mecum veni in bibliothecam[2]; nam – ut opinio mea est – diversi libri de factis et moribus Germanorum compositi nobis legendi sunt, praesertim cum credere non possim vitam Germanorum solum e pugnis constitisse. Etiam Tacitus dixit Germanos pudorem magni aestimavisse et ...

MAURICIUS: ... et liberos eorum in omni domo nudos atque sordidos[3] vivere.

CONRADUS: Verbis tuis credendum non est! Talibus verbis a te dictis nunc haec tantum intellego: Tu durus et iniquus et invidiae plenus es! Superbia tua ferenda non est! Abi potius, Maurici, aliter Germanus quidam minimus pudorem suum omittet et odio incensus hostem Romanum doloribus maximis afficiet!

(nach Tacitus, Germania)

1 certāre (wett)streiten
2 bibliothēca Bibliothek
3 sordidus schmutzig

Das Hermannsdenkmal bei Detmold im Teutoburger Wald. Erbaut im 19. Jh. zur Erinnerung an den Germanenfürsten Arminius (Hermann).

1 Sammelt vor der Übersetzung von **T** Vorurteile über „die“ Deutschen aus heutiger Zeit und vergleicht diese nach der Übersetzung mit den in **T** genannten Argumenten.

2 Meinungen sind subjektiv. Versuche vorab, einige Meinungen über die Germanen aus **T** zu ermitteln, und überlege, inwiefern sie sicherlich als subjektiv zu bezeichnen sind.

3 Fertigt eine Kopie von **T** an und bearbeitet zu zweit den lateinischen Text folgendermaßen: 1. Zeichnet euch mit einem Farbstift Hilfsmarkierungen zu komplizierten Konstruktionen ein (z. B. AcI einklammern, Partizipien an das Bezugswort anbinden etc.) 2. Mit einem Textmarker hebt ihr die im Text deutlich werdenden Vorurteile über die Germanen hervor.

Ü

A Schreibe aus den folgenden Wörtern die Partizipien heraus, bestimme sie und benenne jeweils das Zeitverhältnis (VZ, GZ, NZ).
Wenn du die Anfangsbuchstaben der Partizipien nacheinander liest (Achtung: v = v/u), erkennst du, wozu deine Markierungen bei der Arbeit an lateinischen Texten nützlich sind:
venientes – oranti – rogato – licentia – educturum – mentem – nuntiata – tacentem – liberaturos – vehementes – abeunti – sperans – vivos – territi – visos – defendent – nescientibus – comitibus – gaudentium – centum

B Satzstrukturen erkennen
Mache dir vor dem Übersetzen die Struktur des folgenden Satzes klar, indem du in eine erste Zeile nur den Hauptsatz vollständig abschreibst. In einer zweiten Zeile fügst du dann an den entsprechenden Stellen jeweils nur die Subjunktion und das Prädikat der Gliedsätze an. Übersetze erst hiernach den gesamten Satz.

Lucius, postquam cum uxore sua iam multos annos apud Germanos vixit, fabulis de bestiis raris Germaniae adductus Marcum amicum, qui ad pericula suscipiendum semper paratus erat, oravit, ut se in silvam duceret.

Der germanische Himmels- und Kriegsgott Tyr mit einem gefesselten Fabeltier. Bronzerelief. 6. Jh. Stockholm, Statens Historiska Museum.

C Übersetze, ohne Gliedsätze zu verwenden:
1. His rebus nuntiatis milites Romani in hostes impetum fecerunt.
2. Militibus nostris accedentibus hostes fugerunt.
3. Omnibus armis relictis pacem petiverunt.

D Nimm bei der Übersetzung der folgenden Ablativi absoluti je zwei verschiedene Sinnrichtungen an und übersetze entsprechend. Suche dann für jede Sinnrichtung eine passende deutsche Fortsetzung.
His verbis dictis ①. Pecunia data ②. Multis cedentibus ③. Liberis flentibus ④. Capta urbe ⑤. Armis depositis ⑥.

E Sprachparallelen erkennen
Der Azubi – ein Auszubildender!
Suche weitere Beispiele für das Gerundiv im Deutschen.

F Satzwertige Konstruktionen unterscheiden
Beschreibe den inhaltlichen Unterschied der folgenden beiden Sätze:

Bellis gerendis	Romani magnum imperium sibi pepererunt.
Bellis gestis	Romani magnum imperium sibi pepererunt.

G Beachte die Wiedergabe der nd-Formen:
1. Audiendum, deinde audendum est. 2. Nonnullis parentibus reprehendendum est. 3. Haec facta vobis vitanda erunt. 4. Hoc negandum non est. 5. Iniuria ferenda non erat. 6. Corpus semper exercendum est. 7. Ea de re nihil dicendum est. 8. Omnibus leges servandae sunt. 9. Magistratibus salus civium neglegenda non est. 10. Curandum est, ut viam recte vivendi deligamus.

H Satzwertige Konstruktionen erkennen
Schreibe den folgenden Satz ab, unterstreiche Subjekt und Prädikat und versuche, die unterschiedlichen satzwertigen Konstruktionen grafisch voneinander zu trennen. Übersetze dann den Satz.
Nulla bestia visa duo amici cenandi cupidi domum redierunt dicentes se mox aliquas bestias inventuros et interfecturos esse.

I Agenda und Akten
Vor einer Tagung wird die *Agenda* in einer Liste festgelegt – nach der Tagung werden die Protokolle in den *Akten* abgelegt.
Erkläre die Bedeutung der Begriffe *Agenda* und *Akten*, indem du auf die zugrundeliegenden lateinischen Wortformen Bezug nimmst.

Dumm gelaufen

Z Der Mönch Philipp von Ferrara, der im Auftrag seines Ordens viel herumkam und interessante Beobachtungen über die Verschiedenheit der Nationen machte, verfasste zu Beginn des 14. Jh.s die folgende Geschichte:

Quodam tempore duo Lombardi[1] forte una cum Teutonico[2] iter facientes dixerunt:
„Para, amice, nobis cenam bonam! Nam – Teutonicis semper bene viventibus – tu optime talia facere potes."
Magna anguilla[3] a Teutonico empta Lombardi diu consulebant, quemadmodum socium fallere possent – habere enim voluerunt partem optimam anguillae.
Igitur alter[4] Lombardus sine pudore dixit: „Domine, caput anguillae edere[5] nolo, quia nuper os[6] eius paene me interfecit."
Sine mora alter dixit: „Equidem caudam[7] edere nolo, quia nuper edi caudam non bene paratam et subito in gravem morbum cecidi."
Paulatim Teutonicus eos dolo se fallere velle intellexit: „Certe", inquit, „vobis tanta pericula vitae subeunda non sunt. Ergo: Hic, qui non capit caudam, capiat caput et ille, qui non capit caput, accipiat caudam! Hinc mihi, simplici[8] et indigno Teutonico, reliqua pars anguillae danda est."

(nach Philipp von Ferrara, Liber de introductione loquendi)

1 Lombardus lombardisch, Lombarde (Norditaliener)
2 Teutonicus germanisch, Germane
3 anguīlla Aal
4 alter – alter der eine – der andere
5 edere *(Perf.* ēdī*)* essen
6 os, ossis Knochen
7 cauda Schwanz
8 simplex einfach

1 Welches Bild wird in **Z** über den Teutonicus vermittelt? Belege deinen Eindruck am Text.

2 Erzählt Geschichten (oder Witze) aus heutiger Zeit, die ähnlich beginnen.

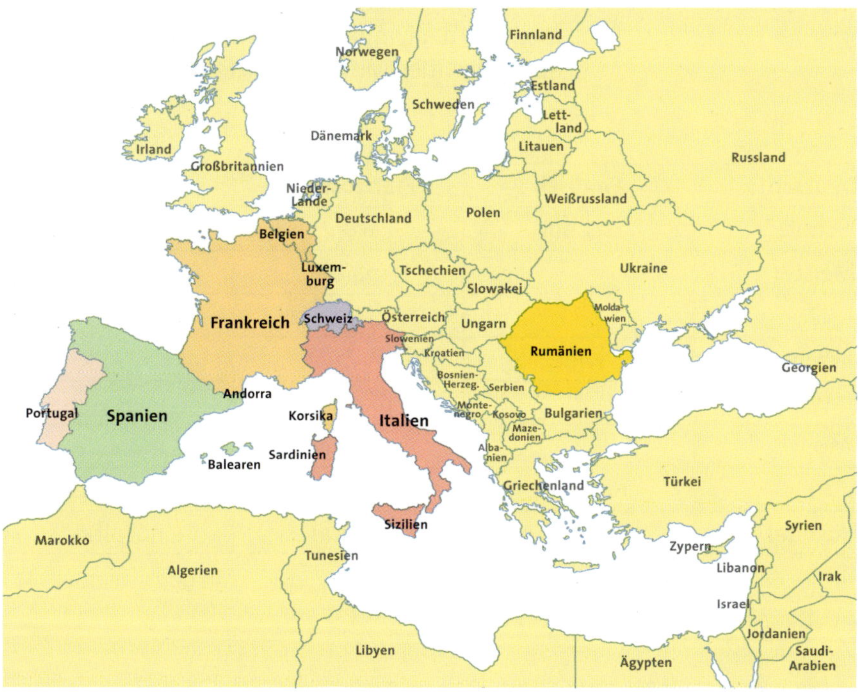

Die romanischen Sprachgebiete im heutigen Europa. In welchen Ländern außerhalb Europas werden ebenfalls romanische Sprachen gesprochen?

Europäische Sprachen betrachten – römisches Erbe erkennen

Historische Entwicklungen betrachten

Eigentlich hatten die Römer zur Zeit des Kaisers Augustus vor, ganz Germanien bis zur Elbe dem Reich einzuverleiben. Doch im Jahre 9. n. Chr. geschieht das Unglaubliche: Angeführt von dem 25-jährigen Cherusker Arminius vernichten die Germanen die Legionen des römischen Statthalters Varus auf ihrem Weg ins Winterlager. Daraufhin ziehen sich die Römer hinter den Rhein und den Limes zurück.

- Stellt Vermutungen darüber an, wie trotzdem römische Einflüsse und lateinisches Sprachgut nach Germanien kamen.

Fremdwörter erschließen

Fremdwörter sind Wörter, die aus einer anderen Sprache in die eigene Sprache übernommen wurden und sich nur bedingt der aufnehmenden Sprache anpassen. Sie werden nach wie vor als fremd empfunden.

- Stellt aus dem Vokabular der letzten fünf Lektionen die Fremdwörter zusammen, die aus dem Lateinischen kommen und auch in eurem Alltag oft verwendet werden.

Beispiel: beneficium → Benefizspiel

Lehnwörter erschließen

Neben Fremdwörtern wurden dem Lateinischen auch Worte entlehnt (sog. Lehnwörter).
Lehnwörter sind Wörter, die aus einer anderen Sprache übernommen wurden und sich in Schreibung und Lautung der aufnehmenden Sprache so weit angepasst haben, dass sie nicht mehr als fremd empfunden werden.

- Wie müssen die Lücken in der untenstehenden Tabelle ergänzt werden?

Sprachliche Entwicklungen erklären

- Teile die Lehnwörter in Gruppen ein und gib den Gruppen Überschriften, indem du jeweils den Lebensbereich benennst, zu dem das Lehnwort gehört.
- Überlege, unter welchen Bedingungen eine Sprache ein Wort aus einer anderen Sprache entlehnt. Erläutere anhand der Liste, welche Bedeutung die römische Kultur für die europäischen Völker hatte und hat.

Lebensweltliche Bezüge präsentieren (Projekt)

- Sucht mit Hilfe eurer Familie und Freunde weiter, wo ihr noch römisches Erbe entdecken könnt: Kennt ihr lateinische Namen aus der Werbung? Findet ihr vielleicht einzelne römische Monumente in der Umgebung? Sammelt die Ergebnisse und präsentiert sie in einer Ausstellung.

Lateinisch	Deutsch	Englisch	Französisch	Spanisch
?	Schule	school	école	escuela
magister	Meister	?	maître	maestro
caseus	?	?	–	queso
?	Wein	wine	?	?
mercatus	Markt	?	marché	mercado
moneta	Münze	?	monnée	moneda
?	?	medicine	médicine	medicina
hospitium	Hospital	?	hôpital	hospital

Religionen im Weltreich: Der Glaube öffnet Horizonte

Der letzte Abschnitt unseres Buches überspannt einen Zeitraum von fast 1500 Jahren. Wir lernen verschiedenartige Religionen kennen, die nebeneinander existierten und teilweise auch miteinander konkurrierten:

- geheimnisvolle ägyptische Kulte, die schon zur Zeit der Pharaonen entstanden sind,

- das Judentum, das wegen seiner Gottesvorstellung mit den Römern in Konflikt kam,

- das Christentum, das von einer Religion der einfachen Leute zur Staatsreligion im römischen Weltreich aufstieg,

- und den Islam, der sich von der arabischen Halbinsel aus ab dem 7. Jh. nach Westen ausbreitete.

Das östliche Mittelmeer war das Gebiet, wo all diese Religionen aufeinandertrafen und ihre Konflikte austrugen. Neben blutigen Auseinandersetzungen gab es aber immer auch Beispiele für gegenseitiges Verständnis, Respekt, kulturellen Austausch und Freundschaft über die Religionsgrenzen hinweg.

Rekonstruktion des Tempelberges in Jerusalem: Zustand zur Zeit vor dem großen Aufstand gegen Rom. In der Mitte der Tempel des Herodes, rechts daneben die Festung Antonia, der Sitz der römischen Prokuratoren.

Das Gebiet des heutigen Israel gehörte zu den vielen Küstengebieten des östlichen Mittelmeerraumes, die der römische Feldherr Pompejus um die Mitte des 1. Jh.s v. Chr. für Rom erobert hatte.
Hier lernten die Römer ein Volk kennen, dessen Sitten und Gebräuche sie in vieler Hinsicht fremdartig fanden: die Juden. Am erstaunlichsten war für sie die Religion dieses Volkes: Die Juden glaubten nur an einen einzigen Gott, der Himmel und Erde geschaffen hat, und nicht wie die anderen Völker an eine Vielzahl verschiedener Götter und Göttinnen. Da die Juden trotz der Eroberung durch die Römer diesen Glauben nicht aufgeben wollten, war bei ihnen der Widerstand gegen die Eroberer besonders heftig.
Dieser Widerstand war allerdings vergeblich: Der Aufstand gegen die römische Besatzung Jerusalems in den Jahren 66–70 n. Chr. scheiterte, da Rom alle militärischen Mittel aufbot. Jerusalem wurde von den Römern zurückerobert und das religiöse Zentrum, der Tempel des Herodes auf dem Tempelberg, niedergerissen; die Juden mussten ihr Land verlassen.

G Unserem Mönch macht der Brief Karls des Großen weiterhin Probleme. Denn auch sein Abt empfiehlt, Karls Mahnung zu beachten:

„Ita scribe, ut Carolus iubet! Ne neglexeris verba Caroli!“
Berengar denkt über seine Situation nach:
„Quid ego nunc faciam? Paream?
Quid faciat abbas (Abt) meus, si non pareo?
Dicat: ‚Ne putaveris te ita scribere posse, ut ipse vis.‘
Tamen ei non parebo! Equidem ita scribam, ut semper scripsi!
O Carole, utinam ne hanc epistulam scripsisses!“

Die Römer verstehen die Juden nicht

T1

Während der Aufstand gegen die Römer für die Juden tragisch endet, wird in Rom gefeiert. Als sichtbares Zeichen des Sieges soll im Senat der Beschluss gefasst werden, einen Triumphbogen für den erfolgreichen Feldherrn Titus, einen Sohn des regierenden Kaisers Vespasian (Vespasiānus), zu errichten. Hierzu hält ein Redner im Senat die folgende Rede:

Oro vos, patres conscripti: Tito, filio divi Vespasiani, a senatu populoque Romano arcus[1] aedificetur! Quis enim credat umquam meliorem imperatorem fuisse illo homine? Nisi Titus exercitui nostro praefuisset, Iudaeos non vicissemus. Et quale bellum fuit – bellum adversus gentem populo Romano inimicissimam!
Quare autem isti nos oderunt? Haec quam brevissime vobis dicam: Causa est religio eorum. Nemo vestrum crediderit, qualis ista sit. Etiam mihi mira videtur[2] ista religio; tamen ne credideritis verba mea ficta esse!
Omnia sunt apud Iudaeos profana[3], quae apud nos sacra, omnia apud istam gentem permissa, quae nobis prohibita[4]. Edunt[5] alia ac nos, bibunt alia, vivunt aliter, temperant ab alienis hominibus, omnino latere volunt. Quod autem maius est: Iudaei in unum deum solum credunt, quem creatorem[6] terrae et caeli vocant; inter eos constat huic deo nullam formam esse.
Quid plura addam? Utinam nunc recte iudicetis de religione eorum! Mihi quidem persuasum est: Bene fecit Titus, lumen imperii nostri, quod hanc gentem vicit. Itaque Titum magno honore afficiamus! Nam filius Vespasiani dignus est arcu maximo et pulcherrimo.

(nach Tacitus, Historiae)

1 arcus, ūs Triumphbogen
2 vidētur er (sie, es) (er)scheint
3 profānus, a, um gewöhnlich
4 prohibitus, a, um verboten
5 edere essen
6 creātor, ōris Schöpfer

Der Titusbogen auf dem Forum Romanum in Rom. 81 n. Chr. erbaut.

1 Suche die Stellen heraus, mit denen sich der Redner ausdrücklich auf die Juden bezieht. Stelle eine Vermutung darüber an, welche Reaktion er damit bei seinem Publikum beabsichtigt.

2 Stil analysieren
Wie schlägt sich in der sprachlich-stilistischen Gestaltung der einzelnen Sätze das Anliegen des Sprechers nieder? Welche Reaktion beim Publikum beabsichtigt er damit?

3 Sammle die Kritikpunkte, die dieser Redner gegen die jüdische Religion vorbringt, und ordne sie nach der Bedeutung, die sie für ihn offensichtlich haben. Suche auch nach Möglichkeiten einer Widerlegung.

Ü

A Sammle die verschiedenen Konjunktivformen, die in den Hauptsätzen von **G** und **T** vorkommen; ordne diese dann nach ihrer Verwendung im Satz. Erläutere mit eigenen Worten ihre Bedeutung. Suche eine möglichst treffende Wiedergabe im Deutschen.

Inschrift an der Ostseite des Titusbogens.

B Sprachen vergleichen

Finde – z. B. mit Hilfe einer Deutschgrammatik – heraus, welche Bedeutungen des lateinischen Konjunktivs auch im Deutschen durch diesen Modus wiedergegeben werden können. Wie drücken wir die anderen lateinischen Konjunktivbedeutungen aus?

C Zwei Freunde unterhalten sich.
Übersetze und gib an, welcher Konjunktiv jeweils vorliegt:
„Quid faciamus?" – „In urbem eamus! Ibi hodie convivium magnum est." – „Utinam hoc verum esset!" – „Scilicet verum est. Ego id novi." – „Nemo hoc credat, qui te cognovit. Credidissem, nisi te bene cognovissem."

D Bilde zu den Indikativformen, die in **T** vorkommen, den entsprechenden Konjunktiv und benenne die mögliche Bedeutung, die dieser Konjunktiv in einem Hauptsatz haben könnte.
Beispiele:
appellamus → appellemus
1. wir wollen nennen (Hortativ)
2. wir dürften nennen (Potentialis)
3. sollen wir nennen? (Deliberativ)

gessit → gesserit
er könnte ausführen (Potentialis)

E Stelle die richtige Zuordnung her:

Iussiv	Hoc faciamus!	Er dürfte/könnt
Hortativ	Quid faciam?	Hoffentlich ...!
Potentialis	(Utinam) maneat!	Was soll ...?
Deliberativ	Hoc faciat!	Wenn er doch ..
Optativ (erfüllbar)	Hoc faciat/fecerit.	Er soll ...!
Optativ (unerfüllbar)	Utinam maneret!	Lasst uns ...!

Der nach dem Sieg über die Juden entstandene Titusbogen zeigt auf den Innenseiten den Triumphzug der Sieger. Wie du schon weißt, wurden in einem solchen Zug immer auch Beutestücke aus dem eroberten Land mitgeführt. Welches kannst du hier erkennen?

Der Gott Israels spricht

Z1 Ein besonders wichtiges Ereignis der jüdischen Geschichte ist der Auszug der Israeliten aus Ägypten unter Führung des Moses im 13. Jh. v. Chr.

Moses, quamquam erat homo ex gente Iudaeorum, multos annos in aedibus Pharaonis[1], regis Aegyptiorum[2], vixit. Cum autem intellexisset gentem suam ab Aegyptiis graviter vexari[3] et Pharaonem esse regem crudelissimum, sibi ipsi dixit: „Utinam ne gens mea tam graviter vexaretur. Pharao nostra miseria adeo delectatur, ut preces usui non sint. Itaque Iudaei ex Aegypto effugiant! Sed quo modo id faciant? Opus est homine magna virtute, qui Iudaeos regat. Quis autem dubitet hunc laborem esse difficillimum? Egone ipse hunc laborem subeam? Sed vis mea parva est. Utinam deus noster mihi signum det!“
Ut signum cernat, Moses in desertum[4] it. Ibi videt fruticem[5], qui igne captus est, sed flammis non consumitur. Subito audit vocem de caelo talia dicentem: „Ne timueris, Moses! Vidi inopiam populi mei, qui est in Aegypto, et gemitum audivi et de caelo descendi, ut Iudaeos liberarem. Nunc adsum et te in Aegyptum mitto. Tu sis princeps populi et educas Iudeaos ex Aegypto!“
(nach Vulgata, Exodus)

1 Pharaō, Pharaōnis Pharao
2 Aegyptius Ägypter
3 vexāre quälen
4 dēsertum Wüste
5 frutex, icis *m* Busch

Moses auf dem Berg Sinai. Mosaik aus der Basilika San Vitale in Ravenna. 6. Jh. n. Chr.

1 Bildquellen erschließen
Wie wird Gott in **Z** und auf der Abbildung dargestellt? Suche nach Unterschieden zur Vorstellung von den olympischen Göttern. Sieh dazu auch auf S. 107 nach.

2 Vergleiche das Verhältnis, das die Israeliten zu ihrem Gott haben, mit dem Gottesverständnis der Griechen und Römer (vgl. dazu z. B. 24 **Z**, 25 **Z**).

Nach der Kreuzigung Christi verbreitete sich durch die Jünger Jesu und vor allem durch den Apostel Paulus der christliche Glaube schnell auch über das jüdische Land hinaus, nach Kleinasien und Griechenland – allerdings kaum nach Rom. Vielmehr blieb die Ausbreitung erst einmal auf den griechisch-sprachigen Teil des Imperium Romanum begrenzt. Daher sind auch die ältesten Texte der christlichen Religion, unter ihnen die Paulus-Briefe und die vier Evangelien, in griechischer Sprache abgefasst.

Christliche Texte in lateinischer Sprache gibt es erst am Ende des 2. Jh.s, in einem Gebiet, in dem weder das Griechische noch das Lateinische das Übergewicht hatte, nämlich in Nordafrika, hier vor allem im Küstengebiet des heutigen Tunesien. Die ersten Autoren, die sich mit der Darstellung des christlichen Glaubens befassten, sind die Afrikaner Tertullian und Minucius Felix. Für die Entwicklung der christlichen Glaubenslehre am wichtigsten wurde dann (um 400 n. Chr.) Augustinus.

Das letzte Abendmahl. Byzantinisches Fresko aus Göreme (Kappadokien, Türkei). 12. Jh.

G Tito imperatori in foro arcus (Triumphbogen) factus est. Senatores enim imperatori monumentum fieri decreverant. Etiam cives optaverant, ut Tito monumentum fieret. Hodie quoque fit, ut hominibus praeclaris monumenta aedificentur.

Gesprächsthema Christentum

T2 Das folgende Gespräch zwischen dem Christen Minucius und seiner Bekannten Passua zeigt, wie sich in Karthago um 200 n. Chr. die Diskussion über die neue Religion abgespielt haben könnte:

MINUCIUS: Salve, Passua.

PASSUA: Salve et tu, Minuci. Quo is?

MINUCIUS: Eo ad forum, ut saepe fit. Hodie libellum nuper compositum emere cupio. Audivi enim Tertullianum[1], hominem nostra in urbe natum[2], exegisse opus Latine conscriptum, quo fidem Christianorum adversus opiniones veteris religionis defendit. Usque ad hunc diem mihi non erat tempus huius libri legendi. Tune iam legisti hunc libellum?

PASSUA: Non legi, quoniam mihi quoque tempus deest ad legendum. Sed cur hunc librum legendum putas? Cur tantum studium? Num tu quoque Christianus factus es?

MINUCIUS: Sane Christianus sum et libro Tertulliani legendo cognoscere volo, quibus argumentis[3] fides Christiana confirmetur et ego Christianus melior fieri possim.

PASSUA: Adhuc pauca comperi de ista nova religione; conscia enim fidei Christianae non sum. Dic mihi, quaeso: Cur in deum Christianorum credis, cuius filius homo factus et ab hominibus interfectus est? Quo modo fit, ut fidem Christianam veteri religioni nostrae praeferas? Mihi notum est Christianos neque aras neque simulacra habere ad deos colendos. Solum in unum deum credunt; quidam etiam dicunt eos liberis edendis[4] se alere.

MINUCIUS: Aio id, quod ultimum dixisti, omnino falsum esse. Hoc numquam fieri potest. Christianis etiam res nefaria est animalia interficere. Profecto simulacra non habent. Cur enim simulacra fiant, cum homo ipse sit imago dei? Deus noster numquam poposcit, ut simulacra sibi fierent. Praedico deum nostrum, qui etiam peccantes diligit, operibus suis tantum nosci.

(nach Minucius Felix, Octavius)

1 Tertulliānus Tertullian
2 nātus, a, um geboren
3 argumentum Argument
4 edere verzehren

Christogramm. Bronzekreuz aus Aquileia, Italien. Um 450 n. Chr. Wien, Kunsthistorisches Museum.

1 Satzarten nutzen
Untersuche die Redeanteile der beiden Sprecher: An der Verteilung der Satzarten kannst du ablesen, wer Informationen über das Christentum gibt.

2 Stelle fest, welche Unterschiede zwischen dem Christentum und der traditionellen römischen Religion in **T** erkennbar werden.

3 Suche Unterschiede und Gemeinsamkeiten zwischen dem, was in 45 **T1** zum jüdischen Glauben erarbeitet wurde, und dem, was in diesem Text zur christlichen Religion gesagt wird.

Ü

A Verwandle die aktiven Formen ins Passiv und umgekehrt.

Aktiv:	faciunt	faciemus	?	fecisti	?
Passiv:	?	?	fiat	?	facti sumus

Aktiv:	fecerint	?	faciebatis	fecissent	feceras
Passiv:	?	fiebant	?	?	?

B Treffende Bedeutungen suchen

Finde jeweils angemessene Bedeutungen zur Wiedergabe von fieri, facere und den Komposita:
1. Munitiones non solum ad Rhenum fiunt.
2. Saepe fit, ut milites munitiones faciant.
3. Munitionibus perfectis milites – ut fieri solet – novas munitiones aedificare debent. 4. Itaque fines imperii Romani – impetu hostium facto – multos per annos incolumes erant.

C Sprichwörter verstehen

Versuche die folgenden Sentenzen zu verstehen und zu übersetzen. Überlege dir konkrete Situationen, zu denen diese Aussagen passen.
1. VOLENTI NON FIT INIURIA.
2. NOLI FACERE MALUM,
UT INDE FIAT BONUM!

Seite aus einer lateinischen Handschrift, die eine Übersetzung der Psalmen enthält. Psalter von St-Germain-des-Près, 9. Jh.

D In der westlichen Kirche gab es ursprünglich vier sog. Kirchenlehrer. Ihr seht hier Bilder von dreien dieser bedeutenden Theologen. Sammelt aus dem Internet Informationen zu ihrem Leben und ihrer religiösen Lehre. Sucht auch ein Bild und Informationen zum vierten dieser Kirchenlehrer: Hieronymus. Vergleicht das gefundene Bild mit den Informationen zu seinem Leben und Werk.

Ambrosius *Augustinus* *Gregor der Große*

E Vorsicht Angeber!

Paul gibt auch im Lateinunterricht gerne einmal mit Fremdwörtern an. Als die Klasse die Konjunktivbedeutungen in einer Liste zusammenfassen soll, entsteht bei ihm die folgende Liste:

Adhaesiv – Defensiv – Deklarativ – Deliberativ – Fundamental – Gerundiv – Hortativ – Ideal – Interaktiv – Irreal – Jussiv – Potenzial – Relativ

Wie bewertest du seine Leistung? Finde die Bedeutung der Wörter heraus, die nichts mit dem lateinischen Konjunktiv zu tun haben.

F Noch einmal Veleda – noch einmal cum!
1. Cum Romani contra Germanos pugnabant, Veleda a Germanis laudabatur.
2. Cum propinquus ad Veledam veniebat, consilia bona a femina accipiebat.
3. Germani: „Cum Veleda fortuna ad nos venit."
4. Cum Veleda res futuras dixisset, homines ei praemia dederunt.
5. Cum Veleda rebus futuris civium provideret, ab omnibus laudata est.
6. Cum Veleda res futuras provideret, tamen a nonnullis reprehendebatur.
7. Cum alii Veledam laudarent, alii eam reprehendebant.

Die Verbreitung der christlichen Lehre im 2. und 3. Jh. n. Chr. war auf heftigen Widerstand gestoßen: Viele Menschen, die sich zu dem neuen Glauben bekannten, wurden dafür verfolgt und getötet. Dennoch gelang es den Herrschern in Rom nicht, das Christentum zu unterdrücken. Vielmehr wurde, wie Tertullian formulierte, das Blut der Märtyrer zum Samen für das Christentum.
Im Jahr 313 entschied dann Kaiser Konstantin, die christliche Religion im Reich zu tolerieren.

1 Stelle anhand der Todesart fest, um welchen später heiliggesprochenen Märtyrer es sich handelt.

2 Wie wird im Bild die Kraft des Christen dargestellt, mit der er den Tod auf sich nimmt?

Gerard von Honthorst: Martyrium eines Heiligen. Um 1620. London, National Gallery.

Auf der Suche nach dem heiligen Kreuz

2 Wegen der vorangegangenen, oft sehr grausamen Behandlung der Christen treten die Vertreter der siegreichen neuen Religion zunächst auch aggressiv gegen die anderen Religionen auf. Das zeigt unter anderem die Geschichte, in der erzählt wird, wie Helena, die Mutter des Kaisers Konstantin (Cōnstantīnus), das heilige Kreuz in Jerusalem (Hierosolyma, Hierosolymōrum *n*) finden will. Berichtet wird sie vom Lehrer des Augustinus, dem Kirchenvater Ambrosius von Mailand:

Constantinus imperator Helenam, matrem suam, Hierosolyma misit ad reperiendam eam crucem[1], in qua Iesus Christus crucifixus erat[2]. Helena cupiditate crucis reperiendae permota omnes sacerdotes Iudaeorum arcessivit, ut comperiret, quo loco crux sacra esset. Sacerdotes autem se numquam hunc locum proditturos[3] promiserant; nam hanc crucem potentiam religionis suae exstincturam credebant. Cum sacerdotes convenissent et Helena quaesivisset, quo loco Iesus crucifixus esset, hunc locum ignotum esse dixerunt. Tum Helena breviter respondit: „Si tacetis, occidemini. In cruce reperienda omnia temptabo, etsi odium Iudaeorum subeam.“ His verbis perterriti Iudam, principem eorum, oraverunt, ut Helenae locum ostenderet. Cum Iudas negaret, Helena ei dixit: „Si non pares, tibi mors gravissima fiet: Nihil iam cibi tibi afferetur.“ Primo Iudas parere noluit, denique fame[4] coactus fecit, quod Helena imperaverat. Sed eo loco, quem Iudas ostendit, tres cruces repertae sunt.
Nunc Helena cruces singulas homini cuidam mortuo[5] imposuit. Crucibus imponendis cognovit, quae esset crux vera. Nam haec erat tanta vi, ut ille homo mortuus vivus fieret.

(nach Ambrosius, Thronrede auf Theodosius)

1 crux, crucis *f* Kreuz
2 crucifīxus gekreuzigt
3 prōdere, prōdidī, prōditum verraten
4 famēs, is *f* Hunger
5 mortuus tot

Die ägyptische Göttin Isis wurde in weiten Teilen des römischen Reiches verehrt und wurde zu einer mächtigen Konkurrentin des frühen Christentums. Bei den Ägyptern hatte sie ursprünglich nur als Herrscherin der Totenwelt gegolten, sie wurde aber später zur Königin des Himmels, zur Herrscherin über Leben und Tod und zur Schöpferin aller Kultur.
Über Griechenland kam der Isiskult auch nach Italien, wo er ca. 200 v. Chr. erstmals erwähnt wird. Er erreichte zunehmend größere Popularität, auch wenn er den meisten Römern noch als verdächtig galt. Kaiser Caligula (37–41 n. Chr.) erlaubte offiziell die Ausübung des Isiskults, 217 n. Chr. ließ Kaiser Caracalla sogar einen Isistempel in Rom errichten. Die besondere Attraktivität des Isiskultes beruhte wohl darauf, dass er – wie das Christentum – ein Weiterleben nach dem Tode und Erlösung im Jenseits versprach. Anders als das Christentum hatte der Isiskult jedoch immer den Charakter einer Geheimlehre. Wer ihm beitreten wollte, musste sich einer geheimnisvollen Aufnahme- und Einweihungszeremonie unterziehen, bei der der Kandidat symbolisch die Stationen Tod, Jenseits und Wiedergeburt durchlief. Über diese Zeremonie und auch über die Lehre waren alle Mitglieder zu strengstem Stillschweigen verpflichtet.

1 Recherchiere über die Göttin Isis und versuche, die Gegenstände zu deuten, die sie auf der linken Abbildung trägt.

Altägyptische Darstellung der Himmelsgöttin Isis. Relief aus dem Sethos-Tempel in Abydos. Um 1300 v. Chr.

G Christiani fidem suam defendunt:
„Christus dominus noster est semperque nobis providet.
In eo vivimus, in eo morimur. Eius opera miramur.
Etiam in morte Christus nos servabit et tuebitur.
Etsi plerique homines mortem metuunt, nos scimus animam (Seele) Christianam non exstingui, cum e corpore egrediatur."

Erlösung durch Isis

T3 In einem berühmten antiken Roman mit dem Titel „Der Goldene Esel" werden die Erlebnisse eines Mannes namens Lucius erzählt, der über die Macht der Isis gespottet hat und zur Strafe in einen Esel verwandelt worden ist. Als es ihm nach vielen Abenteuern gelingt, seine menschliche Gestalt wieder zu erlangen, lässt sich Lucius voller Dankbarkeit in den Kult der Göttin einweihen.

Tum Lucius decrevit sibi ad templum Isidis manendum esse. Dum ibi moratur, aedem maxima cum voluptate intrabat, ut simulacrum deae miraretur. Sed post decem dies dea eum hortata est, ut in patriam rediret. Priusquam autem abiit, templum iterum intravit; cum deam praesentem esse sentiret, ante simulacrum eius sic locutus est:
„Tu, sacra et perpetua sospitatrix[1] humani generis, dulcem amorem matris das multis milibus hominum. Te etiam superi colunt, tibi parent inferi, tu moves orbem, tu regis terram et Tartarum[2], tibi serviunt animalia. Tua potestate omnia fiunt salva, in manibus tuis posita est tota vita humana; te duce nascimur, vivimus, morimur.
At ego vereor, ne verbis utar, quae tua potentia indigna videantur. Itaque nunc tacebo. Sed memoriam numinis tui intra pectus meum semper servabo; numquam mysteria[3] in lucem proferam. Tuere me in futurum[4], ut iam prius me tuebaris. Ne me reliqueris!"
His verbis dictis etiam Mithrae[5], custodi templi, gratias egit; tunc e templo egressus est. Proximo die navem conduxit, ut in Italiam proficisceretur.

(nach Apuleius, Der Goldene Esel)

1 sōspitātrīx, īcis *f* Helferin
2 Tartarus Unterwelt, Hölle
3 mystērium Geheimnis
4 in futūrum in Zukunft
5 Mithrās, Mithrae Mithras

Zeremonie in einem römischen Isisheiligtum. Im Hintergrund in der Mitte der Isispriester mit einer Kanne Nilwasser. Wandmalerei aus dem 1. Jh. v.Chr., Herkulaneum.

1 Stil analysieren
Untersuche die sprachlich-stilistische Gestaltung der Zeilen 7–16: Achte dabei auch auf die Verwendung der Pronomina und die Verbformen. Erkläre, wie dadurch die besondere Verehrung der Göttin Isis deutlich wird.

2 Welche Elemente der Isis-Religion lassen sich aus **T** ableiten? Welche Unterschiede zur offiziellen römischen Staatsreligion mit ihrem Glauben an die olympischen Götter und zum Christentum werden hier erkennbar?

3 Suche die Verbindungen zwischen dem, was in **T** über Isis gesagt ist, und dem, was in ihren Bildern zu erkennen ist.

Ü Kooperativ üben

Die Übungen A bis D könnt ihr in Gruppenarbeit lösen.

1. Teilt euch auf in Gruppen zu je vier Schülern. Jede Gruppe bearbeitet eine der Aufgaben A–D. Achtet darauf, dass alle Aufgaben verteilt sind.
2. Nachdem alle Gruppen ihre Aufgabe gelöst haben, bleibt aus jeder Gruppe ein Schüler sitzen (Schüler 1), die anderen gehen jeweils zum Schüler 1 einer anderen Gruppe. Dieser erklärt ihnen nun die Lösung der Aufgabe, die er vorher in seiner Gruppe bearbeitet hat.
3. Wenn alle die Lösung verstanden haben, kehren sie wieder in ihre alte Gruppe zurück. Jeder stellt nun die Lösung, die er erfahren hat, den anderen vor und beantwortet Nachfragen.
4. Klärt dann alle Fragen, die noch offen sind, im Klassengespräch. Besprecht die Vor- und Nachteile dieses Verfahrens.

A Wortbildung nutzen

Von den Deponentien bilden loqui (sprechen) und gradi (gehen, schreiten; bei Präfix -gredi) viele Komposita. Erschließe die wörtliche Bedeutung der folgenden Verben:

transgredi – alloqui – praegredi – digredi – eloqui – ingredi – antegredi – colloqui – progredi – regredi – proloqui – congredi – aggredi.

B Vertracktes Ende:

Bei -re am Wortende muss man im Lateinischen gut hinsehen. Bestimme die folgenden Formen (zu deiner Hilfe sind Längen angegeben):

capere – monēre – labōre – ēgredere – litōre – verēre – clārē – loquere – mōre – movēre

Auch bei -ris gibt es mehrere Möglichkeiten:

honōris – clārīs – laudāberis – vērīs – mōris – verēris

C Grenze in der Wortschlange die Formen ab, die von Deponentien stammen, und bestimme sie:

D Übersetze und erkläre die Bedeutung des Konjunktivs:

1. Quis hoc credat? 2. Taceat iste puer! 3. Quid tibi respondeam? 4. Cur desperem? 5. Nihil magis laudaverim quam virtutem. 6. Quid aliud dicam? 7. Iniuriam facilius facias quam feras.

E Spielerisch üben

Spielt in eurer Gruppe „Stadt, Land, Fluss“ mit lateinischen Begriffen zu den angegebenen Sachfeldern. Wer gewinnt?

(Fort-)Bewegung, Transport – Gefühle, Wahrnehmungen – Politik, Staat – Sprache, Kommunikation – Natur

Ihr könnt auch andere Sachfelder wählen; achtet nur darauf, dass ihr dazu genügend Vokabeln kennengelernt habt.

F Suche alle Deponentien aus **G** und **T** und setze die Präsensformen ins Plusquamperfekt, die Imperfektformen ins Futur, die Perfektformen ins Imperfekt und die Futurformen ins Präsens.

Z3

Asklepios heilt auch die Augen

Wie intensiv die Hingabe an einen Gott bei einem Menschen sein kann, zeigt die Erzählung von Aelius, der im Heiligtum des griechischen Heilgottes Asklepios (lat. Aesculāpius) in Epidauros von einer schmerzhaften Augenentzündung geheilt werden will. Zu diesem Zweck haben die Priester ihn aufgefordert, im Tempel des Gottes zu schlafen und darauf zu achten, was er träumen werde. Was daraufhin mit ihm geschah, berichtet Aelius im folgenden Text:

Das Logo der Weltgesundheitsorganisation WHO. Die Attribute des griechischen Heilgottes sind bis heute das Symbol des Apotheker- und Ärztestandes.

Cum ad aditum aedis iacerem, vidi haec: Inter multos homines sto. Qui deum obsecrant, ut ad eos veniat. Totum vulgus magnis vocibus Aesculapium appellat summum deum, dominum omnium hominum. Etiam me hortantur, ut deum vocem. Quod facio. Cum autem Aesculapium adesse sentiam, eum oculis meis videre cupio. Mente turbata diu exspecto. Haud scio, utrum dormiam[1] an vigilem[2]; sudo[3], lacrimae cadunt ex oculis; vereor, ne moriar. Tum e somno excitatus sum.

Statim sacerdotem Aesculapii vocavi, ut cum eo de rebus a me visis loquerer. Qui dixit etiam proxima nocte mihi in templo iacendum esse, cum finem somnii[4] nondum vidissem. Ergo iterum in templum Aesculapii ii. Nunc autem nihil in somno vidi, sed vocem audivi, quae dixit haec: „Tu fidem tuam in Aesculapium demonstravisti et supplex potestatem eius veritus es; itaque te morbo liberabo." Paulo post dolor iam minor erat, tandem salvis oculis e templo egressus sum.

(nach Weihinschriften aus Epidauros)

1 dormīre schlafen
2 vigilāre wach sein
3 sūdāre schwitzen
4 somnium Traum

1 Überlege, warum die Menschen der Antike gerade Träume für geeignet hielten, um die Nähe eines Gottes zu erfahren. Welche anderen Möglichkeiten göttlicher Offenbarung kennst du?

Asklepios heilt eine Frau, hinter ihm seine Tochter Hygieia. Griechisches Weihrelief. 4. Jh. v. Chr. Piräus, Archäologisches Museum.

Gegen Ende des 4. Jh.s hat sich die christliche Religion über das ganze Römische Reich verbreitet. Allerdings kommt es schon bald zu Auseinandersetzungen über die richtige Auslegung der biblischen Texte; diese führen schließlich zu einer Teilung in die katholische Westkirche und die orthodoxe Ostkirche.

Am Beginn des 7. Jh.s entsteht dann eine neue Religion: Der Prophet Mohammed hat in Arabien den Islam (der Name bedeutet „Hingebung an Gott") begründet, der sich sehr schnell im vorderen Orient verbreitet. Von dort aus erobern die Muslime auch den Süden des ehemaligen römischen Reiches; der neue Glaube erreicht im 8. Jh. über Spanien kurzzeitig sogar den Südwesten Frankreichs, wird hier jedoch zurückgedrängt.

Um 750 sind die Grenzlinien neu festgelegt: Der frühere Süden und Südosten des Reiches sind nicht mehr christlich.

So kennt dann das Mittelalter drei große religiöse und damit auch kulturelle Blöcke als Nachfolger des Imperium Romanum: im heutigen West- und Mitteleuropa das römisch-katholische Abendland, im Osten das orthodoxe Reich von Byzanz, im Südosten und im Süden des ehemaligen Reiches den Islam.

1 Vergleiche die Ausbreitung des Islam auf dieser Karte mit einer modernen Karte von den Gebieten mit hauptsächlich muslimischer Bevölkerung.

Die Ausbreitung des Islam im 7. und 8. Jh.

G

Lucius in templo Isidis simulacrum deae miratur.
Simulacrum diu mirans gaudet.
Tum decernit in patriam suam proficisci.
Sed priusquam abit, ante simulacrum sic loquitur:
„Tuum, dea, numen colam gratias agendo.
Sed verens, ne loquendo te laedam, id cum silentio faciam."
Haec locutus egreditur.

„So muss man beten!"

Der Felsendom in Jerualem ist ein Hauptheiligtum des Islam. Der Kuppelbau wurde im 7. Jh. an der Stelle errichtet, wo die Himmelfahrt Mohammeds stattgefunden haben soll. Die Architektur dieses ältesten islamischen Sakralbaus bediente sich christlich-byzantinischer Vorbilder. Nach der Eroberung Jerusalems durch die Kreuzritter (1099) wurde der Dom zur christlichen Kirche. Sultan Saladin machte ihn 1187 wieder zum islamischen Heiligtum.

T4 Die Aggressivität und Unduldsamkeit einiger Christen, die sich schon bei der Suche Helenas nach dem heiligen Kreuz zeigte, fand ihren Höhepunkt in den Kreuzzügen. Nachdem die Christen Jerusalem 1099 erobert hatten, entwickelte sich dort ein Zusammenleben von Christentum und Islam. Die folgende Episode wurde von dem syrischen Diplomaten Usâma ibn Munqidh um 1180 n. Chr. aufgezeichnet und ist typisch für die Mischung von Misstrauen, Zusammenarbeit und Respekt, die das Verhältnis zwischen den Religionen bestimmte:

Cum Christiani Hierosolyma[1] possiderent, nobis tamen ius concessum est religionis nostrae sequendae. Itaque saepe ecclesiam maiorem[2] visere consueveram. Nam equites Christiani, amici mei, me in sacello[3] quodam Deum meum colere patiebantur. Aliquando[4] hoc loco sacro versatus sum, cum subito miles quidam Christianus intravit, me vidit orantem, me aggressus est et vultu acri iussit: „Homo turpis, verte os tuum ad orientem[5]!" Os meum vi ad orientem vertit clamans: „Sic orare debes!" Magno clamore orto nonnulli equites Christiani, qui clamorem audiverant, mihi auxilio venerunt petentes, ut homini saevo veniam darem.

Sie erklären dem völlig überraschten Usâma, dass nach christlichem Brauch der Gläubige beim Gebet gewöhnlich nach Osten schaut, in die Richtung des Sonnenaufgangs, während er sich nach Mekka, also fast genau nach Süden, gewandt habe.

Cum equites Christiani militem querentem deduxissent, iterum Deum colere studui, sed miles furore accensus custodes superavit et me iterum aggressus magna voce clamavit: „Verte os tuum ad orientem, turpis!" Equites redierunt, militem in vincula miserunt, ad iudicem duxerunt. Iterum veniam petebant proponentes: „Ille homo e natione aliena profectus nuper ex Europa Hierosolyma venit. Nondum vidit homines, qui orantes os ad orientem non vertunt." Tandem equites Christiani pollicebantur, ut iste miles poena iusta afficeretur; equidem furore vultuque hominis territus ecclesiam reliqui.

(nach Usâma ibn Munqidh, Das Buch der Belehrung durch Beispiele)

1 Hierosolyma, ōrum *n Pl.* Jerusalem
2 ecclēsia māior Hauptkirche, Dom
3 sacellum Seitenkapelle
4 aliquandō *Adv.* einmal, einst
5 oriēns, orientis Osten

1 Versuche vor der Übersetzung, durch mehrmaliges aufmerksames Lesen oder Hören des Textes seinen Inhalt zu erschließen. Präge dir dazu zunächst die unbekannten Namen und Vokabeln ein und achte dann auf die Textmerkmale, die dir bereits bekannt sind, z. B. Wort- und Sachfelder, Tempusrelief, Orts- und Personennamen.

2 Zeige das komplizierte Verhältnis Usâmas zu seiner christlichen Umgebung auf: Was tadelt er an den Christen, was lobt er? Wie verhalten sich umgekehrt die Christen ihm gegenüber?

3 Stellt die Ursachen für Toleranz bzw. Intoleranz gegenüber Angehörigen einer anderen Religion aus **T** zusammen. Wo finden sich aktuell vergleichbare Phänomene?

Ü

A Formenstaffel:
1. patitur → Pl. → Impf. → 1. Pers. → Perf. → Sing. → Fut. → 3. Pers. → Präs.
2. aggredior → Plusqpf. → Pl. → Fut. → Impf. → 2. Pers. → Sing. → Präs. → 1. Pers.
3. mittit → Fut. → 2. Pers. → Perf. → Pass. → Impf. → Präs. → Akt. → 3. Pers.

B Welche Übersetzung ist richtig? Begründe deine Antwort grammatisch.

1. Dolores patitur.
Er leidet Schmerzen.
Schmerzen werden erlitten.

2. Hostes aggreditur.
Die Feinde werden angegriffen.
Er greift die Feinde an.

3. Deus colitur.
Er verehrt Gott.
Gott wird verehrt.

4. Multi querebantur.
Vieles wurde beklagt.
Viele Leute klagten.

C Übersetze die folgenden Ausdrücke:
1. multis doloribus patiendis 2. homo multa querens 3. verba dei nobis sequenda sunt 4. poenam veriti homines leges sequuntur 5. milites parati erant ad aggrediendum 6. sol oriens

D Fremdwörter erklären
Suche alle von Deponentien stammenden Fremdwörter heraus und erkläre ihre Bedeutung:
1. Gottes ist der Orient, Gottes ist der Okzident. 2. Die Sequenzen unseres Lehrbuchs sind nicht nur nach grammatischen Aspekten geordnet. 3. Der Patient erwies sich als Querulant: Er verweigerte nicht nur passiv die Therapie, sondern ging aktiv und aggressiv gegen die Behandlung vor. 4. Das Verhalten dieses und anderer Patienten führte zu einem Kolloquium, in dem man das Thema „Graduelle Zunahme von Aggression bei Krankenhauspatienten“ diskutierte.
Überprüfe die Herkunft des Fremdworts Kolloquium mithilfe eines Wörterbuchs.

Fotografie der Hagia Sophia in Istanbul, erbaut 532–537, war einst die größte Kirche der Welt und 900 Jahre lang die Hauptkirche des oströmischen Reiches. Die Architektur der Kuppelbasilika war und ist Vorbild für unzählige Kirchen und Moscheen. Sie vereinigt architektonische Formen, die weit in die Vergangenheit zurückreichen: Dazu gehören die römischen Basiliken aus republikanischer Zeit sowie die Kuppelbauten kaiserzeitlicher Mausoleen. 1453 wurde die Hagia Sofia zur Hauptmoschee des Osmanischen Reiches. 1934 wurde sie schließlich in ein Museum umgewandelt.

Dir deinen Glauben, mir meinen!

Z4

Auf dem Gebiet der heutigen Türkei wurde im 13. Jh. das Osmanische Reich gegründet. Schnell dehnten die muslimischen Osmanen ihr Gebiet nach Westen aus: 1453 eroberten sie Konstantinopel und machten es zur neuen Hauptstadt ihres Reiches, 1529 nahmen sie Budapest ein und im gleichen Jahr rückten sie gegen Wien vor. Im christlichen Abendland machte das Wort von der „Türkennot" die Runde.

Kaiser Karl V. und sein Bruder Ferdinand von Habsburg wollten mit den Türken über einen Waffenstillstand verhandeln. Als Leiter einer kaiserlichen Delegation brach Ogier Ghislain de Busbecq im Jahr 1554 zu Verhandlungen in das Osmanische Reich auf. Trotz der im Abendland kursierenden „Schauergeschichten" über die Türken näherte er sich vorurteilsfrei und neugierig dieser fremden Welt. Später schilderte er seine Erlebnisse und berichtete auch über eine Begegnung mit Rüstem (Rustanus) Pascha, dem Großwesir und Schwiegersohn des Sultans Süleyman (Suleimannus). Rüstem schätzte den westlichen Abgesandten und machte ihm einen überraschenden Vorschlag.

1 rārō: *Adv.* zu rārus
2 Turcae *m Pl.* die Türken
3 Caesar *hier:* Kaiser Karl V.
4 anima Seele
5 paulum *Adv.* ein wenig
6 beātitūdō Seligkeit

Rustanus, cum de communibus rebus meisque negotiis locuti essemus, se familiarius gerere coepit – quod raro[1] fiebat – atque postremo me interrogavit, cur non ad religionem Turcarum[2] transirem et deum verum colerem. Quo facto Suleimannum me magnis honoribus praemiisque affecturum esse pollicitus est. Equidem respondi certe me mansurum esse in ea religione, in qua natus essem et quam Caesar[3], dominus meus, sequeretur. „Pulchre", inquit Rustanus, „sed tamen quid fiet de anima[4] tua? Nonne times, ne anima tua peritura sit?" „De anima mea", dixi, „nihil timeo." Tum ille, cum paulum[5] his de verbis cogitavisset: „Profecto ita est", inquit, „ut dicis. Ego quoque puto eos, qui vitam sanctam honestamque egerint, ad beatitudinem[6] aeternam perventuros esse, quamcumque religionem secuti sint."

(nach Ogier Ghislain de Busbecq, Legationis Turcicae Epistolae)

Sultan Süleyman I. der Prächtige (reg. 1520–66). Gemälde aus venezianischer Schule. Um 1530. Wien, Kunsthistorisches Museum.

1 Vergleicht das Verhalten des Rüstem Pascha mit dem des miles aus 45 **T4**. Achtet vor allem darauf, von welchen Motiven ihr Handeln bestimmt ist und welche Methoden sie anwenden.

2 Handelt Rüstem Pascha richtig, wenn er seinen Bekehrungsversuch abbricht? Diskutiert diese Frage in der Klasse.

3 Informiert euch über die Kontakte zwischen Islam und Christentum im Lauf der Geschichte. Wo finden sich Beispiele für einen respektvollen und toleranten Umgang beider Religionen miteinander?

v. Chr.	
um 900	Erste Hirtensiedlungen auf dem Palatin
753	sagenhaftes **Gründungsdatum der Stadt Rom**
um 750	Einwanderung der Griechen nach Unteritalien und Sizilien
um 550	Herrschaft etruskischer Könige in Rom; Errichtung des Circus Maximus und der ersten römischen Stadtmauer
510	Vertreibung des Tarquinius Superbus: Ende der etruskischen Königsherrschaft und **Beginn der römischen Republik**
507	Einweihung des Tempels des Iuppiter Capitolinus
494	Auszug der plebs aus Rom: Vermittlung durch Menenius Agrippa
450	**Zwölftafelgesetz**: erste schriftliche Fixierung des römischen Rechts
387	Einnahme Roms durch die Gallier unter Brennus
367	Zulassung der Plebejer zum Konsulat
seit 312	Bau der Via Appia
269	Erste römische Münzprägungen
um 264	Nach zahlreichen Kriegen gegen die umliegenden Völker ist die **römische Herrschaft in Mittel- und Süditalien gefestigt**.
264–241	**1. Punischer Krieg**
242	Einrichtung der ersten römischen Provinz (Sicilia)
227	Einrichtung der Provinz Sardinia et Corsica
218–201	**2. Punischer Krieg**
219/218	**Hannibal** zieht durch Spanien bis nach Italien: **Alpenübergang**
217	Niederlage der Römer am Trasimenischen See
216	Niederlage der Römer bei Cannae
216	Gesandtschaft des Q. Fabius Pictor zum Orakel von Delphi
204	Übergang der Römer unter Scipio nach Afrika
202	Sieg **Scipios** über Hannibal bei Zama
197	Spanien wird römische Provinz (Hispania).
184	Zensur des **M. Porcius Cato** und des L. Valerius Flaccus
168	Schlacht bei Pydna: Sieg des **L. Aemilius Paullus** über die Makedonen unter König Perseus
155	Philosophengesandtschaft in Rom
149–146	**3. Punischer Krieg**
148	Einrichtung der Provinz Macedonia
146	**Zerstörung Karthagos**: Africa wird römische Provinz. Griechenland wird zur römischen Provinz Achaia. **Herrschaft der Römer über den Mittelmeerraum**
133/121	Gescheiterte Reformbewegung der **Gracchen**
129	Einrichtung der Provinz Asia
102/101	Sieg des **Marius** über die Kimbern und Teutonen
91–89	Bundesgenossenkrieg: Forderung der italischen Bundesgenossen nach dem römischen Bürgerrecht
82–79	Diktatur **Sullas**
74–66	3. Mithridatischer Krieg: Asienfeldzug des Lucullus
73–71	Sklavenaufstand unter Spartakus
67	Pompejus beendet im Auftrag des Senats den Seeräuberkrieg.
63	**Konsulat Ciceros**
63–62	**Catilinarische Verschwörung**
60	1. Triumvirat: Pompejus, Crassus, Cäsar
59	**Konsulat Cäsars**
58–51	**Eroberung Galliens** durch Cäsar
52	Letzter Aufstand der Gallier gegen Cäsar unter Führung des Arverner-Fürsten **Vercingetorix**: Sieg Cäsars in der Schlacht bei Alesia
51	Einrichtung der Provinz Gallia

49–46	**Bürgerkrieg**: Cäsar gegen Pompejus / Senat
48	**Schlacht bei Pharsalos**: Sieg Cäsars über Pompejus, bald darauf Ermordung des Pompejus in Ägypten
48–47	Cäsar in Ägypten bei Kleopatra
47–44	Diktatur Cäsars
46	**Schlacht bei Thapsus**: Sieg Cäsars über die Truppen des Pompejus
45	Einführung des julianischen Kalenders
15.3.44	**Ermordung Cäsars**
43	2. Triumvirat: Antonius, Lepidus, Oktavian
43	Ermordung Ciceros durch Schergen des Antonius
42	**Schlacht bei Philippi**: Niederlage der Cäsarmörder
33/32	Ende des Triumvirats: Bruch zwischen Antonius und Oktavian
31	**Schlacht bei Aktium**: Sieg Oktavians über Marcus Antonius und Kleopatra; Ägypten wird römische Provinz.
30	Selbstmord des Antonius und der Kleopatra
27	Der Senat verleiht Oktavian den Ehrentitel **Augustus: Beginn des Prinzipats**
um 25	Livius beginnt mit der Herausgabe seines Geschichtswerks „Ab urbe condita“
19	Veröffentlichung der „Aeneis“ Vergils
seit 15	Germanenkriege
9	Einweihung der Ara Pacis Augustae

n. Chr.	
um 8 n.Chr.	Veröffentlichung der „Metamorphosen“ Ovids
9	**Schlacht im Teutoburger Wald**: Sieg des Cherusker-Fürsten Arminius über die Legionen des römischen Feldherrn Varus
14	Tod des Augustus
14–68	**Julisch-Claudisches Herrscherhaus**
um 30	Kreuzigung Jesu
14–37	**Kaiser Tiberius**
37–41	**Kaiser Caligula**
41–54	**Kaiser Claudius**
43	Britannien wird römische Provinz.
54–68	**Kaiser Nero**
um 55	Missionsreisen des Apostels Paulus (u.a. nach Ephesos)
64	**Brand Roms**: erste Christenverfolgungen
65	Seneca begeht auf Geheiß des Kaisers Nero Selbstmord.
66	Einrichtung der Provinz Iudaea
66–70	Aufstand der Juden gegen die römische Besatzung
68–69	Vierkaiserjahr (Galba, Otho, Vitellius, Vespasian)
69–96	**Flavisches Herrscherhaus**
69–79	**Kaiser Vespasian**
69/70	Bataveraufstand in Germanien
70	**Eroberung Jersualems** durch Titus
79–81	**Kaiser Titus**
79	Vesuv-Ausbruch, Zerstörung von Pompeji und Herkulaneum
80	Bau des Kolosseums beendet
81	Errichtung des Titusbogens
81–96	**Kaiser Domitian**
um 90	Erneute Christenverfolgungen
84	Baubeginn des **Limes** in Germanien
um 85	Einrichtung der Provinzen Germania superior und inferior

96–192	**Adoptivkaiser**
96–98	**Kaiser Nerva**
98	Veröffentlichung der „Germania" des Tacitus
98–117	**Kaiser Trajan**
106–115	**Größte Ausdehnung des römischen Reiches** (Schaffung der Provinzen Arabia, Dacia, Armenia, Mesopotamia und Assyria)
117–138	**Kaiser Hadrian**
122	Errichtung des Hadrianswalls in Nordengland
138–161	**Kaiser Antoninus Pius**
161–180	**Kaiser Mark Aurel**
180–192	**Kaiser Commodus**
193–235	**Severisches Kaiserhaus**
235–305	**Soldatenkaiser**
um 250	Erste allgemeine Christenverfolgung unter den Kaisern Decius und Valerian
um 250	Beginn der **Völkerwanderung**: Die Goten überschreiten die Donau. Die Alemannen durchbrechen auf breiter Front den Limes und brechen in das Reichsgebiet ein. Einfall der Franken in Spanien
284–305	**Kaiser Diokletian**
293	Trier wird kaiserliche Residenz.
303–311	Christenverfolgung unter Diokletian
306–337	**Kaiser Konstantin der Große**
312–315	Errichtung des Konstantinsbogens
313	Toleranzedikt von Mailand: Religionsfreiheit für die Christen
330	**Konstantinopel wird Hauptstadt des römischen Reiches.**
um 375	Die Hunnen erobern im Norden große Teile des römischen Reiches.
379–395	**Kaiser Theodosius der Große**
391	Das **Christentum wird Staatsreligion** (Verbot heidnischer Kulte).
395	**Reichsteilung** nach dem Tod des Theodosius (Entstehung eines west- und eines oströmischen Reiches)
404	Ravenna wird Haupstadt des Westreiches.
410	Rom wird von den Westgoten (Alarich) eingenommen.
455	Plünderung Roms durch die Vandalen
476	Absetzung des letzten weströmischen Kaisers durch den Germanen Odoaker: **Ende des weströmischen Reiches**
527–565	**Kaiser Justinian** (Sein Versuch, die Reichseinheit wiederherzustellen, scheitert.)
534	Codex Iustinianus
seit 7. Jh.	Ausbreitung des Islam: Die Ostprovinzen fallen an die Araber.
800	Kaiserkrönung Karls des Großen

Acca Acca (Frau des Hirten Faustulus, zog mit ihm zusammen Romulus und Remus auf)

aedīlis, is *m* Ädil (röm. Beamter; ursprünglich gab es zwei plebejische Ädilen, die die Aufgabe der Bewachung des Archivs im Cerestempel sowie die Polizeigewalt innerhalb der Stadt innehatten. Im Jahre 366 v. Chr. kamen zwei patrizische Ädilen hinzu, denen die Besorgung der großen Spiele und die Beaufsichtigung der Tempel oblag. Allen vier Beamten gemeinsam war die Aufsicht über die öffentlichen Gebäude, Thermen, Wasserleitungen, Straßen, Verkehr und das Bauwesen. Sie überwachten die Märkte und nahmen die Getreidezufuhr und -verteilung vor. Das Mindestalter betrug 37 Jahre.)

Aegyptus *f* Ägypten (röm. Provinz seit 30 v. Chr.)

(L.) **Aemilius Paullus** Lucius Aemilius Paullus (röm. Politiker und Feldherr; besiegte 168 v. Chr. den Makedonenkönig Perseus in der Schlacht bei Pydna)

Aenēās, ae *m* Äneas (trojanischer Held, Sohn der Venus und des Anchises, Stammvater der Römer; nach der Zerstörung Trojas musste er gemeinsam mit seinem Vater, seinem Sohn Askanius und seinen Gefährten lange Irrfahrten bestehen, bis er zu der von den Göttern geweissagten neuen Heimat Italien gelangte; vgl. „Vergilius")

Aeschylus Aischylos (griech. Tragödiendichter aus Athen, 525–456 v. Chr.; Werke u.a.: „Die Perser", „Agamemnon", „Sieben gegen Theben", „Die Schutzflehenden". Die Grundaussagen seiner Stücke spiegeln die moralischen Vorstellungen seiner Zeit wider: Ungesühnte Schuld vererbt sich fort, oft über Generationen, und erzeugt neue Schuld. Großes menschliches Glück kann zur Überheblichkeit (griech. hybris) führen, die in der Vernichtung enden muss.)

Aesculāpius Äskulap (röm. Heilgott, griech. Name: Asklepios, Sohn des Apollon; die Schlange war ihm heilig.)

Āfrica Afrika (Die Römer verstanden darunter in erster Linie das ihnen bekannte Nordafrika, röm. Provinz seit der Zerstörung Karthagos im Jahr 146 v. Chr.)

Alesia Alesia (Stadt in Gallien, Schauplatz der letzten Schlacht zwischen Cäsar und Vercingetorix 52 v. Chr. Cäsar ließ die Stadt belagern und aushungern, bis sich Vercingetorix und die Gallier ergaben.)

Alexandrīa Alexandria (bedeutendste ägyptische Hafenstadt mit der vorgelagerten Insel Pharos, auf der einer der berühmtesten Leuchttürme der Antike stand. Er wurde im 3. Jh. v. Chr. erbaut und galt als eines der sieben Weltwunder.)

Alpēs, ium *f Pl.* die Alpen

Ambrōsius Ambrosius (lat. Kirchenschriftsteller und Heiliger, wahrscheinlich aus Trier stammend, 339–397 n. Chr.; im Jahr 374 n. Chr. zum Bischof von Mailand gewählt, verfolgte er in diesem Amt rigoros seine christlichen Ziele; Lehrer des Augustinus)

Anchīsēs, ae *m* Anchises (Vater des Äneas)

Antigona Antigone (Tochter des Ödipus; sie widersetzte sich dem Verbot ihres Onkels Kreon, den Leichnam ihres Bruders Polyneikes zu bestatten, und musste dafür mit dem Leben bezahlen.)

Antiochīa Antiochia (Hafenstadt in Syrien)

(M.) **Antōnius** Marcus Antonius (83–30 v. Chr.; einflussreicher röm. Politiker und Feldherr, Anhänger Cäsars und Widersacher Ciceros, den er 43 v. Chr. ermorden ließ. Im Kampf um die Vorherrschaft unterlag er Oktavian/Augustus 31 v. Chr. in der Schlacht bei Aktium und beging daraufhin Selbstmord.)

Apīcius Apicius (röm. Schriftsteller im 3./4. Jh. n. Chr., Verfasser eines Kochbuches)

Apollō, inis *m* Apollo (Gott des Lichts, der Musik und Künste sowie der Heilkunst und Weissagung, Sohn des Jupiter und der Latona, Zwillingsbruder der Diana/Artemis. In der griech. Stadt Delphi befand sich sein berühmtestes Heiligtum mit Orakelstätte.)

(L.) **Āpulēius** Apuleius (röm. Redner und Schriftsteller aus Madaura in Afrika, 125–um 180 n. Chr., Autor des einzigen vollständig erhaltenen antiken Romans: Dieses Werk mit dem Titel „Metamorphosen" (oder: „Der Goldene Esel") ist ein Abenteuer- und Märchenroman in 11 Büchern.)

Arabia Arabien

Argos *n* Argos (Hauptstadt der griech. Landschaft Argolis im Osten der Peloponnes)

Aristophanēs, is *m* Aristophanes (griech. Komödiendichter, ca. 452–388 v. Chr. Seine Komödien sind gespickt mit ironisch-kritischen Anspielungen auf das Alltagsleben und die Tagespolitik seiner Heimatstadt Athen. Werke u.a.: „Die Wolken", „Die Frösche", „Die Vögel", „Lysistrata")

Aristotelēs, is *m* Aristoteles (griech. Philosoph, 384–322 v. Chr.; Schüler Platons und Lehrer Alexanders des Großen; gründete eine Philosophenschule in Athen, den „Peripatos"; Werke u.a.: „Politik", „Nikomachische Ethik", „Metaphysik", „Poetik")

Arminius Arminius (Feldherr der Cherusker, eines germanischen Stammes, der die Römer unter der Führung des Varus im Teutoburger Wald 9 n. Chr. besiegte)

Artemis, idis *f* Artemis (vgl. „Diana")

Artemīsia Artemisia (Ehefrau des Mausolos von Halikarnass, dem sie nach seinem Tod Mitte des 4. Jh.s v. Chr. ein prächtiges Grabmal, das „Mausoleum", bauen ließ)

Ascanius Askanius bzw. Julus (Sohn des Äneas)

Asia Kleinasien (seit 129 v. Chr. röm. Provinz)

Athēna Athene (Schutzgöttin Athens; vgl. „Minerva")

Athēnae, ārum *f Pl.* Athen (bedeutende Stadt in Griechenland)

Augusta Trēverōrum Trier (um 16 v. Chr. von den Römern unter Kaiser Augustus in der Nähe eines Stammesheiligtums der keltischen Treverer gegründet. Gegen Ende des 3. Jh.s n. Chr. machte Kaiser Diokletian Trier zur röm. Kaiserresidenz und Hauptstadt des weström. Teilreiches. Aus dieser Zeit stammen viele historische Bauwerke, wie die mächtige Porta Nigra, die Römerbrücke, das Amphitheater, die Basilika und die Kaiserthermen.)

Augusta Vindelicōrum Augsburg (anlässlich des nach Rätien führenden Eroberungsfeldzuges entstand 15 v. Chr. durch ein Militärlager die Keimzelle der Stadt; später Hauptstadt der röm. Provinz Raetia (u. a. Ost-Württemberg, Schwaben, Ober- und Niederbayern). Der Beiname bezieht sich auf den keltischen Volksstamm der Vindeliker, die in diesem Teil Rätiens ansässig waren.)

(Aurēlius) **Augustīnus** Augustinus (lat. Kirchenschriftsteller und Heiliger, aus Tagaste in Nordafrika, 354–430 n. Chr.; wurde 396 n. Chr. zum Bischof von Hippo Regius in Numidien gewählt; schuf die Grundlagen der christl. Theologie des Abendlandes. Hauptwerke: „De civitate Dei", „Confessiones")

(Imperātor Caesar dīvī fīlius) **Augustus** Augustus (63 v. Chr.–14 n. Chr., erster röm. Kaiser, ursprüngl. Name Gaius Octavius, Großneffe und Adoptivsohn Julius Cäsars; nach Cäsars Tod kämpfte er mit Marcus Antonius um die Alleinherrschaft; 31 v. Chr. Sieg in der Schlacht bei Aktium; 27 v. Chr. verlieh ihm der Senat den Ehrentitel Augustus („der Erhabene"); dieses Datum gilt als Beginn des röm. Kaisertums bzw. als Ende der röm. Republik. Augustus ordnete und befriedete das Reich innen- und außenpolitisch, förderte Kunst und Wissenschaften. Die Gesamtheit seiner Leistungen legte er selbst in einem Rechenschaftsbericht nieder. Dieses Werk, die „res gestae", wurde in Form einer großen Inschrift auf Bronzetafeln vor seinem Mausoleum aufgestellt; Kopien der Inschrift wurden in den Provinzen aufgestellt. Erhalten ist die Fassung aus der kleinasiatischen Stadt Ancyra (h. Ankara), weshalb das Werk auch als Monumentum Ancyranum bezeichnet wird.)

Babylōn, ōnis *f* Babylon (Hauptstadt Babyloniens am Euphrat; Babylons Stadtmauern und die terrassenartig angelegten „Hängenden Gärten" der babylonischen Königin Semiramis gehörten zu den sieben Weltwundern.)

Bacchus Bacchus (röm. Gott des Weines; griech. Name: Dionysos; ihm zu Ehren wurden in Athen jährlich Theateraufführungen veranstaltet)

basilica Iūlia Basilika Julia (Halle, die ab 54 v. Chr. von der Familie der Julier auf dem Forum Romanum errichtet wurde; sie beherbergte eine Gerichtshalle und Ladengeschäfte.)

Batāvī, ōrum *m Pl.* die Bataver (germanischer Volksstamm, der sich um 70 n. Chr. gegen die Römer erhob)

Bellōna Bellona (röm. Kriegsgöttin, Schwester des Mars)

Bonifātius der heilige Bonifatius (um 672-754, erhielt von Papst Gregor II. den Missionsauftrag für die germanischen Länder: „Apostel der Deutschen")

Brundīsium Brindisi (Stadt im Süden Italiens, am „Stiefelabsatz", röm. Flottenstützpunkt und Endpunkt der Via Appia; von Brundisium liefen vor allem die Schiffe mit dem Reiseziel Griechenland aus.)

(L. Iūnius) **Brūtus** Lucius Iunius Brutus (Freund des Collatinus und seiner Frau Lukretia; um 500 v. Chr. Anführer der Verschwörer gegen den letzten röm. König Tarquinius Superbus; danach erster röm. Konsul)

(M. Iūnius) **Brūtus** Marcus Iunius Brutus (röm. Senator, einer der Mörder Cäsars am 15. März 44 v. Chr.; beging nach der Schlacht bei Philippi 42 v. Chr. Selbstmord)

Bȳzantium *n* Byzanz (antike Handelsstadt am Bosporus, 330 v. Chr. unter dem neuen Namen Konstantinopel Hauptstadt des Römischen Reiches, heute Istanbul)

Cācus Cacus (Riese, der Herkules einige Rinder stahl und dafür von ihm getötet wurde)

(M.) **Caelius** (Rūfus) Marcus Caelius Rufus (junger Patrizier, hatte ein Verhältnis mit der älteren und einflussreichen Clodia)

(C. Iūlius) **Caesar,** aris *m* Gaius Iulius Caesar (100–44 v. Chr., Eroberer Galliens von 58–51 v. Chr.; als Politiker strebte er die Alleinherrschaft in Rom an; kämpfte in dem von ihm ausgelösten Bürgerkrieg gegen Pompejus und die Senatspartei; Sieg in der Schlacht bei Thapsus 46 v. Chr. Am 15. März 44 v. Chr. wurde er von einer Gruppe röm. Senatoren ermordet, die in ihm einen Tyrannen sahen. Cäsar war auch als Schriftsteller tätig: „De bello Gallico", „De bello civili")

Calpurnia Calpurnia (Ehefrau Cäsars)

Calypsō, ūs *f* Kalypso (Nymphe auf der Insel Ogygia, wo Odysseus auf seinen Irrfahrten strandete; sie verliebte sich in ihn, behielt ihn sieben Jahre bei sich, musste ihn dann aber auf Befehl des Zeus/Jupiter wieder ziehen lassen.)

Campus Mārtius das Marsfeld (ursprünglich ein außerhalb der Stadtgrenze Roms gelegenes militärisches Übungsfeld und politischer Versammlungsort; später wurde das Marsfeld mit prachtvollen öffentlichen Gebäuden ausgeschmückt.)

Cannae, ārum *f Pl.* Cannae (Stadt in Italien, Schauplatz der Schlacht 216 v. Chr., bei der die Römer dem karthagischen Feldherrn Hannibal unterlagen)

Capitōlium Kapitol (einer der sieben Hügel Roms; heiligster Ort Roms, denn hier stand der Tempel des Iuppiter Optimus Maximus und seiner Begleiterinnen Juno und Minerva („Kapitolinische Trias").)

Capua Capua (Stadt im westlichen Mittelitalien)

Cāria Karien (Landschaft im Südwesten von Kleinasien)

Carolus Māgnus Karl der Große (fränkischer Herrscher, lebte 747–814 n. Chr.; 800 n. Chr. vom Papst zum röm. Kaiser gekrönt)

Carthāgō, inis *f* Karthago (Stadt in Nordafrika, in der Nähe des heutigen Tunis, erbitterte Konkurrentin Roms im Kampf um die Beherrschung des Mittelmeerraumes; nach dem Ende des 3. Punischen Krieges 146 v. Chr. von den Römern zerstört)

(C.) **Cassius** (Longīnus) Cassius (röm. Prätor, einer der Mörder Cäsars am 15. März 44 v. Chr.; beging nach der Schlacht bei Philippi 42 v. Chr. Selbstmord.)

Castra Rēgina Regensburg (179 n. Chr. von den Römern gegründet, hervorgegangen aus einem seit ca. 90 n. Chr. bestehenden Kohortenkastell)

(L. Sergius) **Catilīna** *m* Catilina (röm. Adliger, Anführer der Verschwörung 63/62 v. Chr.)

(M. Porcius) **Catō,** ōnis *m* Marcus Porcius Cato (röm. Politiker und Schriftsteller 234–149 v. Chr.; 184 v. Chr. hatte er die Zensur inne und erfüllte diese mit besonderer Sittenstrenge; Verfasser eines Buchs über die Landwirtschaft „De agricultura"; war griechischen (insbesondere philosophischen) Einflüssen gegenüber feindselig eingestellt; warnte die Römer nach dem 2. Punischen Krieg vor einem Wiedererstarken Karthagos und forderte wiederholt die endgültige Zerstörung der Stadt.)

(mōns) **Caucasus** der Kaukasus (Gebirge zwischen Schwarzem und Kaspischem Meer)

(Tib. Iūlius) **Celsus** (Polemaeānus) Celsus (römischer Senator; nach ihm benannt ist die Celsusbibliothek in Ephesos. Sie bot Platz für rund 12.000 Buchrollen und diente gleichzeitig als Grabmal für den wahrscheinlich 117 n. Chr. Verstorbenen. Sein Sohn stiftete für ihn den Bibliotheksbau und umging damit das in römischer Zeit geltende Gesetz, nach dem Gräber nicht im Stadtgebiet angelegt werden durften.)

Celtae, ārum *m Pl.* die Kelten

cēnsor, ōris *m* Zensor (röm. Beamter; zwei Zensoren, die Konsuln gewesen sein mussten, wurden alle fünf Jahre für eine achtzehnmonatige Amtszeit gewählt. Sie überwachten die öffentliche Sittlichkeit, erstellten das Staatsbudget und führten die Volkszählung auf dem Marsfeld und die Vermögensschätzung durch. Außerdem hatten sie das Recht, Senatoren wegen liederlichen Lebenswandels aus dem Senat auszustoßen (senatu movere). Am Ende ihrer Amtszeit führten sie die feierliche Entsühnung (lustratio) des Volkes durch und opferten den Göttern einen Eber, einen Widder und einen Stier (suovetaurilia). Der bekannteste Träger dieses besonders angesehenen Amtes war der wegen seines strengen Amtsverständnisses gefürchtete Cato Censorius.)

Charybdis, is *f* Charybdis (Strudel, der zusammen mit dem gegenüber hausenden Ungeheuer Skylla die Meerenge zwischen Sizilien und dem italienischen Festland für durchfahrende Schiffe gefährlich machte; als Odysseus ihr auswich, verlor er sechs Männer an Skylla.)

Chloë *f* Chloë (Hirtenmädchen, Geliebte des Daphnis im Roman „Daphnis und Chloë“ des Longos)

(M. Tullius) **Cicerō,** ōnis *m* Marcus Tullius Cicero (röm. Politiker, Redner, Philosoph und Schriftsteller, 106–43 v. Chr.; während seines Konsulats im Jahr 63 v. Chr. kam es zur Catilinarischen Verschwörung, die von Cicero aufgedeckt und vereitelt wurde. Als Anwalt und Politiker hielt er zahlreiche literarisch bedeutsame Reden, die erhalten sind (u.a. 4 Reden „In Catilinam“, 10 Reden „In Marcum Antonium“). Er stellte durch mehrere Schriften die röm. Beredsamkeit auf ein breites theoretisches Fundament (u.a. „De oratore“). Er vermittelte den Römern durch seine philosophischen Schriften die griech. Philosophie (u.a. „Tusculanae disputationes“, „De re publica“, „De officiis“, „De finibus bonorum et malorum“, De natura deorum“). Bedeutend als historische Quelle ist auch die Sammlung seiner Briefe an Familienangehörige und Freunde (u.a. „Epistulae ad familiares“). Das Latein Ciceros gilt als Höhepunkt der klassischen röm. Kunstprosa. Cicero war ein entschiedener Befürworter der alten röm. Republik und geriet daher in Konflikt mit Cäsar und Marcus Antonius; auf Betreiben des Letzteren wurde Cicero ermordet.)

Cimbrī, ōrum *m Pl.* die Kimbern (nordgermanischer Volksstamm, fiel um 115 v. Chr. in Gallien und Italien ein; wurde 101 v. Chr. von den Römern unter der Führung des Konsuls Gaius Marius in Norditalien vernichtend geschlagen)

Circē, ēs *f* Kirke (Nymphe und Zauberin auf der Insel Aea, wo Odysseus und seine Gefährten strandeten; diese verwandelte Kirke in Schweine; auf Drängen des Odysseus, in den sie sich verliebt hatte, machte sie die Verwandlung jedoch rückgängig.)

Circus Maximus Circus Maximus (größte Rennbahn Roms zwischen den Hügeln Palatin und Aventin, angeblich bereits im 6. Jh. v. Chr. erbaut, später von Cäsar erneuert)

(Claudius) **Claudiānus** Claudian (letzter bedeutender Dichter des heidnischen Rom, aus Alexandria, um 400 n. Chr. Neben zahlreichen Gedichten verfasste er das Epos „De raptu Proserpinae“, darüber hinaus Lobreden auf den Kaiser und eine Preisschrift auf den Feldherrn Stilicho.)

Cleopatra Kleopatra VII. (letzte Königin Ägyptens von 51–30 v. Chr.; war von ihrem Bruder und Mitregenten Ptolemaios XIII. verstoßen; wurde aber von Cäsar, den die Verfolgung des Pompejus nach Ägypten geführt hatte, wieder eingesetzt. Kleopatra hatte zuerst ein Verhältnis mit Cäsar, dann mit Antonius; 31 v. Chr. unterlagen sie und Antonius dem Heer des Oktavian/Augustus bei Aktium, beide begingen daraufhin Selbstmord.)

Clōdia Clodia (bekannte römische Patrizierin, deren Lebenswandel von Cicero attackiert wurde, um ihren politischen Einfluss zu schwächen)

(L. Tarquinius) **Collātīnus** Lucius Tarquinius Collatinus (Ehemann der Lukretia, die von Sextus Tarquinius vergewaltigt wurde, was die Vertreibung der Tarquinier aus Rom auslöste)

Colōnia Agrippīna Köln (55 n. Chr. von Kaiser Nero gegründet, benannt nach Agrippina, der Mutter des Kaisers; entwickelte sich neben Trier zur wichtigsten röm. Stadt in Germanien)

(Flāvius Valerius) **Cōnstantīnus** Konstantin der Große (röm. Kaiser von 306–337 n. Chr.; gründete 330 v. Chr. das alte Byzanz unter den Namen Konstantinopel neu und erhob es zur Hauptstadt des röm. Reiches. 313 n. Chr. erließ er in Mailand ein Edikt zum Schutz der Christen.)

cōnsul, cōnsulis *m* Konsul (röm. Beamter; mit dem 43. Lebensjahr konnte das Konsulat, das höchste zivile und militärische Amt, ausgeübt werden. Dieses war für eine einjährige Amtszeit auf zwei Konsuln aufgeteilt. Jeder Konsul konnte die Beschlüsse und Maßnahmen des jeweils anderen durch sein Veto behindern. In Rom lösten die Konsuln einander monatlich im Senatsvorsitz ab, im Krieg wechselte sogar täglich der Oberbefehl. Sie standen den Senatssitzungen vor, brachten Gesetzesanträge ein und überwachten die Durchführung der Beschlüsse und Gesetze. Außerdem hatten sie die auspicia (Feststellung des Willens der Götter durch Vogelschau etc.), die Einweihung von Tempeln und die

Opfer zu vollziehen. Nach ihrem Amtsjahr wurden Konsuln in die Provinzen als Statthalter mit militärischem Kommando entsandt (pro consule). Ehemalige Konsuln, die sogenannten consulares, bildeten eine besonders einflussreiche Gruppe im Senat.)

Cornēlia Cornelia (Tochter des Scipio Africanus und Mutter der Gracchen; schon zu Lebzeiten berühmt und später das Idealbild einer tugendhaften und ehrenvollen Mutter. Nach dem Tod ihres Mannes widmete sie sich der Verwaltung ihres Gutes und der Erziehung ihrer Kinder. Noch im Alter hat sie ihre Söhne politisch beeinflusst.)

Creōn, ontis *m* Kreon (Schwager des Ödipus, Onkel der Antigone und der Ismene; er ließ Antigone töten, die sich seinem Befehl widersetzt hatte, den toten Polyneikes unbestattet zu lassen.)

Crēta Kreta (griech. Insel)

Creūsa Krëusa (Ehefrau des Äneas und Mutter des Askanius; kam während der Eroberung und Zerstörung Trojas ums Leben. In Vergils „Aeneis" spricht ihr Geist zu Äneas von dem vor ihm liegenden Schicksal.)

Croesus Krösus (letzter König von Lydien (Kleinasien), Mitte des 6. Jh.s v. Chr., berühmt durch seinen unermesslichen Reichtum; er wagte, durch ein zweideutiges Orakel ermutigt, einen Feldzug gegen das aufstrebende Perserreich unter König Kyros dem Großen. Die Niederlage des Krösus war das Ende des Lyderreiches.)

(Q.) **Cūrius** Quintus Curius (Anhänger des Catilina im Jahr 63 v. Chr., verriet über seine Geliebte Fulvia dem Cicero die Pläne der Verschwörer)

Cyclōpēs, um *m Pl.* Zyklopen (einäugige wilde Riesen auf der Insel Sizilien, Schmiedegehilfen des Vulcanus; einer von ihnen, Polyphem, fraß sechs Gefährten des Odysseus, bevor dieser ihn blendete und ihm das Auge ausstach.)

Dānubius die Donau

Daphnis, idis *m* Daphnis (sizilischer Hirte, der wegen seiner Schönheit von den Nymphen geliebt wurde; Titelfigur des Hirten- und Liebesromans „Daphnis und Chloë" von Longos im 2./3. Jh. n. Chr.)

(P.) **Decius Mūs** Publius Decius Mus (Konsul im Jahr 340 v. Chr., zusammen mit Titus Manlius Torquatus besiegte er die Latiner.)

Dēianīra Deianira (Tochter des Königs Öneus; Ehefrau des Herkules)

deī Capitōlīnī *m Pl.* die kapitolinischen Götter (Jupiter, Juno und Minerva; der Tempel der drei Götter, der auf dem Kapitolshügel stand, war der heiligste Ort Roms.)

Delphī, ōrum *m Pl.* Delphi (Ort in Griechenland, berühmte griech. Orakelstätte des Gottes Apollon)

Diāna Diana (jungfräuliche Göttin der Jagd, des Waldes und des Mondes, Beschützerin der Frauen; Zwillingsschwester des Apollon; griech. Name: Artemis)

dictātor, ōris Diktator (röm. Sonderbeamter; in Zeiten höchster Gefahr für den Staat konnte einer der beiden Konsuln im Auftrag des Senates einen dictator ernennen, der die höchste militärische, politische und richterliche Macht in seiner Person vereinigte. Alle Ämter, auch der Senat, waren dann außer Kraft gesetzt. Der dictator ernannte zu seinem Gehilfen und Stellvertreter einen sogenannten magister equitum („Reiteroberst"). Seine Amtsgewalt war auf ein halbes Jahr beschränkt.)

Didō, ōnis *f* Dido (Königin von Karthago; verliebte sich in Äneas, den es auf seiner Irrfahrt an die afrikanische Küste verschlagen hatte; gab sich den Tod, nachdem Äneas sie auf Geheiß Jupiters verlassen musste.)

(T. Flāvius) **Domitiānus** Domitian (röm. Kaiser von 81–96 n. Chr.; Sohn des Vespasian, Bruder des Titus; eroberte Teile Germaniens und begann 84 v. Chr. mit dem Bau des Limes; Beiname „Germanicus"; galt als brutaler und tyrannischer Herrscher. 96 n. Chr. fiel er einer Palastverschwörung zum Opfer.)

Druidēs, um *m Pl.* Druiden (Priester der Kelten)

Ēchō, Ēchūs *f* Echo (eine Waldnymphe; verliebte sich in den Jüngling Narziss, konnte ihn aber nicht für sich gewinnen)

Ephesiī, ōrum *m Pl.* die Ephesier (Einwohner von Ephesos)

Ephesius, a, um aus Ephesos

Ephesus *f* Ephesos (wichtige Hafenstadt im kleinasiatischen Karien; der dortige Artemis-Tempel gehörte zu den sieben Weltwundern. Zu den bedeutenden Bauwerken der Stadt zählt die Celsusbibliothek.)

Epicūrēī, ōrum *m Pl.* die Epikureer (Anhänger des griech. Philosophen Epikur)

Epicūrus Epikur (griech. Philosoph aus Samos, der sich 306 v. Chr. in Athen niederließ und eine Philosophenschule gründete; seine Lehre – die auch bei den Römern großen Anklang fand – besagt, dass die individuelle Glückseligkeit des Menschen das Ziel eines jeden Lebens sein soll.)

Epidaurus *f* Epidauros (griech. Stadt im Osten der Peloponnes, berühmter Kurort und Kultstätte des Heilgottes Äskulap/Asklepios; in Epidauros befindet sich das besterhaltene Theater der Antike.)

Ēsquiliae, ārum *f Pl.* (collis Ēsquilīnus) Esquilin (der größte der sieben Hügel Roms)

Eteoclēs, is *m* Eteokles (Sohn des Ödipus, Bruder der Antigone; er und sein Bruder Polyneikes brachten sich im Kampf um die Herrschaft über Theben gegenseitig um.)

Eurīpidēs, is *m* Euripides (griech. Tragödiendichter aus Athen, 480–406 v. Chr., neben Aischylos und Sophokles dritter der drei großen griech. Tragiker. Seine Werke zeichnen sich insbesondere durch die differenzierte, tiefgründige Schilderung menschlicher Leidenschaften aus; Werke u.a.: „Medea", „Hippolytos", „Elektra", „Die Troerinnen", „Alkestis")

Eurytiōn, ōnis *m* Eurytion (Kentaur, der bei einer Hochzeitsgesellschaft Unruhe stiftete und deshalb von Herkules getötet wurde)

(Q.) **Fābius Pictor** Quintus Fabius Pictor (röm. Senator und erster röm. Geschichtsschreiber. Er wurde 216 v. Chr. angesichts der Bedrohung durch Hannibal als Gesandter des Senats zum Orakel von Delphi geschickt.)

Falernum (vīnum) Wein aus falernischem Gebiet (Gegend zwischen Latium und Kampanien; berühmt für seine Weine)

Faustulus Faustulus (Hirte, der die ausgesetzten Zwillinge Romulus und Remus fand und gemeinsam mit seiner Frau Acca aufzog)

Fortūna Fortuna (röm. Göttin des Schicksals, des Glücks und des Unglücks)

Forum Rōmānum Forum Romanum (der Marktplatz und später das politische, geschäftliche und religiöse Zentrum von Rom. Das ursprünglich sumpfige Gebiet wurde im 6. Jh. v. Chr. trockengelegt und zum Marktplatz umgestaltet. Die ältesten Bauwerke waren die Tempel für Saturn (498 v. Chr.), Castor (484) und Concordia (367). Die rostra (Rednertribüne) waren bereits 338 v. Chr. vorhanden. Im 2. Jh. v. Chr. ging man dazu über, Volksversammlungen vom Marsfeld hierher zu verlagern. Die Händler und Marktstände mussten zugunsten des politischen Geschehens weichen. Basiliken wurden errichtet, in denen die Gerichte tagten und Geschäfte abgewickelt wurden. Mit Beginn der Kaiserzeit erlebte das Forum Romanum seine größte Prachtentfaltung.)

Francī, cōrum die Franken (germanischer Volksstamm, drangen im 4.–6. Jh. vom Nieder- und Mittelrhein aus in linksrheinische Gebiete und nach Gallien vor. Im 5. Jh. lösten sie die Römer als Machthaber in Gallien ab und hatten schließlich im 6. Jh. das ganze Gebiet des heutigen Frankreich unter ihrer Herrschaft vereinigt.)

Fulvia Fulvia (Geliebte des Q. Curius; überbrachte Cicero die Mordpläne des Catilina und seiner Verschwörer, 63 v. Chr.)

Gallī, ōrum *m Pl.* die Gallier

Gallia Gallien (Land der Gallier/Kelten, die in der 1. Hälfte des 1. Jh.s v. Chr. von Osten eingewandert waren; umfasste Oberitalien (Gallia cisalpina, 222–191 v. Chr. von Rom unterworfen) und das heutige Frankreich und Belgien (Gallia transalpina, 58–51 v. Chr. von Cäsar unterworfen). Seit dem 3. Jh. n. Chr. kam es zu Germaneneinfällen. Im 5. Jh. beseitigten die Franken die letzten Reste römischer Herrschaft.)

(Aulus) **Gellius** Gellius (röm. Schriftsteller, um 130 n. Chr.–um 180 n. Chr., Autor der „Noctes Atticae" in 20 Büchern: Sein Werk ist eine Art Bildungs- und Unterhaltungslexikon, in Gesprächsform verfasst. Behandelt werden Philosophie, Geschichte, Rechtswesen, Grammatik, Literatur und Altertumskunde.)

Germānī, ōrum *m Pl.* die Germanen (Teilgruppe der Indoeuropäer; die ersten Nachrichten über die Germanen stammen von Cäsar und Tacitus; 113 v. Chr. erster Zusammenstoß mit den Römern, die unter Augustus weiter in das rechtsrheinische Germanien vordrangen. Nach der Niederlage des Varus (9 n. Chr.) Zurücknahme der röm. Grenze an den Rhein. Mit der Erbauung des Limes (ab 84 n. Chr.) sollten die Germanen vom röm. Reich abgewehrt werden; 166–180 n. Chr. erster germanischer Großangriff an der Donaugrenze; im 3. Jh. durchbrechen die germanischen Alemannen den Limes.)

Germānia Germanien

Germānus, a, um germanisch

Geryōn, ōnis *m* Geryon (dreileibiger Riese auf der Insel Erythea, unterlag Herkules im Kampf und verlor seine Rinderherde an ihn)

Gīza Gizeh (Ort bei Memphis am Nil in Ägypten, an dem die Pyramiden des Cheops und des Chephren stehen; diese zählten zu den sieben Weltwundern.)

Gotōnēs, um *m Pl.* die Goten (ostgermanischer Volksstamm, ursprünglich in Skandinavien ansässig, siedelten im 3. Jh. n. Chr. im Zuge der Völkerwanderung nördlich des Schwarzen Meeres und griffen von dort aus das Staatsgebiet des röm. Reiches an. Die Westgoten unter Alarich eroberten 410 n. Chr. Rom.)

(C. Semprōnius) **Gracchus** Gaius Gracchus (Sohn der Scipio-Tochter Cornelia, jüngerer Bruder des Tiberius Gracchus, röm. Politiker; seine Versuche, die Reformen seines Bruders fortzusetzen und darüber hinaus den Provinzbewohnern und den italischen Bundesgenossen mehr Rechte einzuräumen, scheiterten und führten zu Unruhen in Rom; endete 121 v. Chr. durch Selbstmord.)

(Tib. Semprōnius) **Gracchus** Tiberius Gracchus (Sohn der Scipio-Tochter Cornelia, älterer Bruder des Gaius Gracchus, röm. Politiker; wollte durch neue Ackergesetze den Großgrundbesitz einschränken und das Land an Kleinbauern verteilen; deshalb von Anhängern der Senatspartei 133 v. Chr. erschlagen.)

Graecī, ōrum *m Pl.* die Griechen

Graecia Griechenland

Graecus, a, um griechisch

Gregōrus Magnus Gregor I. der Große (Papst von 590–604 n. Chr.; bemühte sich mit großem Erfolg um die Einbeziehung der germanischen Völker in die Kirche und bewirkte die Christianisierung der Angelsachsen. Durch seine zahlreichen Briefe und Schriften, die vor allem moraltheologischen Inhalts waren, hat er das Denken des Mittelalters maßgeblich beeinflusst und wird daher auch zu den bedeutendsten Kirchenvätern und Kirchenlehrern gezählt.)

(P. Aelius) **Hadriānus** Hadrian (röm. Kaiser 117–138 n. Chr.; seine Regierung war geprägt von ausgedehnten Reisen durch die röm. Provinzen, darunter zwei Jahre Aufenthalt in der von ihm bevorzugten Stadt Athen. 130 n. Chr. ertrank während eines Aufenthaltes in Ägypten sein Geliebter, der damals 20-jährige Antinoos, im Nil. Hadrian gründete an der Stelle seines Todes die Stadt Antinoopolis und ließ ihm göttliche Ehren zuteilwerden. Sein Hauptziel war die Sicherung des Friedens und der Reichsgrenzen (u.a. 122 n. Chr. Errichtung des Hadrianswalls im nördlichen Britannien). Mit seinem ausgeprägten Sinn für Kunst und Kultur übertraf Hadrian alle anderen Kaiser und förderte viele bedeutsame Bauprojekte in Rom (z.B. das Pantheon) und in den Provinzen. Sein Mausoleum (die heutige Engelsburg in Rom) ist erhalten.)

Halicarnassus *f* Halikarnass (Stadt im Südwesten des kleinasiatischen Karien; berühmt durch eines der sieben Weltwunder, das „Mausoleum" des Königs Mausolos)

Halys, yos *m* Halys (längster Fluss in Kleinasien, Grenzfluss zwischen Lydien und Persien)

Hamilcar, aris *m* Hamilkar (Vater des Hannibal; karthagischer Feldherr im 1. Punischen Krieg 264–241 v. Chr.)

Hannibal, alis *m* Hannibal (Sohn des Hamilkar, 247–183 v. Chr.; Feldherr der Karthager im 2. Punischen Krieg 218–202 v. Chr. Sein Vater Hamilkar brachte ihn 237 v. Chr. nach Spanien, nachdem er ihn ewigen Hass auf Rom hatte schwören lassen. Hannibals kühner Plan, den Krieg gegen Rom in Italien auszutragen (Alpenübergang), brachte die Römer mehrfach an den Rand des Zusammenbruchs. Nach sechzehn Kriegsjahren in Italien musste er 203 v. Chr. mit seinem unbesiegten Heer nach Afrika zurückkehren, um Karthago gegen einen Angriff der Römer zu verteidigen. 202 v. Chr. wurde er von Scipio in der Schlacht bei Zama besiegt. 183 v. Chr. nahm sich Hannibal, verfolgt von den auf Rache sinnenden Römern, das Leben.)

Helena 1. Helena (Frau des Spartanerkönigs Menelaos; wurde vom Trojaner Paris geraubt, was den Trojanischen Krieg auslöste) – 2. Helena (um 257–um 337, Mutter des röm. Kaisers Konstantin; zum Christentum bekehrt; unternahm nach der Einweihung Konstantinopels eine Pilgerfahrt nach Jerusalem, um das Kreuz Christi zu finden. Sie förderte das Christentum in jeder Weise; zahlreiche Kirchenbauten werden ihr zugeschrieben, so die Kreuzeskirche in Jerusalem, die Geburtskirche in Bethlehem und die Apostelkirche in Konstantinopel.)

Helicē, ēs *f* Helike (griech. Küstenstadt am korinthischen Golf; wurde 372 v. Chr. von einem Erdbeben vernichtet)

Herculēs, is *m* Herkules (griech. Sagenheld mit übermenschlichen Kräften, Sohn des Zeus/Jupiter und der Alkmene; um sich von einer im Wahnsinn begangenen Freveltat reinzuwaschen, musste er im Auftrag von Eurystheus, dem König von Tiryns, die berühmten „zwölf Arbeiten" vollbringen; griech. Name: Herakles)

Herodotus Herodot (um 490–um 425 v. Chr., griech. Historiker aus der kleinasiatischen Stadt Halikarnass, Autor der „Historien" (9 Bücher). In ihnen beschreibt Herodot vor allem die Auseinandersetzungen zwischen Griechenland und Asien; den Höhepunkt des Werkes bilden die Perserkriege. Von Cicero und anderen wird er als „Vater der Geschichtsschreibung" bezeichnet.)

Hibērus der Ebro (Hauptfluss Spaniens)

Hieronymus Hieronymus (lat. Kirchenschriftsteller aus Dalmatien, ca. 348–420 n. Chr.; wurde von Papst Damasus beauftragt, die lateinische Übersetzung der Bibel, die „Vulgata", zu überarbeiten)

Hierosolyma, ōrum *n Pl.* Jerusalem

Hippolytus Hippolytos (Sohn des Theseus aus erster Ehe; in ihn war die zweite Frau seines Vaters, Phädra, unglücklich verliebt.)

Hispānia Spanien (seit 197 v. Chr. röm Provinz)

Historia Augusta die Historia Augusta (Sammlung von Biografien röm. Kaiser von Hadrian bis Diokletian (117–285 n.Chr). Die einzelnen Lebensbeschreibungen werden sechs Autoren zugeschrieben und sind vermutlich im 4. Jh. n. Chr. zur Regierungszeit Konstantins entstanden.)

Homērus Homer (ältester griech. Dichter; unter seinem Namen sind die beiden bedeutendsten griech. Epen, die „Ilias" und die „Odyssee", überliefert.)

Horātius Coclēs Horatius Cocles (Held der römischen Frühzeit. Die römische Sage berichtet, dass durch seinen mutigen Einsatz am Pons Sublicius die Stadt Rom vor einer Eroberung durch die Etrusker bewahrt worden ist.)

Hunnī, ōrum *m Pl.* die Hunnen (aus Zentralasien stammendes Nomadenvolk; ihr Vorrücken nach Westen im 4. Jh. n. Chr. rief Schrecken hervor und veranlasste eine ausgedehnte Wanderbewegung von Barbarenvölkern über die Grenzen des röm. Reiches.)

Iānus Janus (Gott des Eingangs und Ausgangs, beschützte die röm. Stadttore)

Iēsus Christus, Iēsū Christī Jesus Christus

Īlias, adis *f* die „Ilias" (Epos des griech. Dichters Homer über den Trojanischen Krieg)

Iocasta Jokaste (Mutter des Ödipus, Frau des Lajos; heiratete nach dem Tod des Lajos in Unwissenheit den eigenen Sohn; zusammen mit Ödipus ist sie die Mutter von Polyneikes, Eteokles, Antigone und Ismene. Als sie erfuhr, dass sie ihren Sohn geheiratet hatte, erhängte sie sich.)

Iōnia Jonien (Landschaft an der Westküste Kleinasiens; oft Synonym für ganz Kleinasien)

Īsis, Īsidis *f* Isis (Hauptgöttin Ägyptens; Gattin und Schwester des Osiris, Göttin der Fruchtbarkeit. Im 2. Jh. v. Chr. gelangte der Isiskult auch nach Rom.)

Ismēna Ismene (Tochter des Ödipus und der Jokaste; Schwester der Antigone)

Italia Italien

Italicus, a, um aus Italien stammend („italisch", nach den Italern, die im Gebiet des heutigen Italien lebten)

Ithaca Ithaka (griech. Insel im Jonischen Meer; Heimat des Odysseus)

Iūdaeī, ōrum *m Pl.* die Juden

Iūnō, ōnis *f* Juno (Gemahlin Jupiters; Schützerin der Ehe und der Frauen; griech. Name: Hera)

Iuppiter, Iovis *m* Jupiter (höchster Gott der Römer, griech. Name: Zeus. Möglicherweise haben bereits die Etrusker den Kult des Iuppiter Optimus Maximus in Rom eingeführt, worin der Gott (in seinem Tempel auf dem Kapitol) zusammen mit Juno und Minerva die Kapitolinische Trias bildete. Jupiter in seiner Rolle als röm Staatsgott: Im Jupiter-Tempel brachten die röm. Beamten am Anfang ihres Amtsjahres Opfer dar und die siegreichen Feldherrn legten dort ihre Beutestücke nieder. Die erste Senatssitzung eines jeden Jahres fand ebenfalls dort statt.)

Iūstiniānus Justinian I. (oström. Kaiser von 527–565 n. Chr.; versuchte vergeblich, die Einheit des alten imperium Romanum wiederherzustellen; fasste die gesamte röm. Gesetzgebung in einem „Corpus iuris civilis" zusammen, sorgte für ein einheitliches, christlich-römisches Glaubensbekenntnis, errichtete u. a. die Hagia Sophia, die Krönungskirche der oström. Kaiser, in Konstantinopel.)

(L. Caelius Fīrmiānus) **Lactantius** Laktanz (lat. Kirchenschriftsteller aus Nordafrika, um 245–325 n. Chr.; scharfer Kritiker der röm. Philosophie und Religion galt aufgrund seines klassischen Sprachstils als der „christliche Cicero")

Lāius Lajos (König von Theben, Vater des Ödipus, wurde von seinem Sohn, der ihn nicht erkannt hatte, im Affekt erschlagen)

Lāocoōn, Lāocoontis *m* Laokoon (trojanischer Priester; warnte die Trojaner vergeblich vor dem hölzernen Pferd der Griechen; er und seine beiden Söhne wurden daraufhin auf Geheiß Apollons, der auf Seiten der Griechen stand, von zwei Seeschlangen erwürgt.)

Larēs, um *m Pl.* die Laren (röm. Gottheiten, die Haus und Familie beschützten)

Latīnus, a, um lateinisch („latinisch", nach der Landschaft Latium und dem Stamm der Latiner, die in Mittelitalien siedelten)

līctor, ōris *m* Liktor (Amtsdiener, die höheren röm. Beamten und Priestern voranschritten; sie trugen als Zeichen der Amtsgewalt ein Rutenbündel mit Beil (fasces) auf der linken Schulter. Dieses symbolisierte das Recht des Beamten, Verhaftungen, Strafen – in früherer Zeit auch Hinrichtungen – anzuordnen. Die Liktoren hatten die Aufgabe, die Ankunft des Beamten anzukündigen und ihm einen Weg durch die Menge zu bahnen, nur Vestalinnen und verheiratete Römerinnen brauchten ihm nicht Platz zu machen. Ein Diktator hatte 24 Liktoren, ein Konsul 12, Prätoren 6 bei sich.)

līmes, līmitis *m* der Limes (von Kaiser Domitian seit 84 n. Chr. erbauter Grenzwall, trennt das römische Reich von Germanien ab; verläuft vom Rhein bei Bonn südöstlich durch Württemberg und Bayern bis an die Donau bei Regensburg; wurde im 3. Jh. im Zuge der Völkerwanderung von den Germanen durchbrochen.)

(T.) **Līvius** Livius (röm. Geschichtsschreiber, 59 v. Chr.–17 n. Chr.; beschrieb die Geschichte Roms – von der Gründung Roms bis auf die eigene Zeit – in seinem 142 Bücher umfassenden Werk „Ab urbe condita". Livius will nicht nur die Taten und die Größe Roms aufzeigen, sondern auch den Niedergang der Sitten, der für die politischen Wirren des 1. Jh.s v. Chr. verantwortlich war: Der Leser soll aus der Geschichte lernen.)

Lombardus lombardisch, Lombarde (Die Lombardei ist eine Landschaft in Norditalien.)

Lucrētia Lukretia (Frau des Collatinus; wurde von Sextus Tarquinius vergewaltigt, was die Vertreibung der Tarquinier als Herrscher von Rom nach sich zog)

(T.) **Lucrētius** (Cārus) Lukrez (röm. Schriftsteller und Philosoph, 98–55 v. Chr.; verfasste das Lehrgedicht „De rerum natura" in 6 Büchern. Lukrez stellt in Versform die Lehren der epikureischen Naturphilosophie dar. Als Jünger Epikurs will er seine röm. Landsleute von der Religion, d.h. für ihn von der Götter- und Todesfurcht, befreien durch die Erkenntnis, dass alles natürlich, alles vergänglich ist (Atomtheorie).)

(L. Licinius) **Lūcullus** Lukull (röm. Feldherr in Kleinasien um 70 v. Chr.; sorgte dort nach seinem militärischen Sieg für geordnete Verhältnisse im Finanzwesen und in der Provinzverwaltung; sein Reichtum und sein exquisiter Geschmack sind sprichwörtlich.)

Lūna Luna (röm. Mondgöttin, Schwester des Sonnengottes Sol)

Lydī, ōrum *m Pl.* die Lyder (Einwohner von Lydien im westlichen Kleinasien)

Macedōnia Makedonien (Landschaft im Norden Griechenlands; wurde 148 v. Chr. röm. Provinz)

(T.) **Mānlius Torquātus** Titus Manlius Torquatus (Konsul 340 v. Chr., zusammen mit P. Decius Mus besiegte er die Latiner.)

Marcus Aurēlius Mark Aurel (röm. Kaiser 161–180 n. Chr. Seine Regierungszeit war geprägt durch zahlreiche Feldzüge, die er zur Sicherung des Reiches an allen wichtigen Grenzen unternehmen musste, insbesondere zur Abwendung der immer bedrohlicher werdenden Germanenstämme; Mark Aurel war zugleich (stoischer) Philosoph und Verfasser der „Selbstbetrachtungen", einer moralphilosophischen Schrift in griech. Sprache. Die Schrift lässt den Kaiser als einen enttäuschten, mutlosen Menschen erkennen, der um innere Stärke gegen die Furcht vor dem Tode, die Sorgen dieser Welt und die Ungerechtigkeiten seiner Mitmenschen ringt.)

Mārs, Mārtis *m* Mars (röm. Gott des Krieges; griech. Name: Ares)

(M. Valerius) **Mārtiālis** *m* Martial (röm. Dichter, ca. 40–98 n. Chr., verfasste hauptsächlich Spottgedichte in Form von Epigrammen.)

Mausōlus Mausolos (persischer Herrscher von 377–353 v. Chr. im kleinasiatischen Karien mit der Hauptstadt Halikarnass; seine Frau Artemisia ließ ihm nach seinem Tod ein prächtiges Grabmal bauen, ein „Mausoleum".)

Medūsa Medusa (weibliches Ungeheuer mit Schlangenhaaren)

Menander, drī Menander (griech. Komödiendichter, ca. 342–292 v. Chr.; Vorbild für die röm. Komödiendichter)

Menelāus Menelaos (König von Sparta, Ehemann der von Paris geraubten schönen Helena)

Menēnius Agrippa Menenius Agrippa (Patrizier, der zur Zeit der Ständekämpfe mit diplomatischem Geschick die aus Rom ausgewanderten Plebejer wieder nach Rom zurückholte)

Mercurius Merkur (Götterbote, Gott des Handels, der Reise und der Diebe, griech. Name: Hermes)

Mīlētus *f* Milet (Hafenstadt in der kleinasiatischen Landschaft Karien; Geburtsort des Philosophen Thales)

Minucius Fēlix Minucius Felix (lat. Kirchenschriftsteller aus Rom, 3. Jh. n. Chr.)

Minerva Minerva (Göttin der Weisheit und des Handwerks; griech. Name: Athene)

Mithrās, ae *m* Mithras (persischer Lichtgott, im 1. Jh. v. Chr. gelangte sein Kult, dessen geheime Riten ausschließlich Männern vorbehalten waren, auch nach Rom. Hier wurde er mit dem Sonnengott gleichgesetzt. Mit den röm. Soldaten gelangte der Mithraskult in alle Provinzen, wo er sich mit den Landesreligionen vermischte.)

Mōgontiācum Mainz (Die Stadt gehört zu den ältesten Siedlungen am Rhein. Auf dem Platz einer keltischen Siedlung legten die Römer um 38 v. Chr. ein befestigtes Lager an. Mogontiacum wurde zur

Hauptstadt der röm. Provinz Germania superior. Gegen den Druck der Germanen erhielt die Stadt im 3. Jh. feste Mauern, die bis in das 5. Jh. den Stürmen der Völkerwanderung standhielten.)

Mosella die Mosel

Mōsēs, is *m* Moses (biblische Gestalt; formulierte durch göttliche Eingebung die ersten jüdischen Gesetze und führte – vermutlich im 13. Jh. v. Chr. – die Israeliten aus Ägypten ins Gelobte Land.)

Narcissus Narziss (im Mythos ein schöner junger Mann, der sich in sein eigenes Spiegelbild verliebte)

Neptūnus Neptun (Gott des Meeres; griech. Name: Poseidon)

Nerō, ōnis *m* Nero (röm. Kaiser 54–68 n. Chr., wurde von seiner Mutter Agrippina sorgfältig auf das Amt des Kaisers vorbereitet. In den ersten Jahren regierte er unter dem positiven Einfluss seines Lehrers Seneca. Nachdem Nero diesen zum Rückzug aus der Politik gezwungen hatte (61 n. Chr.), begann eine Willkürherrschaft. Er ließ seine Mutter und seine Gattin Oktavia umbringen, um seine Geliebte Poppäa heiraten zu können. Während Neros Herrschaft (64 n. Chr.) brannte Rom aus ungeklärten Gründen nieder; er beschuldigte die Christen, den Brand gelegt zu haben, und verfolgte sie. Die Zerstörung seines eigenen Hauses nahm er zum Anlass, sich nach eigenen Entwürfen einen prächtigen Palast bauen zu lassen, die Domus aurea. Nero waren seine künstlerischen Betätigungen als Sänger und Dichter häufig wichtiger als die Regierungsgeschäfte; sein ausschweifender Lebenswandel verschaffte ihm viele Feinde. Als schließlich ein Aufstand der Prätorianergarde ausbrach, musste Nero aus Rom fliehen und setzte seinem Leben selbst ein Ende.)

Nessus Nessus (Kentaur; kämpfte mit Herkules, um den Tod seines Verwandten Eurytion zu rächen)

Nīlus der Nil (Fluss in Ägypten)

Numa Pompilius Numa Pompilius (zweiter röm. König, galt als besonders weise und fromm. Die Römer schrieben ihm viele ihrer religiösen Einrichtungen zu: Feste, Opfer, und Riten, die Pontifices und Vestalinnen.)

Odyssēa die „Odyssee“ (Epos des griech. Dichters Homer über die Irrfahrten des Odysseus)

Odysseus vgl. „Ulixes“

Oedipūs, podis *m* Ödipus (sagenhafter Herrscher der griech. Stadt Theben; löste das Rätsel der Sphinx; tötete in Unwissenheit seinen Vater Lajos und heiratete seine Mutter Jokaste; Vater von Eteokles, Polyneikes, Antigone und Ismene. Als seine Taten ans Licht kamen, stach sich Ödipus die Augen aus und wanderte fortan als Ausgestoßener umher.)

Oeneus Öneus (König von Kalydon in Griechenland; Vater der Deianira, die die Frau des Herkules wurde)

Olympia Olympia (ein dem Zeus geweihter Bezirk in Elis auf der Peloponnes; seit 776 v. Chr. wurden dort alle vier Jahre die Olympischen Spiele zu Ehren des Zeus gefeiert; die vom Bildhauer Phidias Mitte des 5. Jh.s v. Chr. geschaffene Zeusstatue im olympischen Zeustempel ist eines der sieben Weltwunder.)

(Paulus) **Orōsius** Orosius (christlicher Geschichtsschreiber Anfang des 5. Jh.s n. Chr., Schüler des Augustinus)

Ōstia Ostia (Hafenstadt Roms an der Tibermündung, seit dem 4. Jh. v. Chr. bestehende Hafenanlage, später auch Flottenstützpunkt. Mit der Anlage eines gut funktionierenden Hafens unter Kaiser Trajan, ca. 2 km nördlich des eigentlichen Stadtgebietes, erlebte die Stadt einen sprunghaften Aufschwung und entwickelte sich innerhalb weniger Jahrzehnte zu einer bevölkerungsreichen Großstadt. In Ostia landeten die für Rom bestimmten Lebensmittellieferungen, vor allem die Getreideschiffe aus Ägypten, Afrika, Sardinien und Sizilien.)

(P.) **Ovidius** (Nāsō) Ovid (röm. Dichter 43 v. Chr.–17 n. Chr., seine freizügigen Dichtungen brachten ihn in Konflikt mit Kaiser Augustus' Programm einer moralischen Erneuerung; auf Lebenszeit nach Tomi am Schwarzen Meer verbannt. Werke u. a.: „Metamorphoses“, „Ars amatoria“, „Fasti“, „Tristia“, „Heroides“. Neben Vergil und Horaz ist er der bedeutendste Dichter der augusteischen Zeit.)

Palātium (mōns Palātīnus) Palatin (einer der sieben Hügel Roms; viele bekannte Römer hatten hier ihre Häuser, z. B. Cicero, Crassus und Marcus Antonius. Kaiser Augustus errichtete hier seinen Wohnsitz, den man palatia *(n Pl.)* nannte, davon leitet sich das deutsche Wort „Palast“ her. Großenteils erhalten ist das Haus von Augustus' Gemahlin Livia. Nach dem Brand Roms erweiterte Kaiser Nero die Anlage beträchtlich.)

Paris, idis *m* Paris (Sohn des trojanischen Königs Priamos; raubte die schöne Helena aus Sparta und löste damit den Trojanischen Krieg aus)

patriciī, ōrum *m Pl.* Patrizier (römische Adelsfamilien; nach der Vertreibung der Könige Anfang des 5. Jh.s v. Chr. hatten sie die politische Macht inne.)

Paulus Paulus (Sohn einer vermögenden jüdischen Familie; durch Christusvisionen wurde er zum christlichen Glauben bekehrt. Als „Heidenapostel“ trug er durch seine Missionsreisen entscheidend zur Verbreitung des christlichen Glaubens bei; verfasste zahlreiche Briefe an die christlichen Urgemeinden, die sich im Neuen Testament wiederfinden und seine wesentlichen theologischen Aussagen enthalten. Der Überlieferung nach wurde Paulus während der Christenverfolgung Neros verhaftet und um 66 n. Chr. in Rom enthauptet.)

Penātēs, ium *m Pl.* die Penaten (römische Haus- und Schutzgötter)

Pēnelopa Penelope (Gattin des Odysseus)

Pergamum Pergamon (Stadt im kleinasiatischen Mysien, berühmt durch ihre große Bibliothek und einen Zeusaltar)

Persae, ārum *m Pl.* die Perser

Perseus, Perseī (oder Perseos) *m* Perseus (letzter König der Makedonen; unterlag 168 v. Chr. in der Schlacht bei Pydna dem römischen Feldherrn Lucius Aemilius Paullus)

Petrōnius (Arbiter) Petron (röm. Schriftsteller, gest. um 66 n. Chr.; gehörte zu den engsten Vertrauten am Hof des Kaisers Nero und stand dort als Meister der kultivierten, raffinierten Lebensführung in hohem Ansehen. Nachdem er beschuldigt worden war, an einer Verschwörung gegen den Kaiser teilgenommen zu haben, beging er Selbstmord. Autor des „Satyrikon", eines erotischen Reise- und Abenteuerromans. Den größten Teil des erhaltenen Werkes nimmt das „Gastmahl des Trimalchio" ein: die satirisch-groteske Beschreibung eines ausschweifenden Gastmahls der röm. Kaiserzeit.)

Petrus Petrus (Jünger Jesu und christl. Apostel; nach dem Tod Jesu war er Leiter der christl. Gemeinde in Jerusalem; seine letzten Jahre verbrachte er in Rom, wiederum als Leiter der dortigen Gemeinde und starb unter Kaiser Nero den Märtyrertod. Als er aus Rom fliehen wollte, um der Hinrichtung zu entgehen, begegnete er vor den Toren der Stadt Christus und fragte ihn: „Quo vadis, Domine?" („Wohin gehst du, Herr?"); als dieser anwortete, er gehe nach Rom, um zum zweiten Mal gekreuzigt zu werden, beschloss Petrus, mit ihm zu gehen. Petrus wurde im Circus ans Kreuz geschlagen – auf eigenen Wunsch mit dem Kopf nach unten, da er nicht würdig sei, den gleichen Tod wie Christus zu sterben. Über seinem Grab, so die Überlieferung, erhebt sich heute der Petersdom.)

Phaeācēs, um *m Pl.* die Phäaken (Bewohner der Insel Scheria, wo Odysseus auf seinen Irrfahrten strandete; sie halfen ihm, zu seiner Heimatinsel Ithaka zurückzugelangen.)

Phaedra Phädra (Tochter des Königs Minos auf Kreta, zweite Frau des athenischen Königs Theseus; verliebt sich unglücklich in ihren Stiefsohn Hippolytos)

Phaëthōn, Phaëthontis *m* Phaëthon (Sohn des Sonnengottes Sol)

Pharaō, ōnis *m* der Pharao (Titel der Könige im Alten Ägypten)

Philippus Arabs Philippus Arabs (röm. Kaiser von 244–249 n. Chr.; wurde vom Gegenkaiser Decius getötet)

Platō, ōnis *m* Platon (griech. Philosoph, 427–347 v. Chr.; Schüler des Sokrates und Lehrer des Aristoteles; Verfasser vieler noch erhaltener und bis in die Neuzeit nachwirkender Schriften („Politeia", „Symposion", „Gorgias", „Protagoras", „Phaidros"); gründete um 385 v. Chr. eine Philosophenschule in Athen, die sogenannte „Akademie", die erst 529 n. Chr. von Kaiser Justinian geschlossen wurde. Der Einfluss der platonischen Philosophie ist so bedeutsam, dass der englische Philosoph Alfred North Whitehead meinte, die gesamte europäische Philosophiegeschichte sei nur eine „Fußnote zu Platon".)

plēbēī, ōrum *m Pl.* Plebejer (größter Teil der röm. Bevölkerung; zunächst ohne politischen Einfluss, im Laufe der Ständekämpfe im 5./4. Jh. v. Chr. setzten sie immer mehr Rechte durch.)

(C.) **Plīnius** (Caecilius Secundus) Plinius (röm. Schriftsteller, 61–ca. 113 n. Chr., Schüler Quintilians; veröffentlichte eine große Sammlung literarischer Briefe, die ein meisterhaftes Bild der Kaiserzeit in allen Lebensbereichen vermitteln; die berühmtesten Briefe beschäftigen sich mit dem Vesuvausbruch des Jahres 79 n. Chr. Sein Briefwechsel mit Kaiser Trajan, der auf Plinius' Zeit als Verwaltungsbeamter in Kleinasien zurückgeht, enthält viele wertvolle Informationen über die Verwaltung der röm. Provinzen.)

Plūtarchus Plutarch (griech. Schriftsteller, ca. 46–120 n. Chr., aus Chaironeia; verfasste leicht verständliche philosophische Werke und Biographien berühmter Männer, darunter Themistokles, Perikles, Alexander der Große, Cato, die Gracchen, Marius, Sulla, Marcus Antonius, Brutus, Cäsar und Cicero)

Poenī, ōrum *m Pl.* die Punier/Karthager

Polynīcēs, is *m* Polyneikes (Sohn des Ödipus, Bruder der Antigone; er und sein Bruder Eteokles brachten sich im Kampf um die Herrschaft über Theben gegenseitig um.)

Polyphēmus Polyphem (riesiger, einäugiger Zyklop auf Sizilien, Sohn Neptuns; Odysseus blendete ihn und stach ihm das Auge aus, als er ihn und seine Gefährten fressen wollte.)

Pompēī, ōrum *m Pl.* Pompeji (Stadt in Kampanien südöstlich von Neapel; wurde 79 n. Chr. bei einem Ausbruch des nahegelegenen Vulkans Vesuv verschüttet und erst in der Neuzeit wieder ausgegraben; in der Antike bekannt für seine Vergnügungsviertel)

(Cn.) **Pompēius** (Magnus) Gnaeus Pompeius Magnus (106–48 v. Chr., einflussreicher Politiker und Feldherr. 75–72 v. Chr. bekämpfte er den in Spanien revoltierenden Feldherrn Sertorius. 71 v. Chr. schlug er den Sklavenaufstand des Spartakus nieder. 67 v. Chr. ging er im Auftrag des Senats erfolgreich gegen das Seeräuberunwesen im Mittelmeer vor; nachdem er vor allem im Osten des Reiches viele militärische Siege für Rom errungen hatte, wurde er im Bürgerkrieg der Hauptgegner Cäsars; er unterlag diesem 48 v. Chr. in der Schlacht bei Pharsalos, musste fliehen und wurde auf der Flucht nach Ägypten ermordet.)

(M.) **Porcius Laeca** Marcus Porcius Laeca (Anhänger des Catilina 63 v. Chr.; in seinem Haus fanden die geheimen Treffen der Verschwörer statt.)

praetor, ōris *m* Prätor (röm. Beamter; Aufgabe der Prätoren war die Rechtsprechung. Mindestalter für die Prätur war die Vollendung des 40. Lebensjahres. Als ständige Stellvertreter der Konsuln mussten sie für die Auslegung der schriftlich fixierten Gesetze und überhaupt für die Rechtspflege sorgen. Ehemalige Prätoren wurden in die Provinzen als Statthalter ohne militärisches Kommando entsandt (pro praetore).)

Prīamus Priamos (König von Troja zur Zeit des Trojanischen Krieges, Vater des Paris)

Priēnē, ēs *f* Priene (griech. Stadt an der Westküste von Kleinasien)

Promētheus, eī *m* Prometheus (Sohn des Titanen Japetos; erschuf die Menschen aus Lehm und Wasser und schenkte ihnen das – eigentlich den Göttern vorbehaltene – Feuer. Er wurde dafür von Zeus grausam bestraft.)

Ptolemaeus Ptolemaios XIII. (König von Ägypten, Bruder der Kleopatra; duldete die Ermordung des Pompejus, der vor Cäsar nach Ägypten geflohen war; kämpfte gegen Cäsar, nachdem dieser in die ägyptischen Thronstreitigkeiten zugunsten von Ptolemaios' Schwester und Mitregentin Kleopatra eingegriffen hatte; während der Kämpfe ertrank er 47 v. Chr. im Nil.)

Pūnicus, a, um phönizisch, punisch (karthagisch)

Pydna Pydna (Stadt im südlichen Makedonien, Schauplatz der Schlacht 168 v. Chr., bei der Aemilius Paullus das Heer der Makedonen unter König Perseus vernichtete)

Pylus *f* Pylos (griech. Hafenstadt im Südwesten der Peloponnes, in Messenien)

Pȳramus Pyramus (Geliebter der Thisbe)

Pȳthia Pythia (Priesterin des Orakels in Delphi, durch die Apollo zu den Fragestellern sprach)

Pȳthius, a, um pythisch (Beiname des Apollo von Delphi)

quaestor, ōris *m* Quästor (röm. Beamter; die Quästur war die unterste Stufe der Ämterlaufbahn. Das Mindestalter betrug 31 Jahre. Ursprünglich als Hilfsamt (Untersuchungsrichter) den Konsuln beigestellt. Die Quästoren hatten die Staatskasse (aerarium), die sich im Saturntempel befand, und das Staatsarchiv zu verwalten, außerdem für die Eintreibung von Steuer- und Pachtschulden zu sorgen. Die Quästoren der Feldherren verwalteten die Kriegskasse und den Heeresproviant; die Quästoren der Statthalter waren die Finanzbeamten der Provinz und kamen dem richterlichen Amt nach. Die Quästur ist Grundbedingung für den Eintritt in den Senat und alle weiteren politischen Ämter des cursus honorum, in dem bei Patriziern meist die Ädilität, bei Plebejern das Volkstribunat oder die Ädilität folgte.)

(M. Fabius) **Quīntiliānus** Quintilian (röm. Schriftsteller und Redelehrer, um 35 n. Chr.–um 96 n. Chr.; unter Kaiser Vespasian erster staatlich besoldeter Professor der Rhetorik in Rom. Verfasser der „Institutio oratoria", eines großangelegten Lehrbuches der römischen Beredsamkeit in 12 Büchern. Das Werk zielt nicht nur auf die Entwicklung der rhetorischen Fähigkeiten, sondern auf die umfassende Ausbildung zum kultivierten Menschen.)

Quirīnus Quirinus (Name für Romulus, nachdem er zum Gott erhoben worden war)

Remus Remus (sagenhafter Gründer Roms; Zwillingsbruder von Romulus, von dem er erschlagen wurde)

Rhēnus der Rhein

Rhodanus die Rhône (Fluss in Frankreich)

Rhodiī, ōrum *m Pl.* die Bewohner der griech. Insel Rhodos

Rhodus *f* Rhodos (griech. Insel vor der Küste Kleinasiens; der „Koloss von Rhodos", eine gewaltige Statue des Sonnengottes Sol/Helios über der Hafeneinfahrt, ist eines der sieben Weltwunder.)

Rōma Rom

Rōmānī, ōrum *m Pl.* die Römer

Rōmānus, a, um römisch; Römer(in)

Rōmulus Romulus (sagenhafter Gründer und erster König Roms im 8. Jh. v. Chr.; Zwillingsbruder von Remus, den er im Zorn erschlug)

Sabīnī, ōrum *m Pl.* Sabiner (Bewohner des Berglandes nördlich von Rom; wurden – wegen des in Rom herrschenden Frauenmangels – auf Geheiß des Romulus ihrer Töchter beraubt, als sie zu Besuch in Rom waren)

(C.) **Sallustius** (Crispus) Sallust (röm. Politiker und Geschichtsschreiber, 86–35 v. Chr.; seine historischen Werke zeichnen sich durch Erzählkunst und wissenschaftliche Sorgfalt aus; er sucht nach den Ursachen der politischen Ereignisse und den Beweggründen für menschliches Handeln. Seine Hauptwerke sind „De coniuratione Catilinae" (über die Catilinarische Verschwörung, 63 v. Chr.) und „De bello Iugurthino" (über den Krieg der Römer gegen den Numider-König Jugurtha in Afrika, 111–105 v. Chr.))

saltus Teutoburgiēnsis *m* der Teutoburger Wald (Schauplatz der Schlacht zwischen Varus und Arminius im Jahr 9 n. Chr., die der Cheruskerfürst für sich entschied. Der genaue Ort der Schlacht wurde bei Kalkriese in der Nähe von Osnabrück lokalisiert.)

Saracēnī, ōrum *m Pl.* die Sarazenen (mittelalterliche Bezeichnung für die Araber)

(P. Cornēlius) **Scīpiō** (Āfricānus), Scīpiōnis *m* Scipio (röm. Politiker und Feldherr; im Jahr 206 v. Chr. hat er die Karthager aus Spanien vertrieben; Sieger über Hannibal 202 v. Chr. in der Schlacht bei Zama, erhielt daraufhin den ehrenden Beinamen Africanus; später wurde in Rom auf Betreiben Catos eine politische Kampagne gegen ihn geführt, man warf Scipio Unterschlagung vor. Obwohl die Anklagen schließlich fallengelassen wurden, hatte Scipio seinen Einfluss verloren und zog sich auf sein Landgut zurück, wo er 183 v. Chr. starb – im gleichen Jahr wie sein großer Gegner Hannibal.)

Scylla Skylla (Ungeheuer, das zusammen mit dem gegenüberliegenden Strudel Charybdis die Meerenge zwischen Sizilien und dem ital. Festland gefährlich machte; Odysseus verlor sechs Männer an sie, als er Charybdis auswich.)

(L. Annaeus) **Seneca,** ae *m* Seneca (röm. Schriftsteller, Politiker und Philosoph mit Nähe zur Lehre der Stoiker, 4 v. Chr.–65 n. Chr.; Agrippina machte ihn zum Erzieher ihres Sohnes Nero. Seneca blieb auch nach dessen Thronbesteigung sein Berater; nachdem er seinen politischen Einfluss verloren und sich an einer Verschwörung gegen Nero beteiligt hatte, musste er auf Befehl des Kaisers 65 n. Chr. Selbstmord begehen. Seneca verfasste zahlreiche moralphilosophische Schriften („Dialogi", „Epistulae") und Tragödien (u. a. „Phaedra"), die das europäische Theater maßgeblich beeinflusst haben.

Servius Tullius Servius Tullius (sechster König Roms, der Überlieferung nach regierte er 578–534 v. Chr.; errichtete den ersten röm. Mauerring; wurde von seinem Nachfolger Tarquinius Superbus ermordet)

Sextus Tarquinius Sextus Tarquinius (Sohn des Tarquinius Superbus; vergewaltigte Lukretia, eine Frau aus angesehener Familie, und löste damit die Vertreibung der Tarquinier als Herrscher von Rom aus.)

Sidōnius Apollināris Sidonius Apollinaris (spätantiker gallo-römischer Schriftsteller aus Lyon, ca. 430–486 n. Chr.; wurde um 470 Bischof von Clermont-Ferrand; einem Einfall der Westgoten leistete er mutig und aufopfernd Widerstand. Seine Briefe und

Gedichte liefern viele wertvolle Informationen über die Lebensverhältnisse im Gallien des 5. Jh.s)

Sīrēnēs, um *f Pl.* die Sirenen (geflügelte Frauengestalten auf einer Insel vor der italischen Küste, die vorbeifahrende Schiffe mit ihrem unwiderstehlichen Gesang anlockten, um sie dann zu töten; Odysseus und seine Männer konnten ihnen mit Hilfe eines Tricks widerstehen.)

Sōl, Sōlis *m* Sol (röm. Sonnengott, Vater des Phaëthon; griech. Name: Helios)

Sophoclēs, is *m* Sophokles (griech. Tragödiendichter aus Athen, 497–406 v. Chr.; von seinen angeblich 130 Dramen sind sieben erhalten, unter anderem die „Antigone" und „König Ödipus". Seine Stücke zeugen von einer tief empfunden Religiosität: Die Götter zwingen dem menschlichen Leben ihre Gerechtigkeit auf, sodass der Weise am besten fährt, wenn er in Übereinstimmung mit dem göttlichen Willen handelt. Geschieht dies nicht, entsteht der tragische Konflikt.)

Stōicī, ōrum *m Pl.* die Stoiker (Anhänger der Stoa, einer philosophischen Strömung, die ca. 300 v. Chr. von Zenon aus Kition gegründet wurde; ihr Grundsatz lautet: Jede Erscheinung und jede menschliche Entscheidung beruhen auf Vernunft und die Natur ist das Vernünftige schlechthin.)

(C.) **Suētōnius** (Tranquillus) Sueton (röm. Schriftsteller, um 70–um 140 n. Chr., war unter den Kaisern Trajan und Hadrian Sekretär im kaiserlichen Palast, wo er auch zu den kaiserlichen Archiven Zugang hatte. Dies ermöglichte ihm die Abfassung seines biografischen Hauptwerkes „De vita Caesarum"; dieses umfasst die Biografien Cäsars und der röm. Kaiser bis Domitian.)

(P. Cornēlius) **Tacitus** Tacitus (röm. Geschichtsschreiber, um 54–um 120 n. Chr.; Werke: „Germania", „Historien" (Geschichte der Kaiser von Galba bis Domitian), „Annalen" (Geschichte vom Tod des Augustus bis zur Regierungszeit Neros). Mit Scharfsinn legt Tacitus die Innenwelt seiner Charaktere offen und rückt souverän die bedeutendsten Ereignisse jeder Epoche in den Vordergrund. Er wusste, dass das Kaisertum die bleibende Staatsform sein würde, vertrat jedoch die alte röm. Auffassung, dass der Einzelne entscheidend sei für den Lauf der Geschichte. Aufgabe der Geschichtsschreibung sei es, verdienstvolle Taten aufzuzeichnen, damit die Nachwelt das Laster verachte. Sein Stil ist knapp, prägnant und mitreißend, atmosphärisch dicht, zuweilen voller Ironie und Sarkasmus.)

Tarquinius Superbus Tarquinius Superbus (siebter und letzter König Roms, wurde wegen seiner Grausamkeit 510 v. Chr. gestürzt)

Tartarus Tartarus (die Hölle; der Teil der Unterwelt, in dem Verbrecher und Übeltäter nach dem Tod ihre Strafen verbüßen mussten)

Terentia Terentia (Ehefrau Ciceros)

(P.) **Terentius** (Āfer) Terenz (röm. Komödiendichter, 185-159 v. Chr.; seine Komödien gehen zumeist auf Vorlagen des Menander zurück und spielen im griech. Bereich; zahlreiche Verse aus Terenz-Stücken wurden sprichwörtlich, z. B. „Quot homines tot sententiae", „Fortes fortuna adiuvat", „Homo sum. Humani nil a me alienum puto". Werke u. a.: „Adelphoe", „Eunuchus", „Andria")

(Q. Septimius) **Tertulliānus** (Flōrēns) Tertullian (ältester lat. Kirchenschriftsteller, aus Karthago, ca. 160–220 n. Chr.; vertrat die christliche Lehre rigoros und übte scharfe Kritik an der heidnischen Kultur. Seine Schriften bilden die Grundlage für Form und Terminologie des theologischen Lateins.)

Teutonī, ōrum *m Pl.* die Teutonen (nordgermanischer Volksstamm, fielen um 115 v. Chr. in Gallien und Italien ein; wurden 102 v. Chr. von den Römern unter der Führung des Konsuls Gaius Marius in Südgallien vernichtend geschlagen)

Teutonicus teutonisch, germanisch; Germane

Thalēs, is *m* Thales (griech. Naturforscher, Mathematiker und Philosoph aus Milet, 6. Jh. v. Chr. Im Wasser sah er den Urstoff allen Seins.)

Thēbae, ārum *f Pl.* Theben (Hauptstadt der Landschaft Böotien in Griechenland)

Thēseus, eī Theseus (König in Athen, Vater des Hippolytos aus erster Ehe, in zweiter Ehe verheiratet mit Phädra)

Thisbē, ēs *f* Thisbe (Geliebte des Pyramus)

Tiberis, is *m (Akk.* Tiberim*)* Tiber (Fluss durch Rom)

Tiberius (Iūlius Caesar) Tiberius (42 v. Chr.–37 n. Chr., Stiefsohn des Augustus; eroberte als röm. Feldherr weite Teile Nordgermaniens, die 9 n. Chr. in der Varusschlacht wieder verlorengingen; 14–37 n. Chr. röm. Kaiser)

Tīrō, ōnis *m* Tiro (Sekretär Ciceros)

Tītān, Tītānis *m* Titan (Die Titanen waren ein griech. Göttergeschlecht, die Söhne des Uranos (Himmel) und der Gaia (Erde); sie kämpften mit Zeus um die Herrschaft, wurden von diesem nach zehnjährigem Kampf („Titanomachie") besiegt und in den Tartarus geworfen.)

Titus (Flāvius Sabīnus Vespasiānus) Titus (röm. Kaiser von 79–81 n. Chr., Sohn des Kaisers Vespasian; besiegte die Juden 70 n. Chr., eroberte Jerusalem und wurde dafür mit dem noch heute erhaltenen „Titusbogen" in Rom geehrt. Den Betroffenen des Vesuv-Ausbruches gewährte er großzügig Hilfe. Unter die Bautätigkeit des Titus fallen die Weiterführung und Einweihung des von Vespasian begonnenen Kolosseums und die Titus-Thermen.)

(M. Ulpius) **Trāiānus** Trajan (röm. Kaiser von 98-117 n. Chr., aufgrund seiner außerordentlichen militärischen Verdienste wurde er von Kaiser Nerva adoptiert. Der erhaltene Briefwechsel mit Plinius zeugt von der Menschenfreundlichkeit und Umsicht des Kaisers. Trajan, unter dem das imperium Romanum seine größte Ausdehnung und eine Zeit des Friedens und Wohlstands erlebte, wurde für die Nachwelt zum Idealbild eines guten Kaisers.)

Trēverī, ōrum *m Pl.* die Treverer (gallischer Stamm, der in der Gegend des heutigen Trier siedelte)

tribūnus plēbis Volkstribun (zur Zeit der Ständekämpfe geschaffenes Amt, das nur Plebejern zugänglich war. Das Volkstribunat diente zum Schutz der Plebejer vor der Willkür der Patrizier: Ein Veto eines Volkstribunen setzte jegliche Maßnahme eines Beamten oder des Senats außer Kraft. Zum Schutz seiner Tätigkeit galt er persönlich als unantastbar (sacrosanctus). Er konnte Volksversammlungen einberufen und Abstimmungen durchführen.

Trōia Troja (Stadt im Nordwesten Kleinasiens; wurde im Trojanischen Krieg von den Griechen erobert)

Trōiānī, ōrum *m Pl.* die Trojaner

Tuscī, ōrum *m Pl.* Etrusker (Einwohner von Etrurien, einer Landschaft nördlich von Rom, etwa die heutige Toskana; die etruskische Kultur entwickelte sich im 9. Jh. v. Chr. und breitete sich über ganz Norditalien aus; auch Rom gehörte bis ins 6. Jh. zum Einflussbereich der Etrusker. Im 4./3. Jh. v. Chr. wurden die Etruskerstädte von den Römern unterworfen.)

Ulixēs, is *m* Ulixes (lat. Name des Odysseus; König von Ithaka, konnte im Trojanischen Krieg die Trojaner mit dem hölzernen Pferd überlisten, zog sich damit den Zorn des Neptun zu und musste auf seinem zehn Jahre dauernden Heimweg viele Gefahren überstehen.)

(L.) **Valērius Flaccus** Lucius Valerius Flaccus (zusammen mit Marcus Porcius Cato 184 v. Chr. röm. Zensor)

(P. Quīnctīlius) **Vārus** Varus (Feldherr des röm. Kaisers Augustus; verlor 9 n. Chr. die Schlacht im Teutoburger Wald, nachdem er vom Cheruskerfürsten Arminius in einen Hinterhalt gelockt worden war. Ganze drei Legionen wurden vernichtet, Varus beging Selbstmord. Die röm. Expansion im nördlichen Germanien war damit für immer beendet.)

Velēda Veleda (eine bei den Germanen als Seherin verehrte junge Frau zur Zeit Vespasians; sie wirkte als Vermittlerin bei Spannungen zwischen Rom und den Germanen.)

Venus, Veneris *f* Venus (Göttin der Liebe und der Schönheit, griech. Name: Aphrodite)

Vercingetorīx, īgis *m* Vercingetorix (Anführer des gallischen Stammes der Arverner, der sich 52 v. Chr. gegen Cäsar auflehnte, von diesem aber bei Alesia besiegt wurde; Vercingetorix wurde von Cäsar nach sechsjähriger Gefangenschaft in Rom hingerichtet.)

(P.) **Vergilius** (Marō) Vergil (röm. Dichter zur Zeit des Augustus, 70–19 v. Chr.; Verfasser des röm. Nationalepos „Aeneis", der „Georgica" (Lehrgedicht über den Ackerbau) und der „Bucolica" (Hirtengedichte))

(T. Flāvius) **Vespasiānus** Vespasian (röm. Kaiser von 69–79 n. Chr., erster Kaiser aus dem Haus der Flavier, Vater der Kaiser Titus und Domitian; erfolgreicher Feldherr, bekannt für seinen bescheidenen Lebenswandel und seine sparsame, effiziente Verwaltung. Er ließ u.a. das Kolosseum errichten (unter Titus fertiggestellt), veranlasste den Wiederaufbau des Tempels des Iuppiter Capitolinus und errichtete nach der Eroberung Jerusalems einen Friedenstempel, der geschmückt war mit Kunstwerken aus Neros Palast und Beutestücken aus dem Tempel des Herodes, darunter dem großen goldenen siebenarmigen Leuchter.)

Vesta Vesta (röm. Göttin des Herdfeuers und der staatlichen Gemeinschaft; ihre jungfräulichen Priesterinnen waren die Vestalinnen.)

vīa Appia Via Appia (Straße, die von Rom aus in südlicher Richtung durch ganz Italien bis nach Brundisium führte, Baubeginn 312 v. Chr.)

Vulcānus Vulkan (Gott der Feuerflamme und der Schmiedekunst; griech. Name: Hephaistos)

Vulgāta die Vulgata (von Hieronymus im Auftrag des Papstes Damasus im 4. Jh. n. Chr. geschaffene revidierte Fassung der lat. Bibelübersetzung, die bis zur Publikation der Nova Vulgata (1979) in der kath. Kirche Gültigkeit behielt.)

Zama, ae Zama (Stadt in Numidien (Nordafrika), südlich von Karthago; Schauplatz der Schlacht 202 v. Chr., bei der Hannibal gegen die Römer verlor)

A **ā / ab** *Präp. m. Abl.* von, von ... her **11**
abdūcere, abdūcō, abdūxī wegführen **18**
abesse, absum, āfuī abwesend sein, fehlen **24**
abīre, abeō, abiī weggehen **24**
hōra abit die Zeit verfliegt **43**
ac (~ atque) und, und auch; *im Vergleich:* wie, als **23. 36**
accēdere, accēdō, accessī herbeikommen, hinzukommen **2. 14**
accendere, accendō, accendī, accēnsum anfeuern, anzünden **27**
amōre accēnsus in Liebe entflammt, verliebt **27**
accidere, accidō, accidī geschehen, sich ereignen **32**
accipere, accipiō, accēpī, acceptum aufnehmen, erhalten, erfahren **27**
accūsāre, accūsō anklagen, beschuldigen **15**
ācer, ācris, ācre energisch, heftig, scharf **33**
acerbus, a, um bitter, grausam, rücksichtslos **30**
ad *Präp. m. Akk.* an, bei, nach, zu **3**
valēre ad *m. Akk.* taugen zu **44**
addere, addō, addidī, additum hinzufügen **45**
addūcere, addūcō, addūxī, adductum heranführen, veranlassen **39**
adeō *Adv.* so sehr **44**
adesse, adsum, adfuī da sein; helfen **1. 6. 17**
adhūc *Adv.* bis jetzt, noch **12**
adicere, adiciō, adiēcī hinzufügen **22**
adīre, adeō, adiī *m. Akk.* herantreten (an), bitten **21**
aditus, aditūs *m* Zugang **31**
adiungere, adiungō, adiūnxī hinzufügen, anschließen **17**
sibi adiungere für sich gewinnen **17**
admittere, admittō hinzuziehen, zulassen **7**
adulēscēns, adulēscentis *m* jung; *Subst.* junger Mann **4. 30**
adventus, adventūs *m* Ankunft **32**
adversus *Adv.* entgegen **45**
adversus *Präp. m. Akk.* gegen **45**
adversus, a, um entgegengesetzt, feindlich **20**
rēs adversae *f Pl.* unglückliche Umstände, Unglück **32**
aedēs, aedium *f Pl.* Haus, Gebäude **6. 7**
aedificāre, aedificō bauen **23**
aedificium Gebäude **3**
aedīlis, is *m* Ädil (röm. Polizeibeamter) **35**
aedis, aedis *f (Gen. Pl.* **-ium***)* Tempel; *Pl.* Haus, Gebäude **6. 7. 36**
Aegyptus, Aegyptī *f* Ägypten **17**
(L.) **Aemilius Paullus** Lucius Aemilius Paullus (röm. Feldherr, Schwiegervater Scipios) **15**
Aenēās, Aenēae *m* Äneas (trojanischer Held, Stammvater der Römer) **22**
aes, aeris *n* Erz, Geld **26**
aestimāre, aestimō einschätzen, beurteilen **30**
magnī aestimāre hochschätzen **30**
aetās, aetātis *f* Lebensalter, Zeitalter, Zeit **40**
afferre, afferō, attulī, allātum bringen, herbeibringen, mitbringen; melden **36**
causam afferre als Grund nennen **38**
afficere, afficiō, affēcī, affectum *m. Abl.* versehen mit **44**
dolōribus afficere *m. Akk.* jdm. Schmerzen zufügen **44**
Āfra Afra (weibl. Eigenname) **6**
Āfrica Afrika **15**
ager, agrī *m* Acker, Feld, Gebiet **27**
agere, agō, ēgī, āctum handeln, treiben, verhandeln **8. 14. 25**
grātiās agere danken **9**
quid āctum est? was ist passiert? **37**
vītam agere (sein) Leben führen **32**
aggredī, aggredior, aggressus sum angreifen, herangehen **45**
agitāre, agitō betreiben, überlegen **28**
timōre agitārī von Furcht gequält werden **28**
agmen, agminis n (Heeres-)Zug **8**
āiō *(3. Pers. Sg.* **āit***, 3. Pers. Pl.* **āiunt***)* behaupte(te) ich, sag(t)e ich **45**
alere, alō, aluī ernähren, großziehen **11**
Alexandrīa Alexandria (bedeutende antike Hafenstadt in Ägypten) **34**
alibī *Adv.* anderswo **41**
aliēnus, a, um fremd **45**
aliquis, aliquid *(Gen.* **alicuius** *usw.)* (irgend)jemand **35**
aliter *Adv.* anders, sonst **23**
alius, a, ud ein anderer **14**
quid aliud? was sonst? **43**
alius ... alius der eine ... der andere **14**
Alpēs, Alpium *f Pl.* die Alpen **14**
altus, a, um hoch, tief **14**
amāre, amō lieben, gernhaben **4**
ambō, ambae, ambō beide (zusammen) **19**
amīca Freundin **3**
amīcitia Freundschaft **39**
amīcus Freund **2**
āmittere, amittō, āmīsī aufgeben, verlieren **14**
amor, amōris *m* Liebe **25**
amōre accēnsus in Liebe entflammt, verliebt **27**
amōre captus von Liebe ergriffen, verliebt **25**
amplus, a, um weit, groß, bedeutend **24**
an *(in der Frage)* oder **10**
Anchīsēs, Anchīsae *m* Anchises (Vater des Äneas) **22**
Ancus Ancus (männl. Eigenname) **6**
angustus, a, um eng, schwierig **19**
animadvertere, animadvertō, animadvertī bemerken, wahrnehmen **16**
animal, animālis *n (Abl. Sg.* **-ī***; Nom. / Akk. Pl.* **-ia***; Gen. Pl.* **-ium***)* Lebewesen, Tier **45**
animus Geist, Mut, Gesinnung, Herz **19**
animō dēficere den Mut sinken lassen **20**
bona animī innere Werte **37**
bonō animō esse guten Mutes sein, zuversichtlich sein **42**
annus Jahr **25**
multōs annōs viele Jahre (lang) *(wie lange?)* **35**
ante *Adv.* vorher **19**
paulō ante kurz vorher **19**
ante *Präp. m. Akk.* vor **3**
anteā *Adv.* vorher, früher **23**
Antigona Antigone (Tochter des Ödipus) **31**
Antiochīa Antiochia (antike Hafenstadt in Syrien) **34**

celeritās, celeritātis *f* Schnelligkeit 20
cella Kammer, Keller, Tempel(raum) 42
cēna Essen, Mahlzeit 6
cēnāre, cēnō essen 35
cēnsēre, cēnseō, cēnsuī, cēnsum *(m. Akk.)* meinen, einschätzen, seine Stimme abgeben (für) 14. 25
cēnsor, cēnsōris Zensor (röm. Beamter) 14
centum *indekl.* hundert 39
cernere, cernō sehen, bemerken 36
certē *Adv.* gewiss, sicherlich 4
cēterī, ae, a die Übrigen 20
Chrīstiānus, a, um christlich; *Subst.* Christ 45
cibus Nahrung, Speise 9
(M. Tullius) **Cicerō, Cicerōnis** *m* Marcus Tullius Cicero (Konsul 63 v. Chr.) 16
cingere, cingō, cīnxī umgeben, umzingeln 21
Cingetorīx, īgis *m* Cingetorix (ein Anführer des Stammes der Treverer) 39
circiter *Adv.* ungefähr 7
circum *Präp. m. Akk.* um ... herum, rings um 5
circumvenīre, circumveniō, cirumvēnī, circumventum umringen, umzingeln 9. 36
circus Zirkus, Rennbahn 2
cīvis, cīvis *m (Gen. Pl.* **-ium***)* Bürger 25
cīvitās, cīvitātis *f* Bürgerrecht; Gemeinde, Staat 23
clāmāre, clāmō laut rufen, schreien 1
clāmor, clāmōris *m* Geschrei, Lärm 3
clāmōrem tollere ein Geschrei erheben 3
clārus, a, um berühmt, hell, klar 15
classis, classis *f (Gen. Pl.* **-ium***)* Flotte; Abteilung 21
claudere, claudō, clausī abschließen, einschließen 16
Cleopatra Kleopatra (letzte Königin Ägyptens) 17
cōgere, cōgō, coēgī, coāctum (ver)sammeln, zwingen 32
cōgitāre, cōgitō denken, beabsichtigen; dē *m. Abl.* denken an 4
cognōscere, cognōscō, cognōvī, cognitum erkennen, kennenlernen 13. 30
colere, colō, coluī, cultum bewirtschaften, pflegen; verehren 5. 11. 25
colligere, colligō, collēgī, collēctum sammeln 31
Colōnia Augusta Treverōrum Trier 40
comes, comitis *m/f* Gefährte, Begleiter(in) 10
committere, committō, commīsī, commissum anvertrauen, veranstalten, zustande bringen 18. 31
proelium committere eine Schlacht schlagen 31
scelus committere ein Verbrechen begehen 18
commovēre, commoveō, commōvī, commōtum bewegen, veranlassen 24. 25
commūnis, e gemeinsam, allgemein 33
comparāre, comparō vergleichen 44
comperīre, comperiō, comperī, compertum (genau) erfahren 45
complēre, compleō, complēvī anfüllen, erfüllen 4. 11
complūrēs, complūra *(Gen.* **complūrium***)* mehrere 25
compōnere, compōnō, composuī, compositum vergleichen; abfassen, ordnen, schlichten 7. 11. 44
comprehendere, comprehendō, comprehendī, comprehēnsum begreifen, ergreifen, festnehmen 43
concēdere, concēdō, concessī erlauben, nachgeben, zugestehen 19
condere, condō, condidī, conditum erbauen, gründen; verwahren, verbergen, bestatten 31. 33
condiciō, condiciōnis *f* Bedingung, Lage, Verabredung 36
condūcere, condūcō, condūxī zusammenführen; anwerben, mieten 24
cōnferre, cōnferō, cōntulī, collātum vergleichen, zusammentragen 36
cōnficere, cōnficiō, cōnfēcī, cōnfectum beenden, fertigmachen 26
cōnfīdere, cōnfīdō vertrauen 12
cōnfirmāre, cōnfirmō bekräftigen, ermutigen, stärken 23
conicere, coniciō, coniēcī (zusammen)werfen, folgern, vermuten 17
coniūnx, coniugis *m/f* Gatte, Gattin 28
cōnscius, a, um *(m. Gen.)* bewusst, eingeweiht (in); *Subst.* Teilnehmer, Zeuge 45
cōnscrībere, cōnscrībō, cōnscrīpsī, cōnscrīptum aufschreiben, verfassen 39
mīlitēs cōnscrībere Soldaten anwerben 39
patrēs cōnscrīptī *m Pl.* Senatoren 30
cōnsīdere, cōnsīdō, cōnsēdī sich setzen, sich niederlassen 9. 39
cōnsilium Beratung, Beschluss, Plan, Rat 7
cōnsistere, cōnsistō, cōnstitī haltmachen, sich aufstellen 5. 21
cōnspicere, cōnspiciō, cōnspexī, cōnspectum erblicken 33
cōnstāre, cōnstō, cōnstitī feststehen; kosten 34
cōnstāre ex m. *Abl.* bestehen aus 44
cōnstat es ist bekannt, es steht fest 12
inter eōs cōnstat es steht für sie fest 45
magnō cōnstāre viel kosten, teuer sein 34
cōnstituere, cōnstituō, cōnstituī, cōnstitūtum festsetzen, beschließen 31
cōnsuēscere, cōnsuēscō, cōnsuēvī, cōnsuētum sich gewöhnen (an); *Perf.* gewohnt sein 38
cōnsuētūdō, cōnsuētūdinis *f* Gewohnheit 41
cōnsuētūdō vītae gewohnte Lebensweise 41
cōnsul, cōnsulis *m* Konsul 5
cōnsulere, cōnsulō, cōnsuluī, cōnsultum *(*dē *m. Abl.)* befragen; beraten (über); in *m. Akk.* Maßnahmen ergreifen gegen; *m. Dat.* sorgen für 14. 28. 34
cōnsūmere, cōnsūmō, cōnsūmpsī, cōnsūmptum verbrauchen, verwenden 28
tempus cōnsūmere die Zeit aufbrauchen / verschwenden 43
contendere, contendō, contendī eilen; sich anstrengen, behaupten, kämpfen 3. 16. 19. 39
contentus, a, um *(m. Abl.)* zufrieden (mit) 17
continēre, contineō, continuī festhalten 18
contingere, contingō, contigī, contāctum berühren; gelingen 28
contrā *Präp. m. Akk.* gegen 42
convenīre, conveniō, convēnī besuchen, zusammenkommen, zusammenpassen 9. 14
convertere, convertō verändern, (um)wenden; *(*in *m. Akk.)* richten (auf) 7
convīvium Gastmahl, Gelage 7

convocāre, convocō versammeln **16**
cōpia Menge, Vorrat, Möglichkeit **7**
cōpiae, cōpiārum *f Pl.* Truppen **17**
corpus, corporis *n* Körper, Leichnam **17**
corripere, corripiō, corripuī ergreifen, gewaltsam an sich reißen **10. 11**
corrumpere, corrumpō, corrūpī, corruptum bestechen, verderben **30**
crēdere, crēdō, crēdidī anvertrauen, glauben **11. 22**
in deum crēdere an Gott glauben **45**
Creōn, Creontis *m* Kreon (Schwager des Ödipus) **31**
Creonte auctōre auf Veranlassung Kreons **31**
crēscere, crēscō, crēvī wachsen **19**
Crēta Kreta (größte griech. Insel) **32**
Creūsa Krëusa (Gattin des Äneas) **33**
crīmen, crīminis *n* Beschuldigung, Vorwurf, Verbrechen **15**
crūdēlis, e grausam **22**
cultus, cultūs *m* Bildung, Lebensweise; Pflege, Verehrung **42**
cum *Präp. m. Abl.* mit, zusammen mit **4**
cum *Subj. m. Ind.* (immer) wenn, als (plötzlich), (zu der Zeit) als **17**
cum *Subj. m. Konj.* als, nachdem; weil; obwohl; während (dagegen) **39**
cūnctī, ae, a alle (zusammen) **14**
cupere, cupiō, cupīvī verlangen, wünschen, wollen **10. 11**
cupiditās, cupiditātis *f (m. Gen.)* (heftiges) Verlangen (nach), Leidenschaft **43**
cupidus, a, um *(m. Gen.)* (be)gierig (nach) **43**
cūr? warum? **3**
cūra Sorge, Pflege **23**
cūrae esse *m. Dat.* jdm. Sorge bereiten, jdm. wichtig sein **34**
mihi magnae cūrae est es ist mir sehr wichtig **37**
cūrāre, cūrō *(m. Akk.)* pflegen, sorgen für, besorgen **15**
cūria Kurie, Rathaus **1**
currere, currō, cucurrī eilen, laufen **2. 16**
cūstōs, cūstodis *m/f* Wächter(in) **31**

D

damnāre, damnō verurteilen **30**
Dānubius die Donau **41**
dare, dō, dedī, datum geben **2. 16. 25**
sortem dare einen Orakelspruch geben **23**
Dāvus Davus (männl. Eigenname) **6**
dē *Präp. m. Abl.* von, von ... her, von ... herab; über **4**
dea Göttin **8**
dēbēre, dēbeō, dēbuī, dēbitum müssen, sollen; schulden **5. 25**
nōn dēbēre nicht dürfen **19**
decem *indekl.* zehn **45**
dēcernere, dēcernō, dēcrēvī beschließen, entscheiden, zuerkennen **15**
Decimus Decimus (männl. Eigenname) **8**
dēdere, dēdō, dēdidī, dēditum ausliefern, übergeben **32**
dēdūcere, dēdūcō, dēdūxī, dēductum hinführen, wegführen **41**
dēesse, dēsum, dēfuī abwesend sein, fehlen **32**
dēfendere, dēfendō, dēfendī verteidigen, abwehren, schützen **5. 16**
dēficere, dēficiō, dēfēcī abnehmen, ermatten; verlassen, ausgehen **19**
animō dēficere den Mut sinken lassen **19**
dēficere ā *m. Abl.* abfallen von **39**
deī Capitōlīnī *m Pl.* die kapitolinischen Götter (Jupiter, Juno, Minerva) **10**
deinde *Adv.* dann, darauf **10**
dēlectāre, dēlectō erfreuen, unterhalten **3**
dēligere, dēligō, dēlēgī, dēlēctum (aus)wählen **25**
Delphī, Delphōrum *m Pl.* Delphi (berühmte Orakelstätte des Apollo in Griechenland) **23**
Delphōs nach Delphi **23**
dēmittere, dēmittō, dēmīsī, dēmissum hinabschicken, sinken lassen **29**
dēmōnstrāre, dēmōnstrō beweisen, darlegen **39**
dēmum *Adv.* endlich **27**
dēnique *Adv.* schließlich, zuletzt **2**
dēpōnere, dēpōnō, dēposuī ablegen, niederlegen, aufgeben **4. 11**
dēscendere, dēscendō, dēscendī, dēscēnsum herabsteigen **36**
dēserere, dēserō, dēseruī, dēsertum im Stich lassen, verlassen **21. 28**
dēsīderāre, dēsīderō *m. Akk.* sich sehnen nach, vermissen **20**
dēsinere, dēsinō, dēsiī aufhören **22**
dēspērāre, dēspērō *(dē m. Abl.)* die Hoffnung aufgeben (auf), verzweifeln (an) **15**
deus Gott, Gottheit **5**
in deum crēdere an Gott glauben **45**
dextera die rechte Hand, die Rechte **19**
Diāna Diana (Göttin der Jagd und der Natur; griech. Artemis) **36**
dīcere, dīcō, dīxī, dictum sagen, sprechen **7. 14. 27**
salūtem dīcere *m. Dat.* jdn. grüßen **24**
Didō, Didōnis *f* Dido (Königin von Karthago) **22**
diēs, diēī *m* Tag **32**
differre, differō, distulī, dīlātum *(ā m. Abl.)* sich unterscheiden (von) **41**
difficilis, e schwierig **31**
dīgnitās, dīgnitātis *f* Würde, Ansehen; (gesellschaftliche) Stellung **26**
dīgnus, a, um *(m. Abl.)* wert, würdig (e-r Sache) **45**
dīligēns, dīligentis gewissenhaft, sorgfältig **37**
dīligere, dīligō, dīlēxī, dīlēctum hochachten, lieben **45**
dīmittere, dīmittō, dīmīsī aufgeben, entlassen **15**
Diodōrus Diodor (männl. Eigenname) **9**
discēdere, discēdō, discessī auseinandergehen, weggehen **16**
discere, discō, didicī lernen, erfahren **38**
disciplīna Disziplin, Lehre **30**
diū *Adv.* lange Zeit **2**
dīversus, a, um entgegengesetzt, feindlich, verschieden **34**
dīves, dīvitis reich **37**
dīvīnus, a, um göttlich **43**
dīvus, a, um göttlich **43**
docēre, doceō, docuī, doctum lehren, unterrichten **30**
dolēre, doleō *(m. Abl.)* schmerzen; bedauern, Schmerz empfinden (über etw.) **5**
dolor, dolōris *m* Schmerz **27**

dolōribus afficere *m. Akk.* jdm. Schmerzen zufügen **44**
dolus List, Täuschung **22**
domina Herrin **6**
dominus Herr **9**
domum *Adv.* nach Hause **8**
domus, domūs *f* Haus **29**
dōnāre, dōnō schenken, beschenken **22**
dōnum Geschenk **4**
druidēs, druidum *m Pl.* Druiden (Priester der Kelten) **38**
dubitāre, dubitō zögern, zweifeln **5. 32**
nōn dubitō, quīn ich zweifle nicht, dass **41**
dūcere, dūcō, dūxī, ductum führen, ziehen **8. 14. 26**
dulcis, e angenehm, süß **33**
dum *Subj.* während, solange, (so lange) bis **17**
duo, duae, duo zwei **16**
dūrus, a, um hart **42**
dux, ducis *m* Anführer **26**
Polynīce duce unter Führung des Polyneikes **31**

E

ē / ex *Präp. m. Abl.* aus, von ... her **5**
ea, quae *n Pl.* das, was **16**
ecce schau / schaut, sieh da / seht da! **2**
Ēchō Echo (eine Waldnymphe) **27**
ēdere, ēdō, ēdidī, ēditum herausgeben, bekanntmachen **44**
ēdūcere, ēdūcō, ēdūxī, ēductum herausführen **33**
efferre, efferō, extulī, ēlātum herausheben, hervorbringen **40**
efficere, efficiō, effēcī, effectum bewirken, herstellen **39**
effugere, effugiō, effūgī *(m. Akk.)* entfliehen, entkommen **33**
ego *(betont)* ich **11**
ēgredī, ēgredior, ēgressus sum herausgehen, verlassen **45**
ēgregius, a, um ausgezeichnet, hervorragend **35**
ēicere, ēiciō, ēiēcī, ēiectum hinauswerfen, vertreiben **21**
ēiusmodī *indekl.* derartig, so beschaffen **36**
emere, emō, ēmī, ēmptum kaufen **6. 34**
magnō pretiō emere (für einen hohen Preis) teuer kaufen **34**
enim *Adv. (nachgestellt)* nämlich, in der Tat **11**
eō *Adv.* dorthin **10**
Ephesiī, Ephesiōrum *m Pl.* die Ephesier (Einwohner von Ephesos) **36**
Ephesius, a, um aus Ephesos **36**
Ephesus *f* Ephesos (bedeutende antike Hafenstadt in Kleinasien) **34**
epistula Brief **28**
eques, equitis *m* Reiter, Ritter **26**
equidem (ich) allerdings, freilich **14**
equus Pferd **2**
ergō *Adv.* also **43**
ēripere, ēripiō, ēripuī entreißen **18**
errāre, errō (sich) irren **15**
error, errōris *m* Irrtum, Fehler **43**
Ēsquilīnus (mōns) Esquilin (einer der sieben Hügel Roms) **8**
esse, sum, fuī sein, sich befinden **1. 11**
et und, auch **1**
et ... et sowohl ... als auch **13**
etiam auch, sogar; *m. Komparativ:* noch **2. 34**
etsī *Subj.* auch wenn, obwohl **17**
ēvenīre, ēveniō, ēvēnī, ēventum sich ereignen **33**
ex / ē *Präp. m. Abl.* aus, von ... her **5**
ex illō tempore seit jener Zeit **42**
excēdere, excēdō, excessī, excessum hinausgehen, weggehen **18. 42**
excitāre, excitō wecken, erregen, ermuntern **16**
exemplum Beispiel, Vorbild **15**
exercēre, exerceō, exercuī üben, trainieren; quälen **30**
exercitus, exercitūs *m* Heer **31**
exigere, exigō, exēgī, exāctum (ein)fordern, vollenden **45**
exīre, exeō, exiī herausgehen **23**
exīstimāre, exīstimō (ein)schätzen, meinen **19**
exitus, exitūs *m* Ausgang, Ende **42**
expellere, expellō, expulī vertreiben, verbannen **13. 16**
exspectāre, exspectō warten, erwarten **2**
exstinguere, exstinguō, exstīnxī, exstīnctum auslöschen, vernichten **30**
extrā *Präp. m. Akk.* außerhalb (von) **33**

F

fābula Geschichte, Erzählung, Theaterstück **24**
facere, faciō, fēcī, factum machen, tun, handeln; *m. dopp. Akk.* jdn. zu etwas machen **10. 14. 26. 33**
bene facere, quod gut daran tun, dass **45**
facere fīnem *m. Gen.* beenden, aufhören (mit) **23**
sūmptūs facere Ausgaben tätigen **35**
verba facere dē *m. Abl.* Gespräche führen, reden über **17**
facile *Adv.* leicht (zu tun) **39**
facilis, e leicht (zu tun) **21**
facinus, facinoris *n* Handlung, Untat **31**
factum Handlung, Tat, Tatsache **44**
fallere, fallō, fefellī täuschen, betrügen **21**
falsus, a, um falsch 15
familia Familie, Hausgemeinschaft **15**
familiāris, e freundschaftlich, vertraut; *Subst.* Freund **33**
fātum Schicksal, Götterspruch **22**
fēlīx, fēlīcis erfolgreich, glückbringend, glücklich **26**
fēmina Frau **25**
ferē *Adv.* beinahe, fast; ungefähr **26**
ferre, ferō, tulī, lātum bringen, tragen; ertragen **36**
ferrum Eisen, Waffe **24**
ferus, a, um wild **18**
fidēs, fideī *f* Glaube, Treue, Vertrauen, Zuverlässigkeit **32**
fidem praestāre die Treue halten **32**
fīdūcia Vertrauen **12**
fierī, fīō, factus sum gemacht werden; geschehen, werden **45**
fīlia Tochter **7**
fīlius Sohn **7**
fingere, fingō, fīnxī, fictum gestalten, sich (etw.) ausdenken **45**
fīnis, is *m (Gen. Pl.* **-ium***)* Grenze, Ende; Ziel, Zweck; *Pl.* Gebiet **20**

facere fīnem *m. Gen.* beenden, aufhören (mit) 23
flāgitium Gemeinheit, Schandtat 31
flamma Feuer, Flamme 32
flectere, flectō, flexī biegen, (hin)lenken, umstimmen 22
flēre, fleō, flēvī beklagen, (be)weinen 11
flūctus, flūctūs *m* Flut, Strömung 29
flūmen, flūminis *n* Fluss 40
forās *Adv.* heraus, hinaus *(wohin?)* 36
fōrma Form, Gestalt, Schönheit 45
forte *Adv.* zufällig 44
fortis, e tapfer, kräftig 21
fortūna Glück, Schicksal 21
Fortūna Fortuna (Schicksalsgöttin) 21
forum Marktplatz, Forum, Öffentlichkeit 1
frangere, frangō, frēgī, frāctum zerbrechen 29
frāter, frātris *m* Bruder 11
frequēns, frequentis häufig, zahlreich 38
frūctus, frūctūs *m* Ertrag, Frucht, Nutzen 40
frūmentum Getreide 40
frūstrā *Adv.* vergeblich 11
fuga Flucht 22
fugere, fugiō, fūgī *m. Akk.* fliehen (vor), meiden 21
fūnus, fūneris *n* Begräbnis, Untergang 30
fūr, fūris *m* Dieb 4
furor, furōris *m* Wahnsinn, Wut 32
futūrus, a, um zukünftig, kommend 42
rēs futūrae *f Pl.* Zukunft 42

G

Gāius Gajus (männl. Eigenname) 2
Gallī, Gallōrum *m Pl.* die Gallier 26
Gallia Gallien 17
gaudēre, gaudeō sich freuen; *m. Abl.* sich über etw. freuen 1. 5
gaudium Freude 8
gemitus, gemitūs *m* Seufzen, Stöhnen; Traurigkeit 29
gēns, gentis *f (Gen. Pl.* **-ium***)* Familienverband, Stamm, Volk 8
gēns Aquīlia die (adlige) Familie der Aquilier 8
genus, generis *n* Abstammung, Art, Geschlecht 35
gerere, gerō, gessī, gestum ausführen, führen, tragen 7. 40
rem bene gerere etw. gut durchführen, Erfolg haben 42
rēs gestae *f Pl.* Taten 40
sē gerere sich verhalten 22
Germānī, Germānōrum *m Pl.* die Germanen 41
Germānia Germanien 41
gladius Schwert 12
glōria Ehre, Ruhm 23
Graecia Griechenland 9
Graecus, a, um griechisch; *Subst.* Grieche 30
grātia Ansehen, Beliebtheit, Dank, Gefälligkeit 9
grātiās agere danken 9
grātus, a, um dankbar, willkommen, beliebt 21
gravis, e schwer 22

H

habēre, habeō, habuī, habitum haben, halten 9. 25
rēs ita sē habet die Sache verhält sich so 44
habitāre, habitō bewohnen, wohnen 41
(Pūblius Aelius) **Hadriānus** Hadrian (röm. Kaiser 117–138 n. Chr.) 34
Hannibal, Hannibalis *m* Hannibal (Feldherr der Punier) 14
haud nicht 42
hercule(s)! beim Herkules! 37
Herculēs, Herculis *m* Herkules (griech. National-held, Sohn Jupiters) 37
hīc hier 1
hic, haec, hoc dieser, diese, dieses (hier); folgender 26
hiems, hiemis *f* Winter, Unwetter 41
hinc *Adv.* von hier, hierauf 27
Hippolytus Hippolytos (Sohn des Theseus) 32
hodiē *Adv.* heute 2
homō, hominis *m* Mensch 10
honestus, a, um angesehen, ehrenhaft 31
honor / honōs, honōris *m* Ehre, Ehrenamt 31
honōrī esse *m. Dat.* jdm. Ehre verschaffen / zu Ehre verhelfen 34
hōra Stunde, Zeit 43
hōra abit die Zeit verfliegt 43
Horātius Coclēs, Coclitis *m* Horatius Cocles (Held der röm. Frühzeit) 12
hortārī, hortor, hortātus sum auffordern, ermahnen 45
hospes, hospitis *m* Fremder, Gast, Gastgeber 9
hostis, hostis *m (Gen. Pl.* **-ium***)* Feind (Landesfeind) 11
hostēs petere Feinde angreifen 11
hūc *Adv.* hierher 27
hūmānus, a, um gebildet, menschlich 41

I

iacēre, iaceō, iacuī liegen 28
iam *Adv.* schon, nun 3
ibī dort 1
īdem, eadem, idem derselbe, der gleiche 29
idōneus, a, um geeignet, passend 37
igitur *Adv.* also, folglich 40
īgnārus, a, um *(m. Gen.)* ohne Kenntnis, unwissend 44
īgnis, īgnis *m (Gen. Pl.* **-ium***)* Feuer 33
īgnōrāre, īgnōrō nicht kennen, nicht wissen 13
nōn īgnōrāre genau wissen, gut kennen 13
īgnōtus, a, um unbekannt 24
ille, illa, illud jener, jene, jenes 26
ex illō tempore seit jener Zeit 42
illud philosophōrum jenes bekannte Wort der Philosophen 36
illīc *Adv.* dort 22
illūc *Adv.* dahin, dorthin 6
imāgō, imāginis *f* Abbild, Bild 45
immō (vērō) *Adv.* ja sogar, vielmehr; im Gegenteil 19
immortālis, e unsterblich 41
imperāre, imperō *(m. Dat.)* befehlen, herrschen (über) 16
imperātor, imperātōris *m* Befehlshaber, Feldherr, Kaiser 10
imperium Befehl, Befehlsgewalt, Herrschaft, Herrschaftsgebiet 17
impetrāre, impetrō erreichen, durchsetzen 31
impetus, impetūs *m* Angriff, Schwung 40
impius, a, um gottlos, gewissenlos 36

impōnere, impōnō, imposuī, impositum auferlegen, (hin)einsetzen **37**
imprīmīs *Adv.* besonders, vor allem **15**
improbus, a, um schlecht, unanständig **18**
in *Präp. m. Abl.* in, an, auf, bei *(wo?)* **4**
in ōre omnium esse in aller Munde sein **37**
in *Präp. m. Akk.* in (... hinein), nach (... hin), gegen *(wohin?)* **3**
in deum crēdere an Gott glauben **45**
in lūcem prōferre ans Licht bringen, verraten **45**
incēdere, incēdō, incessī, incessum *(m. Akk.)* heranrücken, eintreten; (jdn.) befallen **26**
incendere, incendō, incendī, incēnsum entflammen, in Brand stecken **32**
īrā incēnsus zornentbrannt **41**
odiō incēnsus voller Hass **44**
incipere, incipiō, incēpī (coepī), inceptum anfangen, beginnen **30**
incolumis, e unverletzt, wohlbehalten **42**
incrēdibilis, e unglaublich **24**
inde *Adv.* von dort; darauf; deshalb **35**
indicāre, indicō anzeigen, melden **18**
indīgnus, a, um *(m. Abl.)* unwürdig (e-r Sache) **43**
indūcere, indūcō, indūxī (hin)einführen, verleiten **9. 18**
Indutiomārus Indutiomarus (ein Anführer des Stammes der Treverer) **39**
īnferī, īnferōrum *m Pl.* Bewohner der Unterwelt, Unterwelt **45**
īnfēstus, a, um feindlich, feindselig **18**
ingenium Begabung, Talent **35**
ingēns, ingentis gewaltig, ungeheuer **17**
inimīcus, a, um feindlich; *Subst.* Feind **17**
inīquus, a, um ungerecht, ungleich **44**
inīre, ineō, iniī hineingehen; beginnen **21**
iniūria Unrecht, Beleidigung, Gewalttat **5**
inopia Mangel, Not **30**
inquit *(in die wörtl. Rede eingeschoben)* sagt(e) er **13**
īnsidiae, īnsidiārum *f Pl.* Falle, Attentat, Hinterlist **16**
īnsidiās parāre eine Falle stellen **16**
īnstāre, īnstō, īnstitī bevorstehen, hart zusetzen **21**
īnstituere, īnstituō, īnstituī beginnen, einrichten, unterrichten **10. 16**
īnstruere, īnstruō, īnstruxī, īnstrūctum aufstellen, ausrüsten; unterrichten **25**
intellegere, intellegō, intellēxī (be)merken, verstehen **23**
inter *Präp. m. Akk.* unter, während; zwischen **27**
inter eōs cōnstat es steht für sie fest **45**
intereā *Adv.* inzwischen, unterdessen **41**
interesse, intersum *m. Dat.* dazwischen sein, teilnehmen an **9**
interest *(m. Gen.)* es ist wichtig (für jdn.) **30**
interficere, interficiō, interfēcī, interfectum töten, vernichten **25**
interim *Adv.* inzwischen **43**
interrogāre, interrogō fragen **18**
intrā *Präp. m. Akk.* innerhalb (von) **29**
intrāre, intrō betreten, eintreten **3**
intus *Adv.* im Inneren, innen **20**
invenīre, inveniō, invēnī, inventum finden, erfinden **24. 44**
invidia Neid **44**
invītus, a, um ungern, gegen den Willen **31**
Creonte invītō gegen den Willen Kreons **31**
ipse, ipsa, ipsum *(Gen.* **ipsīus**, *Dat.* **ipsī***)* (er, sie, es) selbst **28**
īra Zorn **11**
īrā incēnsus zornentbrannt **41**
per īram im Zorn **11**
īre, eō, iī, itum gehen **21. 42**
is, ea, id dieser, diese, dieses; er, sie, es **16**
Īsis, Īsidis *f* Isis (Hauptgöttin Ägyptens; Göttin der Fruchtbarkeit) **45**
Ismēna Ismene (Tochter des Ödipus) **31**
iste, ista, istud *(Gen.* **istīus**, *Dat.* **istī***)* dieser (da) **41**
ita *Adv.* so **13**
rēs ita sē habet die Sache verhält sich so **44**
Italia Italien **14**
Italicus, a, um aus Italien stammend (italisch, vom Stamm der Italer) **34**
itaque *Adv.* deshalb **3**
iter, itineris *n* Reise, Weg, Marsch **9**
iterum *Adv.* wiederum **19**
iterum atque iterum immer wieder **19**
iubēre, iubeō, iussī *(m. Akk.)* anordnen, befehlen **6. 22**
iūcundus, a, um angenehm, erfreulich **22**
Iūdaeus, a, um jüdisch; *Subst.* Jude **45**
iūdex, iūdicis *m* Richter **45**
iūdicāre, iūdicō beurteilen, urteilen **45**
iūdicium Gericht, Urteil **38**
Iūnō, Iūnōnis *f* Juno (Gemahlin Jupiters) **8**
Iuppiter, Iovis *m* Jupiter (höchster Gott der Römer) **8**
iūs, iūris *n* Recht **45**
iūstus, a, um gerecht **45**
iuvenis, iuvenis *m* junger Mann; *Adj.* jung **27**
iuventūs, iuventūtis *f* Jugend **38**

L

labor, labōris m Anstrengung, Arbeit **14**
labōrēs subīre Arbeiten verrichten **32**
labōrāre, labōrō arbeiten; *m. Abl.* leiden (an) **6. 40**
lacrima Träne **11**
laedere, laedō, laesī beschädigen, verletzen, beleidigen **18**
laetitia Freude **40**
laetus, a, um froh; fruchtbar **36**
Larēs, Larum *m Pl.* die Laren (Gottheiten, die Haus und Familie beschützten) **8**
latēre, lateō, latuī verborgen sein **45**
Latīnus, a, um lateinisch; latinisch (d. h. aus der italischen Landschaft Latium) **34**
laudāre, laudō loben **4**
laus, laudis *f* Lob, Ruhm **37**
laudī esse lobenswert sein **37**
lavāre, lavō, lāvī, lautum waschen, reinigen **34**
manus manum lavat eine Hand wäscht die andere **34**
lectus Bett, Liegesofa **28**
lēgātiō, lēgātiōnis *f* Gesandtschaft **23**
lēgātus Gesandter, Bevollmächtigter **23**
legere, legō, lēgī, lēctum lesen, auswählen **10. 25**
legiō, legiōnis *f* Legion (ca. 5 000–6 000 Mann) **14**
levis, e leicht, leichtsinnig **32**

lēx, lēgis *f* Gesetz, Bedingung **31**
libellus kleines Buch, Heft **43**
libēns, libentis gern **22**
līber, lībera, līberum frei **24**
liber, librī Buch **10**
līberāre, līberō befreien, freilassen **13**
līberī, līberōrum *m Pl.* Kinder **6**
lībertās, lībertātis *f* Freiheit **39**
lībertīnus Freigelassener **37**
lībertus Freigelassener **8**
libet, libuit es gefällt **32**
licentia Freiheit, Willkür **39**
licet es ist erlaubt, es ist möglich **5**
līctor, līctōris Liktor (Begleiter höherer Beamter und einiger Priester) **5**
lingua Sprache, Rede **34**
littera Buchstabe; *Pl.* Brief; Literatur, Wissenschaft **38**
  litterīs mandāre schriftlich festhalten, aufschreiben **38**
lītus, lītoris *n* Küste, Strand **22**
locus Ort, Platz, Stelle **22**
longus, a, um lang, weit **26**
loquī, loquor, locūtus sum reden, sprechen **45**
Lūcius Lucius (männl. Eigenname) **4**
lūctus, lūctūs *m* Trauer **29**
Lūcullus Lukull (röm. Feldherr und Politiker) **35**
lūdus Spiel, Wettkampf; Schule **2**
lūmen, lūminis *n* Licht, Auge **45**
lūna Mond **41**
Lūna Luna (Mondgöttin) **41**
lūx, lūcis *f* Licht, Tageslicht **16**
  in lūcem prōferre ans Licht bringen, verraten **45**
  prīmā lūce bei Tagesanbruch **16**

M

magis *Adv.* mehr, eher **27**
magistrātus, magistrātūs *m* Amt; Beamter **29**
magnitūdō, magnitūdinis *f* Größe **36**
magnus, a, um groß, bedeutend **13**
  magnā vōce mit lauter Stimme **13**
  magnī aestimāre hochschätzen **30**
  magnō cōnstāre viel kosten, teuer sein **34**
  magnō pretiō emere / vendere (für einen hohen Preis) teuer kaufen / verkaufen **34**
māior, māiōris größer **34**
  quod māius est was noch wichtiger ist **45**
māiōrēs, māiōrum *m* Vorfahren **9**
male *Adv.* schlecht, schlimm **30**
malum Leid, Übel, Unglück **32**
malus, a, um schlecht, schlimm **13**
mandāre, mandō einen Auftrag geben, übergeben **25**
  litterīs mandāre schriftlich festhalten, aufschreiben **38**
manēre, maneō, mānsī, mānsūrum *(m. Akk.)* bleiben, warten (auf) **14. 42**
manifestus, a, um offenkundig; überführt **18**
manus, manūs *f* Hand; Schar (von Bewaffneten) **29. 38**
  manus manum lavat eine Hand wäscht die andere **34**
mare, maris *n (Gen. Pl.* **-ium***)* Meer **20**
marītus Ehemann **11**
Mārs, Mārtis *m* Mars (Gott des Krieges) **23**
māter, mātris *f* Mutter **6**
maximē *Adv.* am meisten, besonders **34**
maximus, a, um der größte, sehr groß **34**
mē *Akk.* mich **14**
mēcum (~ cum mē) mit mir **12**
melior, meliōris besser **34**
Melissa Melissa (weibl. Eigenname) **6**
membrum Glied, Körperteil **27**
memor, memoris *m. Gen.* in Erinnerung an **29**
memorāre, memorō erwähnen, sagen **42**
memoria Erinnerung, Gedächtnis; Zeit **36**
  memoriā tenēre im Gedächtnis behalten **36**
  memoriae studēre das Gedächtnis üben **38**
mēns, mentis *f (Gen. Pl.* **-ium***)* Geist, Sinn, Verstand; Meinung **31**
mēnsa Tisch **6**
mercātor, mercātōris *m* Kaufmann, Händler **3**
Mercurius Merkur (der Götterbote) **22**
metuere, metuō, metuī (sich) fürchten **28**
metus, metūs *m* Angst **29**
meus, a, um mein **14**
mihi *Dat.* mir **11**
  mihi magnae cūrae est es ist mir sehr wichtig **37**
mīles, mīlitis *m* Soldat **14**
  mīlitēs cōnscrībere Soldaten anwerben **39**
mīlitāris, e Kriegs-, militärisch **35**
mīlle *Sg. indekl.; Pl.* **mīlia, mīlium** tausend **45**
Minerva Minerva (Schutzgöttin Roms) **10**
minimē *Adv.* am wenigsten, überhaupt nicht **43**
minimus, a, um der kleinste, der geringste **34**
minor, minōris geringer, kleiner **34**
minus *Adv.* weniger **36**
mīrārī, mīror, mīrātus sum bewundern, sich wundern **45**
mīrus, a, um wunderbar, erstaunlich **24**
miser, misera, miserum arm, erbärmlich, unglücklich **13**
  ō nōs miserōs Ach, wir Armen / Unglücklichen! **20**
miseria Not, Elend, Unglück **26**
mittere, mittō, mīsī, missum (los)lassen, schicken, werfen **6. 16. 25**
modo *Adv.* eben (noch); nur **20. 37**
modus Art, Weise; Maß **30**
moenia, moenium *n Pl.* (Stadt-)Mauern **14**
mollis, e weich, angenehm; freundlich **37**
monēre, moneō, monuī (er)mahnen **16**
mōns, montis *m (Gen. Pl.* **-ium***)* Berg **8**
mōns Ēsquilīnus Esquilin (einer der sieben Hügel Roms) **8**
mōns Palātīnus / Palātium Palatin (einer der sieben Hügel Roms) **11**
mōnstrum Wunderzeichen; Ungeheuer, Gespenst **24**
monumentum Denkmal **17**
mōra Aufenthalt, Verzögerung **43**
morārī, moror, morātus sum (sich) aufhalten **45**
morbus Krankheit **36**
morī, morior, mortuus sum sterben **45**
mors, mortis *f (Gen. Pl.* **-ium***)* Tod **13**
mortālis, e sterblich; *Subst.* Mensch **25**
mōs, mōris *m* Sitte, Brauch; *Pl.* Charakter **9**

Mosella die Mosel **40**
mōtus, mōtūs *m* Bewegung **29**
mōtus terrae Erdbeben **29**
movēre, moveō, mōvī, mōtum bewegen **24. 25**
mox *Adv.* bald, dann **24**
mulier, mulieris *f* Frau **3**
multa *n Pl.* viel(es) **13**
multī, ae viele **13**
multitūdō, multitūdinis *f* große Zahl, Menge **10**
multō *Adv.* (um) viel **42**
multum *Adv.* sehr, viel **35**
multum valēre viel gelten **17**
multus, a, um viel **13**
multā nocte in tiefer Nacht **16**
multōs annōs viele Jahre (lang) *(wie lange?)* **35**
multum / omnia posse (viel / alles können) große / unumschränkte Macht haben **38**
mūnīre, mūniō, mūnīvī bauen, befestigen, schützen **11**
mūnītiō, mūnītiōnis *f* Bau, Befestigung **12**
mūnus, mūneris *n* Aufgabe; Geschenk **9**
mūrus Mauer **11**
mūtāre, mūtō (ver)ändern, verwandeln **30**

N

nam denn, nämlich **1**
Narcissus Narzissus (schöner junger Mann) **27**
narrāre, narrō *(dē m. Abl.)* erzählen (von / über) **9**
nāscī, nāscor, nātus sum entstehen, geboren werden **45**
nātiō, nātiōnis *f* Volk, Volksstamm **45**
nātūra Beschaffenheit, Natur, Wesen **27**
nauta *m* Seemann, Matrose **20**
nāvis, nāvis *f (Gen. Pl. -ium)* Schiff **17**
-ne *(angehängt) (unübersetzte Fragepartikel)* **10**
-ne ... an *im indir. Fragesatz* ob ... oder **40**
-ne *im indir. Fragesatz* ob **40**
nē *Subj. m. Konj.* dass nicht, damit nicht; dass *(nach Ausdrücken des Fürchtens und Hinderns); im Hauptsatz* nicht *(verneinter Befehl oder Wunsch)* **39. 45**
timēre, nē fürchten, dass **39**
nē ... quidem nicht einmal **12**
nec / neque und nicht, auch nicht, nicht einmal **42**
nec ... nec weder ... noch **42**
necāre, necō, necāvī töten **11**
necessārius, a, um notwendig **30**
nefārius, a, um gottlos, verbrecherisch **45**
negāre, negō verneinen, leugnen; verweigern **19**
neglegere, neglegō, neglēxī, neglēctum nicht (be)achten, vernachlässigen **29**
negōtium Aufgabe, Geschäft, Angelegenheit **8**
nēmō, nēminis niemand **18**
nēmō nescit jeder weiß **18**
Neptūnus Neptun (Gott des Meeres) **20**
neque und nicht, auch nicht, nicht einmal **15**
neque ... neque weder ... noch **20**
nescīre, nesciō, nescīvī nicht wissen, nicht kennen **15**
nēmō nescit jeder weiß **18**
nex, necis *f* Mord, Tod **11**
nihil / nīl nichts **27**
nihil (aliud) nisī nichts anderes als, nichts außer, nur **43**
Nīlus der Nil **17**
nimis *Adv.* (all)zu, (all)zu sehr **22**
nimium *Adv.* (all)zu, (all)zu sehr **37**
nimius, a, um übermäßig, zu groß **26**
nisī *Subj.* wenn nicht **41**
nihil (aliud) nisī nichts anderes als, nichts außer, nur **43**
nōbilis, e adelig, berühmt, vornehm **21**
nōbilitās, nōbilitātis *f* Adel, vornehme Abstammung **38**
nōbīs *Dat.* uns **14**
nocturnus, a, um nächtlich **24**
nōlle, nōlō, nōluī nicht wollen **7. 11**
nōmen, nōminis *n* Name **25**
nōmine namens, mit Namen **35**
nōmināre, nōminō nennen **29**
nōn nicht **3**
nōn dēbēre nicht dürfen **19**
nōn dubitō, quīn ich zweifle nicht, dass **41**
nōn iam *Adv.* nicht mehr **3**
nōn īgnōrāre genau wissen, gut kennen **13**
nōn modo ... sed etiam nicht nur ... sondern auch **35**
nōn sōlum ... sed etiam nicht nur ... sondern auch **14**
nōndum noch nicht **37**
nōnne *im dir. Fragesatz* (etwa) nicht? **7**
nōnnūllī, ae, a einige, manche **18**
nōs *Nom. / Akk.* wir / uns **14**
nōscere, nōscō, nōvī, nōtum erkennen, kennenlernen **35**
noster, nostra, nostrum unser **14**
nōtus, a, um bekannt **45**
nō(vi̅)sse, nōvī *Perf.* kennen, wissen **35**
novus, a, um neu, ungewöhnlich **17**
novīs rēbus studēre nach Umsturz streben **39**
quid novī? was an Neuigkeiten? **35**
nox, noctis *f (Gen. Pl. -ium)* Nacht **16**
multā nocte in tiefer Nacht **16**
nūbere, nūbō, nūpsī, nūptum *m. Dat.* heiraten **28**
nūdus, a, um nackt **44**
nūllus, a, um *(Gen.* **nūllīus**, *Dat.* **nūllī**) kein **28**
num *im dir. Fragesatz* etwa?; *im indir. Fragesatz* ob **13. 40**
nūmen, nūminis *n* Gottheit, göttlicher Wille **33**
numerus Menge, Zahl **38**
numquam *Adv.* niemals **4**
nunc *Adv.* jetzt, nun **2**
nūntiāre, nūntiō melden **5**
nūntius Bote, Nachricht **5**
nūper *Adv.* neulich, vor kurzem **18**
nympha Nymphe (weibl. Naturgottheit) **25**

O

ō(h) ach, oh **11**
ō nōs miserōs Ach, wir Armen / Unglücklichen! **20**
ob *Präp. m. Akk.* wegen; für **35**
obicere, obiciō, obiēcī, obiectum darbieten, vorwerfen **42**
sē obicere *m. Dat.* sich jdm. entgegenwerfen, sich auf jdn. stürzen **42**
obscūrus, a, um dunkel, unbekannt **20**
obsecrāre, obsecrō anflehen, bitten **31**
observāre, observō beobachten **20**

illud philosophōrum jenes bekannte Wort der Philosophen **36**

pīrāta *m* Pirat, Seeräuber **20**

pius, a, um fromm, gerecht, pflichtbewusst **22**

placēre, placeō gefallen **6**

placet *m. Dat.* es gefällt jdm., jd. beschließt **10**

plēbs, plēbis *f* (nicht adeliges, einfaches) Volk **38**

plēnus, a, um *(m. Gen.)* voll (von / mit) **29**

plērīque, plēraeque, plēraque die meisten, sehr viele **19**

plūrēs, plūra mehr **34**

plūrimī, ae, a sehr viele, die meisten **34**

plūrimum *Adv.* am meisten, sehr viel **38**

plūs, plūris mehr **41**

plūrēs, plūra mehr **34**

plūs valēre quam mehr gelten als **17**

poena Strafe **38**

Poenī, Poenōrum *m Pl.* die Punier **15**

poēta *m* Dichter **10**

pollicērī, polliceor, pollicitus sum versprechen **45**

(Cn.) **Pompēius** (Magnus) Gnäus Pompejus Magnus (Hauptgegner Cäsars im Bürgerkrieg) **17**

pōnere, pōnō, posuī, positum (auf)stellen, (hin)legen, setzen **25**

pōns, pontis *m* Brücke **12**

populus Volk **2**

porta Tor **2**

portāre, portō tragen, bringen **6**

portus, portūs *m* Hafen **34**

pōscere, pōscō, popōscī fordern, verlangen **39**

posse, possum, potuī können **11**

multum / omnia posse (viel / alles können) große / unumschränkte Macht haben **38**

possidēre, possideō, possēdī, possessum besitzen **45**

post *Präp. m. Akk.* hinter, nach; *Adv.* dann, später **6**

paulō post kurz darauf **6**

posteā *Adv.* nachher, später **9**

posterī, posterōrum *m Pl.* die Nachkommen **22**

posterus, a, um folgend **42**

postquam *Subj. m. Ind. Perf.* nachdem **14**

postrēmō *Adv.* schließlich; kurz (gesagt) **12. 36**

pōstulāre, pōstulō fordern **16**

potēns, potentis mächtig, stark **17**

potentia Macht **17**

potestās, potestātis *f* (Amts-)Gewalt, Macht **38**

potius *Adv.* eher, lieber **44**

praebēre, praebeō geben, hinhalten **9**

aurēs praebēre Gehör schenken, zuhören **30**

sē praebēre *m. Akk.* sich zeigen (als), sich erweisen (als) **33**

praecipere, praecipiō, praecēpī, praeceptum (be)lehren, vorschreiben **43**

praeclārus, a, um großartig **26**

praeda Beute **21**

praedicāre, praedicō behaupten **45**

praeesse, praesum, praefuī *m. Dat.* an der Spitze stehen, leiten **35**

praeferre, praeferō, praetulī, praelātum vorziehen **45**

praemium Belohnung, Lohn, (Sieges-)Preis **2**

praesēns, praesentis anwesend, gegenwärtig **45**

praesertim (cum) besonders (da / weil) **44**

praesidium (Wach-)Posten, Schutz(truppe) **36**

praestāre, praestō, praestitī *m. Dat.* übertreffen; *m. Akk.* gewähren, leisten, zeigen **17. 32**

fidem praestāre die Treue halten **32**

praetereā *Adv.* außerdem **41**

praeterīre, praetereō, praeteriī, praeteritum übergehen, vorbeigehen **44**

praetor, ōris *m* Prätor (röm. Beamter für die Rechtspflege) **35**

premere, premō, pressī, pressum (unter)drücken, bedrängen **28**

pretium Preis, Wert, Geld **34**

magnō pretiō emere / vendere (für einen hohen Preis) teuer kaufen / verkaufen **34**

prex, precis *f* Bitte; *Pl.* Gebet **25**

prīmō *Adv.* zuerst **7**

prīmum *Adv.* erstens, zuerst, zum ersten Mal **12**

prīmus, a, um der erste **16**

prīmā lūce bei Tagesanbruch **16**

prīnceps, prīncipis *m* der Erste, der führende Mann **39**

prīstinus, a, um früher **17**

prius *Adv.* früher, zuerst **36**

priusquam *Subj. m. Ind.* bevor, eher als **45**

prō *Präp. m. Abl.* an Stelle von, für, vor **4**

probāre, probō beweisen, für gut befinden **7**

probus, a, um anständig, gut **21**

prōcēdere, prōcēdō, prōcessī (vorwärts)gehen, vorrücken **24**

procul *Adv.* von fern, weit weg **12**

proelium Kampf, Schlacht **14**

proelium committere eine Schlacht schlagen **31**

profectō *Adv.* sicherlich, tatsächlich **16**

prōferre, prōferō, prōtulī, prōlātum (hervor)holen, zur Sprache bringen **42**

in lūcem prōferre ans Licht bringen, verraten **45**

proficīscī, proficīscor, profectus sum (ab)reisen, aufbrechen **45**

prohibēre, prohibeō, prohibuī *(ā m. Abl.)* abhalten (von), hindern (an) **11**

prōmittere, prōmittō, prōmīsī versprechen **22**

prope *Adv.* nahe; beinahe **41**

properāre, properō eilen, sich beeilen **1**

propinquus Verwandter **8**

propius *Adv.* näher **12**

prōpōnere, prōpōnō, prōposuī, prōpositum darlegen, in Aussicht stellen **45**

propter *Präp. m. Akk.* wegen **13**

prōspicere, prōspiciō, prōspexī schauen auf, sehen, vorhersehen **12. 23**

prōtinus *Adv.* sofort **18**

prōvidēre, prōvideō, prōvīdī, prōvīsum (**ut**) dafür sorgen (dass); *m. Akk.* vorhersehen; *m. Dat.* sorgen für **40. 42**

prōvincia Provinz **10**

proximus, a, um der nächste **45**

pūblicus, a, um öffentlich, staatlich **26**

rēs pūblica Staat **40**

pudet, puduit es beschämt **32**

pudor, pudōris *m* Scham(gefühl); Anstand **44**

puella Mädchen **6**

puer, puerī Junge, Bub **6**

pūgna Kampf **42**
pūgnāre, pūgnō kämpfen **5**
pulcher, pulchra, pulchrum schön **17**
Pūnicus, a, um phönizisch, punisch **22**
putāre, putō glauben, meinen; *m. dopp. Akk.* halten für **10. 18**
Pythia Pythia (Priesterin des Apollo) **23**

Q

quaerere, quaerō, quaesīvī erwerben wollen, suchen; ex *m. Abl.* jdn. fragen **18. 19**
quaesere, quaesō bitten **45**
quaestor, ōris *m* Quästor (röm. Beamter für die Finanzverwaltung) **35**
quālis, e wie (beschaffen) **45**
quam als, wie **33**
quam *m. Komp.* als; *m. Superl.* möglichst **33**
  plūs valēre quam mehr gelten als **17**
quamobrem warum **43**
quamquam *Subj.* obwohl **17**
quandō? wann? **23**
quantus, a, um wie groß, wie viel **40**
quārē *rel. Satzanschluss:* deshalb; weshalb, wodurch **29. 37**
quasi *Adv.* gleichsam, geradezu, fast; *Subj.* wie wenn, als ob **32. 44**
-que und **7**
quemadmodum auf welche Weise (auch immer), wie **44**
querī, queror, questus sum *(m. Akk.)* klagen; sich beklagen (über) **45**
quī, quae, quod welcher, welche, welches; der, die, das **15**
  quod māius est was noch wichtiger ist **45**
quia *Subj. m. Ind.* weil **15**
quīcumque, quaecumque, quodcumque jeder, der; wer auch immer **43**
quid? was? **3**
  quid āctum est? was ist passiert? **37**
  quid ad rem pertinet? was tut das zur Sache? **35**
  quid aliud? was sonst? **43**
  quid novī? was an Neuigkeiten? **35**
quīdam, quaedam, quoddam *(Akk. Sg.* **quendam, quandam***)* ein gewisser, (irgend)einer; *Pl.* einige **36**
quidem *Adv.* freilich, gewiss, wenigstens, zwar **12**
quiēscere, quiēsco, quiēvī (aus)ruhen; schlafen **20**
quīn *im Hauptsatz* vielmehr; warum nicht? **18**
quīn *Subj. m. Konj.* dass *(in festen Wendungen)* **41**
  nōn dubitō, quīn ich zweifle nicht, dass **41**
Quīntus Quintus (männl. Eigenname) **4**
quippe freilich **34**
quis? wer? **3**
  quis vestrum? wer von euch? **35**
quisnam, quidnam wer denn, was denn? **32**
quisquis, quaequae, quidquid (quicquid) jeder, der **41**
quō wohin, wo, wie **32**
quō ... eō je ... desto **33**
quod māius est was noch wichtiger ist **45**
quod *Subj. m. Ind.* dass, weil **5**
quondam *Adv.* einst, einmal; manchmal **24**
quoniam *Subj. m. Ind.* da ja, da nun **45**
quoque *(nachgestellt)* auch **9**
quotiēns wie oft, so oft **20**

R

rapere, rapiō, rapuī, raptum wegführen, rauben, wegreißen **18. 38**
rārus, a, um selten, vereinzelt **37**
ratiō, ratiōnis *f* Grund, Vernunft, Überlegung; Berechnung; Art und Weise **32**
recipere, recipiō, recēpī, receptum aufnehmen, wiederbekommen, zurücknehmen **27**
  sē recipere sich zurückziehen **27**
recitāre, recitō vorlesen, vortragen **43**
rēctē *Adv.* geradeaus, richtig, zu Recht **35**
reddere, reddō, reddidī, redditum *m. dopp. Akk.* jdn. zu etwas machen **33**
redīre, redeō, rediī, reditum zurückgehen, zurückkehren **23. 42**
referre, referō, rettulī, relātum (zurück)bringen, berichten **39**
regere, regō, rēxī lenken, leiten; beherrschen **21**
regiō, regiōnis *f* Gebiet, Gegend, Richtung **22**
rēgius, a, um königlich **26**
rēgnum (Königs-)Herrschaft, Reich **17**
religiō, religiōnis *f* Glauben, (Gottes-)Verehrung, Frömmigkeit, Gewissenhaftigkeit; Aberglaube **25**
relinquere, relinquō, relīquī, relictum unbeachtet lassen, verlassen, zurücklassen **3. 14. 33**
reliquus, a, um künftig, übrig **41**
remanēre, remaneō, remānsī (zurück)bleiben **7. 15**
repellere, repellō, reppulī, repulsum zurückstoßen, abweisen, vertreiben **27**
repente *Adv.* plötzlich **5**
reperīre, reperiō, repperī, repertum (wieder)finden **18. 45**
repetere, repetō, repetīvī, repetītum (zurück)verlangen, wiederholen **27**
reprehendere, reprehendō, reprehendī, reprehēnsum kritisieren, wieder aufgreifen **30**
requīrere, requīrō, requīsīvī, requīsītum aufsuchen, sich erkundigen, verlangen **42**
rēs, reī *f* Angelegenheit, Ding, Sache **32**
  novīs rēbus studēre nach Umsturz streben **39**
  quid ad rem pertinet? was tut das zur Sache? **35**
  rem bene gerere etw. gut durchführen, Erfolg haben **42**
  rēs adversae *f Pl.* unglückliche Umstände, Unglück **32**
  rēs futūrae *f Pl.* Zukunft **42**
  rēs gestae *f Pl.* Taten **40**
  rēs ita sē habet die Sache verhält sich so **44**
  rēs pūblica Staat **40**
  rēs secundae *f Pl.* Glück **42**
resistere, resistō, restitī stehen bleiben; Widerstand leisten **30**
respicere, respiciō, respexī, respectum zurückblicken; berücksichtigen **25**
respondēre, respondeō, respondī, respōnsum antworten, entsprechen **5. 16. 42**
restāre, restō, restitī übrig bleiben; Widerstand leisten **14. 16**
retinēre, retineō, retinuī behalten, festhalten, zurückhalten **33**

revocāre, revocō zurückrufen **39**
rēx, rēgis *m* König **13**
Rhēnus der Rhein **40**
rīdēre, rīdeō, rīsī lachen, auslachen **1. 14**
rīpa Ufer **11**
rogāre, rogō bitten, erbitten, fragen **1**
Rōma Rom **11**
Rōmam nach Rom **14**
Rōmae in Rom **41**
Rōmānus, a, um römisch; *Subst.* Römer **10. 13**
ruere, ruō, ruī eilen, stürmen, stürzen **18**
rūrsus *Adv.* wieder **27**
Rutīlius Rutilius (männl. Eigenname) **3**

S

sacer, sacra, sacrum *(m. Gen.)* geweiht, heilig **29**
sacerdōs, sacerdōtis *m/f* Priester(in) **23**
sacrum Opfer, Heiligtum **7**
saepe *Adv.* oft **33**
saevus, a, um schrecklich, wild, wütend **33**
salūs, salūtis *f* Gesundheit, Glück, Rettung, Gruß **8**
salūtem dīcere *m. Dat.* jdn. grüßen **24**
salvē! sei gegrüßt! **1**
salvēte! seid gegrüßt! **1**
salvus, a, um gesund, unversehrt **45**
sānctus, a, um ehrwürdig, heilig **41**
sānē *Adv.* allerdings, gewiss; meinetwegen **45**
sanguis, sanguinis *m* Blut, Blutvergießen **13**
satis *Adv.* genug **32**
scelerātus, a, um verbrecherisch, schändlich; *Subst.* Verbrecher **20**
scelus, sceleris *n* Verbrechen; Schurke **13**
scelus committere ein Verbrechen begehen **18**
scīlicet *Adv.* freilich, natürlich, selbstverständlich **34**
(P. Cornēlius) **Scīpiō** (Āfricānus), **Scīpiōnis** Publius Cornelius Scipio (Sieger über Hannibal) **15**
scīre, sciō kennen, wissen, verstehen **10**
scrībere, scrībō, scrīpsī, scrīptum beschreiben, schreiben **36**
sē *Akk.* sich **11**
sē gerere sich verhalten **22**
sē obicere *m. Dat.* sich jdm. entgegenwerfen, sich auf jdn. stürzen **42**
sē praebēre *m. Akk.* sich zeigen (als), sich erweisen (als) **33**
sē recipere sich zurückziehen **27**
sēcum mit sich, bei sich **19**
secundus, a, um der zweite, günstig **42**
rēs secundae *f Pl.* Glück **42**
sed aber, sondern **2**
sedēre, sedeō, sēdī sitzen **20**
sēdēs, sēdis *f* Sitz, Wohnsitz, Platz **33**
semper *Adv.* immer **4**
senātor, senātōris *m* Senator **1**
senātus, senātūs *m* Senat(sversammlung), Rat **29**
senex, senis *m* Greis, alter Mann **4**
sēnsus, sēnsūs *m* Gefühl, Sinn, Verstand **43**
sententia Antrag (im Senat), Meinung; Satz Sinn **14**
sentīre, sentiō, sēnsī fühlen, meinen, wahrnehmen **19**
sequī, sequor, secūtus sum *m. Akk.* folgen **45**
sermō, sermōnis *m* Äußerung, Gerede, Gespräch, Sprache **38**
serva Sklavin **6**
servāre, servō *(ā m. Abl.)* bewahren, retten (vor) **10**
servīre, serviō dienen, Sklave sein **45**
servitūs, servitūtis *f* Sklaverei **26**
servus Sklave **1**
sī *Subj.* falls, wenn **13**
sibi *Dat.* sich **17**
sīc *Adv.* so **45**
sīcut *Adv.* (so) wie **09**
sīdus, sīderis *n* Stern, Sternbild **38**
sīgnum Merkmal, Zeichen; Statue **2. 26**
silentium Schweigen, Stille **24**
silva Wald **27**
simul *Adv.* zugleich, gleichzeitig **26**
simulācrum Bild, Bildnis, Schatten (eines Toten) **45**
sine *Präp. m. Abl.* ohne **5**
sinere, sinō, sīvī lassen, erlauben **24**
singulus, a, um je ein, jeder einzelne **37**
sinistra linke Hand **10**
socius Gefährte, Verbündeter **31**
sōl, sōlis *m* Sonne **41**
Sōl, Sōlis *m* Sol (der Sonnengott) **41**
sōlācium Trost(mittel) **28**
solēre, soleō *(m. Inf.)* gewöhnlich etw. tun, gewohnt sein **35**
sollicitāre, sollicitō aufhetzen, beunruhigen, erregen **32**
sōlum *Adv.* nur **14**
sōlus, a, um allein, einzig **15**
solvere, solvō, solvī, solūtum auflösen, bezahlen, lösen **27**
somnus Schlaf **16**
soror, sorōris *f* Schwester **8**
sors, sortis *f (Gen. Pl.* **-ium***)* Los, Orakelspruch, Schicksal **13**
sortem dare einen Orakelspruch geben **23**
speciēs, speciēī *f* Anblick, Aussehen, Schein **40**
spectāculum Schauspiel **26**
spectāre, spectō betrachten, hinsehen; anstreben **3. 37**
spērāre, spērō erwarten, hoffen **42**
spēs, speī *f* Erwartung, Hoffnung **32**
sponte meā (tuā, suā) freiwillig, aus eigener Kraft, von selbst **22**
stāre, stō, stetī stehen **1. 16**
statim *Adv.* auf der Stelle, sofort **3**
statuere, statuō, statuī aufstellen, beschließen, festsetzen **23**
statūra Gestalt, Statur **36**
studēre, studeō, studuī *(m. Dat.)* sich (wissenschaftlich) beschäftigen, sich bemühen (um), streben (nach) **15**
memoriae studēre das Gedächtnis üben **38**
novīs rēbus studēre nach Umsturz streben **39**
studium Beschäftigung, Engagement, Interesse **43**
stultus, a, um dumm **44**
subicere, subiciō, subiēcī, subiectum darunterlegen, unterwerfen **15. 26**
subīre, subeō, subiī, subitum auf sich nehmen, herangehen **32**
labōrēs subīre Arbeiten verrichten **32**
subitō plötzlich **1**

sūmere, sūmō, sūmpsī, sūmptum nehmen 4. 34
togam sūmere die Toga anlegen 7
summus, a, um der höchste, letzte, oberste 16
sūmptus, sūmptūs *m* der Aufwand, die Kosten 35
sūmptūs facere Ausgaben tätigen 35
superāre, superō besiegen, übertreffen 15
superbia Stolz, Überheblichkeit 23
superbus, a, um stolz, überheblich 13
superī, superōrum *m Pl.* die Götter 45
superior, superiōris der frühere, der weiter oben gelegene 34
supplex, supplicis demütig bittend 25
supplicium flehentliches Bitten; Strafe, Hinrichtung 23
suprā *Adv.* darüber hinaus, oben 42
surgere, surgō, surrēxī aufstehen, sich erheben 2. 16
suscipere, suscipiō, suscēpī, susceptum *m. Akk.* auf sich nehmen, sich (e-r Sache) annehmen, unternehmen 28
suspīciō, suspīciōnis *f* Verdacht, Vermutung 18
sustinēre, sustineō, sustinuī ertragen, standhalten 28
suus, a, um ihr, sein 14
Syrus Syrus (männl. Eigenname) 2

T

taberna Laden, Werkstatt, Gasthaus 3
tabula Tafel, Gemälde; Aufzeichnung 26
tacēre, taceō schweigen 2
Tacitus Tacitus (röm. Geschichtsschreiber) 44
tālis, e derartig, ein solcher, so (beschaffen) 24
tam so 22
tam ... quam so ... wie 43
tamen dennoch, jedoch 4
tametsī obwohl 38
tandem *im Aussagesatz:* endlich; *im Fragesatz:* denn eigentlich 2. 23
tangere, tangō, tetigī, tāctum berühren 27
tantum *(nachgestellt)* nur 4
tantus, a, um so groß, so viel 26
Tarquinius Superbus Tarquinius Superbus (letzter König Roms) 13
tē *Akk.* dich 4
tēctum Dach, Haus 28
tegere, tegō, tēxī, tēctum bedecken, schützen, verbergen 37
tēlum (Angriffs-)Waffe, Geschoss 12
temperāre, temperō *(ā m. Abl.)* sich fernhalten (von); *m. Dat.* maßvoll gebrauchen, zurückhalten; *m. Akk.* lenken, ordnen 17. 45
tempestās, tempestātis *f* Sturm, (schlechtes) Wetter; Zeit 41
templum Tempel 3
temptāre, temptō angreifen; versuchen, prüfen 22
tempus, temporis *n* (günstige) Zeit; *Pl.* Umstände 24
ex illō tempore seit jener Zeit 42
tempus cōnsūmere die Zeit aufbrauchen / verschwenden 43
tendere, tendō, tetendī, tentum sich anstrengen, spannen; (aus)strecken 29
tenebrae, tenebrārum *f Pl.* Dunkelheit, Finsternis 24
tenēre, teneō, tenuī besitzen, festhalten, halten 11
memoriā tenēre im Gedächtnis behalten 36
terra Erde, Land 29
mōtus terrae Erdbeben 29
orbis terrārum Erdkreis 30
ubī terrārum? wo in aller Welt? 35
terrēre, terreō, terruī erschrecken 13
testis, testis *m/f (Gen. Pl.* **-ium***)* Zeuge 40
theātrum Theater 36
Thēbae, Thēbārum *f Pl.* Theben (Hauptstadt der griech. Landschaft Böotien) 31
Themistoclēs, is *m* Themistokles (athenischer Staatsmann und Feldherr) 23
thermae, thermārum *f Pl.* Thermen, Badeanlage 4
Thēseus Theseus (König von Athen) 32
Tiberis, Tiberis *m (Akk.* **Tiberim***)* Tiber (Fluss durch Rom) 11
tibi *Dat.* dir 14
timēre, timeō, timuī Angst haben, fürchten 13
timēre, nē fürchten, dass 39
timor, timōris *m* Angst, Furcht 28
timōre agitārī von Furcht gequält werden 28
Tīrō, Tīrōnis *m* Tiro (Sekretär Ciceros) 16
toga Toga (Kleidungsstück des röm. Mannes) 7
togam sūmere die Toga anlegen 7
tollere, tollō, sustulī, sublātum aufheben, in die Höhe heben, wegnehmen 3. 30
clāmōrem tollere ein Geschrei erheben 3
tot *indekl.* so viele 44
tōtus, a, um *(Gen.* **tōtīus***, Dat.* **tōtī***)* ganz 13
trādere, trādō, trādidī, trāditum übergeben, überliefern 38
trahere, trahō, trāxī ziehen, schleppen 20
trānsīre, trānseō, trānsiī hinübergehen, überschreiten 21
trēs, trēs, tria drei 37
Treverī, Treverōrum *m Pl.* die Treverer (gallischer Stamm, der in der Gegend des heutigen Trier siedelte) 39
trīstis, e traurig, unfreundlich 22
triumphus Triumph(zug) 26
Trōia Troja (Stadt in Kleinasien; wurde im Trojanischen Krieg von den Griechen erobert) 22
Trōiānus, a, um trojanisch; *Subst.* Trojaner 25
tū *(betont)* du 6
tuērī, tueor *m. Akk.* betrachten, schützen, (milit.) sichern, sorgen für 45
tum da, damals, darauf, dann 1
tunc *Adv.* damals, dann 36
tunica Tunika (Unterkleid unter der Toga) 7
turba Menschenmenge, Lärm, Verwirrung 1
turbāre, turbō durcheinanderbringen, stören 20
turpis, e (sittlich) schlecht, hässlich, schändlich 22
turris, turris *f (Abl. Sg.* **-ī***; Gen. Pl.* **-ium***)* Turm 42
Tuscī, Tuscōrum *m Pl.* die Etrusker 12
tūtus, a, um *(ā m. Abl.)* sicher (vor) 13
in tūtō in Sicherheit 20
tuus, a, um dein 14

U

ubī? wo? 1
ubī terrārum? wo in aller Welt? 35
ubi *Subj. m. Ind.* sobald 11

Abkürzungsverzeichnis

Abl.	Ablativ
Abl. abs.	Ablativus absolutus
Acl	Akkusativ mit Infinitiv
Adj.	Adjektiv
Adv.	Adverb
Akk.	Akkusativ
Akt.	Aktiv
Dat.	Dativ
Dekl.	Deklination
dir.	direkt
dopp.	doppelt(er)
dt.	deutsch
e.	englisch
f	feminin
f.	französisch
Fut.	Futur
Fw.	Fremdwort
Gen.	Genitiv
griech.	Griechisch
i.	italienisch
Imp.	Imperativ
Impf.	Imperfekt
indekl.	indeklinabel
Ind.	Indikativ
Inf.	Infinitiv
jd.	jemand
jdn.	jemanden
jdm.	jemandem
intrans.	intransitiv
Jh.	Jahrhundert
Komp.	Komparativ
Konj.	Konjunktiv
Konjug.	Konjugation
kons.	konsonantisch
lat.	lateinisch
m	maskulin
m.	mit
Nom.	Nominativ
örtl.	örtlich
n	neutrum
Part.	Partizip
Pass.	Passiv
Perf.	Perfekt
Pers.	Person
PFA	Partizip Futur Aktiv
Pl.	Plural
Plusqpf.	Plusquamperfekt
PPA	Partizip Präsens Aktiv
PPP	Partizip Perfekt Passiv
Präd. nom.	Prädikatsnomen
Präp.	Präposition
Präs.	Präsens
Pron.	Pronomen
röm.	römisch
s.	spanisch
Sg.	Singular
Subj.	Subjunktion
Subst.	Substantiv
Sup.	Superlativ
trans.	transitiv
vgl.	vergleiche
Vok.	Vokativ
wörtl.	wörtlich
zeitl.	zeitlich

Bildnachweis

akg-images: **40. 59b. 107 (10). 113. 141. 143. 167. 225. 233** | akg-images / Andrea Jemolo: **107 (7). 155b** | akg-images / Cameraphoto: **145a** | akg-images / DEA / G. Dagli Orti / De Ago: **156/157** | akg-images / Dieter E. Hoppe: **107 (5)** | akg-images / Erich Lessing: **107 (11)** | akg-images / François Guénet: **226** | akg-images / Gérard Degeorge: **167** | akg-images / Gilles Mermet: **222** | akg-images / IAM/NA: **233** | akg-images / Kunsthistorisches Museum, Wien: **208** | akg-images / Museum Kalkriese: **127a** | akg-images / Nimatallah: **154. 229b** | akg-images / Album / Oronoz: **93** | akg-images / Bildarchiv Steffens: **119** | akg-images / Erich Lessing: **77. 186. 223** | akg-images / Peter Connolly: **12. 13. 20. 50. 52. 137. 148** | akg-images / Rabatti-Domingie: **63** | akg-images / Sotheby's: **100** | akg-images / Werner Forman: **21. 214** | Anja Lücker, Bonn: **133** | Antikensammlung der Friedrich-Alexander-Universität Erlangen-Nürnberg / Foto: Archiv i.motion gmbh, Bamberg: **10. 11. 16. 24. 25** | Araldo de Luca, Rom / Museo Nazionale Romano, Rom: **14a-c. 72** | Archäologisches Museum, Delphi: **107 (6)** | Archiv i.motion gmbh, Bamberg: **23. 51. 155a. 172. 175** | Auckland Art Gallery, Neuseeland: **28** | Badisches Landesmuseum, Karlsruhe: **129** | Bibliothèque Nationale de France, Paris: **85** | Bildarchiv Preußischer Kulturbesitz: **95** | Bildarchiv Preußischer Kulturbesitz / Antikensammlung, SMB / Christa Begall: **107 (1)** | Bildarchiv Preußischer Kulturbesitz / Alfredo Dagli Orti: **145b** | Bildarchiv Preußischer Kulturbesitz / Antikensammlung, SMB / Ingrid Geske: **14d. 107 (3)** | Bildarchiv Preußischer Kulturbesitz / Antikensammlung, SMB / Johannes Laurentius: **81. 91** | Bildarchiv Preußischer Kulturbesitz / Antikensammlung, SMB / Jürgen Liepe: **153** | Bildarchiv Preußischer Kulturbesitz / Bayerische Staatsgemäldesammlungen: **140** | Bildarchiv Preußischer Kulturbesitz / Hamburger Kunsthalle / Elke Walford: **139** | Bildarchiv Preußischer Kulturbesitz / Hermann Buresch: **83. 135** | Bildarchiv Preußischer Kulturbesitz / Münzkabinett, SMB: **161** | Bildarchiv Preußischer Kulturbesitz / Nationalgalerie, SMB / Klaus Göken: **107 (4)** | Bildarchiv Preußischer Kulturbesitz / RMN / Gérard Blot / Christian Jean: **71b** | Bildarchiv Preußischer Kulturbesitz / RMN / Hervé Lewandowski: **106. 115. 125** | Bildarchiv Preußischer Kulturbesitz / RMN / Philipp Bernard: **79** | Bildarchiv Preußischer Kulturbesitz / RMN / René-Gabriel Ojéda: **205** | Bildarchiv Preußischer Kulturbesitz / Scala, Florenz: **121** | Bridgeman Art Library: **87a. 132. 211** | Bridgeman Art Library / Culture and Sport Glasgow (Museums): **190** | Bridgeman Art Library / Giraudon: **61. 69** | Bridgeman Art Library / Look and Learn: **57. 68. 73. 96** | Bridgeman Art Library / Museumslandschaft Hessen: **183** | Bridgeman Art Library / Peter Willi: **107 (8)** | Cinetext Bild & Textarchiv: **86. 127b. 187. 206** | dpa picture-alliance / akg-images / Erich Lessing: **120. 173b** | dpa picture-alliance / Antje Fleig / Sven Simon: **213** | dpa picture-alliance / DB Maria Holzmüller: **219. 220a** | dpa picture-alliance / dpa-Grafik: **87c** | dpa picture-alliance / EPA / Franz Neumayr: **151b** | dpa picture-alliance / Gero Breloer: **212** | dpa picture-alliance / imagestate / HIP / Ann Ronan: **169** | dpa picture-alliance / Keystone / Georgios Kefalas: **131** | dpa picture-alliance / landov / Zeng Yi: **229a** | dpa picture-alliance / ZB / Claudia Esch-Kenkel: **149** | Foto + Co. Peter Schubert, Dresden: **207** | Fotografie Thomas Reichle, Stuttgart: **163** | getty images / DEA A. Dagli Orti: **142** | getty images / National Geographic / James L. Stanfield: **232** | interfoto / Mary Evans: **27** | Kunsthistorisches Museum, Wien: **35** | Kurt Miller: **71a** | Lambert Dahm, Trier: **179. 180. 192a. 194** | Limesmuseum Aalen / Ulrich Sauerborn: **189** | Luciano Pedicini, Archivio dell'Arte, Neapel: **41. 59a. 97. 144** | mauritius images / Bridge: **159** | mauritius images / imagebroker / Heinz-Dieter Falkenstein: **192b** | mauritius images / imagebroker / Raimund Kutter: **122** | Museo Nazionale di Villa Giulia, Rom: **128** | Ny Carlsberg Glyptothek, Kopenhagen: **99** | Photothèque des Musées de Strasbourg / A. Plisson, Strasbourg: **60** | RMN / Hervé Lewandowski: **158** | RMN / The Trustees of the British Museum, London: **67** | Rheinisches Landesmuseum, Trier: **130** | Römische Villa Borg, Perl-Borg: **43b** | Roswitha Czimmek, Hildesheim: **45** | Salzburger Festspiele / Tanja Dosendorf: **152** | Scala, Florenz: **39. 55. 65. 76. 86. 107 (2). 107 (9). 108. 109. 111. 116. 123. 146-147. 151a. 160. 168** | Scala, Florenz / De Agostini Picture Library: **221** | The Trustees of the British Museum, London: **150. 193. 195** | tiff.any GmbH, Berlin: **64. 164. 174. 199. 215. 217. 230. Karten** | ullstein bild / imagebroker: **15** | Universitätsbibliothek Heidelberg: **210** | Verlag Philipp von Zabern, Mainz / J. Breyer und M. Junkelmann: **53** | Württembergische Landesbibliothek / Code bibl. 2°23, 53v, Stuttgart: **224a** | Verlagsarchiv.

IMPERIUM ROMANUM

Das Römische Reich
zur Zeit seiner größten Ausdehnung
2. Jh. n. Chr.